P. Anders
H. Deibler
F. Paar
Dr. J. Schwarzer
G. Sindel

Chemie

Fachoberschule Technik

2. Auflage

Bestellnummer 0039

Bildungsverlag EINS-Stam

Hinweis:
In der 2. Auflage wurde das Kapitel „Chemische Bindung – Metallbindung" mit aufgenommen. Um Seitenverschiebungen zu vermeiden, erscheint das Kapitel im Anhang.

www.bildungsverlag1.de

Gehlen, Kieser und Stam sind unter dem Dach des Bildungsverlages EINS zusammengeführt.

Bildungsverlag EINS
Sieglarer Straße 2 · 53842 Troisdorf

ISBN 3-8237-**0039**-1

Inhaltsverzeichnis

1 Atombau

1.1 Elementarteilchen

Alle Stoffe sind aus *Atomen* aufgebaut. Die Eigenschaften der Stoffe können aus den Eigenschaften der Atome abgeleitet werden. Atome sind aber nicht die kleinsten Teilchen der Materie. Sie sind aus noch kleineren Teilchen, den sogenannten *Elementarteilchen* aufgebaut.

Für die Chemie sind vor allem drei Elementarteilchen wichtig:

Proton **Neutron** **Elektron**

Elementarteilchen sind unvorstellbar klein und haben eine äußerst geringe Masse. Ein Proton z. B. hat die Masse

0,000 000 000 000 000 000 000 001 6726 g.

Die Ladung eines Elektrons oder Protons ist die kleinste elektrische Ladung, die man in der Natur gefunden hat ($1{,}60 \cdot 10^{-19}$ Coulomb). Man nennt sie *Elementarladung.* Um solch unhandliche Zahlenwerte zu vermeiden, hat man besser angepaßte Einheiten eingeführt:

1 u = 1 unit = 1 atomare Masseneinheit
1 e = 1 Elementarladung

Tabelle 1–1: Eigenschaften der Elementarteilchen

Elementarteilchen	Ladung in		Masse in		Durchmesser in
	C	e	kg	u	m
Proton p^+	$1{,}60 \cdot 10^{-19}$	+1	$1{,}6726 \cdot 10^{-27}$	1,0073	10^{-15}
Neutron n	0	0	$1{,}6749 \cdot 10^{-27}$	1,0087	10^{-15}
Elektron e^-	$1{,}60 \cdot 10^{-19}$	−1	$9{,}1095 \cdot 10^{-31}$	0,00055	

Aufgrund ihrer elektrischen Ladungen wirken Kräfte zwischen den Protonen und Elektronen: Ungleich geladene Teilchen ziehen sich an, gleich geladene Teilchen stoßen sich ab.

Die dabei wirkende Kraft F hängt vom Produkt der Ladungen Q_1 und Q_2 und der Entfernung d ab.

(1-1)

$$F = k \cdot \frac{Q_1 Q_2}{d^2}$$

(Gesetz von Coulomb; k ist eine Konstante)

1.2 Atomkern

Atome stellt man sich als kugelförmige Teilchen vor. Sie weisen eine innere Struktur auf. Das Zentrum des Atoms wird durch den Atomkern gebildet. Da er aus Protonen und Neutronen (Nukleonen, Kernteilchen) besteht, ist er positiv geladen und trägt fast die gesamte Masse des Atoms. Die Elektronen bilden die negativ geladene Hülle und bestimmen damit Größe und Form des Atoms. Die gleiche Zahl von Protonen und Elektronen in einem Atom bedingt dessen elektrische Neutralität.

Beispiel: Natrium (Na)

Kern	$11\,p^+$ $12\,n$	Masse ca. 23 u	Durchmesser ca. 10^{-15} m
Hülle	$11\,e^-$	Masse ca. 0,006 u	Durchmesser ca. 10^{-10} m

Je nach Zahl der am Aufbau des Atomkerns beteiligten Elementarteilchen entstehen ganz unterschiedliche Atome. Die Protonenzahl bestimmt die Art des Elements. So ist z. B. ein Atom mit 86 Protonen (Z = 86) immer ein Radonatom, unabhängig von der Zahl der anderen Elementarteilchen. Die Protonenzahl von Eisen ist immer 26. Daraus ergibt sich der Begriff Element:

> Ein Stoff, dessen Atome dieselbe Protonenzahl (Kernladungszahl, Ordnungszahl Z) haben, wird als **Element** bezeichnet.

Die Atome eines Elements können sich in der Neutronenzahl unterscheiden.

> Atome mit gleicher Protonenzahl und unterschiedlichen Neutronenzahlen nennt man **Isotope** eines Elements.

Damit bestimmt die Neutronenzahl die Art des Isotops.

Beispiel: Uran mit 235 Nukleonen besitzt 92 Protonen und 143 Neutronen.
Uran mit 238 Nukleonen besitzt 92 Protonen und 146 Neutronen.
Der Anteil dieser Isotope ist überall auf der Erde gleich:
U 235 0,7%; U 238 99,3%

Man schreibt: Nukleonenzahl — 235, Protonenzahl — 92, U — Elementsymbol

$$^{235}_{92}U$$

Wie das Uran bestehen die meisten Elemente aus einem Gemisch von verschiedenen Isotopen. Diese Elemente nennt man deshalb *Mischelemente*. Gibt es von einem Element jedoch nur ein einziges Isotop, so wird es als *Reinelement* bezeichnet. (Beispiele sind Na, F, Bi, Al u. a.)

> Die Summe aus Protonenzahl und Neutronenzahl ergibt die **Nukleonenzahl**[1].

[1] Früher als *Massenzahl* bezeichnet

Die Atommasse eines Elements ist die mittlere Masse aller Isotope eines Elements entsprechend ihrem Anteil am Vorkommen in der Natur.

$$m = w_1 m_1 + w_2 m_2 + w_3 m_3 \ldots$$

Beispiel: $m(^{35}Cl) = 34{,}97\,u$; $w(^{35}Cl) = 0{,}758$
$m(^{37}Cl) = 36{,}97\,u$; $w(^{37}Cl) = 0{,}242$

$m(Cl) = 0{,}758 \cdot 34{,}97\,u + 0{,}242 \cdot 36{,}97\,u$
$m(Cl) = \mathbf{35{,}454\,u}$

Als **Nuklid** wird eine Kernart bezeichnet, die eine bestimmte Protonen- und eine bestimmte Neutronenzahl aufweist.

Beispiele: ^{12}C, ^{137}Cs, ^{90}Sr

1.3 Elektronenhülle

Für die Eigenschaften der Stoffe sind die Elektronen verantwortlich. Zum Beispiel sind Chloratome mit 17 Elektronen in der Hülle äußerst aggressiv und giftig; erhält ein Chloratom jedoch ein zusätzliches Elektron, so entsteht ein negativ geladenes Teilchen, das lebensnotwendig ist. Ganz allgemein ändern sich Eigenschaften von Stoffen, wenn Elektronen aufgenommen, entfernt oder umgelagert werden. Aus diesem Grund beschäftigt sich die Chemie sehr genau mit der Elektronenhülle. Ihr Aufbau wird anschaulich durch das **Orbitalmodell** beschrieben. Das Orbitalmodell erfaßt Zahl und räumliche Verteilung der Elektronen sowie ihre Energie, der wir uns zunächst zuwenden.

1.4 Zustände der Elektronen in Atomen

1.4.1 Hauptenergieniveau – Hauptquantenzahl

Betrachtet man mit dem Spektroskop Sonnenlicht, so erhält man ein kontinuierliches (durchgehendes) Spektrum. Weißes Licht wird in seine Einzelfarben zerlegt. Eine bestimmte Farbe ist durch die Wellenlänge λ bzw. die Frequenz f festgelegt. Sichtbares Licht ist der Bereich aus dem elektromagnetischen Spektrum mit Wellenlängen von 400 nm (violett) bis 800 nm (rot). Für jede Welle ist das Produkt aus der Wellenlänge λ und der Frequenz f gleich der Ausbreitungsgeschwindigkeit, die bei Licht gleich der Lichtgeschwindigkeit c ist.

(1-2)
$$\boxed{c = \lambda \cdot f}$$

Licht ist eine Energieform und kann als ein Strom kleinster Teilchen, sogenannter Lichtquanten (Photonen), betrachtet werden. Jedes Quant transportiert die Energie,

(1-3)
$$\boxed{E = h \cdot f}$$

wobei h das Plancksche[1] Wirkungsquantum ($6{,}6 \cdot 10^{-34}$ J · s) ist.

[1] Max Planck entdeckte 1900 die Energiequantelung bei der Untersuchung strahlender Körper.

Versuch 1-1: Wasserstoff in einer Spektralröhre wird durch Energiezufuhr angeregt. Das von Wasserstoffatomen ausgesandte Licht betrachtet man durch ein Spektroskop.

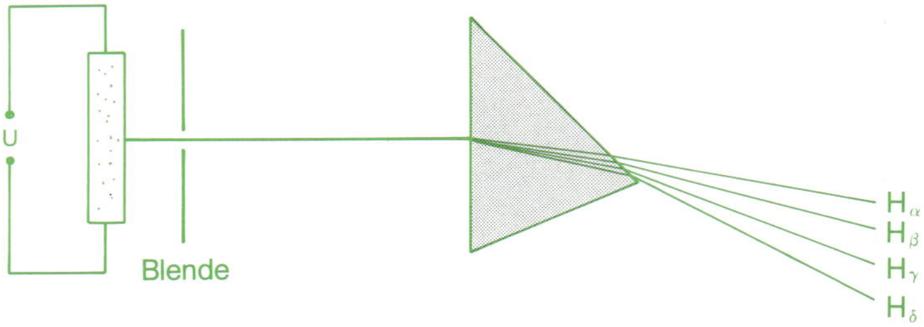

Spektralröhre mit Element, das bei Anregung Licht aussendet

Prismenspektroskop, das Licht verschiedener Wellenlänge verschieden stark ablenkt. Je kurzwelliger das Licht, desto stärker die Ablenkung.

Das sichtbare Spektrum des fahlvioletten Lichtes des Wasserstoffs setzt sich im Gegensatz zu dem kontinuierlichen Spektrum des Sonnenlichts nur aus ganz bestimmten Linien zusammen.

Abbildung 1–2: *Linienspektrum des Wasserstoffs*

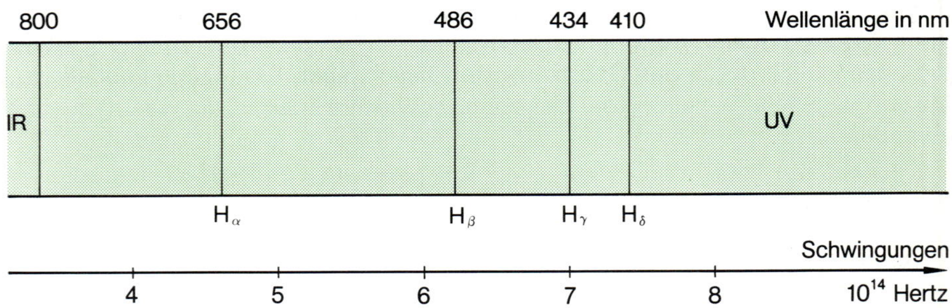

Wie wird nun dieses Linienspektrum gedeutet, und welche Konsequenzen lassen sich für den Atombau daraus ableiten?

Das Elektron in einem Wasserstoffatom hat im Grundzustand eine bestimmte Gesamtenergie E_1, die sich aus potentieller und kinetischer Energie zusammensetzt. Wird es durch Energiezufuhr angeregt, so steigt seine Gesamtenergie auf E_2, und es entfernt sich weiter vom Kern.

Abbildung 1–3: *Zwei Energiezustände des Elektrons im Wasserstoffatom*

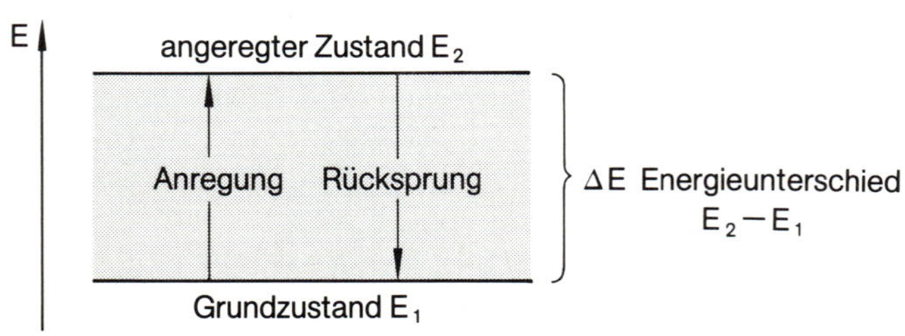

Das Elektron verbleibt nur sehr kurze Zeit (ca. 10^{-8} s) im angeregten Zustand und fällt dann in den Grundzustand zurück. Dabei wird ein Lichtquant einer bestimmten Energie und damit einer bestimmten Farbe ausgesandt. Die Energie des Lichtquants können wir berechnen:

(1-4) $$\Delta E = E_2 - E_1 = E_{Photon}$$

Aus (1-3) $E = h \cdot f$ und (1-2) $c = \lambda \cdot f$ ergibt sich:

$$E = h \cdot \frac{c}{\lambda}$$

für $\lambda = 656$ nm

$$E = \frac{6{,}62 \cdot 10^{-34}\, J \cdot s \cdot 3 \cdot 10^{8}\, m}{656 \cdot 10^{-9}\, m \cdot s} = \mathbf{3{,}02 \cdot 10^{-19}\, J}$$

Jeder Spektrallinie entspricht eine ganz bestimmte Energiedifferenz zwischen zwei Energiestufen des Elektrons im Wasserstoffatom. Aus dem Auftreten verschiedenartiger Energiedifferenzen folgt, daß sich das Elektron in einem Wasserstoffatom nur in ganz bestimmten Energiestufen (Energieniveaus) befinden kann. Da das Spektrum des Wasserstoffs nicht kontinuierlich ist, kann auch das Elektron nicht jede beliebige Energie annehmen.

Im Wasserstoffatom sind für das Elektron nur ganz bestimmte Energieniveaus E_1, E_2, E_3 ... erlaubt.

Die verschiedenen Hauptenergieniveaus E_1, E_2, E_3 ... im Wasserstoffatom werden als 1. Schale, 2. Schale, 3. Schale ... n-te Schale (n = Hauptquantenzahl) bezeichnet. Der Energieunterschied z. B. zwischen der 3. und der 2. Schale entspricht der Energie, die ein emittiertes Lichtquant der Wellenlänge 656 nm hat.

Abbildung 1–4: *Hauptenergieniveaus – Schalenaufbau*

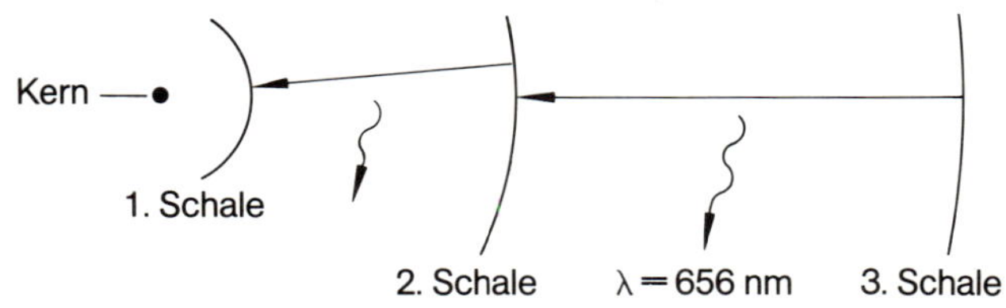

1.4.2 Nebenenergieniveaus – Nebenquantenzahl

Das Wasserstoffatom, das nur ein Proton und ein Elektron hat, zeigt in seinem Spektrum eine einfache, systematische Anordnung der Spektrallinien. Betrachten wir aber das Spektrum des Eisens (einschließlich UV- und IR-Bereich), so zählen wir ca. 40000 Linien. Diese Vielzahl von Elektronenübergängen kann nicht mehr mit den Hauptschalen allein erklärt werden. Die Hauptenergieniveaus sind in Nebenniveaus aufgespalten. Zur Bezeichnung der Nebenniveaus wird die Nebenquantenzahl eingeführt.

Tabelle 1-2: Haupt- und Nebenniveaus

Hauptenergieniveaus (Hauptschalen)	Nebenniveaus	Bezeichnung	Energieniveau-diagramm
n = 1	s	1s	E ↑ —— 1s
n = 2	s, p	2s, 2p	E ↑ —— 2p —— 2s
n = 3	s, p, d	3s, 3p, 3d	E ↑ —— 3d —— 3p —— 3s
n = 4	s, p, d, f	4s, 4p, 4d, 4f	E ↑ —— 4f —— 4d —— 4p —— 4s

Die erste Schale besteht aus einem, die zweite Schale aus zwei, die dritte aus drei Nebenniveaus usw.

1.4.3 Aufgliederung der Nebenniveaus – Richtungsquantenzahl

Befindet sich der lichtemittierende Stoff in einem Magnetfeld, so spalten sich die Spektrallinien weiter auf. Ohne Magnetfeld müssen mehrere Nebenniveaus gleicher Energie vorhanden sein. Diese räumliche Aufteilung der Elektronen wird durch die Magnetquantenzahl (Richtungsquantenzahl) ausgedrückt.

Tabelle 1-3: Aufgliederung der Nebenniveaus

Nebenniveau	Anzahl der Nebenniveaus gleicher Energie
s	1
p	3
d	5
f	7

Abbildung 1–5: *Aufgliederung der ersten drei Schalen*

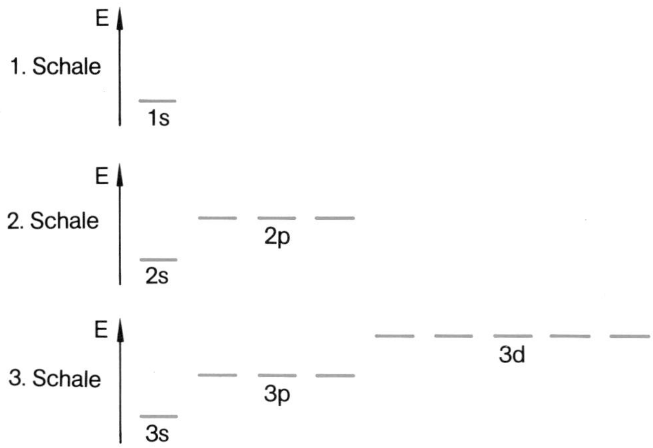

1.4.4 Spin der Elektronen – Spinquantenzahl

Man nimmt an, daß das Elektron um seine eigene Achse rotiert. Dabei sind nur zwei Drehrichtungen möglich. Zu ihrer Kennzeichnung wird als weitere Quantenzahl die Spinquantenzahl eingeführt. Sie kann nur zwei Werte annehmen.

1.5 Aufenthaltsräume der Elektronen – Orbitale

Durch Berechnungen[1] ist es gelungen, in der Atomhülle des Wasserstoffatoms Räume anzugeben, in denen sich das Elektron mit sehr hoher Wahrscheinlichkeit aufhalten kann. Wir nennen diese Räume *Orbitale* (orbit = Bahn, gemeint ist aber ein *Raum*). Da sich Elektronen in Orbitalen sehr schnell bewegen, kann anschaulich nur von negativen Ladungswolken gesprochen werden: Elektronen sind im Raum „verschmiert" (ähnlich wie wir bei einem laufenden Ventilator nicht mehr einzelne Ventilatorblätter, sondern nur noch ein rundes, verschwommenes Gebilde sehen).

> Ein **Orbital** ist ein Raum, in dem sich ein Elektron mit einer bestimmten Wahrscheinlichkeit (z. B. 95%) aufhält.

Elektronen unterschiedlicher Energie sind unterschiedlichen Aufenthaltsräumen (unterschiedlichen Orbitalen) zugeordnet. Die verschiedenen Orbitale unterscheiden sich in ihrer Form und Größe (energieabhängig) sowie in der räumlichen Orientierung.

1.5.1 s-Orbitale

Jede Schale beginnt mit einem kugelförmigen s-Orbital. In Abhängigkeit von der Entfernung r vom Kern hat das Elektron in einem s-Orbital folgende Aufenthaltswahrscheinlichkeit:

Abbildung 1–6: *1s-Orbital*

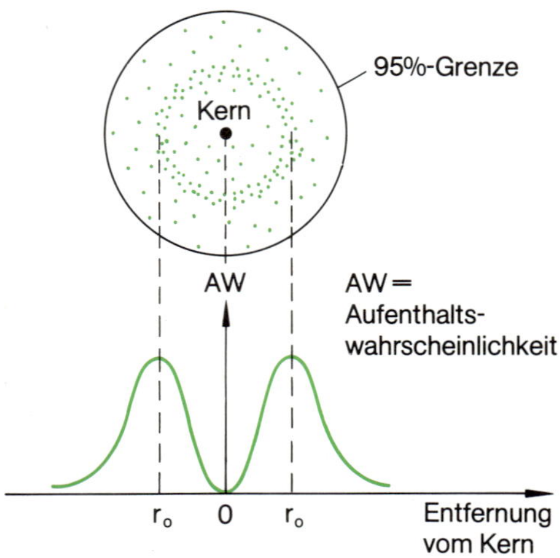

Abbildung 1–7: *s-Orbitale*

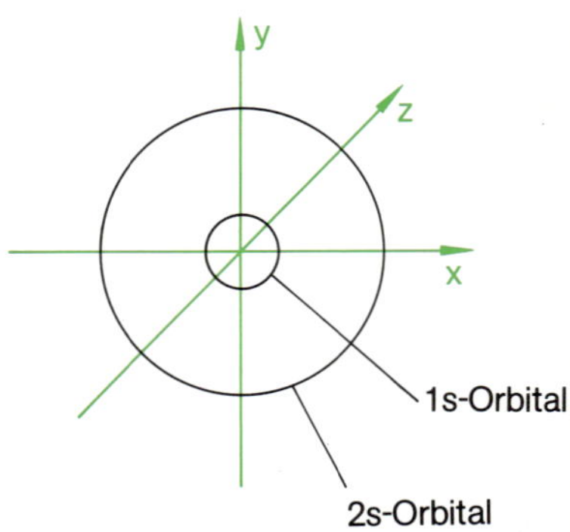

---

[1] Erwin Schrödinger beschreibt mit seiner Wellenmechanik das Verhalten des Elektrons im Einflußbereich des H-Atomkerns durch eine Wellenfunktion ψ (psi), die den Energiegehalt, die Raumkoordinaten und die Zeit miteinander verknüpft. Die Ergebnisse lassen eine Interpretation durch anschauliche Modelle zu.

1.5.2 p-Orbitale

Wie aus Abbildung 1-5 hervorgeht, gibt es drei 2p-Orbitale, drei 3p-Orbitale usw. Die p-Orbitale sind hantelförmig und rotationssymmetrisch zu den Längsachsen. p-Orbitale einer Schale sind energiegleich und lediglich im Raum unterschiedlich orientiert (Richtungsquantenzahl). Da ihre Orientierung im Raum den Achsen des rechtwinkligen Koordinatensystems entspricht, werden sie mit p_x, p_y und p_z bezeichnet.

Abbildung 1–8: *p-Orbitale*

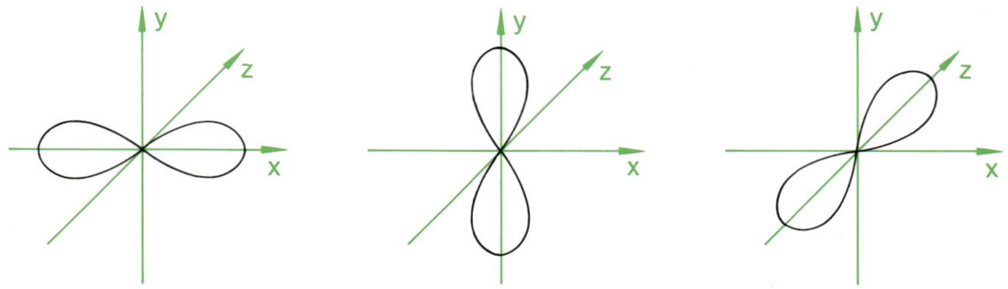

p_x-Orbital p_y-Orbital p_z-Orbital

Die 2p- und 2s-Orbitale haben ähnliche Größe. Das gilt auch für die 3s- und 3p-Orbitale. Die Außenbegrenzung der p-Orbitale gibt die bereits erwähnten 95% Aufenthaltswahrscheinlichkeit für die Elektronen an. Die fünf d-Orbitale und die sieben f-Orbitale wollen wir hier nicht auf ihre räumliche Struktur untersuchen.

Das Atommodell, das wir besprochen haben, gilt streng genommen nur für das Wasserstoffatom. Bisher ist es nicht gelungen, die Aufenthaltswahrscheinlichkeit der Elektronen in Atomen mit mehreren Elektronen zu berechnen. In erster Näherung kann man jedoch die Ergebnisse vom Wasserstoffatom auf andere Atome übertragen. So ist es möglich, z. B. für den Aufbau des Orbitalmodells des Kohlenstoffatoms geeignete Orbitale des Wasserstoffatoms zu verwenden. Dabei läßt man unberücksichtigt, daß sich die Form der Orbitale durch die gegenseitige Beeinflussung der Elektronen verändert.

Abbildung 1-9: *s- und p-Orbitale*

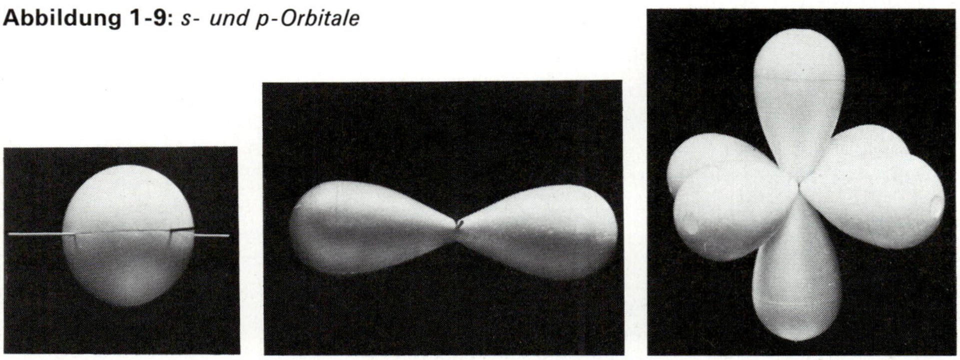

s p_x p_x p_y p_z

1.6 Verteilungsregeln für Elektronen

Die Verteilung der Elektronen auf die Orbitale wird durch folgende Regeln bestimmt.

1.6.1 Energieprinzip

Jedes Elektron versucht den energieärmsten Zustand einzunehmen, da dieser die größte Stabilität besitzt.

Die Besetzung der Orbitale erfolgt in der Reihenfolge steigender Energie nach dem Energieniveauschema. Die Energie der Orbitale steigt in der Reihenfolge 1s, 2s, 2p, 3s, 3p, 4s, 3d usw.

Abbildung 1–10: *Energieniveauschema*

1.6.2 Pauli-Prinzip

Nach W. Pauli dürfen Elektronen in einem Atom nie in allen vier Quantenzahlen übereinstimmen (Pauli-Verbot).

Das bedeutet, daß jedes Elektron in einem Atom als ein Individuum anzusehen ist. Aus diesem Prinzip folgt die maximale Elektronenzahl je Orbital. Für jedes Elektron im gleichen Orbital sind Haupt-, Neben- und Richtungsquantenzahl gleich. Elektronen in diesem Orbital können sich daher nur noch im Spin unterscheiden. Da es nur zwei Spinmöglichkeiten gibt, kann ein Orbital höchstens von zwei Elektronen besetzt werden. Daraus lassen sich die maximalen Elektronenzahlen für jede Schale berechnen.

Tabelle 1-4: Maximale Elektronenzahlen

Hauptschale	*Orbitale*	*Elektronenzahl je Schale*
$n = 1$	ein 1s	**2**
$n = 2$	ein 2s, drei 2p	$2 + 3 \cdot 2 = \mathbf{8}$
$n = 3$	ein 3s, drei 3p, fünf 3d	$2 + 3 \cdot 2 + 5 \cdot 2 = \mathbf{18}$
$n = 4$	ein 4s, drei 4p, fünf 4d, sieben 4f	$2 + 3 \cdot 2 + 5 \cdot 2 + 7 \cdot 2 = \mathbf{32}$

Allgemein:
Maximale Zahl der Elektronen in der n-ten Schale:

$$2n^2$$

L. Pauling hat für die Zahl, Energie und Verteilung der Elektronen auf die Orbitale eine sehr anschauliche Zellenschreibweise entwickelt. Jede Zelle entspricht einem Orbital. Orbitale gleicher Energie werden zu einem Block zusammengefaßt. Die Elektronen werden als Pfeile gezeichnet; die Richtung der Pfeile gibt den Spin an.

Abbildung 1–11: *Pauling-Schreibweise*

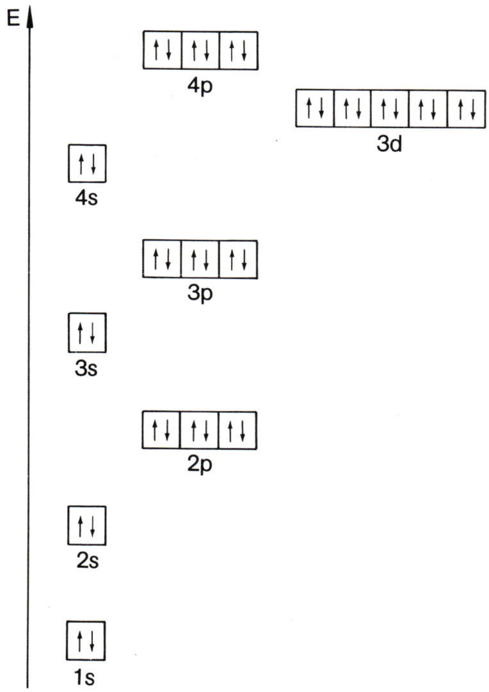

1.6.3 Hundsche Regel

Die Hundsche Regel legt fest, daß Orbitale gleicher Energie zuerst mit Elektronen parallelen Spins besetzt werden.

Nach dieser Regel dürfen z. B. p-Orbitale erst dann vollständig aufgefüllt werden, wenn bereits p_x, p_y und p_z einfach besetzt sind. Gleiches gilt für d- und f-Orbitale. Die Zahl der Elektronen in den Orbitalen wird als Hochzahl geschrieben. Die Verteilung der Elektronen auf die einzelnen Orbitale wird als Elektronenkonfiguration bezeichnet.

Schreibweise:

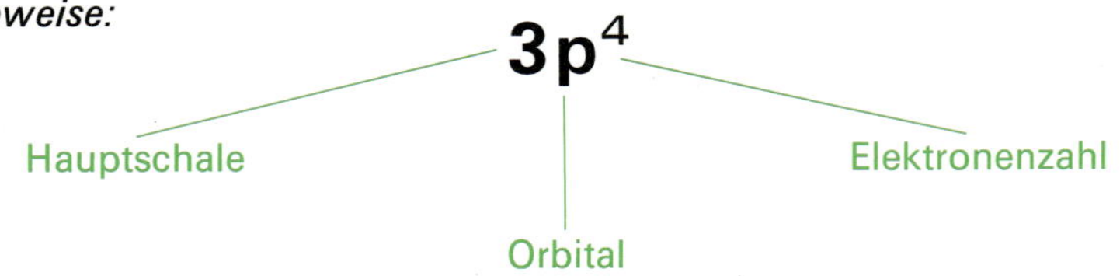

Abbildung 1–12: *Elektronenverteilung im Kohlenstoff- und Sauerstoffatom*

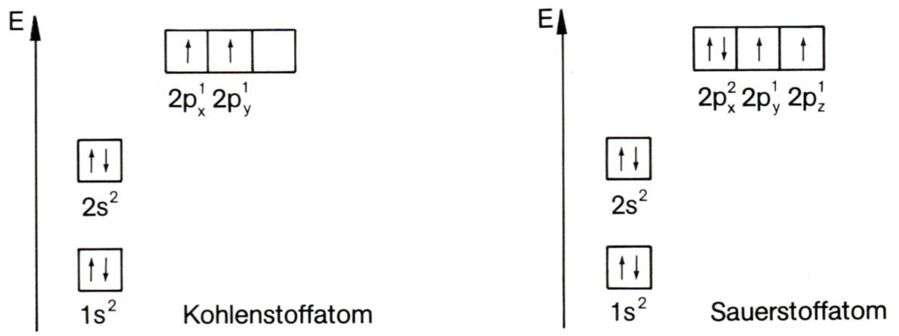

1.7 Atomdarstellung nach dem Orbitalmodell

Nach dem Orbitalmodell ergeben sich für die Elemente Kohlenstoff, Sauerstoff, Stickstoff und Fluor folgende bildliche Darstellungen:

Abbildung 1–13: *Atomdarstellungen nach dem Orbitalmodell*

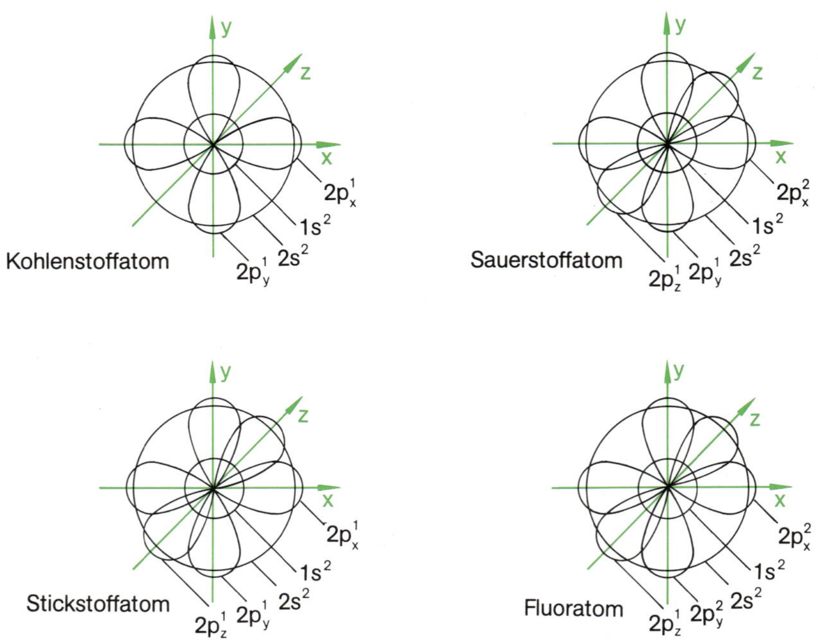

Aufgaben:

1. Geben Sie für das Sauerstoffnuklid $^{17}_{8}O$ Protonen-, Neutronen-, Kernladungs-, Nukleonen-, Ordnungs-, Elektronenzahl an.
2. Welche Informationen können Sie aus der Angabe $^{35}_{17}Cl$ ablesen?
3. Übernehmen Sie folgende Tabelle, und ergänzen Sie:

Element	Protonen-	Neutronen-	Elektronen-	Nukleonenzahl
$^{12}_{6}C$	?	?	?	?
N	7	7	?	?
$^{235}_{92}U$	?	?	?	?
?	?	?	?	1

4. Beschreiben Sie die Eigenschaften der verschiedenen Orbitaltypen hinsichtlich Symmetrie und Aufenthaltswahrscheinlichkeit des Elektrons (mit beschrifteter Skizze).
5. Übernehmen Sie die Tabelle, und füllen Sie aus:

Schale	Zahl der Orbitale				maximale Elektronenzahl
	s	p	d	f	
n = 1	?	?	?	?	?
n = 2	?	?	?	?	?
n = 3	?	?	?	?	?
n = 4	?	?	?	?	?

6. Begründen Sie die maximale Elektronenzahl in einem Orbital.
7. Kennzeichnen Sie das $2p_x$-Orbital in bezug auf Form und räumliche Ausrichtung.
8. Stellen Sie folgende Atome zeichnerisch dar (Orbitalmodelle):
   $^{1}_{1}H$ $^{12}_{6}C$ $^{14}_{7}N$ $^{20}_{10}Ne$

2 Das Periodensystem der Elemente

2.1 Das Periodensystem als Ordnungsprinzip

Bereits in der ersten Hälfte des vorigen Jahrhunderts war bekannt, daß es Gruppen von Elementen gibt, deren chemisches Verhalten sehr ähnlich ist. Aus diesem Wissen heraus entstanden Bemühungen, ein Ordnungsprinzip für die damals bekannten Elemente zu finden. Der bedeutendste Forscher auf diesem Gebiet war der russische Chemiker Dmitri Mendelejeff. Er veröffentlichte 1869 ein „periodisches Gesetz" und war damit für die Entwicklung des Periodensystems, wie wir es heute kennen, von herausragender Bedeutung.
Generell werden die Elemente in der Reihenfolge steigender Kernladungszahlen Z, d. h. in der Reihenfolge steigender Protonenzahlen ihrer Atome, angeordnet. Da man aber heute weiß, daß die chemischen Eigenschaften eines Elements von seiner Elektronenkonfiguration abhängen, liegt es auf der Hand, eine feinere Einteilung auf der Basis der Elektronenkonfiguration der Atome im Grundzustand vorzunehmen. Das Ergebnis ist das Periodensystem der Elemente (PSE).

Im **Wasserstoffatom**, dem am einfachsten gebauten Atom, ist das 1 s-Orbital mit einem Elektron besetzt; das nächstfolgende Atom, das **Heliumatom**, besitzt ein s-Orbital, das mit zwei Elektronen besetzt und damit voll gefüllt ist. Wasserstoff hat die Elektronenkonfiguration $1s^1$, Helium $1s^2$.

Bei dem nächsthöheren Atom, dem **Lithiumatom**, bietet das Orbital mit der Hauptquantenzahl 1, d. h. das s-Orbital der ersten Schale, keinen Platz mehr, folglich muß das dritte Elektron in ein Orbital der zweiten Schale eingebaut werden. Für das Lithium ergibt sich damit eine Elektronenkonfiguration $1s^2 2s^1$. Die vier Orbitale der Hauptquantenzahl 2, d. h. die Orbitale der 2. Schale (ein 2s- und drei 2p-Orbitale), können insgesamt 8 Elektronen aufnehmen und werden vom Lithium über Beryllium, Bor, Kohlenstoff, Stickstoff, Sauerstoff, Fluor und Neon nacheinander auf 8 Elektronen aufgefüllt, wobei die Hundsche Regel zu beachten ist.

Die Elektronenkonfigurationen dieser Elemente lauten:

Be:	$1s^2 2s^2$;	**C:**	$1s^2 2s^2 2p^2$;	**O:**	$1s^2 2s^2 2p^4$;	**Ne:**	$1s^2 2s^2 2p^6$
B:	$1s^2 2s^2 2p^1$;	**N:**	$1s^2 2s^2 2p^3$;	**F:**	$1s^2 2s^2 2p^5$;		

Analog zum Element Helium sind beim Element **Neon** alle vorhandenen Orbitale voll besetzt.

Beim weiteren Aufbau muß daher das nächste Elektron in ein Orbital der 3. Schale eingefügt werden. Das Element **Natrium** hat daher die Elektronenkonfiguration $1s^2 2s^2 2p^6 3s^1$.

In gleicher Weise wie bei den Orbitalen der Hauptquantenzahl 2 werden die Orbitale der 3. Schale (ein 3s- und drei 3p-Orbitale) Schritt für Schritt aufgefüllt. Dabei werden nach dem Element Natrium die Elemente Magnesium, Aluminium, Silizium, Phosphor, Schwefel und Chlor gebildet. Sind diese Orbitale voll besetzt, so ist das Element **Argon** mit der Elektronenanordnung $1s^2 2s^2 2p^6 3s^2 3p^6$ erreicht.

Tabelle 2-1: Elektronenkonfiguration der Elemente 1–18

	I	II	III	IV	V	VI	VII	VIII
1	$_{1}$**H** $1s^1$							$_{2}$**He** $1s^2$
2	$_{3}$**Li** $1s^2$ $2s^1$	$_{4}$**Be** $1s^2$ $2s^2$	$_{5}$**B** $1s^2$ $2s^2 2p^1$	$_{6}$**C** $1s^2$ $2s^2 2p^2$	$_{7}$**N** $1s^2$ $2s^2 2p^3$	$_{8}$**O** $1s^2$ $2s^2 2p^4$	$_{9}$**F** $1s^2$ $2s^2 2p^5$	$_{10}$**Ne** $1s^2$ $2s^2 2p^6$
3	$_{11}$**Na** $1s^2$ $2s^2 2p^6$ $3s^1$	$_{12}$**Mg** $1s^2$ $2s^2 2p^6$ $3s^2$	$_{13}$**Al** $1s^2$ $2s^2 2p^6$ $3s^2 3p^1$	$_{14}$**Si** $1s^2$ $2s^2 2p^6$ $3s^2 3p^2$	$_{15}$**P** $1s^2$ $2s^2 2p^6$ $3s^2 3p^3$	$_{16}$**S** $1s^2$ $2s^2 2p^6$ $3s^2 3p^4$	$_{17}$**Cl** $1s^2$ $2s^2 2p^6$ $3s^2 3p^5$	$_{18}$**Ar** $1s^2$ $2s^2 2p^6$ $3s^2 3p^6$

Zu Tabelle 2–1 sind einige Erläuterungen notwendig:

Die Atome der beiden Elemente in der ersten waagrechten Reihe besitzen nur Elektronen im 1s-Orbital, die Atome der Elemente in der zweiten waagrechten Reihe Elektronen in der 1. und 2. Schale. Bei den Atomen der Elemente in der dritten waagrechten Reihe sind die ersten drei Schalen mit Elektronen besetzt.

Die Atome der Elemente in der ersten senkrechten Spalte haben als Gemeinsamkeit, daß jeweils das s-Orbital der äußersten Schale mit einem Elektron besetzt ist:

H: $1s^1$; **Li**: $2s^1$; **Na**: $3s^1$.

Analog gilt für die weiteren senkrechten Spalten: Die Orbitale der äußersten Schale sind jeweils mit der gleichen Anzahl von Elektronen besetzt.

Lediglich das Heliumatom in der 8. Spalte macht hier eine Ausnahme. Da aber die Elektronenkonfiguration $1s^2$ ebenso wie die Konfigurationen $2s^2 2p^6$, $3s^2 3p^6$ usw. energetisch besonders begünstigte Elektronenanordnungen darstellen, ist es sinnvoll, das Element Helium in dieser Spalte mit aufzuführen.

- Die **waagrechten Zeilen** werden als **Perioden** bezeichnet. Die Periodennummer gibt die Anzahl der mit Elektronen besetzten Schalen an.
- Die **senkrechten Spalten** werden als **Hauptgruppen** bezeichnet. Die Hauptgruppennummer gibt dabei die Zahl der Elektronen in der äußersten Schale[1] (Valenzelektronen) an.

Die Hauptgruppen haben teilweise historisch bedingte Namen:

1. Hauptgruppe: Gruppe der *Alkalimetalle*
2. Hauptgruppe: Gruppe der *Erdalkalimetalle*
3. Hauptgruppe: Gruppe der *Erdmetalle*
4. Hauptgruppe: *Kohlenstoffgruppe*
5. Hauptgruppe: *Stickstoffgruppe*
6. Hauptgruppe: *Sauerstoffgruppe* (Gruppe der Chalkogene)
7. Hauptgruppe: Gruppe der *Halogene*
8. Hauptgruppe: *Edelgase*

---

[1] Eine Ausnahme bildet Helium.

Die Zahl links unten am Elementsymbol in Tabelle 2-1 wird **Ordnungszahl Z** genannt. Diese Zahl, mit der die Elemente fortlaufend numeriert werden, gibt sowohl die Gesamtzahl der Elektronen in der Hülle als auch die Anzahl der Protonen im Kern an.

Beim weiteren Aufbau der Elemente ergibt sich eine Schwierigkeit:

In den Atomen des Elements Argon sind vier Orbitale der 3. Schale voll besetzt. Darüber hinaus stehen in dieser Schale aber noch fünf 3d-Orbitale zur Verfügung, da die Höchstzahl der Elektronen einer Hauptquantenzahl $2 \cdot n^2$ ist. Für $n = 3$ ergeben sich daher 18 Elektronen. Das heißt, bei $n = 3$ sind neun Orbitale (ein 3s-, drei 3p- und fünf 3d-Orbitale) vorhanden.

Wie wird die Auffüllung der fünf 3d-Orbitale bewerkstelligt?

Aus dem Energieniveauschema ist bekannt, daß die 3d-Orbitale energetisch höher liegen als das 4s-Orbital (Abbildung 1–10), d.h., bei den Atomen des Elements mit $Z = 19$, dem **Kalium**, wird zunächst das 4s-Orbital mit einem Elektron besetzt. Kalium steht somit in der 1. Hauptgruppe und in der 4. Periode. Das 4s-Orbital wird anschließend beim **Calcium**, dem Element mit $Z = 20$, mit einem zweiten Elektron aufgefüllt. Calcium hat die Elektronenkonfiguration $1s^2\,2s^2\,2p^6\,3s^2\,3p^6\,4s^2$.

Da die 4p-Orbitale energetisch höher liegen als die 3d-Orbitale, werden ab dem Element mit $Z = 21$, dem **Scandium**, die 3d-Orbitale der Elemente Titan, Vanadium, Chrom, Mangan, Eisen, Cobalt, Nickel, Kupfer und Zink schrittweise aufgefüllt.

Bei den Atomen des Elements **Zink** mit $Z = 30$ sind die fünf 3d-Orbitale mit 10 Elektronen vollständig besetzt: $1s^2\,2s^2\,2p^6\,3s^2\,3p^6\,4s^2\,3d^{10}$.

Im Gegensatz zu den ersten 20 Elementen, bei deren Atomen das letzte Elektron immer in ein Orbital der äußersten Schale eingebaut wurde, erfolgt der Einbau des jeweils neu hinzukommenden Elektrons bei den Elementen mit $Z = 21$ bis $Z = 30$ in Orbitale der vorletzten Schale.

- Elemente, bei denen die Elektronen in s- und p-Orbitale der äußersten Schale eingebaut werden, heißen **Hauptgruppenelemente**.
- Elemente, bei denen die Elektronen in d-Orbitale der vorletzten Schale eingebaut werden, heißen **Nebengruppenelemente**.

Die genannten Elemente mit $Z = 21$ bis $Z = 30$ sind die ersten Nebengruppenelemente. Sie haben alle ein doppelt besetztes 4s-Orbital (Ausnahmen sind Chrom und Kupfer, deren 4s-Orbital nur einfach besetzt ist). Aufgrund dieser Elektronenkonfiguration sind sie in ihrem chemischen Verhalten sehr ähnlich, sie sind ausnahmslos Metalle. Ab dem Element mit $Z = 31$, dem **Gallium**, werden die drei 4p-Orbitale bis zum Element Krypton mit $Z = 36$ schrittweise aufgefüllt. **Krypton** als ein Element der 8. Hauptgruppe hat die Elektronenanordnung $1s^2\,2s^2\,2p^6\,3s^2\,3p^6 4s^2\,3d^{10}\,4p^6$.

Tabelle 2-2: Elemente der 4. Periode

Hauptgruppennummer	I	II											III	IV	V	VI	VII	VIII
Z Element	19 **K**	20 **Ca**	21 **Sc**	22 **Ti**	23 **V**	24 **Cr**	25 **Mn**	26 **Fe**	27 **Co**	28 **Ni**	29 **Cu**	30 **Zn**	31 **Ga**	32 **Ge**	33 **As**	34 **Se**	35 **Br**	36 **Kr**
	Haupt-		Nebengruppenelemente										gruppenelemente					

Der weitere Fortgang des Aufbaus gestaltet sich in gleicher Weise wie bei der 4. Periode.

An dieser Stelle ist eine historische Anmerkung interessant. Als Mendelejeff sein „periodisches Gesetz" entwickelte, waren noch längst nicht alle Elemente bekannt. Das periodische Gesetz wies daher an verschiedenen Stellen noch Lücken zwischen einzelnen Elementen auf. Mendelejeff war fest davon überzeugt, daß es Elemente geben müßte, die in diesen Zwischenräumen ihren Platz hätten, aber noch nicht entdeckt wären. In der 4. Hauptgruppe erschien ihm der Unterschied der Eigenschaften von Silizium und Zinn so groß, daß er zwischen diesen Elementen eine Lücke für ein noch zu entdeckendes Element – er nannte es Eka-Silizium – freihielt. Gleichzeitig lieferte er Voraussagen über Eigenschaften dieses noch unbekannten Elements, die er aus der Kenntnis der Eigenschaften von Silizium und Zinn ableitete. Er prognostizierte für das Eka-Silizium relative Atommasse, Farbe, Schmelzpunkt und eine Reihe weiterer chemischer Eigenschaften. Als das Element 1886 von einem deutschen Chemiker entdeckt wurde (das Element wurde Germanium genannt), stimmten die Aussagen von Mendelejeff bemerkenswert gut mit den gefundenen Eigenschaften überein.

Das 5s-Orbital, das energetisch tiefer liegt als die 4d-Orbitale, wird bei den Atomen des Elements **Rubidium** ($Z = 37$) mit einem Elektron besetzt. Rubidium steht also in der 1. Hauptgruppe und in der 5. Periode. Die Besetzung des 5s-Orbitals mit einem zweiten Elektron erfolgt bei den Atomen des Elements Strontium.

Ab dem Element mit $Z = 39$, dem **Yttrium**, werden über die Nebengruppenelemente Zirkonium, Niob, Molybdän, Technetium, Ruthenium, Rhodium, Palladium, Silber und Cadmium nacheinander die 4d-Orbitale voll besetzt. **Cadmium** hat die Elektronenkonfiguration $1s^2\,2s^2\,2p^6\,3s^2\,3p^6 4s^2\,3d^{10}\,4p^6\,5s^2\,4d^{10}$.

Anschließend erfolgt die Auffüllung der 5p-Orbitale über die Hauptgruppenelemente Indium, Zinn, Antimon, Tellur, Iod und **Xenon**, das als Element der 8. Hauptgruppe folgende Elektronenstruktur besitzt: $1s^2\,2s^2\,2p^6\,3s^2\,3p^6\,4s^2\,3d^{10}\,4p^6\,5s^2\,4d^{10}\,5p^6$.

Tabelle 2-3: Elemente der 5. Periode

Hauptgruppennummer	I	II											III	IV	V	VI	VII	VIII
Z Element	37 **Rb**	38 **Sr**	39 **Y**	40 **Zr**	41 **Nb**	42 **Mo**	43 **Tc**	44 **Ru**	45 **Rh**	46 **Pd**	47 **Ag**	48 **Cd**	49 **In**	50 **Sn**	51 **Sb**	52 **Te**	53 **I**	54 **Xe**
	Haupt-		Nebengruppenelemente										gruppenelemente					

Die 6. Periode beginnt mit **Caesium** (Z = 55), wobei das 6s-Orbital einfach besetzt wird; das zweite Elektron wird in dieses Orbital beim Element **Barium** (Z = 56) eingebaut.

Für den weiteren Verlauf des Aufbaus muß bedacht werden, daß der 4. Schale, deren d-Orbitale in der 5. Periode aufgefüllt wurden, 16 Orbitale (ein 4s-, drei 4p-, fünf 4d- und sieben 4f-Orbitale) zuzuordnen sind, die mit 32 Elektronen besetzt werden können.

Da die 4f-Orbitale auf energetisch niedrigerem Niveau liegen als die 5d-Orbitale, erfolgt beginnend mit dem Element **Cer** (Z = 58) über die Elemente Praseodym, Neodym, Promethium, Samarium, Europium, Gadolinium, Terbium, Dysprosium, Holmium, Erbium, Thulium, Ytterbium und **Lutetium** (Z = 71) die schrittweise Auffüllung der 4f-Orbitale. Zwischen den 6s-, 5d- und 4f-Orbitalen sind die Energieunterschiede so gering, daß verschiedene Abweichungen in der Reihenfolge der Elektronenbesetzung vorkommen.

Beim Element **Lanthan** (Z = 57) beispielsweise erfolgt der Einbau eines Elektrons in ein 5d-Orbital, bevor ein 4f-Orbital besetzt wird, so daß die Elektronenstruktur des Lanthan folgenden Aufbau hat: $1s^2 2s^2 2p^6 3s^2 3p^6 4s^2 3d^{10} 4p^6 5s^2 4d^{10} 5p^6 6s^2 5d^1$. Lanthan hat in den beiden äußersten Schalen dieselbe Elektronenkonfiguration wie Scandium (... $3s^2 3p^6 4s^2 3d^1$) und Yttrium (... $4s^2 4p^6 5s^2 4d^1$) in ihren jeweils beiden äußersten Schalen.

Bei den Elementen mit den Ordnungszahlen Z = 58 bis Z = 71 werden 4f-Orbitale aufgefüllt, während bereits mit Elektronen besetzte Orbitale der 5. und 6. Schale vorhanden sind. Aufgrund der weitgehenden Übereinstimmung in den zwei letzten Schalen sind diese Elemente daher chemisch einander noch ähnlicher als die Nebengruppenelemente.

Die 14 Elemente mit Z = **58** bis Z = **71** aus der 6. Periode betrachtet man als eine besondere Elementfamilie; bei ihnen werden 4f-Orbitale aufgefüllt. Man nennt diese Elemente **Lanthaniden**.

Ebenso wie die Nebengruppenelemente sind auch die Lanthaniden ausnahmslos **Metalle**.

Nun findet ab dem Element **Hafnium** (Z = 72) die Auffüllung der 5d-Orbitale über die Elemente Tantal, Wolfram, Rhenium, Osmium, Iridium, Platin, Gold und Quecksilber statt. Die Elemente mit Z = 72 bis Z = 80 sind wiederum Nebengruppenelemente. Ab dem Hauptgruppenelement Thallium (Z = 81) erfolgt über Blei, Bismut, Polonium, Astatium und Radon die schrittweise Auffüllung der 6p-Orbitale mit Elektronen.

Die sechste Periode ist damit die längste, sie umfaßt 32 Elemente.

Das Element **Francium** (Z = 87) besitzt ein einfach besetztes 7s-Orbital ($7s^1$); dieses wird beim Radium (Z = 88) mit einem weiteren Elektron besetzt ($7s^2$).

Analog zum Element **Lanthan** wird bei dem folgenden Actinium (Z = 89) zunächst ein 6d-Orbital einfach besetzt (... $6s^2 6p^6 7s^2 6d^1$), während bei den folgenden Elementen Thorium, Protactinium und Uran (sowie den nachfolgenden künstlichen Elementen) die 5f-Orbitale mit Elektronen besetzt werden.

Die 14 Elemente ab der Ordnungszahl Z = **90** werden **Actiniden** genannt.

Sie sind **Metalle** und ausnahmslos **radioaktiv**.

Setzt man nun die einzelnen Perioden so zusammen, daß die Elemente einer Hauptgruppe jeweils untereinander stehen (z. B. die Elemente der 1. Hauptgruppe Wasserstoff, Lithium, Natrium, Kalium, Rubidium, Caesium und Francium), so erhält man das gesamte Periodensystem der Elemente (siehe Anhang).

2.1.1 Elemente mit Z > 92

In der Natur finden wir heute 92 Elemente. Viele Anzeichen deuten aber darauf hin, daß in der Frühgeschichte der Erde auch die Elemente mit Z = 93 (Neptunium) und Z = 94 (Plutonium) existierten. Diese Elemente sind radioaktiv und zerfallen so schnell – ihre Halbwertszeit[1] ist im Vergleich zu erdgeschichtlichen Zeiträumen verschwindend klein –, daß sie nun in der Natur nicht mehr vorkommen. Sie können heute allerdings durch Kernreaktionen (z. B. in Kernreaktoren) wieder hergestellt werden.

Die Elemente mit Z > **94** haben in der Natur vermutlich nie existiert. Sie entstehen entweder durch die hohen Energien, die bei Kernwaffenexplosionen auftreten, oder durch Beschuß von Atomkernen mit anderen, hochbeschleunigten Teilchen in Kernlabors. Bis zu einer Ordnungszahl von ungefähr Z = 100 können die sog. Transurane durch Beschuß von α-Teilchen (Kerne von Heliumatomen) hergestellt werden. Bei Elementen mit Z > **100** ist dies nicht mehr möglich. Um sie zu gewinnen, werden als Geschosse Ionen (geladene Atome) von beispielsweise Neon-, Stickstoff- oder Chromatomen verwendet. Das Element mit Z = 104 (Kurtschatovium) wurde in russischen Kernlabors durch Beschuß von Plutoniumatomen mit Neonionen aufgebaut. Mit steigender Ordnungszahl wird es allerdings immer schwieriger, die gebildeten Transurane nachzuweisen, da ihre Halbwertszeiten immer kleiner werden, so daß sie bereits wieder zerfallen sind, bevor ihr Nachweis geglückt ist. Das zuletzt hergestellte Transuran mit Z = 107 hat eine Halbwertszeit von Sekundenbruchteilen.

Trotzdem hat es noch einen Sinn, sich mit der Herstellung von Elementen mit größeren Ordnungszahlen zu beschäftigen, denn aufgrund theoretischer Betrachtungen erscheint es wahrscheinlich, daß die Halbwertszeiten der Transurane mit Z > **108** wieder merklich zunehmen. Man vermutet, daß es bei diesen superschweren Elementen sog. „Stabilitätsinseln" gibt. Atome, die aufgrund ihrer Ordnungszahl in der Nähe einer solchen Insel liegen, sollten Halbwertszeiten aufweisen, die deutlich größer sind als die der Transurane mit Z = 100 bis Z = 107. Das Zentrum der ersten Stabilitätsinsel müßte das Element mit Z = **114** bilden. Als Ursache dieser Stabilitätsinsel wird das Zusammenspiel von besonderen Protonen- und Neutronenzahlen in den Kernen angenommen.

---

[1] Halbwertszeit: Zeit, nach der die Hälfte eines radioaktiven Nuklids zerfallen ist.

Aufgaben:

1. Welche Elemente haben bei ihren Atomen zwei Elektronen auf der äußersten Schale?
2. Was haben Elemente gemeinsam, die in einer Hauptgruppe stehen; was haben die gemeinsam, die in einer Periode stehen?
3. Warum enthält die dritte Periode nur acht Elemente, obwohl in der 3. Schale 18 Elektronen untergebracht werden können?
4. Erklären Sie unter Verwendung eines Energieniveauschemas, warum erst in der 4. Periode Nebengruppenelemente auftreten, obwohl bereits bei den Elementen der 3. Periode d-Orbitale besetzt werden könnten.
5. Ein Element hat 31 Elektronen.
   Geben Sie die Elektronenkonfiguration an. In welcher Hauptgruppe und in welcher Periode steht das Element?
6. Bei welchen Elementen werden 4d-Orbitale aufgefüllt?
7. Was haben die Elemente der 6. Periode gemeinsam?
   Welche drei Elementgruppen treten in dieser Periode auf?
8. Worin unterscheiden sich Nebengruppenelemente und Lanthanide?
9. Die Atome eines Elements besitzen fünf Elektronenschalen. Welche Schalen sind bei diesen Atomen auf jeden Fall voll besetzt?

2.2 Periodizität bestimmter Elementeigenschaften

Das Periodensystem gestattet eine Reihe von Aussagen über den Verlauf bestimmter Eigenschaften von Elementen innerhalb der Hauptgruppen und Perioden.

2.2.1 Der Verlauf der Atomradien

Bevor man Betrachtungen über Atomradien anstellt, muß man sich vergegenwärtigen, daß ein Atom kein scharf begrenztes Gebilde darstellt, dessen Radius wie beispielsweise der eines Fußballs bestimmt werden kann.

Der Radius eines Atoms hängt in hohem Maß von seiner Umgebung ab. Daher muß, um vergleichbare Atomradien zu erhalten, die Bestimmung bei genau definierten Bedingungen (z. B. Bindungssituation, Aggregatzustand etc.) erfolgen. Die Atome werden dabei als starre Kugeln betrachtet. Der Atomradius ist dann der halbe Abstand zweier Atomkerne des Elements bei den erwähnten Bedingungen.

In der nachfolgenden Tabelle 2-4 ist der Verlauf der Atomradien innerhalb der zweiten und dritten Periode und innerhalb der ersten zwei Hauptgruppen dargestellt.

Tabelle 2-4: Atomradien in pm (10^{-12} m)

Li 152	Be 112	B 88	C 77	N 70	O 66	F 64	Ne 112
Na 186	Mg 160	Al 143	Si 117	P 110	S 104	Cl 99	Ar 154
K 231	Ca 197						
Rb 244	Sr 215						
Cs 262	Ba 217						
Fr[1] ?	Ra 220						

Wie Tabelle 2-4 zeigt, nimmt innerhalb einer Hauptgruppe der Atomradius von oben nach unten zu. Dieser Verlauf ist zu erwarten, da mit jeder Periode eine neue Elektronenschale hinzukommt und dies einen größeren Raumbedarf der Elektronenhülle zur Folge hat.

Innerhalb einer Periode nimmt der Atomradius von links nach rechts ab. Auch dieser Verlauf ist einfach zu verstehen, da innerhalb der gleichen Periode jedes neu hinzukommende Elektron in die gleiche Elektronenschale eingebaut wird. Während die Schalenzahl konstant bleibt, nimmt die Kernladung zu; dadurch wird die gesamte Hülle näher an den Kern herangezogen (Gesetz von Coulomb [1-1]). Auffallend ist der unerwartete Anstieg der Atomradien von der siebten zur achten Hauptgruppe. Dies liegt daran, daß Edelgase keine vergleichbar starken Bindungen ausbilden wie die anderen Atome, so daß die Bedingungen, bei denen die Atomradien der Edelgase bestimmt werden, andere sind als bei den übrigen Elementen.

2.2.2 Der Verlauf der ersten Ionisierungsenergien

Unter der ersten Ionisierungsenergie eines Atoms versteht man allgemein die Energie, die aufgewandt werden muß, um ein Elektron (das erste Elektron) aus dem energiereichsten Orbital zu entfernen.[2]

Dies läßt sich mit dem geringsten Energieaufwand abtrennen. Die Bezeichnung „erste Ionisierungsenergie" deutet an, daß es für die Abtrennung von weiteren Elektronen auch weitere Ionisierungsenergien gibt. Durch Entfernung von Elektronen entstehen immer positive Ionen.

---

[1] In der ersten Hauptgruppe ist das Element Wasserstoff nicht aufgeführt, da der Vergleich eines Gases mit sechs Metallen keine sinnvolle Aussage zuläßt. Für das Element Francium kann keine Aussage gemacht werden, da dieses Element radioaktiv und dabei so kurzlebig ist, daß man nicht genügend Substanz erhält, um die Messungen durchzuführen.

[2] Umfassende Definition der Ionisierungsenergie auf Seite 76

Tabelle 2-5: Erste Ionisierungsenergien in kJ/mol[1]

Li 526	Be 905	B 807	C 1092	N 1409	O 1319	F 1687	Ne 2087
Na 502	Mg 744	Al 584	Si 793	P 1017	S 1006	Cl 1257	Ar 1526
K 425	Ca 596						
Rb 402	Sr 549						
Cs 374	Ba 502						

Abbildung 2–1: *Verlauf der ersten Ionisierungsenergien von Elementen der ersten drei Perioden*

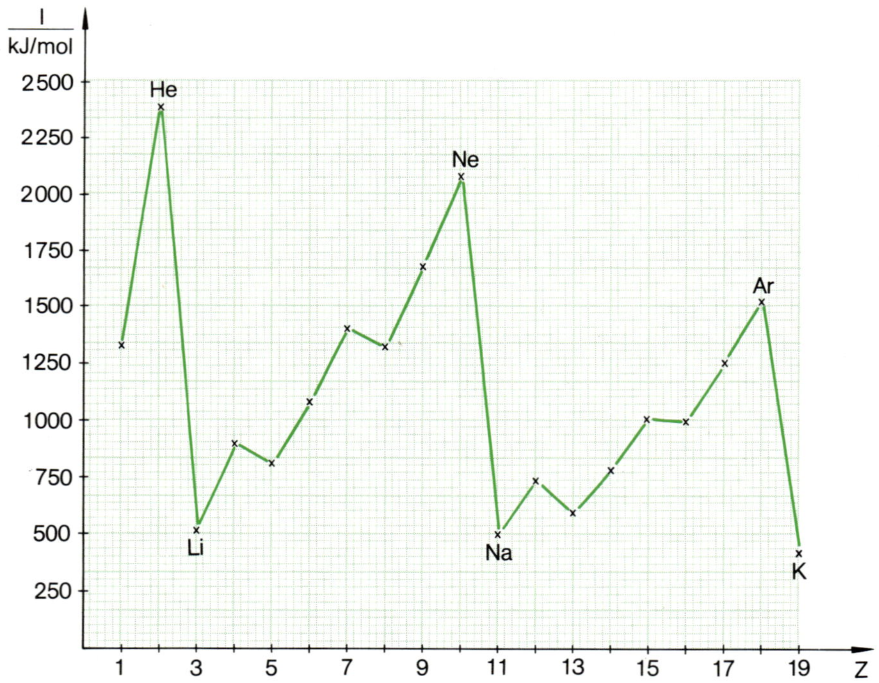

Die Ionisierungsenergie nimmt innerhalb einer Periode von links nach rechts zu. Innerhalb einer Periode nimmt von links nach rechts der Atomradius ab, gleichzeitig nimmt aber die Kernladung zu. Das hat zur Folge, daß die Elektronen immer stärker vom Kern festgehalten werden und dadurch ihre Abtrennung erschwert wird.

[1] 1 mol sind $6{,}022 \cdot 10^{23}$ Teilchen

Innerhalb einer Hauptgruppe nimmt die Ionisierungsenergie von oben nach unten ab. Obwohl innerhalb einer Gruppe von oben nach unten die Kernladung steigt, nimmt wegen des immer größer werdenden Atomradius die Anziehung des Kerns auf die äußeren Elektronen ab, und dies bedeutet eine Abnahme der Ionisierungsenergie. Beim zweiten (z. B. Be; Z = 4) und fünften Element (z. B. N; Z = 7) innerhalb einer Periode (Hauptgruppenelemente) treten kleine Maxima im Verlauf der ersten Ionisierungsenergie auf. Diese rühren daher, daß beim zweiten Element innerhalb einer Periode das s-Orbital der äußersten Schale voll besetzt ist und beim fünften Element in der Periode alle p-Orbitale der äußersten Schale einfach besetzt sind.
Diese Elektronenanordnungen sind energetisch etwas begünstigt, daher ist die Abtrennung eines Elektrons aus diesen Zuständen erschwert.

2.2.3 Der Metallcharakter

Im Periodensystem nimmt der Metallcharakter der Elemente in einer Periode von links nach rechts ab, innerhalb einer Hauptgruppe von oben nach unten zu. Metalle sind dadurch gekennzeichnet, daß ihre ersten Ionisierungsenergien vergleichsweise klein und ihre äußersten Elektronenschalen in der Regel mit wenigen Elektronen besetzt sind.
Legt man in ein Periodensystem eine Gerade, die zwischen Be und B beginnt und zwischen Po und At endet, so liegen links von dieser Geraden Metalle (Ausnahme Wasserstoff) und rechts davon Nichtmetalle.

Tabelle 2-6: Kurzperiodensystem (Hauptgruppenperiodensystem)

Periode \ Hauptgruppe	I	II	III	IV	V	VI	VII	VIII
1	H							He
2	Li	Be	B	C	N	O	F	Ne
3	Na	Mg	Al	Si	P	S	Cl	Ar
4	K	Ca	Ga	Ge	As	Se	Br	Kr
5	Rb	Sr	In	Sn	Sb	Te	I	Xe
6	Cs	Ba	Tl	Pb	Bi	Po	At	Rn
7	Fr	Ra						

Diese Gerade wird als **Metall-Nichtmetall-Trennlinie** bezeichnet. Nebengruppenelemente, Lanthaniden und Actiniden lassen sich problemlos in dieses Schema einordnen; sie liegen alle links von der Trennlinie, was aufgrund der Tatsache, daß sie ausnahmslos Metalle sind, auch zu erwarten ist.
Manchmal werden Elemente, die direkt an der Trennlinie liegen, z. B. Silizium, Germanium und Arsen, Halbmetalle genannt. Allgemein durchgesetzt hat sich diese Bezeichnung allerdings nicht.

2.2.4 Die Dichte

Anhand des Periodensystems können Aussagen über den periodischen Verlauf von atomaren Eigenschaften der Elemente, wie Atomradius und Ionisierungsenergie, gemacht werden.

Sind aus der Kenntnis des Periodensystems auch Aussagen über die Periodizität von physikalischen Kenngrößen der Elemente, z.B. über die Dichte sowie die Schmelz- und Siedepunkte, möglich?

Leider ist das Periodensystem hier überfordert. So ist die Dichte eine Stoffeigenschaft, bei der aufgrund des Periodensystems keine exakte Aussage über ihre Periodizität gemacht werden kann. Für die Dichte eines Stoffes sind nicht nur atomare Größen maßgebend, sondern sie wird auch weitgehend von Größen bestimmt, die aus dem Stoffaufbau resultieren. Beispielsweise spielen Bindungsart und Kristallgitterstruktur eine wesentliche Rolle für die Dichte eines Stoffes. Dies zeigt sich deutlich beim Element Kohlenstoff, das entweder als Graphit oder als Diamant vorliegen kann. Im atomaren Bereich unterscheiden sich diese beiden Erscheinungsformen des Kohlenstoffs in der Art der Bindung der Kohlenstoffatome untereinander und daher im Kristallgitteraufbau. Dies hat eine sehr unterschiedliche Dichte zur Folge: Graphit hat eine Dichte von 2,25 g/cm^3, Diamant hingegen eine von 3,51 g/cm^3.

Abbildung 2-2: *Kristallgittermodell von Graphit*

Abbildung 2-3: *Kristallgittermodell von Diamant*

Ausgehend vom Periodensystem kann lediglich innerhalb der Hauptgruppen ein Trend angegeben werden: Die Dichte nimmt innerhalb einer Hauptgruppe von oben nach unten zu.

Hierbei ist allerdings eine Reihe von Ausnahmen festzustellen. In der ersten Hauptgruppe, der Gruppe der Alkalimetalle, ist die Dichte von Natrium mit 0,97 g/cm^3 größer als die von Kalium mit 0,86 g/cm^3, obwohl Kalium unter Natrium steht.

In der zweiten Hauptgruppe, der Gruppe der Erdalkalimetalle, ist die Dichte von Beryllium größer als die von Magnesium und Calcium, obwohl Beryllium das erste Element dieser Gruppe ist.

Bei der siebten Hauptgruppe, den Halogenen, und der achten Hauptgruppe, den Edelgasen, verläuft die Dichtezunahme regelmäßig von oben nach unten.
Innerhalb einer Periode ist der Dichteverlauf sehr unregelmäßig, Aussagen sind schwierig.

Abbildung 2–4: *Dichteverlauf der Elemente in der 2., 3., 4. und 5. Periode*

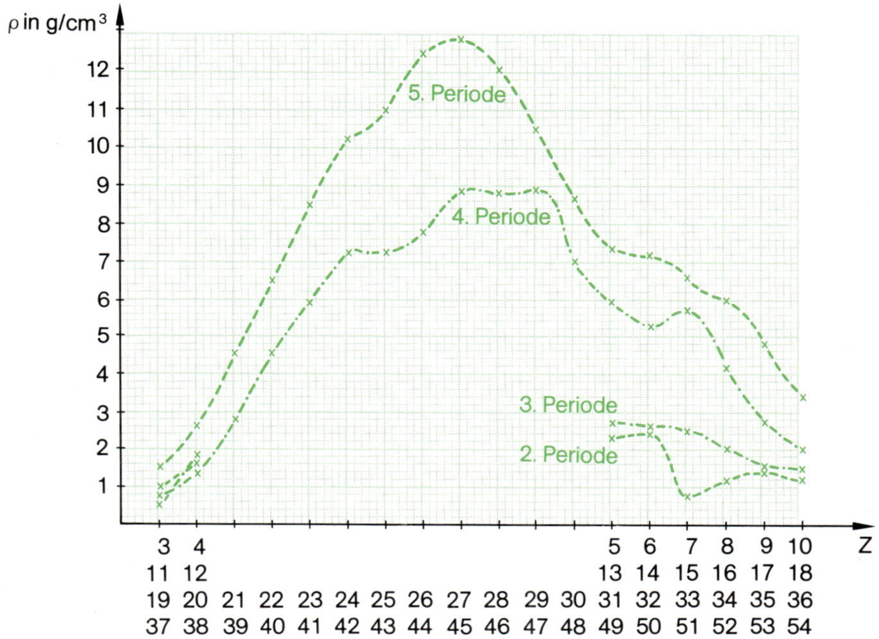

Die Dichtewerte für die Elemente, die bei Raumtemperatur gasförmig auftreten, sind die Werte für den flüssigen Aggregatzustand am Siedepunkt.

2.2.5 Die Schmelz- und Siedepunkte

Schmelz- und Siedepunkte haben ebenfalls ihre Ursachen nicht nur in der atomaren Struktur, sondern auch im stofflichen Aufbau. Liegen beispielsweise konkrete, kleine Einzelmoleküle vor, die sich gegenseitig nur schwach anziehen[1], so sind die Schmelz- und Siedepunkte niedrig. Ganz anders liegen die Verhältnisse bei Stoffen, in denen alle Atome über stabile Bindungen (z. B. Silizium) miteinander verbunden sind. Schmelz- und Siedepunkte solcher Elemente liegen sehr hoch.

Innerhalb einiger Hauptgruppen, der Gruppe der Alkalimetalle, der Halogene und der Edelgase, ist allerdings ein regelmäßiger Trend festzustellen. Während bei den Alkalimetallen Schmelz- und Siedepunkte von oben nach unten absinken, steigen sie bei den Halogenen von oben nach unten an.

[1] siehe Kapitel 3.7

Tabelle 2-7: Schmelz- und Siedepunkte *der Elemente der 1., 7. und 8. Hauptgruppe in °C*

	Fp	Kp		Fp	Kp		Fp	Kp
Li	180,5	1330	F_2	−219,6	−188,2	**He**	−269,7	−268,9
Na	97,8	892	Cl_2	−101	− 34,7	**Ne**	−248,6	−246
K	63,7	760	Br_2	− 7,2	58	**Ar**	−189,4	−185,8
Rb	38,9	688	I_2	113,7	183	**Kr**	−157,3	−152
Cs	28,7	690				**Xe**	−111,9	−108

Innerhalb einer Periode ist eine Aussage über einen regelmäßigen Verlauf von Schmelz- und Siedepunkten nicht möglich.

Aufgaben:

1. Aus welchem Grund sind alle Nebengruppenelemente den Metallen zuzurechnen?
2. In welcher Periode befinden sich nur Metalle?
3. Was ist die Ursache dafür, daß der Atomradius von Natrium größer als der von Chlor ist?
4. Ist für die Siedepunkte der Elemente ein gleicher Verlauf im Periodensystem festzustellen wie für den Verlauf der Atomradien?
   Erläutern Sie ihre Antwort an zwei Beispielen.
5. Geben Sie zwei Gründe dafür an, daß etwa 3/4 aller natürlich vorkommenden Elemente den Metallen zuzurechnen sind, während nur 1/4 Nichtmetalle sind.

3 Chemische Bindung – Atombindung

3.1 Mechanismus der Atombindung

Edelgase sind sehr reaktionsträge; sie bilden im allgemeinen keine Verbindungen und kommen als Elemente nur atomar vor. Die Ursache für dieses Verhalten liegt in der Elektronenkonfiguration $1s^2$ bzw. s^2p^6 auf der äußersten Schale, die einen energetisch besonders günstigen Zustand darstellt. Im Gegensatz zu den Edelgasen kommen die übrigen Elemente bei normalen Bedingungen nicht im atomaren Zustand vor. Sie versuchen einen energieärmeren Zustand z. B. dadurch zu erreichen, daß sie mit geeigneten Partnern Moleküle bilden und so zu edelgasähnlichen Elektronenkonfigurationen gelangen.

Bei der Bildung eines Wasserstoffmoleküls aus zwei Wasserstoffatomen nähern sich die Bindungspartner so weit, daß eine Überlappung (Durchdringung) der beiden halbbesetzten **Atomorbitale** eintritt. Jedes der beiden Elektronen kommt in den Anziehungsbereich beider Atomkerne.

Abbildung 3–1: *Überlappung halbbesetzter Atomorbitale*

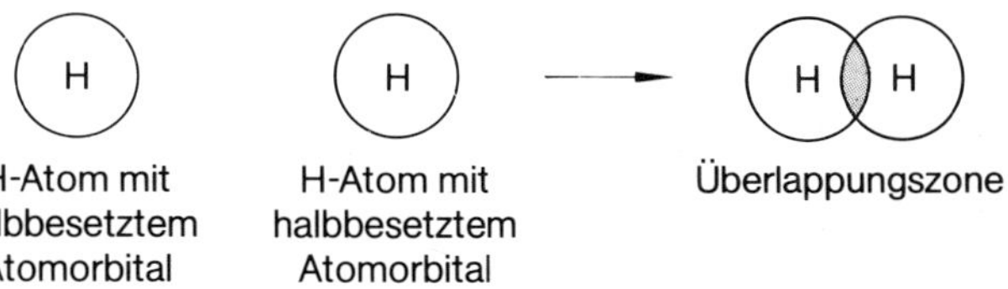

Diese Elektronen, Bindungselektronen genannt, halten sich bevorzugt im Bereich zwischen den Atomkernen auf, wodurch hier eine Zone hoher negativer Ladung entsteht. Die Wasserstoffatomkerne werden so weit in dieses Gebiet hineingezogen, bis sich anziehende und abstoßende Kräfte ausgleichen.

Der Abstand zwischen den beiden Atomkernen repräsentiert also einen Kompromiß zwischen der Anziehung von Atomkernen und Bindungselektronen und der Abstoßung der beiden Atomkerne.

Die ganze Anordnung läßt sich mit zwei Kugeln vergleichen, die durch eine Feder miteinander verbunden sind: Es ist Energie nötig, um die Kugeln einander zu nähern, d. h., um die Feder zusammenzudrücken, aber auch, um die Kugeln auseinanderzuziehen.

Die Kurve in Diagramm 3-1 zeigt, wie sich die Energie in dem System verändert, wenn der Atomkern II von rechts dem Atomkern I genähert wird. Zunächst sinkt die Energie wegen der zunehmenden Überlappung, bis bei einem Kernabstand von $0{,}74 \cdot 10^{-10}$ m ein *Energieminimum* erreicht wird.

Wird der Kern II nun weiter zum Kern I hinbewegt, so steigt die Energie stark an. Sie nimmt schließlich sogar positive Werte an, und das bedeutet, daß zwei miteinander verbundene Wasserstoffatome in einem Wasserstoffmolekül, dessen Bindung zusammengestaucht ist, weniger stabil sind als zwei isolierte Wasserstoffatome. Bei gestauchter Bindung übertrifft die Abstoßung der beiden Atomkerne die Anziehungskräfte.

Diagramm 3–1: *Energieverlauf in Abhängigkeit vom Abstand zweier Wasserstoffatomkerne*

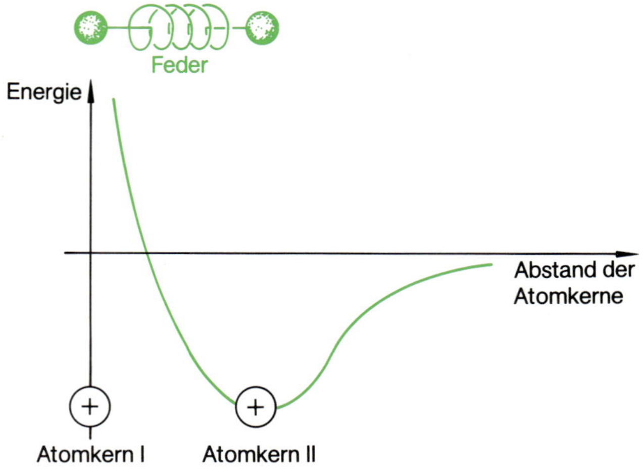

Durch die Verbindung zweier Wasserstoffatome zu einem Wasserstoffmolekül ist aus den beiden einfach besetzten Atomorbitalen ein doppelt besetztes **Molekülorbital** entstanden.

Das gemeinsame, bindende Elektronenpaar bewirkt die Bindung zwischen den beiden Wasserstoffatomen. Im Molekülorbital sind die beiden Elektronen durch entgegengesetzten Spin gekennzeichnet. Im Wasserstoffmolekül ist für die beiden Wasserstoffatome eine **Edelgaskonfiguration** erreicht, da jedes Atom das Elektron des Bindungspartners mitbeansprucht (gemeinsames Elektronenpaar).

Eine Bindung, die durch Überlappung halbbesetzter Orbitale entstanden ist, wird **Elektronenpaarbindung**, kovalente Bindung oder Atombindung genannt.

Da sich bei der Wasserstoffmolekülbildung zwei s-Orbitale überlappen, spricht man von einer s-s-Überlappung.

Abbildung 3–2: *H_2-Molekül*

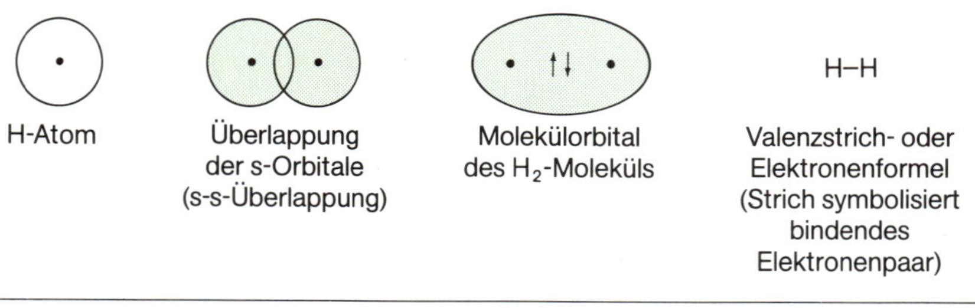

Verbinden sich zwei Wasserstoffatome zu einem Wasserstoffmolekül, so wird Energie frei, da ein energetisch günstigerer Zustand erreicht wird. Bei der Spaltung des Wasserstoffmoleküls muß diese **Bindungsenergie** aufgewandt werden.

Die **Bindungsenergie** ist die Energie, die zur Spaltung einer Atombindung aufgebracht werden muß.

Abbildung 3–3: *Bindungsenergie*

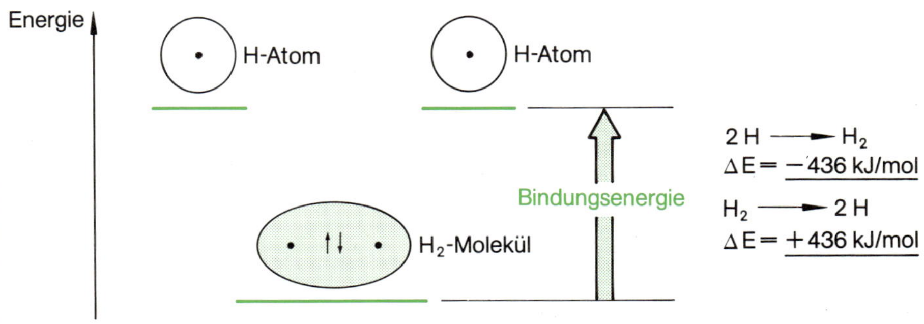

Bei der Bildung eines Wasserstofffluoridmoleküls (früher als Fluorwasserstoffmolekül bezeichnet) überlappen das einfach besetzte p-Orbital des Fluoratoms und das einfach besetzte s-Orbital des Wasserstoffatoms. Das Molekülorbital ist aus einem s- und einem p-Orbital entstanden: Man spricht von einer s-p-Überlappung. Im Wasserstofffluoridmolekül ist sowohl für das Wasserstoff- als auch für das Fluoratom eine Edelgaskonfiguration erreicht: für das Wasserstoffatom die Helium-, für das Fluoratom die Neonkonfiguration.
Verbinden sich zwei Chloratome zu einem Chlormolekül, so entsteht das bindende Molekülorbital durch Überlappung zweier einfach besetzter p-Orbitale (p-p-Überlappung).
Nach der Ausbildung von gemeinsamen Elektronenpaaren sind weder im Wasserstoff- noch im Wasserstofffluorid- noch im Chlormolekül einfach besetzte Orbitale (ungepaarte Elektronen) vorhanden.

Abbildung 3–4: *s-p-Überlappung – Wasserstofffluoridmolekül*

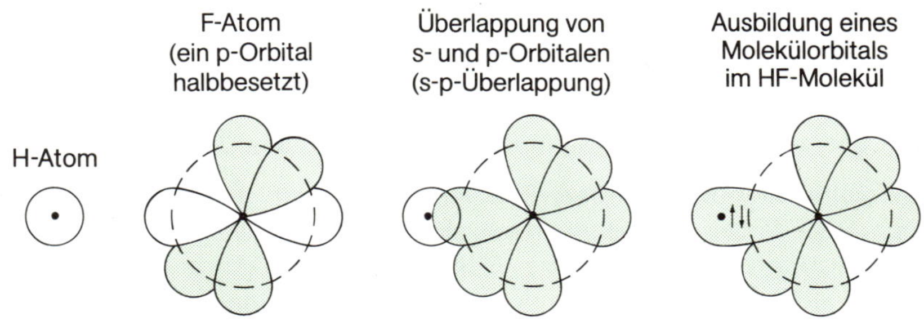

Valenzstrichformel des HF-Moleküls: H–F̲̅|

In der Valenzstrichformel des HF-Moleküls erkennen wir neben dem bindenden Elektronenpaar am Fluor drei weitere Elektronenpaare, die durch je einen Strich symbolisiert werden. Da sie nicht an der Bindung beteiligt sind, nennt man sie *freie bzw. nichtbindende Elektronenpaare*. Die Valenzstrichformel zeigt anschaulich, daß im HF-Molekül sowohl das H-Atom als auch das F-Atom durch das gemeinsame Elektronenpaar eine Edelgaskonfiguration erreicht haben.

Abbildung 3–5: *p-p-Überlappung – Chlormolekül*

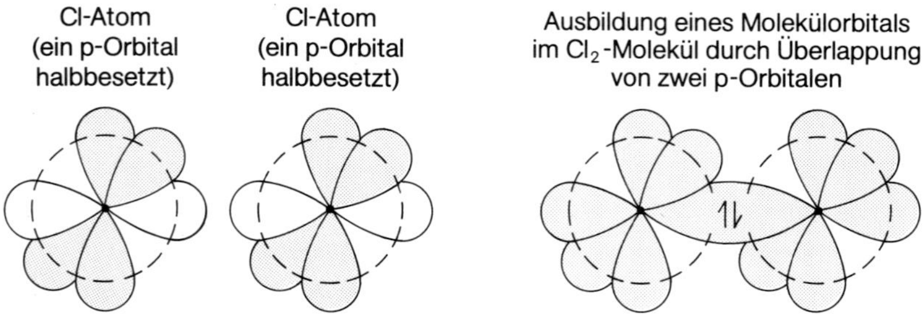

Valenzstrichformel des Cl_2-Moleküls: $|\overline{\underline{Cl}}-\overline{\underline{Cl}}|$

3.2 Elektronenkonfiguration und Bindigkeit

Aus der Elektronenstruktur des Fluoratoms ist zu sehen, daß es nur eine Bindung mit einem einzigen Wasserstoffatom eingehen kann, da es nur ein einfach besetztes Orbital besitzt.

Wie liegen aber die Verhältnisse beim Schwefelatom, das zwei einfach besetzte Orbitale aufweist?

Jedes einfach besetzte Orbital des Schwefelatoms kann mit dem ebenfalls einfach besetzten s-Orbital des Wasserstoffatoms ein Molekülorbital bilden, so daß ein Schwefel- und zwei Wasserstoffatome ein Molekül ergeben (H_2S-Molekül).

Im Wasserstoffsulfidmolekül (früher Schwefelwasserstoff genannt) existieren zwei Bindungen. Da jede dieser Bindungen aus einem Molekülorbital besteht, werden sie **Einfachbindungen** (ein gemeinsames Elektronenpaar) genannt. Im Wasserstoffsulfidmolekül ist jedes Wasserstoffatom durch eine Einfachbindung mit dem Schwefelatom verbunden. Experimentell wird ein Winkel von rund 90° zwischen den beiden H–S-Bindungen festgestellt. Daraus folgt, daß das Orbitalmodell eine brauchbare Deutung für das Zustandekommen der Bindungen im H_2S-Molekül liefert.

Ein Phosphoratom, das drei einfach besetzte Orbitale besitzt, kann mit drei Wasserstoffatomen ein Molekül bilden (PH_3-Molekül). Im Phosphorhydridmolekül (früher Phosphorwasserstoff genannt) existieren drei Einfachbindungen. Der Bindungswinkel zwischen jeweils zwei dieser Bindungen beträgt ebenfalls rund 90°.

Abbildung 3–6: *Wasserstoffsulfidmolekül*

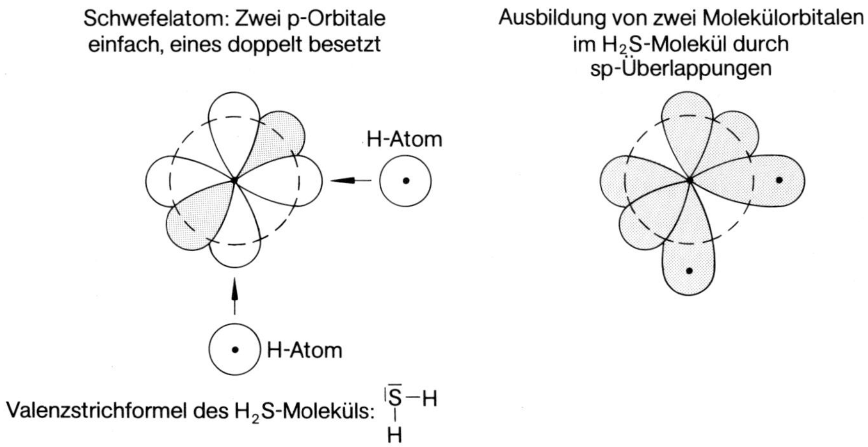

Abbildung 3–7: *Phosphorhydridmolekül*

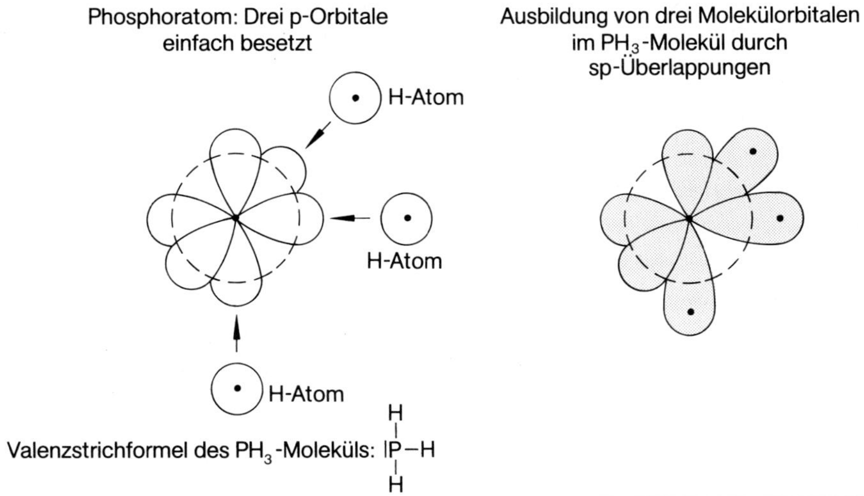

Ein Sauerstoffatom besitzt ebenso wie ein Schwefelatom zwei „ungepaarte Elektronen" (hier zwei einfach besetzte p-Orbitale), so daß bei der Vereinigung zweier Sauerstoffatome zu einem Sauerstoffmolekül jeweils zwei einfach besetzte Orbitale eine Bindung ausbilden können. Im Sauerstoffmolekül werden die Atome durch zwei Bindungen, eine **Doppelbindung**, zusammengehalten.

Sauerstoffmolekül $\overline{\underline{O}}=\overline{\underline{O}}$

Sauerstoffatome können entweder zwei Einfachbindungen oder eine Doppelbindung ausbilden. Ähnlich liegen die Verhältnisse beim Stickstoffatom. Aufgrund der drei einfach besetzten p-Orbitale kann ein Stickstoffatom mit anderen Atomen (z. B. mit drei Wasserstoffatomen) ein Molekül bilden, in dem drei Einfachbindungen vorhanden sind. Im Stickstoffmolekül dagegen werden die Stickstoffatome durch eine **Dreifachbindung** (Bindung durch Überlappung von dreimal zwei einfach besetzten Orbitalen) verbunden.

Stickstoffmolekül $|\mathbf{N} \equiv \mathbf{N}|$

Bei drei einfach besetzten Orbitalen ist noch eine weitere Möglichkeit denkbar: Ein Stickstoffatom vermag mit einem Partner eine **Doppel**- und mit einem anderen eine **Einfachbindung** einzugehen.

Distickstoffdifluoridmolekül $|\overline{\underline{F}}-\overline{N}=\overline{N}-\overline{\underline{F}}|$

Als Ergebnis der bisherigen Überlegungen können wir eine Aussage über die Bindungsfähigkeit von Atomen formulieren:

> Die Anzahl von Bindungen, die ein Atom ausbilden kann, bezeichnet man als **Bindigkeit:** Sie entspricht der Zahl der ungepaarten Elektronen (Zahl der einfach besetzten Orbitale) eines Atoms.

Tabelle 3-1: Elektronenkonfiguration und Bindigkeit

Anzahl der einfach besetzten Orbitale	Elektronenkonfiguration auf der Außenschale	Element	Anzahl der möglichen Bindungen	Bindigkeit
0	s^2 bzw. s^2p^6	Edelgase	0	nullbindig
1	s^1 bzw. s^2p^5	Wasserstoff, Fluor	eine Einfachbindung	einbindig
2	s^2p^4	Sauerstoff	zwei Einfach- oder eine Doppelbindung	zweibindig
3	s^2p^3	Stickstoff	drei Einfachbindungen oder eine Doppel- und eine Einfachbindung oder eine Dreifachbindung	dreibindig

Aufgaben:

1. Aus welchem Grund gehen Atome überhaupt Bindungen miteinander ein?
2. Erläutern Sie anhand der Elektronenkonfiguration eines Neonatoms, warum dieses keine Bindungen eingeht.
3. Welche Kräfte stehen bei einer Atombindung im Gleichgewicht? Wie ändert sich dieses Gleichgewicht, wenn die Bindungspartner einander genähert werden? (Begründung)
4. Sauerstoff und Chlor können eine Verbindung bilden.
   Welche Formel hat diese Verbindung?
   Welche Bindungen werden in einem Chlor-Sauerstoff-Molekül ausgebildet?
5. Aus welchem Grund ist ein H_3O-Molekül nicht denkbar?
6. Erläutern Sie anhand der Elektronenstruktur des Sauerstoffatoms, welche Bindungen Sauerstoff eingehen kann.
7. Stickstoff und Fluor können Moleküle verschiedener Zusammensetzung miteinander bilden: NF_3, N_2F_2 und N_2F_4.
   Welche Bindungen werden in den genannten Molekülen ausgebildet? In welcher Weise sind in den genannten Molekülen die einzelnen Atome miteinander verbunden?

3.3 Molekülgeometrie und Hybridisierung

Mit nur zwei einfach besetzten Orbitalen sollte das Kohlenstoffatom eigentlich zweibindig sein. Demnach wäre eine Kohlenstoff-Wasserstoff-Verbindung mit der Formel CH_2 zu erwarten. Diese Verbindung existiert zwar, ist aber extrem instabil. Das einfachste stabile Kohlenstoffhydrid (Methan) hat die Formel $\mathbf{CH_4}$. Der Kohlenstoff ist demnach vierbindig.

Ganz offensichtlich werden nicht nur die ungepaarten, sondern auch die beiden 2s-Elektronen für die Bindungen herangezogen. Die Vierbindigkeit des C-Atoms könnte man sich mit der Elektronenkonfiguration $s^1\ p_x^1\ p_y^1\ p_z^1$ erklären.

Das Methanmolekül konfrontiert uns noch mit einem weiteren Problem:

Experimentelle Untersuchungen über den räumlichen Bau des Moleküls zeigen, daß es als regelmäßiges Tetraeder mit vier gleichstabilen Bindungen gebaut ist. Mit unserem Orbitalmodell kann dieser Befund nicht ohne weiteres gedeutet werden: Das 2s-Orbital und die drei 2p-Orbitale des Kohlenstoffatoms liegen zum einen nicht auf gleichem energetischen Niveau, was gleichstabile Bindungen ausschließt, zum anderen zeigen die Orbitale eine solche räumliche Ausrichtung, daß ein regelmäßiges Tetraeder nicht möglich wäre.

Die Lösung des Problems bringt eine Erweiterung des Orbitalmodells:

Für das Kohlenstoffatom im Methanmolekül werden vier einfach besetzte Orbitale mit gleicher Energie (gleicher Form) und größtmöglichem Abstand untereinander benötigt.

Durch Energiezufuhr wird ein Elektron aus dem doppelt besetzten 2s-Orbital in das leere $2p_z$-Orbital überführt, wodurch vier einfach besetzte Orbitale entstehen. Diese werden energetisch angeglichen, so daß vier völlig gleichwertige, einfach besetzte Orbitale für Bindungen zur Verfügung stehen. Dieser Zustand des Kohlenstoffatoms wird *Valenzzustand* genannt. Die vier Orbitale sind vom Kern des Kohlenstoffatoms in die Ecken eines Tetraeders gerichtet, da dies die räumlich günstigste Anordnung der Orbitale darstellt; dadurch ist der größtmögliche Abstand der Elektronen voneinander gewährleistet.

Aus einem s- und drei p-Orbitalen entstehen so vier **sp^3-Hybridorbitale**[1]. Der Vorgang wird **Hybridisierung** genannt.

Abbildung 3–8: *Entstehung des Valenzzustandes im Kohlenstoffatom*

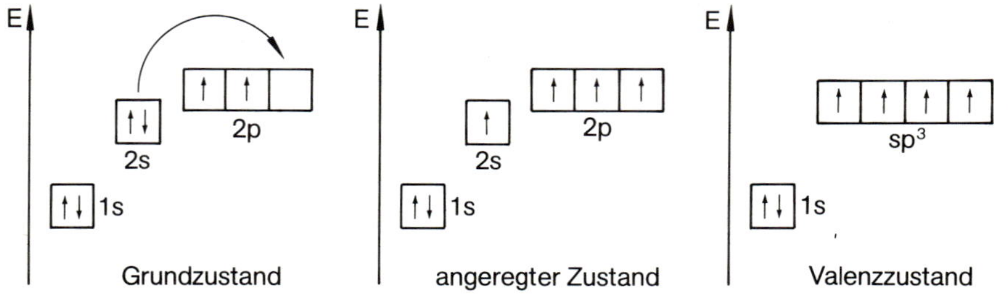

Überführung eines 2s-Elektrons in das „leere" 2p-Orbital: *vier einfach besetzte Orbitale*

Energetische Angleichung der einfach besetzten Orbitale: *vier sp^3-Hybridorbitale*

> **Hybridisierung** ist die Vermischung energetisch ungleichartiger zu energetisch gleichartigen Orbitalen.

Jedes der vier sp^3-Hybridorbitale des Kohlenstoffatoms kann mit einem einfach besetzten Orbital eines anderen Atoms, beispielsweise mit dem s-Orbital eines Wasserstoffatoms, eine Einfachbindung ausbilden (s-sp^3-Überlappung): Verbindet sich ein Kohlenstoffatom mit vier Wasserstoffatomen, entsteht das tetraederförmig gebaute Methanmolekül.

[1] Der Exponent 3 bedeutet hier die Zahl der in die Hybridisierung eingegangenen p-Orbitale, nicht die Zahl der Elektronen im Hybridorbital.

Abbildung 3–9: *Raumstruktur der Orbitale im Methanmolekül*

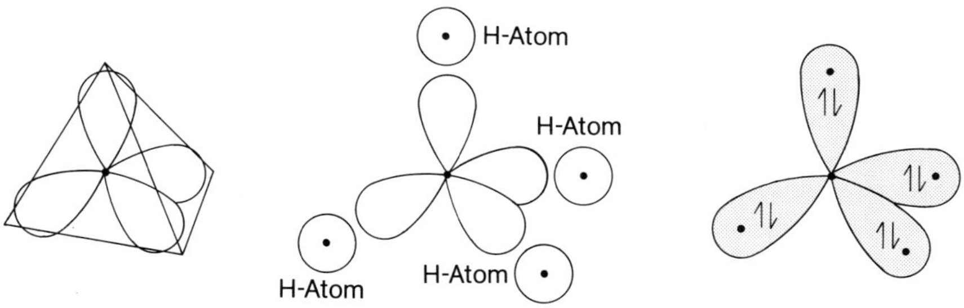

Räumliche Orientierung der sp^3-Hybridorbitale: *Tetraederstruktur des hybridisierten C-Atoms*

Das hybridisierte C-Atom kann mit vier Wasserstoffatomen Bindungen eingehen: *Kohlenstoff ist vierbindig!*

Methan-Molekül

Durch sp^3-p-Überlappungen entstehen Einfachbindungen zwischen dem Kohlenstoffatom und beispielsweise Halogenatomen. Handelt es sich bei dem Halogen um Chlor, so sind, je nachdem, wieviel Chloratome an das Kohlenstoffatom gebunden werden, die Verbindungen Monochlormethan CH_3Cl, Dichlormethan CH_2Cl_2, Trichlormethan $CHCl_3$ und Tetrachlormethan CCl_4 möglich.

Die Erweiterung des Orbitalmodells erklärt widerspruchsfrei die Vierbindigkeit des Kohlenstoffs und die geometrische Struktur des Methanmoleküls.

Auch die räumliche Struktur von Molekülen, an deren Bau keine Kohlenstoffatome beteiligt sind, kann mit Hilfe hybridisierter Orbitale gedeutet werden:

Würden bei der Bildung des **Wassermoleküls** die beiden einfach besetzten p-Orbitale des Sauerstoffatoms unverändert für die Bindung herangezogen, so müßte der Winkel, den die beiden Sauerstoff-Wasserstoff-Einfachbindungen einschließen, 90° betragen, da die beiden p-Orbitale senkrecht aufeinander stehen. Experimentell wird aber ein Winkel von 104,5° zwischen den beiden Bindungen festgestellt. Der Unterschied zwischen den beiden Winkeln ist zu groß, als daß man ihn in einfacher Weise mit dem Orbitalmodell deuten könnte.

Die Hybridisierungsvorstellung leistet auch hier gute Dienste. Im Sauerstoffatom werden aus dem 2s-Orbital und den drei 2p-Orbitalen vier sp^3-Hybridorbitale gebildet, wobei zwei dieser Orbitale doppelt, zwei einfach besetzt sind. Diese Hybridorbitale sind (idealisiert betrachtet) nach den Ecken eines Tetraeders gerichtet, der Kern des Sauerstoffatoms befindet sich in dessen Zentrum. Die Abweichung des Winkels zwischen den beiden durch sp^3-s-Überlappung entstehenden Bindungen im Wassermolekül vom idealen Tetraederwinkel (109,5°) ist so gering, daß man sie ohne weiteres mit elektronischen Wechselwirkungen erklären kann. Die nicht an der Bindung teilnehmenden, doppelt besetzten Orbitale (freie Elektronenpaare) stehen nur unter dem Einfluß eines einzigen Kerns und beanspruchen daher mehr Raum. Dies wirkt sich auf die bindenden Elektronenpaare so aus, daß der Bindungswinkel verkleinert wird.

Abbildung 3–10: *Elektronenkonfiguration des Sauerstoffatoms im Grundzustand*

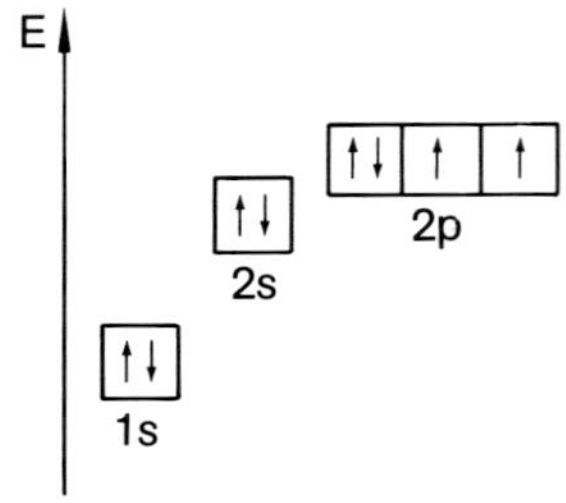

Abbildung 3–11: *Bildung eines Wassermoleküls*

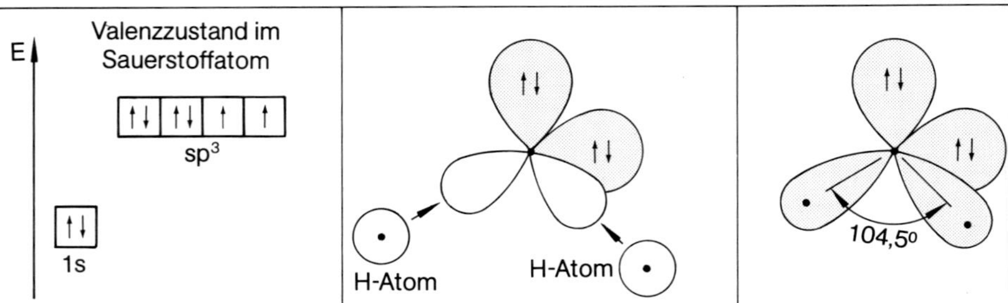

Bildung von vier sp^3-Hybridorbitalen: zwei Hybridorbitale einfach, zwei doppelt besetzt	sp^3-hybridisiertes Sauerstoffatom kann mit zwei Wasserstoffatomen Bindungen eingehen	Wassermolekül

Im **Ammoniakmolekül** (NH_3) liegen die Verhältnisse ähnlich. Im Stickstoffatom werden aus dem 2s-Orbital und den drei 2p-Orbitalen ebenfalls vier sp^3-Hybridorbitale gebildet, die nach den Ecken eines Tetraeders weisen und von denen eines doppelt, die anderen drei einfach besetzt sind. Die drei einfach besetzten sp^3-Hybridorbitale bilden mit drei Wasserstoffatomen Bindungen, die jeweils einen Winkel von 107,5° miteinander einschließen. Dieser Winkel weicht nur geringfügig vom idealen Tetraederwinkel ab, da im Stickstoffatom im Gegensatz zum Sauerstoffatom nur ein doppelt besetztes Orbital (freies Elektronenpaar) vorhanden ist.

Abbildung 3–12: *Elektronenkonfiguration des Stickstoffatoms im Grundzustand*

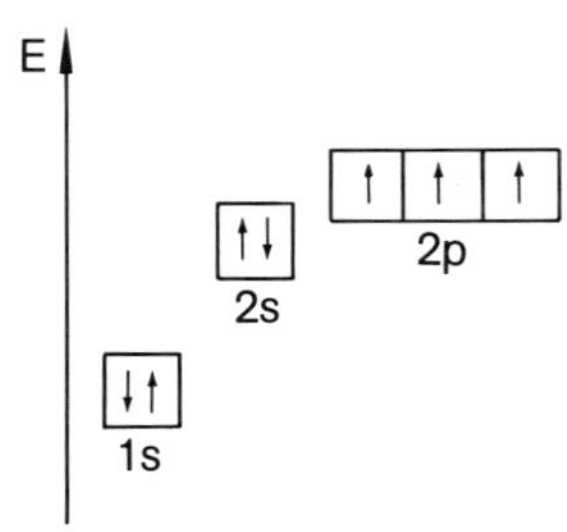

Abbildung 3–13: *Bildung eines Ammoniakmoleküls*

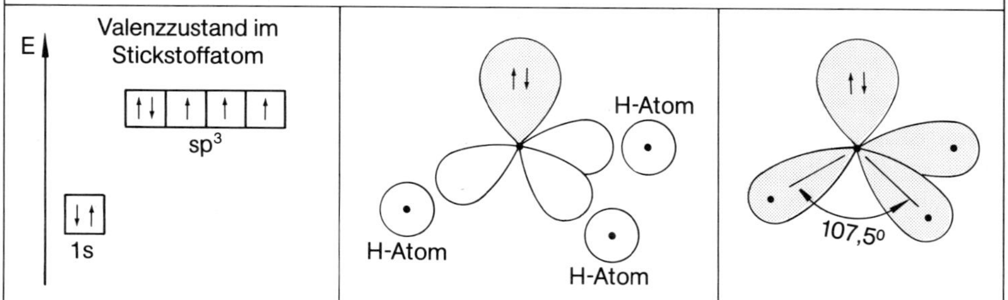

Bildung von vier sp^3-Hybridorbitalen: eines doppelt, drei einfach besetzt

sp^3-hybridisiertes Stickstoffatom kann mit drei Wasserstoffatomen Bindungen eingehen

Ammoniakmolekül

Die Erweiterung des Orbitalmodells durch die Vorstellung der Hybridorbitalbildung ist für die Deutung der Struktur einer Reihe von Molekülen ein gutes Hilfsmittel.

Eine wichtige Anmerkung zum Thema Hybridisierung ist hier noch notwendig: Die Hybridisierung von Atomorbitalen ist lediglich eine Modellvorstellung, um die Bindungsverhältnisse von Atomen in Molekülen zu deuten. Daraus folgt, daß ein isoliertes Kohlenstoffatom niemals im hybridisierten Zustand vorkommen kann.

Aufgaben:

1. Aus welchen Gründen reicht das Orbitalmodell mit s- und p-Orbitalen nicht zur Beschreibung der Entstehung eines regelmäßigen Tetraeders beim CH_4-Molekül aus?
2. Außer H_2O existiert noch eine weitere Wasserstoff-Sauerstoff-Verbindung: H_2O_2. Geben Sie die Valenzstrichformel für Wasserstoffperoxid H_2O_2 an. Zeichnen Sie eine räumliche Struktur des H_2O_2-Moleküls unter der Annahme, daß die Sauerstoffatome sp^3-hybridisiert sind.
3. Im Methanmolekül beträgt der Winkel zwischen zwei C—H-Bindungen 109,5°, im Wassermolekül dagegen wird ein Winkel von 104,5° zwischen den beiden O—H-Bindungen bestimmt. Sowohl das C- wie auch das O-Atom werden als sp^3-hybridisiert angesehen. Wie kann diese Abweichung bei den Bindungswinkeln erklärt werden?
4. Woher weiß man, daß alle vier C—H-Bindungen im Methan einander gleichwertig sind?

3.4 Bindungsverhältnisse von Kohlenstoffhydriden (früher Kohlenwasserstoffe genannt)

Kohlenstoffatome sind in der Lage, durch sp^3-sp^3-Überlappung Bindungen auch untereinander auszubilden. So entstehen Kohlenstoffgerüste, die theoretisch beliebig groß werden können. Sind die nicht für C—C-Bindungen benötigten Valenzen mit H-Atomen abgesättigt, erhält man die Kohlenstoffhydride. Die räumliche Struktur dieser kettenförmigen Kohlenstoffhydride wird durch die Winkel zwischen den C—C-Bindungen, welche die Größe des Tetraederwinkels (109,5°) haben, bestimmt. Daher weisen die Kohlenstoffhydride, die auf das Methan folgen, eine gewinkelte Struktur auf.

Abbildung 3–14: *Struktur von Ethan, Propan, Butan und Pentan*

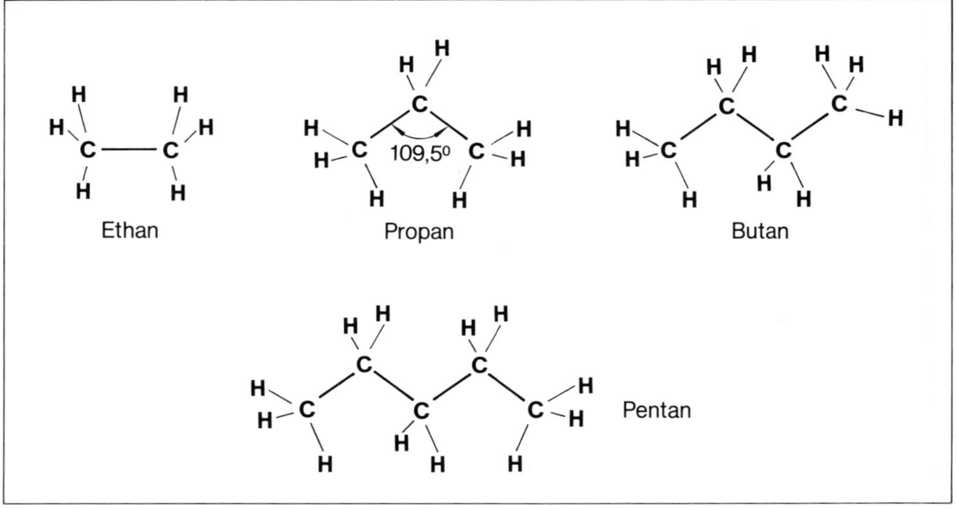

Die ungeheure Vielzahl der Kohlenstoff-Wasserstoff-Verbindungen rührt vor allem daher, daß bei gleicher Anzahl von C-Atomen neben kettenförmigen auch verzweigte und ringförmige Kohlenstoffhydride gebildet werden. So kann z. B. ein Kohlenstoffhydridmolekül aus 8 C-Atomen und 18 H-Atomen in 18 verschiedenen Strukturen auftreten. Diese verschiedenen Strukturen bei gleicher Summenformel werden **Isomere** genannt. Isomere eines Kohlenstoffhydrids unterscheiden sich in ihren physikalischen Kenngrößen wie Schmelz- und Siedepunkten.

Trennt man von einem Kohlenstoffhydrid ein Wasserstoffatom ab, so besitzt der verbleibende Molekülrest ein ungepaartes Elektron. Dieser Rest ist wesentlich reaktionsfreudiger als das ursprüngliche Kohlenstoffhydrid und wird **Radikal** genannt. Radikale sind für die Kohlenstoffhydridchemie von großer Bedeutung.

Wegen der enormen Vielzahl der Isomeren ist es notwendig, ein Verfahren einzuführen, das den einzelnen Isomeren eindeutige Namen zuweist. Diese Namensgebung – **Nomenklatur der Isomeren** – basiert auf einer einfachen Grundlage. Man unterscheidet zunächst geradkettige Kohlenstoffhydride (z. B. geradkettige Alkane – n-Alkane) und verzweigte Kohlenstoffhydride (iso-Kohlenstoffhydride – z. B. iso-Alkane).

Bei den verzweigten Kohlenstoffhydriden wird zunächst die längste *unverzweigte* Kette von C-Atomen festgestellt.

Beispiel: *Kohlenstoffgrundgerüst* — *längste Kette*

a) 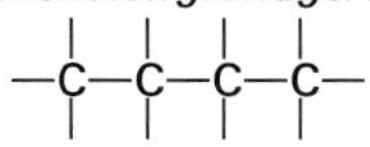 vier C-Atome

b) 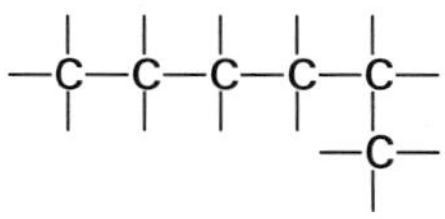 sechs C-Atome

c) 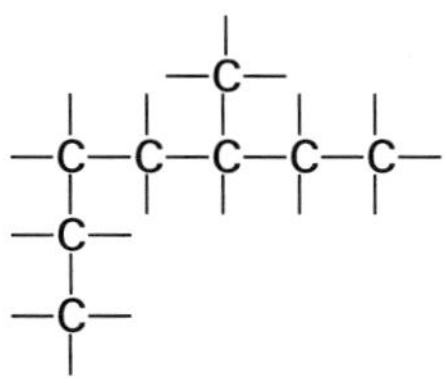 sieben C-Atome

Die längste Kette gibt dem Kohlenstoffhydrid seinen Stammnamen. Die Kohlenstoffatome in der Kette werden fortlaufend numeriert, und zwar so, daß die C-Atome, die Seitenketten tragen, eine möglichst niedrige Nummer bekommen. Bei mehreren Seitenketten erfolgt die Numerierung so, daß die Ziffernsumme möglichst klein wird.

a) 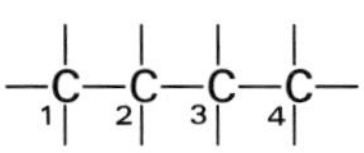 n-Butan

b) 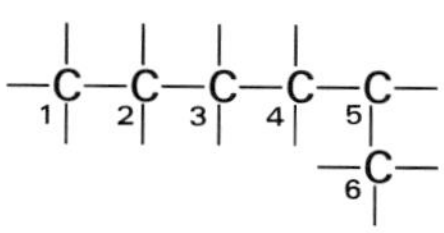 n-Hexan

c) 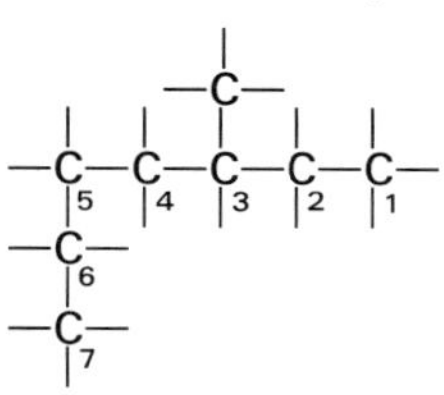 -Heptan

Für den vollen Namen nennt man die Nummer des C-Atoms, das eine Seitenkette trägt, kennzeichnet danach die Seitenkette durch den Namen des entsprechenden Radikals und schließt mit dem Stammnamen. Im Falle c) lautet der Name des Kohlenstoffhydrids: 3-Methyl-heptan.

Beispiel 1: *Wie lautet der Name des Kohlenstoffhydrids?*

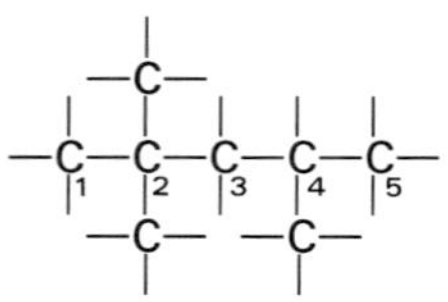

Längste unverzweigte Kette: fünf C-Atome; Stammname: -pentan;
Numerierung von links nach rechts; Verzweigungen an den C-Atomen 2 und 4;
Name des Kohlenstoffhydrids: **2,2,4-Trimethyl-pentan**.

Beispiel 2: *Ist das Kohlenstoffhydrid mit dem Namen 2-Ethyl-3-Methyl-pentan richtig benannt?*

Kohlenstoffhydrid mit angegebenem Namen zeichnen:

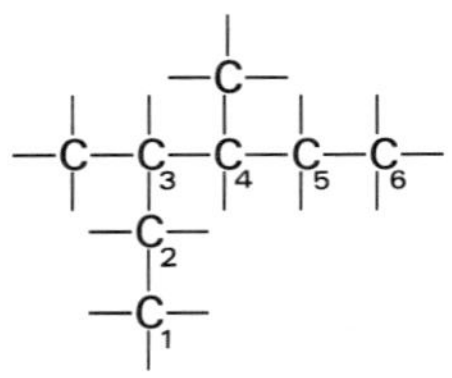

Längste unverzweigte Kette: sechs C-Atome;
Numerierung der längsten Kette wie angegeben;
Verzweigungen an den C-Atomen 3 und 4;
Name des Kohlenstoffhydrids: **3,4-Dimethyl-hexan**.

Dies ist nur ein kleiner Ausschnitt aus den Nomenklaturregeln und zum besseren Verständnis der Isomerennamen in der folgenden Tabelle 3-2 gedacht.

Aufgaben:

1. Geben Sie dem Kohlenstoffhydrid den richtigen Namen:

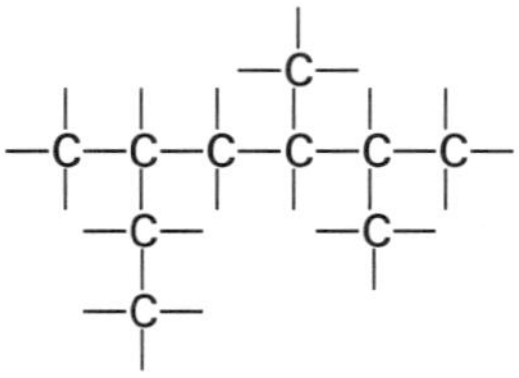

2. Ein Kohlenstoffhydrid wird mit dem Namen Methyl-ethyl-propyl-butyl-methan angegeben. Wie lautet der richtige Name des Kohlenstoffhydrids?

3. Zeichnen Sie drei verschiedene Isomere des Heptans, und benennen Sie diese.

Tabelle 3-2: Gesättigte Kohlenstoffhydride – Isomere – Radikale

Zahl der C-Atome	Name	Summen-formel	Strukturformel Isomere	Fp °C	Kp °C	Radikal Alkyl-rest	Formel des Radikals
1	**Methan**	CH_4		−184	−164	Methyl-	$\cdot CH_3$
2	**Ethan**	C_2H_6	C—C	−172	−89	Ethyl-	$\cdot C_2H_5$
3	**Propan**	C_3H_8	C—C—C	−190	−42	n-Pro-pyl- Isopro-pyl	C—C—C· C—Ċ—C
4	**Butan**	C_4H_{10}	C—C—C—C n-Butan n = normal	−138	−1	n-Butyl-	C—C—C—C·
			C—C—C │ C i-Butan Isobutan (2-Methyl-propan)	−159	−12	Iso-butyl	C—C—C· │ C
						tert. Butyl-	C—Ċ—C │ C
5	**Pentan**	C_5H_{12}	C—C—C—C—C n-Pentan	−129	36	n-Pentyl-	C—C—C—C—C·
			C—C—C—C │ C 2-Methyl-butan	−159	28		
			C │ C—C—C │ C 2,2-Dimethyl-propan	−20	10		
6	**Hexan**	C_6H_{14}	C—C—C—C—C—C n-Hexan	−94	69	n-Hexyl-	$\cdot C_6H_{13}$
			C—C—C—C—C │ C 2-Methyl-pentan	−154	60		
			C—C—C—C—C │ (am 3. C) C 3-Methyl-pentan		63		
			C │ C—C—C—C │ C 2,2-Dimethyl-butan	−98	50		
			C—C—C—C │ │ C C 2,3-Dimethyl-butan	−135	58		
7	**Heptan**	C_7H_{16}	9 Isomere möglich	−90	98	Heptyl-	$\cdot C_7H_{15}$
8	**Octan**	C_8H_{18}	18 Isomere möglich	−59	126	Octyl-	$\cdot C_8H_{17}$
9	**Nonan**	C_9H_{20}	35 Isomere	−54	151	Nonyl-	$\cdot C_9H_{19}$
10	**Decan**	$C_{10}H_{22}$	75 Isomere	−30	174	Decyl-	$\cdot C_{10}H_{21}$
11	**Un-decan**	$C_{11}H_{24}$		−26	196	Undecyl-	$\cdot C_{11}H_{23}$
16	**Hexa-decan**	$C_{16}H_{34}$		18	267	Hexa-decyl-	$\cdot C_{16}H_{33}$
1000		$-(CH_2)n-$	Polyethylen	130	Zers.		
n		C_nH_{2n+2}	Alkan			Alkyl-	$\cdot C_nH_{2n+1}$

Tabelle 3-3: Ungesättigte Kohlenstoffhydride

Zahl der C-Atome	Name	Summenformel	Strukturformel	Fp °C	Kp °C	Radikal Alkylrest	Formel des Radikals
2	**Ethen**	C_2H_4	C=C	−169	−103	Ethenyl (Vinyl)	C=C·
2	**Ethin**	C_2H_2	C≡C	−84	−80	Ethinyl	C≡C·
3	**Propen**	C_3H_6	C—C=C	−185	−47	Propenyl	C—C=C·
3	**Propin**	C_3H_4	C—C≡C	−101	−23	Propinyl	C—C≡C·
4	**1-Buten**	C_4H_8	C—C—C=C	−185	−6	1-Butenyl	C—C—C=C·
4	**2-Buten**	C_4H_8	C—C=C—C	−105	+1	2-Butenyl	C—C=C—C·
4	**1-Butin**	C_4H_6	C—C—C≡C	−125	+8	1-Butinyl	C—C—C≡C·
4	**2-Butin**	C_4H_6	C—C≡C—C	−32	+27	2-Butinyl	C—C≡C—C·
4	**Butadien**	C_4H_6	C=C—C=C	−108	−4	Butadienyl	C=C—C=C·
6	**1-Hexen**	C_6H_{12}	C—C—C—C—C=C	−139	+63	1-Hexenyl	C—C—C—C—C=C·
6	**Cyclohexen**	C_6H_{10}	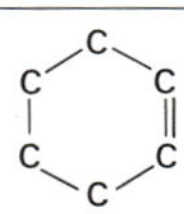	−103	+83	Cyclohexenyl	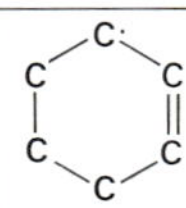
6	**Benzol**	C_6H_6		+5	+80	Phenyl	

3.5 Polare Atombindungen – Elektronegativität

Versuch 3-1: Ein Plexiglasstab wird durch Reiben mit einem Katzenfell elektrisch geladen und zunächst in die Nähe eines senkrecht ausfließenden Wasserstrahles gebracht, dann einem ausfließenden Hexanstrahl genähert.

Beobachtung: Der Wasserstrahl wird von der senkrechten Ausflußrichtung abgelenkt, der Hexanstrahl wird nicht beeinflußt.

Abbildung 3-15:
Ablenkung eines Wasserstrahles durch das elektrische Feld eines Plexiglasstabes

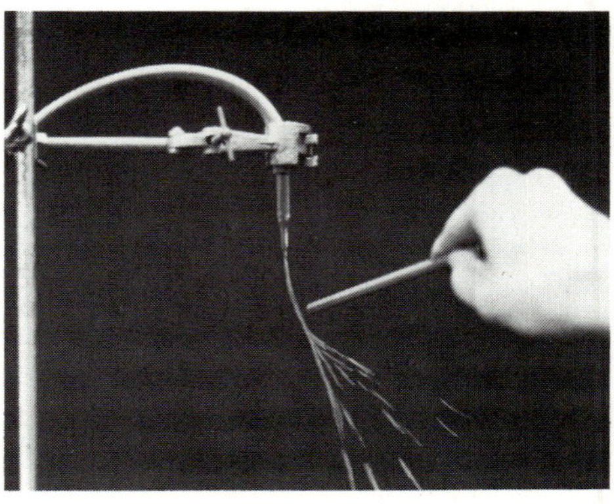

Da Wasser- und Hexanmoleküle elektrisch neutrale Teilchen sind, kann die im Versuch gezeigte Erscheinung nur ihre Ursache in der Natur der chemischen Bindungen in den Molekülen haben.

Bei der bisherigen Betrachtung der kovalenten Bindung wurde in hohem Maße idealisiert, d. h. es wurde stillschweigend vorausgesetzt, daß die Bindungselektronen symmetrisch zwischen den Bindungspartnern angeordnet sind. Das Molekülorbital wird danach von den Atomen, die an der Bindung beteiligt sind, in gleicher Weise beeinflußt. Bedenkt man aber, daß sich in ihren Eigenschaften sehr unterschiedliche Atome zu Molekülen verbinden, so ist durchaus zu erwarten, daß die Bindungselektronen von zwei verschiedenen Bindungspartnern in unterschiedlicher Weise beeinflußt werden.

Bei der Betrachtung der Abhängigkeit der Atomradien von der Stellung der Elemente im Periodensystem wurde festgestellt, daß die Kraftwirkung auf Elektronen von der Kernladungszahl Z und dem Abstand zwischen Kern und Elektronen abhängt. Die Bindungselektronen werden von dieser Kraft nicht verschont; verschiedene Atome ziehen das Bindungselektronenpaar unterschiedlich stark zu sich hin.

Um solche Fälle genauer zu diskutieren, führt man den Begriff der *Elektronegativität* ein.

Die **Elektronegativität** (EN) ist ein Maß für die Fähigkeit eines Atoms, Elektronen einer Atombindung an sich zu ziehen.

Die gebräuchlichste Elektronegativitätsskala wurde von Linus Pauling[1] nach Untersuchung einer Vielzahl von chemischen Verbindungen aufgestellt. Dabei wurde dem elektronegativsten Element Fluor willkürlich der EN-Wert 4 zugeordnet, die EN-Werte der anderen Elemente wurden relativ dazu ermittelt.

Zwischen der Stellung eines Elements im Periodensystem und seiner Elektronegativität gibt es Zusammenhänge. Innerhalb einer Hauptgruppe nimmt die *Elektronegativität von oben nach unten ab,* innerhalb einer Periode steigt sie *von links nach rechts an.* In einer Hauptgruppe nimmt von oben nach unten die Anzahl der Elektronenschalen zu, d. h., die äußerste Schale liegt immer weiter vom Kern entfernt, wodurch die Anziehungskräfte des Kerns auf die Außenelektronen abnehmen. Gleichzeitig wird der Kern durch die größere Anzahl der Schalen von immer mehr Elektronen umgeben, die abstoßend auf weiter entfernte Elektronen wirken. Größerer Kernabstand und zunehmende Abstoßung von Elektronen untereinander erschweren die Anziehung von Elektronen der äußersten Schale und bewirken dadurch eine Verringerung der Elektronegativität.

[1] Linus Pauling: amerikanischer Chemiker und Träger der Nobelpreise für Chemie und Frieden

In einer Periode steigt von links nach rechts die Kernladungszahl Z, und der Abstand Kern–äußerste Elektronenschale sinkt. Durch diese Verringerung wird die Kraft zwischen Kern und Elektronen der äußersten Schale größer, was ein Ansteigen der Elektronegativität zur Folge hat.

Tabelle 3-4: Elektronegativitätswerte von Hauptgruppenelementen

H 2,1						
Li 1,0	Be 1,5	B 2,0	C 2,5	N 3,0	O 3,5	F 4,0
Na 0,9	Mg 1,2	Al 1,5	Si 1,8	P 2,1	S 2,5	Cl 3,0
K 0,8	Ca 1,0	Ga 1,6	Ge 1,7	As 2,0	Se 2,4	Br 2,8
Rb 0,8	Sr 1,0	In 1,7	Sn 1,8	Sb 1,9	Te 2,1	I 2,5
Cs 0,7	Ba 0,9	Tl 1,8	Pb 1,8	Bi 1,9	Po 2,0	At 2,2

Verbinden sich zwei verschiedene Atome, so zieht das mit der größeren Elektronegativität das Bindungselektronenpaar stärker zu sich heran. Durch diese asymmetrische Anordnung der Bindungselektronen erhält der Bindungspartner mit der größeren Elektronegativität eine partielle negative, der andere Partner eine partielle positive Ladung. Dies trifft beispielsweise beim Wasserstofffluoridmolekül zu. Das Fluoratom ist partiell negativ (δ^-), das Wasserstoffatom partiell positiv (δ^+) geladen; das Wasserstofffluoridmolekül ist *polarisiert*. Infolge des Elektronegativitätsunterschieds zwischen Fluor und Wasserstoff ($\Delta EN = 1{,}9$) wurde eine *polare kovalente Bindung* ausgebildet. Moleküle vom Typ des HF-Moleküls werden **polare Moleküle** oder **Dipolmoleküle**, kurz **Dipole** genannt.

Wasserstofffluoridmolekül $\overset{\delta+}{\mathbf{H}}—\overset{\delta-}{\underline{\overline{\mathbf{F}}}}|$

Beim Wasser- oder Ammoniakmolekül genügt diese einfache Betrachtung nicht mehr. Im Wassermolekül existieren zwei, im Ammoniakmolekül drei polare kovalente Bindungen. Wie kann festgestellt werden, ob solche mehratomige Moleküle Dipole sind oder nicht?

Der Betrag der Polarisierung einer kovalenten Bindung wird durch das **Dipolmoment** (Einheit: 1 Debye; $1\ D = 3{,}33 \cdot 10^{-28}$ As · cm) angegeben. Es handelt sich hierbei um eine vektorielle Größe, d. h., es handelt sich beim Dipolmoment um eine Größe, die durch Betrag und Richtung bestimmt ist. Bei mehratomigen Molekülen ergibt sich das gesamte Dipolmoment durch geometrische Addition (Vektoraddition) der einzelnen Bindungsdipolmomente. Bei dieser Vektoraddition müssen selbstverständlich die von den Bindungen eingeschlossenen Winkel bekannt sein.

Beispiel: *Im Wassermolekül hat jede H—O-Bindung ein Dipolmoment von 1,6 Debye. Wie groß ist das Gesamtdipolmoment des Wassermoleküls?*
Das Gesamtdipolmoment des H_2O-Moleküls wird durch geometrische Addition der Bindungsdipolmomente ermittelt.

Abbildung 3–16: *Dipolmoment im Wassermolekül*

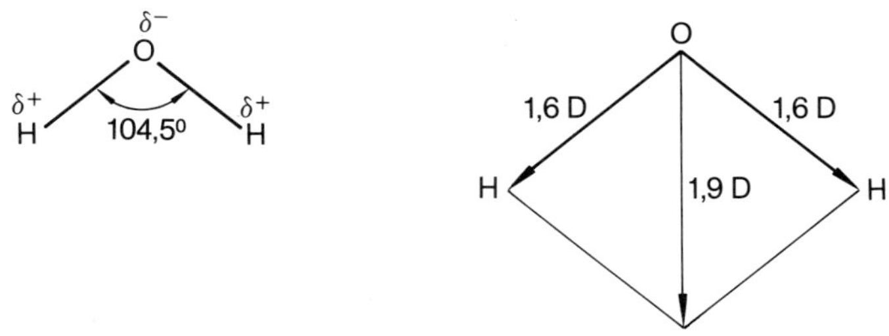

Es ergibt sich ein Gesamtdipolmoment von 1,9 Debye, was mit dem experimentellen Befund von 1,87 Debye gut übereinstimmt.

Im Kohlenstoffdioxidmolekül sind zwei C=O-Doppelbindungen mit großen Dipolmomenten vorhanden. Trotzdem ist das CO_2-Molekül kein Dipol. Dies ist nur bei einem linearen Molekülbau möglich, da sich in diesem Fall die Bindungsdipolmomente der Bindungen vektoriell zu Null addieren.

Kohlenstoffdioxidmolekül: O=C=O

Am CO_2-Molekül wird deutlich, daß aus einzelnen Bindungsdipolmomenten in einem Molekül nicht immer ein Gesamtdipolmoment resultiert. Dies läßt sich auch anschaulich am Beispiel von Chlorderivaten[1] des Methans zeigen:

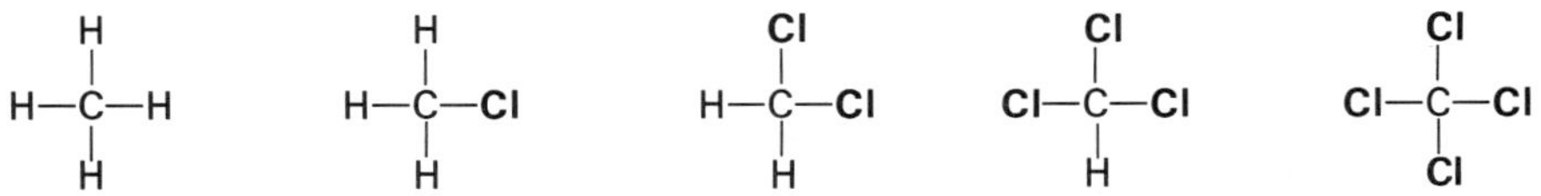

Methan	Monochlormethan	Dichlormethan	Trichlormethan	Tetrachlormethan
kein Dipol	Dipol	Dipol	Dipol	**kein Dipol**

Obwohl im Methanmolekül vier schwach polare kovalente Bindungen vorhanden sind, ist das Methanmolekül kein Dipol, da aufgrund seiner idealen Tetraederstruktur sich die einzelnen Bindungsdipolmomente vektoriell zu Null addieren. Die Moleküle von Monochlormethan, Dichlormethan und Trichlormethan dagegen sind Dipolmoleküle, da C—H- und C—Cl-Bindungen unterschiedliche Dipolmomente aufweisen (C—H: 0,2 Debye; C—Cl: 1,7 Debye), so daß eine vektorielle Addition der Bindungsdipolmomente niemals Null ergeben kann. Das Tetrachlormethanmolekül ist wiederum kein Dipolmolekül, da hier die Vektorsumme der Bindungsdipolmomente von vier gleichwertigen C—Cl-Bindungen wegen der Tetraederstruktur Null ist.

Ein Molekül kann also nur dann ein Dipol sein, wenn gleichzeitig 2 Voraussetzungen gegeben sind:

1. Es ist ein Elektronegativitätsunterschied zwischen den an der Verbindung beteiligten Elementen erforderlich.
2. Das Molekül muß so gebaut sein, daß sich die einzelnen Bindungsdipolmomente nicht gegenseitig aufheben.

Abbildung 3–17: *Wasserdipol*

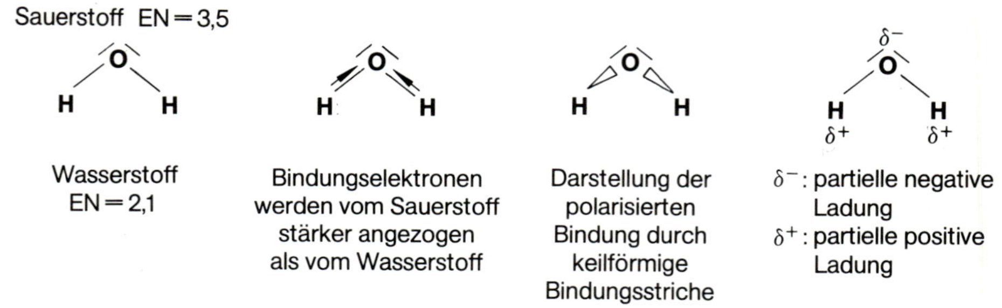

Jetzt können wir erklären, warum ein geladener Plexiglasstab einen Wasserstrahl ablenken kann.

Unter dem Einfluß des elektrischen Feldes, das um den Plexiglasstab aufgebaut wird, werden die Dipolmoleküle des Wassers so ausgerichtet, daß die partiell negativen Sauerstoffatome dem positiv geladenen Stab zugewandt sind. Da sich jetzt die entgegengesetzten Ladungen stärker anziehen, als sich die gleichnamigen abstoßen, überwiegt die Anziehung: Der Wasserstrahl wird abgelenkt. Die unpolaren Hexanmoleküle können dagegen im elektrischen Feld des Plexiglasstabes nicht ausgerichtet werden; eine Ablenkung des Hexanstrahles ist nicht möglich.

Abbildung 3–18: *Ablenkung eines Wasserstrahles im inhomogenen elektrischen Feld*

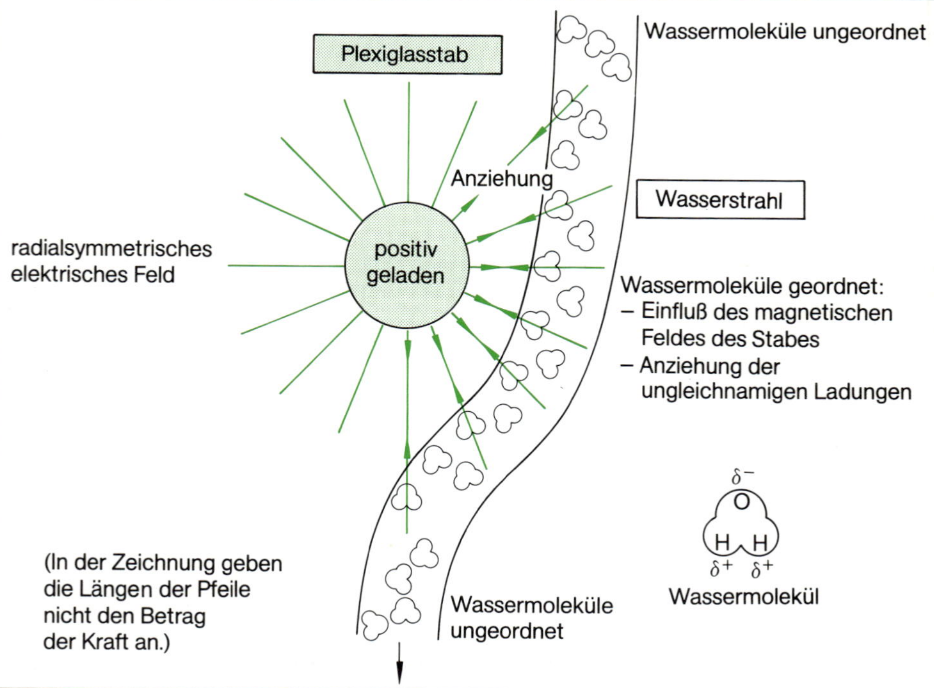

Aufgaben:

1. Geben Sie die Valenzstrichformel für die folgenden Moleküle an, und entscheiden Sie (jeweils mit Begründung), welche davon Dipolmoleküle sind:
   HF, Cl_2, CO_2, CH_3Cl, PH_3, CCl_4, H_2S
   (EN-Werte: H 2,1; C 2,5; O 3,5; P 2,1; S 2,5; Cl 3,0; F 4,0)
2. Die Verbindung H_2O_2 ist sehr instabil und zerfällt bereits bei schwachem Erwärmen in H_2O und O_2. Wie kann man aus den Bindungen heraus begründen, daß H_2O_2 wesentlich instabiler als Wasser ist?
3. In welchem Teil des PSE befinden sich die Elemente mit der höchsten Elektronegativität? Begründen Sie Ihre Antwort.
4. Was ist die Ursache dafür, daß sich die Elemente der 1. Hauptgruppe durch besonders niedrige Elektronegativitätswerte auszeichnen?
5. Eine chemische Verbindung hat die Formel AB_2, wobei A und B Elemente mit unterschiedlicher Elektronegativität sind. Welchen Molekülbau hat die Verbindung AB_2, wenn
   a) das Molekül AB_2 kein Dipol ist, b) das Molekül AB_2 Dipoleigenschaften hat?
6. Beschreiben Sie den Unterschied zwischen der Ladung eines Elektrons und der partiell negativen Ladung am Sauerstoffatom im Wassermolekül.

3.6 Dipol-Dipol-Kräfte – Wasserstoffbrückenbindung

Polare Moleküle können sich bei geeigneter Orientierung durch elektrostatische Kräfte anziehen. Dabei wirken Kräfte zwischen den partiell negativ geladenen Atomen eines Moleküls und den partiell positiv geladenen Atomen benachbarter Moleküle. Das ist z. B. der Fall bei Monochlormethan-Molekülen und Wasserstoffbromid-Molekülen.

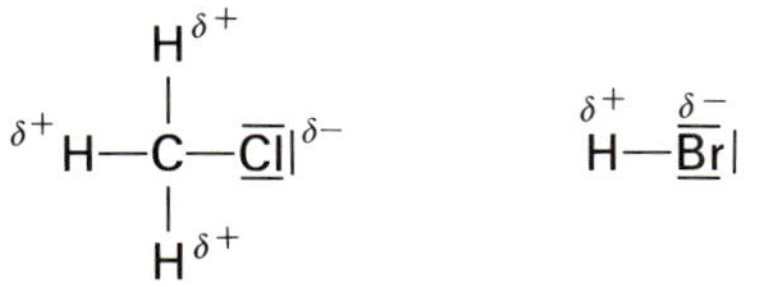

Diese Art der Wechselwirkung zwischen valenzmäßig in sich abgeschlossenen Molekülen wird Dipol-Dipol-Wechselwirkung, die verantwortliche Kraft Dipol-Dipol-Kraft genannt.

Zwischen polaren Molekülen wirken Dipol-Dipol-Kräfte.

Dipol-Dipol-Kräfte sind im allgemeinen verhältnismäßig schwach; sie erreichen ca. $^1/_{100}$ der Stärke einer Atombindung. Innerhalb der Dipol-Dipol-Wechselwirkungen gibt es aber gravierende Unterschiede. Betrachten wir dazu die beiden folgenden Tabellen.

Tabelle 3-5: Siedepunkte von Wasserstoffverbindungen *der Elemente der 4.–7. Hauptgruppe*

4. Hauptgruppe		*5. Hauptgruppe*		*6. Hauptgruppe*		*7. Hauptgruppe*	
CH_4	−164,0 °C	NH_3	−33,5 °C	H_2O	+100 °C	HF	+19,5 °C
SiH_4	−111,8 °C	PH_3	−87,7 °C	H_2S	−60,7 °C	HCl	−84,9 °C
GeH_4	− 88,5 °C	AsH_3	−55,0 °C	H_2Se	−41,5 °C	HBr	−67,0 °C
SnH_4	− 52,0 °C	SbH_3	−17,1 °C	H_2Te	− 2,1 °C	HI	−35,4 °C

Tabelle 3-6: Siedepunkte *der Edelgase Neon bis Xenon und von Wasserstoffverbindungen der Elemente aus der 4. bis 7. Hauptgruppe*

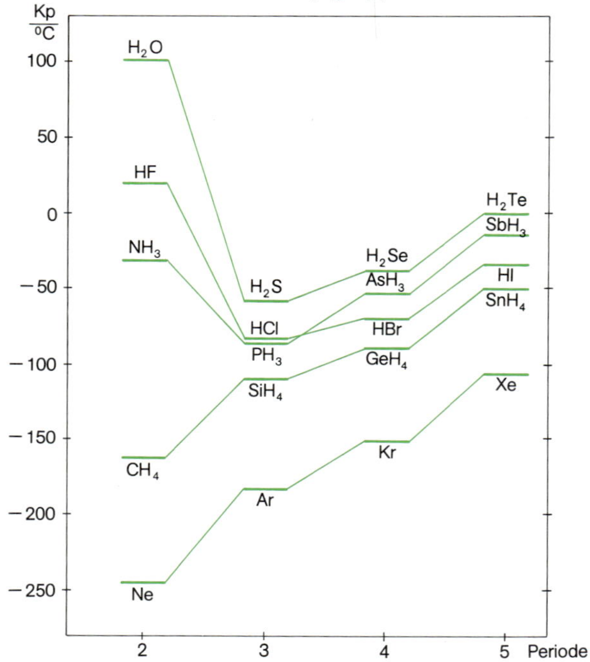

Ein Vergleich der Siedepunkte der Verbindungen in den Tabellen zeigt bei den Wasserstoffverbindungen der Elemente der 4. Hauptgruppe ein offensichtlich „normales" Verhalten: Die Verbindung mit der geringsten Masse (Methan, CH_4) hat den niedrigsten, die mit der größten Masse (Zinnhydrid, SnH_4) den höchsten Siedepunkt. Die Wasserstoffverbindungen der Elemente der 6. Hauptgruppe hingegen verhalten sich „anormal". Die Verbindung mit der geringsten Masse (H_2O) hat den bei weitem höchsten Siedepunkt, während die Siedepunkte der weiteren Wasserstoffverbindungen dieser Gruppe wieder gemäß ihrer Masse ansteigen.

Die meisten Hydride der Elemente der 5., 6. und 7. Hauptgruppe bestehen aus polaren Molekülen[1], zwischen denen Dipol-Dipol-Kräfte wirksam sind. Die auffallend hohen, aus der Reihe fallenden Siedepunkte von NH_3, H_2O und HF lassen sich mit den üblichen, sehr schwachen Dipol-Dipol-Kräften nicht erklären. Hier müssen stärkere Dipol-Dipol-Wechselwirkungen auftreten. Wegen ihrer besonderen Stärke (bis ca. $^1/_{10}$ der Stärke einer Atombindung) hat diese Art von Wechselwirkung, die zwischen NH_3-, H_2O- und HF-Molekülen wirksam ist, einen eigenen Namen, **Wasserstoffbrückenbindung**, erhalten.

Wasserstoffbrückenbindungen treten immer dann auf, wenn Wasserstoffatome an die besonders elektronegativen und gleichzeitig sehr kleinen Atome der Elemente Fluor, Sauerstoff und Stickstoff gebunden sind.

> Eine Wasserstoffbrückenbindung ist eine besonders starke Dipol-Dipol-Wechselwirkung, die zwischen Molekülen wirkt, in denen Wasserstoffatome an F-, O-, oder N-Atome gebunden sind.

[1] Ausnahmen sind PH_3 und H_2Te.

Abbildung 3–19: *Wasserstoffbrückenbindungen im flüssigen Wasserstofffluorid*

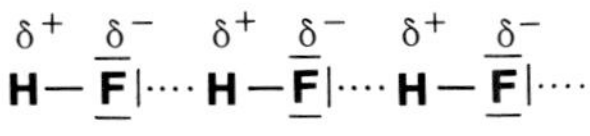

Abbildung 3–20: *Wasserstoffbrückenbindungen im Wasser*

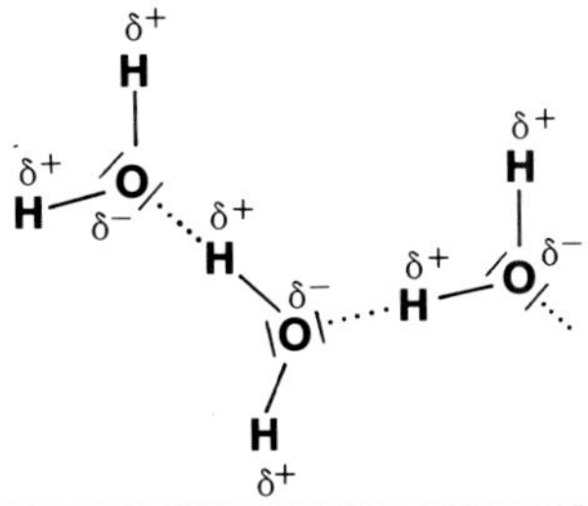

Die Stärke von Wasserstoffbrückenbindungen ist im Vergleich zu Atombindungen sehr gering, trotzdem beeinflussen sie die physikalischen Eigenschaften von chemischen Verbindungen sehr deutlich.

Besonders auffällig wirken sich Wasserstoffbrückenbindungen im Wasser aus. Obwohl die Masse des Wassermoleküls vergleichbar mit der Masse des Methanmoleküls ist, liegt der Siedepunkt des Wassers um 264 K höher als der des Methans. Im Wasser existieren keine isolierten H_2O-Moleküle, da sich diese aufgrund elektrischer Anziehungskräfte zwischen den partiell positiv geladenen Wasserstoffatomen und den partiell negativ geladenen Sauerstoffatomen aneinander lagern. Im Wasser treten daher als Folge von Wasserstoffbrückenbindungen größere Molekülzusammenballungen auf. Diese massereichen Molekülverbände ermöglichen bei Raumtemperatur den flüssigen Aggregatzustand des Wassers. Die Überführung vom flüssigen in den gasförmigen Zustand erfordert einen vergleichsweise hohen Energieaufwand, um die Molekülverbände zu zerstören, d. h. um die Wasserstoffbrückenbindungen aufzubrechen. Die Folge davon ist der hohe Siedepunkt des Wassers.
Da Methan kein Dipol ist, im flüssigen Methan daher keine Wasserstoffbrückenbindungen vorhanden sind, ist ein wesentlich geringerer Energiebetrag nötig, um Methanmoleküle aus dem flüssigen in den gasförmigen Zustand zu bringen.

Wie Wasser bestehen auch zwei andere Wasserstoffverbindungen der Elemente der 6. Hauptgruppe, H_2S und H_2Se, aus Dipolmolekülen, die sich im flüssigen Zustand zu größeren Aggregaten zusammenschließen. In diesen Fällen normaler Dipol-Dipol-Wechselwirkung wird aber die Stärke der Wechselwirkung, wie sie zwischen Wassermolekülen herrscht, bei weitem nicht erreicht.

Ähnlich wie mit den Siedepunkten verhält es sich mit den **Schmelzpunkten**. Bilden Dipolmoleküle einen festen Stoff, so ist die Stabilität des räumlichen Gefüges in aller Regel größer, als wenn ein Feststoff aus unpolaren Molekülen vorliegt. Es ist mehr Energie nötig, um einen festen Stoff, der aus Dipolen aufgebaut ist, zu schmelzen, d. h. vom festen in den flüssigen Aggregatzustand zu überführen, als einen, der aus unpolaren Molekülen vergleichbarer Masse besteht. So hat beispielsweise Eis mit 0 °C einen wesentlich höheren Schmelzpunkt als Methan mit −182,5 °C.

Wasserstoffbrückenbindungen beeinflussen auch im festen Zustand des Wassers Eigenschaften und Struktur. Im Eis ordnen sich die Wassermoleküle zu einer räumlich-netzartigen Struktur mit röhrenförmigen Hohlräumen an, in der jedes Wassermolekül von vier weiteren Wassermolekülen umgeben wird. Man spricht in diesem Fall von einer **tetraedrischen Koordination**. In einer ersten Näherung könnte man das Kristallgitter des Eises mit dem, das die Kohlenstoffatome im Diamant bilden, vergleichen (siehe Abbildung 2-3).

Abbildung 3–21: *Ausschnitt aus dem Kristallgitter des Eises*

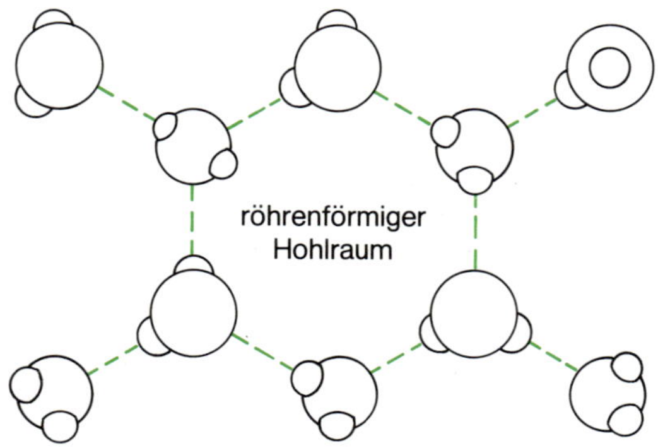

Abbildung 3–22: *Tetraedrische Koordination im Kristallgitter des Eises*

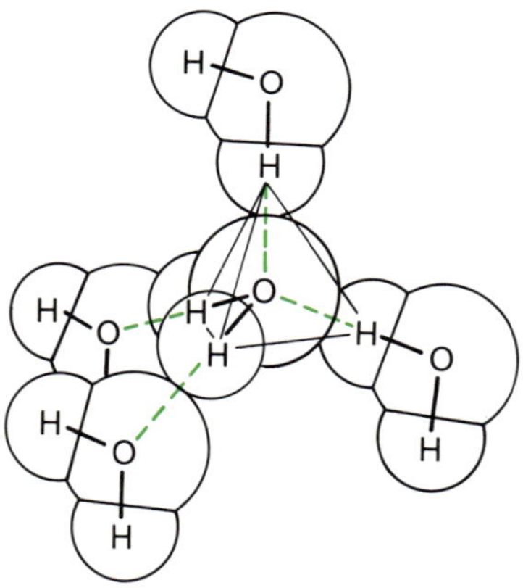

Beim Schmelzen des Eises wird diese geordnete räumlich-netzartige Struktur teilweise zerstört, da ein Teil der Wasserstoffbrückenbindungen aufgebrochen wird; losgelöste Wassermoleküle können nun in die Hohlräume eindringen. Dies hat zur Folge, daß die Dichte des Wassers wegen der nun dichteren Packung der Wassermoleküle größer als die des Eises ist. Bei einer Temperatur von 4 °C hat das Wasser seine maximale Dichte. Wird die Temperatur weiter erhöht, sinkt die Dichte wieder, denn infolge der Volumenausdehnung, die durch die thermische Bewegung der Moleküle verursacht wird, sind die Wassermoleküle bei höheren Temperaturen weniger kompakt im Wasser angeordnet als beispielsweise bei 4 °C.

Dies hat weitreichende Konsequenzen für das Leben in Seen und Flüssen. Hätte Eis eine größere Dichte als Wasser, würde es im Wasser auf den Boden absinken und dort eine dicke Eisablagerung bilden. Es wäre in unseren Regionen sehr unwahrscheinlich, daß dann tiefere Gewässer am Boden jemals eisfrei würden. Flachere Seen und Teiche würden jeden Winter vollständig durchfrieren. In beiden Fällen wäre Leben in solchen Gewässern schlecht vorstellbar. Weil Eis aber leichter als Wasser ist, schwimmt es an der Oberfläche, während die Temperatur des Wassers darunter zum Grund hin ansteigt. Diese Temperaturschichtung wird durch die ansteigende Dichte des Wassers ermöglicht, denn die Schicht mit einer Temperatur von 4 °C befindet sich am Grund des Gewässers und verhindert so das vollständige Durchfrieren.
Eine andere bedeutsame Eigenschaft des Wassers, seine hohe spezifische Wärme[1], wird ebenfalls durch die Wasserstoffbrückenbindungen zwischen Wassermolekülen erklärbar. Bei der Erwärmung ist sehr viel Energie notwendig, um große Molekülzusammenballungen in kleinere zu zerlegen, die wiederum intensivere thermische Bewegungen ausführen können, was zu einer Temperaturerhöhung führt. Die meiste Energie bei der Erwärmung von Wasser wird also für das Aufbrechen von Wasserstoffbrückenbindungen benötigt.
Die hohe spezifische Wärme des Wassers ist für das Klima unseres Planeten von großer Bedeutung. Da Wasser beim Erwärmen große Energiemengen aufnehmen kann und ebenso in der Lage ist, diese beim Abkühlen wieder abzugeben, wirken die Ozeane der Erde wie ein riesiger Temperaturregulator. Das relativ ausgeglichene Klima in den meisten Küstenregionen der Erde macht dies deutlich.

3.7 Van-der-Waalssche Kräfte

Bei entsprechend niedrigen Temperaturen gehen auch alle chemischen Verbindungen, die aus unpolaren Molekülen bestehen, in den festen Aggregatzustand über. Selbst Edelgase machen hier keine Ausnahme; lediglich bei Helium ist neben tiefen Temperaturen noch erhöhter Druck notwendig, um es vom flüssigen in den festen Zustand zu überführen. Baut sich der Feststoff aus einzelnen Molekülen auf, spricht man von Molekülkristallen oder Molekülgittern.
Um den festen Zustand aufrechtzuerhalten, müssen Kräfte zwischen den Molekülen (bei Edelgasen zwischen den Atomen) wirksam sein.

Was ist die Ursache für diese Kräfte zwischen unpolaren Molekülen bzw. Atomen?

Eine Erklärung für das Zustandekommen dieser Kräfte läßt sich aus der Elektronenbewegung gewinnen. Bei der Bewegung der Elektronen um den Atomkern kann der Fall eintreten, daß sich die Elektronen kurzzeitig an einer bestimmten Stelle des Atoms häufen. In diesem Augenblick ist an der betreffenden Stelle eine partielle negative Ladung vorhanden; gleichzeitig ist die Gegenseite des Atoms durch die dort stärker zur Geltung kommende Kernladung partiell positiv geladen. Das Molekül (im Falle von Edelgasen das Atom) tritt für einen kurzen Zeitraum als Dipol auf. Da die partiellen Ladungen ihre Lage aufgrund der Elektronenbewegung ständig ändern, spricht man von **fluktuierenden Dipolen**. Sie bewirken Anziehungskräfte zwischen einzelnen Molekülen oder Atomen, da Dipole in benachbarten Teilchen wiederum Dipole induzieren.

---

[1] Die spezifische Wärme eines Stoffes gibt die Wärmemenge an, die notwendig ist, um die Temperatur von 1 Gramm dieses Stoffes um 1 K zu erhöhen.

Abbildung 3–23: *Induzierte Dipole*

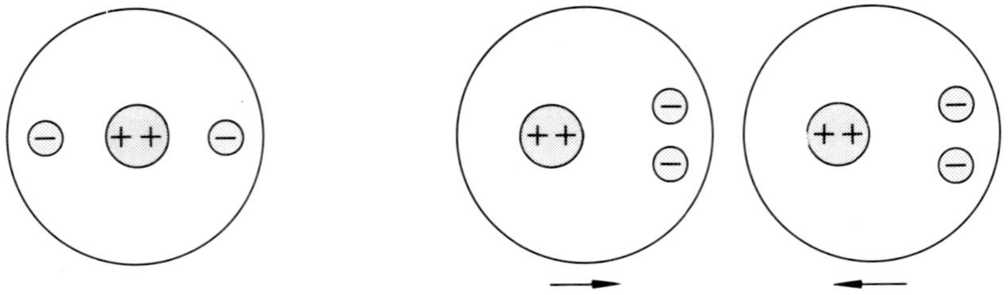

Heliumatom mit symmetrischer Elektronenverteilung

Heliumatome mit asymmetrischer Elektronenverteilung (kurzzeitige Dipole) – Anziehungskräfte

Diese Anziehungskräfte sind vergleichsweise klein (kleiner als 1/100 der Stärke einer Atombindung) und ermöglichen erst bei niedrigen Temperaturen, wenn die Wärmebewegung der Teilchen gering ist, einen stabilen Festkörper. Stoffe, die aus unpolaren Molekülen bestehen, haben daher niedrige Schmelzpunkte; außerdem ist die mechanische Stabilität im festen Zustand gering, d. h., die Stoffe sind oftmals weich und von geringer Festigkeit. Sie sind in vielen Fällen leicht flüchtig und neigen häufig zur Sublimation (direkter Übergang vom festen in den gasförmigen Aggregatzustand). Beispiele hierfür sind Iod und festes Kohlenstoffdioxid (Kohlensäureschnee oder Trockeneis).

Die Kräfte, die für die Bildung von Molekülkristallen verantwortlich sind, werden **van-der-Waalssche Kräfte** genannt. Ihre Beträge sind von verschiedenen Größen abhängig. Sie sind bei großen Atomen und daher auch bei Molekülen, an deren Bau große Atome beteiligt sind, größer als bei kleinen (z. B. liegt der Siedepunkt von Argon höher als der von Neon; siehe Tabelle 3-6). Die Ursache dafür ist, daß bei großen Atomen mehr Elektronen vorhanden und diese auch noch leichter verschiebbar sind; die Elektronenhülle ist besser polarisierbar, da die äußeren Elektronen einer geringeren Beeinflussung durch den Kern unterliegen. Van-der-Waalssche Kräfte in verschiedenen Molekülteilen können sich in größeren Molekülen zu beachtlicher Stärke addieren (siehe Schmelz- und Siedepunkte der Verbindungen in Tabelle 3-2).

Selbst die Molekülgestalt ist für die Größe der van-der-Waalsschen Kräfte von Bedeutung, wie der Verlauf der Siedepunkte der Pentan-Isomeren in Tabelle 3-7 zeigt. Je kleiner die Oberfläche eines Moleküls (Kontaktfläche zu Nachbarmolekülen), um so niedriger ist der Siedepunkt der Verbindung. Ist die Kontaktfläche zwischen zwei Molekülen groß, so können mehr fluktuierende Dipole im Nachbarmolekül Dipole induzieren als bei kleiner Berührungsfläche, was eine Vergrößerung der Anziehungskraft zur Folge hat.

Tabelle 3-7: Pentan-Isomeren und deren Siedepunkte

Verbindung	*Strukturformel*	*relative Oberfläche*	*Siedepunkt Kp*
n-Pentan	C—C—C—C—C	1	36,07 °C
2-Methyl-butan	C—C—C—C | C	0,92	27,85 °C
2,2-Dimethyl-propan	C | C—C—C | C	0,8	9,50 °C

3.8 Folgen der gerichteten Bindung

Bei der Verbindung von zwei oder mehreren Atomen durch kovalente Bindungen entstehen immer Moleküle. Dabei ist die Bindungsrichtung zwischen den miteinander verbundenen Atomen durch die räumliche Orientierung ihrer Orbitale vorgegeben. Die kovalente Bindung wird daher als *gerichtete Bindung* bezeichnet. Kovalente Bindungen sind im allgemeinen sehr stabil, und Moleküle sind stabile, in sich abgeschlossene Gebilde. Diese sind aufgrund verschiedener Einflüsse (Van-der-Waals-sche-Kräfte, Dipol-Dipol-Kräfte) zu Wechselwirkungen untereinander fähig; sie können aber isoliert existieren, ohne dadurch ihre Eigenschaft als in sich abgeschlossene, eigenständige Teilchen zu verlieren.

Da die zwischenmolekularen Wechselwirkungen im Vergleich zur Stärke der Atombindungen sehr schwach sind, haben molekulare Stoffe im allgemeinen niedrige Schmelz- und Siedepunkte.

Aufgaben:

1. In welcher Weise machen sich der Elektronegativitätsunterschied zwischen Wasserstoff und Sauerstoff und der räumliche Bau des Moleküls bei der Verbindung Wasser bemerkbar?
2. Was ist die Ursache dafür, daß der Siedepunkt von H_2S bei −60 °C, der von H_2O bei +100 °C liegt, obwohl das H_2S-Molekül nahezu die doppelte Masse des H_2O-Moleküls aufweist?
3. Wie kann man entscheiden, ob H_2O oder NH_3 die ausgeprägtere Dipoleigenschaft hat?
4. Durch welche Kräfte können Moleküle in einem Festkörper zusammengehalten werden? Geben Sie je ein Beispiel an.

5. Worin besteht der Unterschied zwischen der Wechselwirkung unter permanenten Dipolen und van-der-Waalsschen Kräften? Gehört die Wasserstoffbrückenbindung zu einer dieser Wechselwirkungen? Was ist das Besondere bei der Wasserstoffbrückenbindung?

6. Wirken zwischen allen polaren Molekülen, in denen Wasserstoffatome eine partielle positive Ladung tragen, Wasserstoffbrückenbindungen? (Begründung)

7.

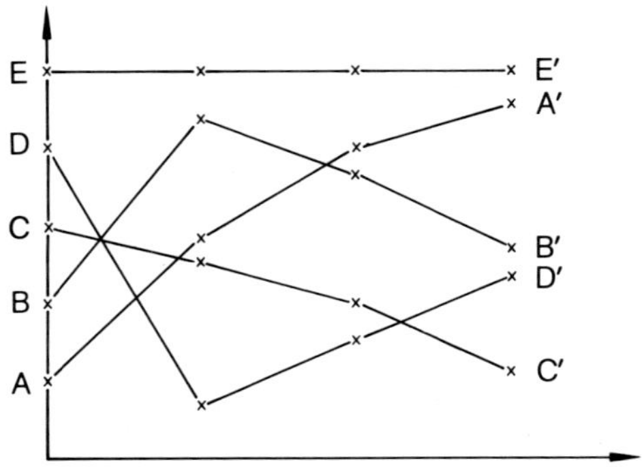

Welche „Kurve" im nebenstehenden Diagramm trifft für die nachfolgend angegebenen Sachverhalte am ehesten zu?

a) Die Siedepunkte von H_2O, H_2S, H_2Se, H_2Te
b) Die Atomradien der Elemente Mg, Ca, Sr, Ba
c) Die ersten Ionisierungsenergien von Mg, Ca, Sr, Ba
d) Die Siedepunkte von CH_4SiH_4, GeH_4, SnH_4
e) Die Anzahl der Elektronen im Orbital mit der höchsten Hauptquantenzahl von Sc, Ti, Fe, Zn

4 Chemische Bindung – Ionenbindung

4.1 Bildung von Ionenpaaren durch Elektronenübergang

Die Elemente der 3. Periode (mit Ausnahme des Edelgases Argon) bilden Chloride, deren Formeln die folgende Tabelle zeigt.

Tabelle 4-1: Chloride der Elemente der 3. Periode

Hauptgruppe	I	II	III	IV	V	VI	VII
Element	Na	Mg	Al	Si	P	S	Cl
Chlorid	**NaCl**	**$MgCl_2$**	**$AlCl_3$**	**$SiCl_4$**	**PCl_3**	**SCl_2**	**Cl_2**
Fp °C	801	712		−68	−91	−80	−101
Kp °C	1465	1418		57	74	59	−35

Die Stoffe Siliziumtetrachlorid ($SiCl_4$), Phosphortrichlorid (PCl_3) und Schwefeldichlorid (SCl_2) sind niedrig siedende Flüssigkeiten, Chlor (Cl_2) ist ein Gas; dies deutet auf einen Aufbau aus individuellen Einzelmolekülen hin, zwischen denen nur ein schwacher Zusammenhalt über zwischenmolekulare Wechselwirkungen besteht. Die Zahlenverhältnisse der Atome in den Molekülen ergeben sich aus den Bindigkeiten der Atome.

Tabelle 4-2: Aufbau der molekularen Chloride von Elementen der 3. Periode

Hauptgruppe	I–III	IV	V	VI	VII
Elektronenformel des Chlorids		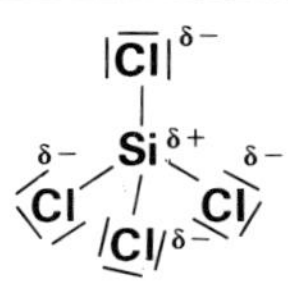	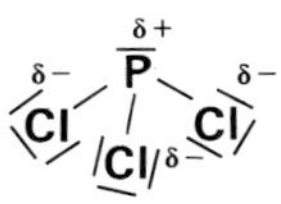	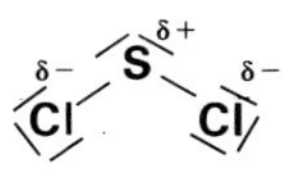	|Cl—Cl|
Elektronegativität EN(X) des Elementes X X = **Si, P, S, Cl**		1,8	2,1	2,5	3,0
Differenz der EN-Werte $\Delta EN =$ EN(Cl) − EN(X)		1,2	0,9	0,5	0
Charakter der X—Cl-Bindung		polare	polare Atombindung	polare	unpolare
Änderung des Bindungscharakters		← Polarität der Bindung steigt			

Die Elektronenformeln in Tabelle 4-2 zeigen uns, daß das Oktettprinzip erfüllt ist. Im Chlormolekül ist die Atombindung unpolar. Wegen der in der Reihe nach links hin steigenden Elektronegativitätsdifferenz ΔEN zwischen den Bindungspartnern werden die Bindungen zunehmender polarer.

Wenden wir uns nun den Chloriden der Elemente der 1. und 2. Hauptgruppe, dem Natriumchlorid und dem Magnesiumchlorid zu. NaCl und $MgCl_2$ unterscheiden sich erheblich von den soeben betrachteten Chloriden.
Bei ihnen handelt es sich um Feststoffe mit um ca. 800 K höheren Schmelzpunkten und mit um fast 1400 K höheren Siedepunkten.
Im Gegensatz zu den molekularen Chloriden leiten Schmelzen von NaCl und $MgCl_2$ den elektrischen Strom. Während die Chloride der Elemente Silizium bis Schwefel von Wasser in einer äußerst heftigen Reaktion zersetzt werden, lösen sich NaCl und $MgCl_2$ in Wasser nur auf und lassen sich aus der Lösung unzersetzt wieder zurückgewinnen.

Ein brauchbares Modell der chemischen Bindung muß diese sehr unterschiedlichen Beobachtungen erklären können.
Im Prinzip wären mit einem 1bindigen Natriumatom und einem 2bindigen Magnesiumatom (nach Anregung und Hybridisierung) Moleküle mit den Elektronenformeln Na—$\overline{\underline{\text{Cl}}}$| und |$\overline{\underline{\text{Cl}}}$—Mg—$\overline{\underline{\text{Cl}}}$| denkbar.
Diese Elektronenformeln weisen jedoch erhebliche Schwächen auf.
In den Molekülen so stabiler Stoffe wie NaCl und $MgCl_2$ sollten alle Atome die Edelgasschale erreicht haben; dies ist aber beim Natriumatom mit einer Zweierschale und beim Magnesiumatom mit einer Viererschale bei weitem nicht der Fall.

Nach einem besseren Modell für die Erklärung der Bindung in diesen beiden Stoffen suchen wir nicht allein wegen der Verletzung des Edelgasprinzips:

- Die hohen elektrischen Leitfähigkeiten der Schmelzen lassen auf leicht bewegliche Ladungsträger schließen.
- Im Chlormolekül findet man als Kennzeichen einer typischen Atombindung zwischen den Atomkernen eine hohe Elektronendichte[1], während die Elektronendichte im Gegensatz dazu beim NaCl zwischen den beiden Atomkernen sogar ein Minimum durchläuft.
  Aus der Verteilung der Elektronendichte im NaCl errechnet sich in der unmittelbaren Umgebung des Natrium-Atomkerns (11 Protonen) eine Ladung, die der von nur 10 Elektronen entspricht, dafür aber zum Ausgleich in der Nähe des Chlor-Atomkerns (17 Protonen) einer Ladung von fast 18 Elektronen gleichkommt.

Aus diesen Beobachtungen ergibt sich:

Es liegen keine polaren Atombindungen vor. Die wenig elektronegativen Atome der Metalle Natrium bzw. Magnesium haben dem Elektronensog des Chloratoms so wenig entgegenzusetzen, daß sie ein bzw. zwei Elektronen ganz verlieren. Im Natriumchlorid hat das Chloratom dem Natriumatom ein Elektron vollständig entrissen. Dadurch ist ein als Ganzes positiv geladenes Natrium-Teilchen, ein **Natriumion**, und ein als Ganzes negatives Chlor-Teilchen, ein **Chloridion**, entstanden. In beiden Ionen hat die äußerste Schale Edelgaskonfiguration.

---

[1] Elektronendichte – Verteilungen können experimentell bestimmt werden.

Den Elektronenübergang vom Natriumatom auf das Chloratom und damit die Bildung von Ionen aus Atomen zeigt die Gleichung:

$$\text{(4-1)}\quad Na\cdot \;\; \cdot\overline{\underline{Cl}}| \xrightarrow{\text{Elektronenübergang}} Na^{+} \;\; |\overline{\underline{Cl}}|^{-}$$

$3s^1$ $\quad 3s^2\,3p^5$ $\qquad 2s^2\,2p^6$ $\quad 3s^2\,3p^6$ Elektronenkonfiguration

Die beiden Ionen Na^+ und Cl^- bilden zunächst ein Ionenpaar, in dem starke elektrostatische Anziehungskräfte wirken.

Damit aus dem Magnesiumatom ein Ion mit Edelgaskonfiguration entsteht, müssen zwei Chloratome die beiden Elektronen der äußersten Schale übernehmen:

$$\text{(4-2)}\quad |\overline{\underline{Cl}}\cdot \;\; \dot{M}g\cdot \;\; \cdot\overline{\underline{Cl}}| \xrightarrow{\text{Elektronenübergang}} |\overline{\underline{Cl}}|^{-} \;\; Mg^{2+} \;\; |\overline{\underline{Cl}}|^{-}$$

$3s^2$ $\qquad 2s^2\,2p^6$

> Die Bindung, bei der eine elektrostatische Anziehung zwischen entgegengesetzt geladenen Ionen wirkt, wird als **Ionenbindung** oder ionische Bindung bezeichnet.

Der Fall einer reinen Ionenbindung, bei der ein vollständiger Elektronenübergang angenommen wird, ist als ein Grenzfall anzusehen; der gegensätzliche Fall ist der der reinen unpolaren Atombindung.

Wo ist nun die Grenze zwischen polarer Atombindung und Ionenbindung zu ziehen? Ab welchem Unterschied in der Elektronegativität liegt eine Ionenbindung vor?
Eine scharfe Grenzlinie zwischen polarer Atombindung und Ionenbindung läßt sich leider nicht ziehen. Vielmehr liegt ein nahtloser Übergang vor, wie dies die Abbildung 4-1 zeigen soll.

Abbildung 4–1: *Übergänge zwischen den Bindungsarten*

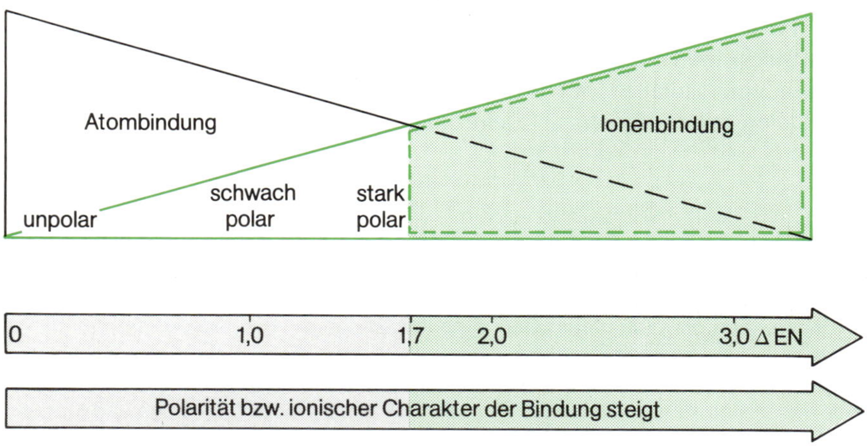

Die Polarität bzw. der ionische Charakter einer Bindung steigt mit zunehmender Elektronegativitätsdifferenz zwischen den Bindungspartnern. Im allgemeinen werden Bindungen zwischen Partnern, deren Elektronegativitäten sich um mehr als ungefähr 1,7 bis 1,8 unterscheiden, als ionisch beschrieben und solche mit kleineren Elektronegativitätsdifferenzen als polare Atombindungen. Dies zeigt die folgende Tabelle.

Tabelle 4-3: Elektronegativität und Bindungstyp

Hauptgruppe	I	II	III	IV	V	VI	VII
Element EN	**Na** 0,9	**Mg** 1,2	**Al** 1,5	**Si** 1,8	**P** 2,1	**S** 2,5	**Cl** 3,0
Chlorid ΔEN	**NaCl** 2,1	**$MgCl_2$** 1,8	**$AlCl_3$** 1,5	**$SiCl_4$** 1,2	**PCl_3** 0,9	**SCl_2** 0,5	**Cl_2** 0
Bindung	**Ionenbindung**		**Atombindung: polar**				**unpolar**
Aufbau	Na^+Cl^-	$Mg^{2+}2Cl^-$	Al_2Cl_6[1])	$SiCl_4$-Moleküle	PCl_3-Moleküle	SCl_2-Moleküle	Cl_2-Moleküle

Die folgende Aussage dient einer groben Orientierung über den Bindungscharakter und einer ersten Einordnung der Stoffe. Sie darf aber nicht überbewertet werden:

$\Delta EN \lesssim 1{,}7$ *Atombindung*
$\Delta EN \gtrsim 1{,}7$ *Ionenbindung*

Daß sie zu Fehlschlüssen führen kann, zeigt das Beispiel des Wasserstofffluorids HF, in dem die Elektronegativitätsdifferenz den Wert 1,9 hat, die Bindung aber dennoch als eine (allerdings sehr polare) kovalente Bindung zu beschreiben ist[2]). Bedenkt man, daß die Elektronegativitäten aller Elemente nur einen Bereich von 3,3 überspannen (von 0,7 bis 4), so ist die Forderung nach einer Differenz von mindestens ca. 1,7 für ionische Bindungen beachtlich. Sie wird in den Fällen einfacher Ionen nur von Kombinationen von Metallen mit den niedrigsten Elektronegativitäten mit typischen Nichtmetallen mit den höchsten Elektronegativitäten erfüllt.

---

[1]) Im festen und im flüssigen Aluminiumchlorid liegen keine Ionen vor; in wäßriger Lösung dagegen ist Aluminiumchlorid in Al^{3+}- und in $3\,Cl^-$-Ionen zerfallen. Um die sehr einprägsame, einfache Regel „Metalle bilden in Kombination mit Nichtmetallen positive Ionen" beibehalten zu können, wird dem Aluminiumchlorid häufig ein ionischer Aufbau zugeschrieben.

[2]) Die Ursache liegt in der Sonderstellung des gegenüber allen anderen Ionen extrem kleinen Wasserstoffions (H^+-Ion = Proton) mit seiner besonders hohen Ladungsdichte. Wasserstoffionen haben eine außerordentliche Fähigkeit, Elektronenwolken von Ionen und Molekülen für sich in Anspruch zu nehmen. Unter normalen Bedingungen kommen sie daher in Materie nicht vor.

Metalle bilden positive Ionen (Kationen).
Nichtmetalle bilden negative Ionen (Anionen).

Ein Vergleich der verschiedenen Typen chemischer Bindungen zeigt, daß sie trotz aller Verschiedenheiten doch auf ein gemeinsames Grundprinzip zurückgehen: die elektrostatische Anziehung entgegengesetzter Ladungen.

Tabelle 4-4: Vergleich der Bindungstypen

Bindungsart	*Anziehung zwischen*	*Elektronendichte zwischen den gebundenen Teilchen*	*Bindung zwischen*
Unpolare Atombindung	gemeinsamen Bindungselektronen und positiven Atomrümpfen[1])	hoch symmetrisch verteilt	Nichtmetallatomen gleicher Elektronegativität
Polare Atombindung	wie unpolare Atombindung	hoch unsymmetrisch verteilt	Nichtmetallatomen verschiedener EN
Ionenbindung	entgegengesetzt geladenen Ionen	niedrig	zumeist Metallen und Nichtmetallen
Metallbindung	positiven Atomrümpfen und Elektronengas	hoch	Metallatomen
Van-der-Waalssche-Kräfte	kurzzeitig entstandenen Dipolen	niedrig	in sich abgeschlossenen Molekülen
Dipol-Dipol-Kräfte	permanenten Dipolen	niedrig	in sich abgeschlossenen Molekülen

Aufgaben:

1. Welche Art von Ionen bilden die Metalle, welche die Nichtmetalle? (Beispiele und Begründung)
2. Zeigen Sie an selbst ausgewählten Beispielen, worauf die Ionenbindung und die Atombindung beruht. Erläutern Sie Unterschiede und Gemeinsamkeiten.
3. Wovon hängt die Polarität einer Bindung ab? Wie? Welche Extremfälle treten auf?
4. Warum gibt es kein Calciumbromid-Molekül?

[1]) Nach Entfernung von Elektronen bleibt der Rumpf eines Atoms zurück.

4.2 Eigenschaften von Ionen

4.2.1 Ladung von Ionen

Die wichtigste Eigenschaft eines Ions ist seine elektrische Ladung. Diese kann nur die positive oder negative Elementarladung bzw. ein ganzzahliges Vielfaches davon annehmen.

Kationen, positive Ionen, entstehen aus neutralen Atomen durch Abgabe von Elektronen.
Anionen, negative Ionen, entstehen aus neutralen Atomen durch Aufnahme von Elektronen.

Einfache Ionen von Hauptgruppenelementen haben fast immer Edelgaskonfiguration; die Ladungszahlen von Ionen dieser Elemente sind daher durch die Zugehörigkeit der Elemente zu den Hauptgruppen im PSE festgelegt. Die Elemente der 1. bis 3. Hauptgruppe erreichen die nächsttiefere Edelgasschale durch Abgabe einer der Hauptgruppennummer entsprechenden Zahl von Elektronen; die Elemente der 5. bis 7. Hauptgruppe ergänzen ihre äußerste Schale durch Aufnahme einer entsprechenden Zahl von Elektronen zur nächsthöheren Edelgasschale. Einige Beispiele sollen dies zeigen:

Abbildung 4–2: *Zahl der abgegebenen bzw. aufgenommenen Elektronen bei der Bildung von Ionen am Beispiel der Elemente der dritten Periode*

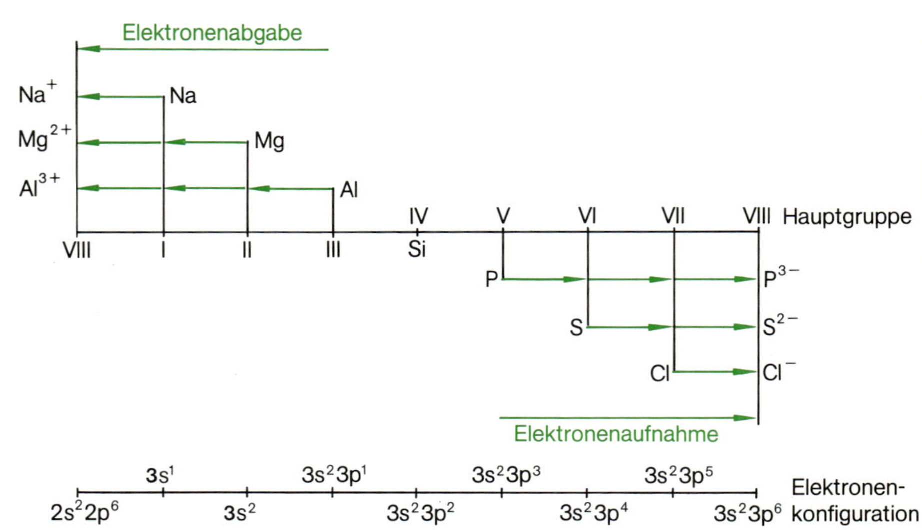

Tabelle 4-5: Bildung von Ionen

Nr.	Hauptgruppe/ Periode	Element	Elektronenkonfiguration	Gleichung für die Bildung der Ionen	Name des Ions	Elektronenkonfiguration
1	I/2	**Li**	$2s^1$	$Li \rightarrow Li^+ + e^-$	Lithium-Ion	$1s^2$
2	I/3	**Na**	$3s^1$	$Na \rightarrow Na^+ + e^-$	Natrium-Ion	$2s^2 2p^6$
3	I/4	**K**	$4s^1$	$K \rightarrow K^+ + e^-$	Kalium-Ion	$3s^2 3p^6$
4	II/3	**Mg**	$3s^2$	$Mg \rightarrow Mg^{2+} + 2e^-$	Magnesium-Ion	$2s^2 2p^6$
5	II/4	**Ca**	$4s^2$	$Ca \rightarrow Ca^{2+} + 2e^-$	Calcium-Ion	$3s^2 3p^6$
6	III/3	**Al**	$3s^2 3p^1$	$Al \rightarrow Al^{3+} + 3e^-$	Aluminium-Ion	$2s^2 2p^6$
7	VII/2	**F**	$2s^2 2p^5$	$F + e^- \rightarrow F^-$	Fluorid-Ion	$2s^2 2p^6$
8	VII/3	**Cl**	$3s^2 3p^5$	$Cl + e^- \rightarrow Cl^-$	Chlorid-Ion	$3s^2 3p^6$
9	VI/2	**O**	$2s^2 2p^4$	$O + 2e^- \rightarrow O^{2-}$	Oxid-Ion	$2s^2 2p^6$
10	VI/3	**S**	$3s^2 3p^4$	$S + 2e^- \rightarrow S^{2-}$	Sulfid-Ion	$3s^2 3p^6$
11	V/2	**N**	$2s^2 2p^3$	$N + 3e^- \rightarrow N^{3-}$	Nitrid-Ion	$2s^2 2p^6$
12	IV/5	**Sn**	$5s^2 5p^2$	$Sn \rightarrow Sn^{2+} + 2e^-$	Zinn(II)-Ion	$5s^2$
13	IV/6	**Pb**	$6s^2 6p^2$	$Pb \rightarrow Pb^{2+} + 2e^-$	Blei(II)-Ion	$6s^2$

Aus Energiegründen treten Ionen mit höheren Ladungszahlen als 3 in Verbindungen nicht auf, d. h., Verbindungen, in denen derartige Ionen auftreten müßten, sind nicht rein ionischer Natur. Die Elemente der oberen Perioden der 4. Hauptgruppe bilden daher auch keine Verbindungen mit einfachen edelgaskonfigurierten Ionen. Allerdings können, wie die Beispiele 12 und 13 der obigen Tabelle zeigen, die Elemente Zinn und Blei aus der 5. bzw. 6. Periode der 4. Hauptgruppe Ionen der Elektronenkonfiguration s^2 bilden.
Die Vielfalt in der Chemie der Nebengruppenelemente geht zurück auf ihre Fähigkeit, Ionen verschiedener Ladungszahlen zu bilden; die Elemente Scandium bis Zink aus der 1. Reihe der Nebengruppenelemente können z. B. sowohl Elektronen des 4s-Orbitals als auch der 3d-Orbitale abgeben.

Tabelle 4-6: Ionen von Nebengruppenelementen

Nr.	Element	Elektronenkonfiguration	Gleichung für die Bildung der Ionen	Name des Ions	Elektronenkonfiguration
1	**Cr**	$4s^1 3d^5$	$Cr \rightarrow Cr^{3+} + 3e^-$	Chrom(III)-Ion	$3d^3$
2	**Fe**	$4s^2 3d^6$	$Fe \rightarrow Fe^{2+} + 2e^-$	Eisen(II)-Ion	$3d^6$
3			$Fe \rightarrow Fe^{3+} + 3e^-$	Eisen(III)-Ion	$3d^5$
4	**Cu**	$4s^1 3d^{10}$	$Cu \rightarrow Cu^+ + e^-$	Kupfer(I)-Ion	$3d^{10}$
5			$Cu \rightarrow Cu^{2+} + 2e^-$	Kupfer(II)-Ion	$3d^9$
6	**Zn**	$4s^2 3d^{10}$	$Zn \rightarrow Zn^{2+} + 2e^-$	Zink(II)-Ion	$3d^{10}$
7	**Mn**	$4s^2 3d^5$	$Mn \rightarrow Mn^{2+} + 2e^-$	Mangan(II)-Ion	$3d^5$

Die folgende Abbildung 4-3 gibt eine Übersicht über die wichtigsten in ionischen Stoffen vorkommenden Ionen und verdeutlicht nochmals den Zusammenhang zwischen der Ladungszahl von Ionen der Hauptgruppenelemente mit deren Stellung im PSE.

Abbildung 4–3: *Übersicht über die wichtigsten einfachen Ionen*

I II . . . . Hauptgruppe . . . . III IV V VI VII VIII

. . . . Nebengruppen . . . .

	I	II												III	IV	V	VI	VII	VIII
1. Periode																			
2. Periode	Li^{+}	Be^{2+}														N^{3-}	O^{2-}	F^{-}	
3. Periode	Na^{+}	Mg^{2+}												Al^{3+}			S^{2-}	Cl^{-}	
4. Periode	K^{+}	Ca^{2+}					Cr^{3+}	Mn^{2+}	Fe^{2+} Fe^{3+}			Cu^{+} Cu^{2+}	Zn^{2+}					Br^{-}	
5. Periode												Ag^{+}						I^{-}	
6. Periode	Cs^{+}	Ba^{2+}		14 Lanthaniden															
7. Periode				14 Actiniden															

Neben den einfachen Ionen gibt es auch komplizierter aufgebaute, sog. *komplexe Ionen*[1]. Die Formeln und Ladungen komplexer Ionen lassen sich leichter einprägen, wenn man die Entstehungsweise dieser Ionen kennt.
Säuren können Wasserstoffionen (Protonen) abspalten, Basen hingegen aufnehmen. Spaltet eine Säure ein Proton ab, so bleibt ein Anion zurück, nimmt eine Base ein Proton auf, so entsteht ein Kation, wenn die Säure bzw. Base ungeladen waren. Einige wichtige Beispiele sind in den folgenden Tabellen aufgeführt.

Tabelle 4-7: Entstehung von Anionen *durch Abspaltung von Wasserstoffionen aus Säuren*

Nr.	*Säure*	*Gleichung für die Bildung des Anions*	*Name des Anions*
1	Wasserstoffchlorid	$HCl \rightarrow H^+ + Cl^-$	Chlorid-Ion
2	Wasser	$H_2O \rightarrow H^+ + OH^-$	Hydroxid-Ion
3	Schwefelsäure	$H_2SO_4 \rightarrow 2H^+ + SO_4^{2-}$	Sulfat-Ion
4		$H_2SO_4 \rightarrow H^+ + HSO_4^-$	Hydrogensulfat-Ion
5	Salpetersäure	$HNO_3 \rightarrow H^+ + NO_3^-$	Nitrat-Ion
6	Kohlensäure	$H_2CO_3 \rightarrow 2H^+ + CO_3^{2-}$	Carbonat-Ion
7		$H_2CO_3 \rightarrow H^+ + HCO_3^-$	Hydrogencarbonat-Ion
8	Phosphorsäure	$H_3PO_4 \rightarrow 3H^+ + PO_4^{3-}$	Phosphat-Ion
9		$H_3PO_4 \rightarrow 2H^+ + HPO_4^{2-}$	Hydrogenphosphat-Ion
10		$H_3PO_4 \rightarrow H^+ + H_2PO_4^-$	Dihydrogenphosphat-Ion

Tabelle 4-8: Entstehung von Kationen *durch Übertragung von Wasserstoffionen auf Basen*

Nr.	*Base*	*Gleichung für die Bildung des Kations*	*Name des Kations*
1	Ammoniak	$NH_3 + H^+ \rightarrow NH_4^+$	Ammonium-Ion
2	Wasser	$H_2O + H^+ \rightarrow H_3O^+$	Wasserstoff-Ion[2] (Hydronium-Ion)

4.2.2 Radien von Ionen

Die Kraftwirkung zwischen Ionen hängt, wie das Coulombsche Gesetz

$$F = k \frac{Q_1 \cdot Q_2}{d^2}$$

zeigt, nicht nur von der Ladung Q der Ionen, sondern auch von ihrem Abstand d ab. Betrachtet man Ionen als starre, geladene Kugeln, so ist der Abstand der Ladungen durch die Entfernung der Mittelpunkte der Ionen gegeben; der Abstand entspricht der Summe der Radien sich gegenseitig berührender Ionen.

---

[1] Komplexe Anionen sind aus mindestens zwei verschiedenen elektronegativen Atomen aufgebaut.

[2] Nach der chemischen Nomenklatur wird neuerdings die Bezeichnung Wasserstoffion auch für das H_3O^+-Ion verwendet.

Abbildung 4–4: *Radien und Abstand von Ionen*

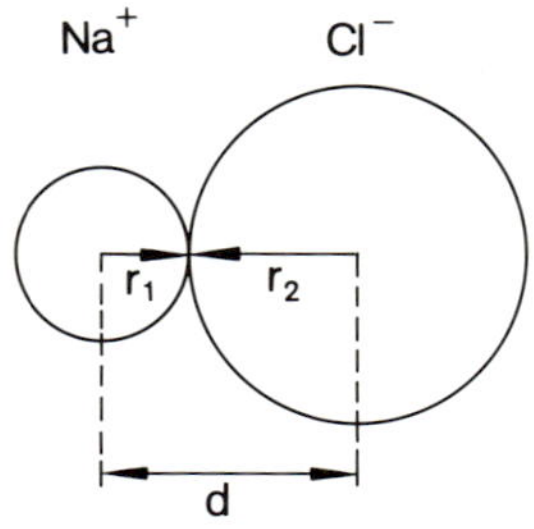

Die folgende Abbildung 4-5 zeigt, daß die Radien aller Kationen kleiner und die Radien aller Anionen größer sind als die der Atome, aus denen sie entstanden sind. Bei der Bildung von Kationen mit Edelgaskonfiguration werden die Elektronen der äußersten Schale vollständig entfernt; Anionen dagegen besitzen gegenüber den neutralen Atomen mehr Elektronen in der äußersten Schale; dadurch steigt die Zahl abstoßender Wechselwirkungen zwischen den Elektronen.

Die Radiengrößen von Kationen bzw. Anionen zeigen im übrigen ein ganz ähnliches periodisches Verhalten im PSE wie die der Atome.

Abbildung 4–5: *Radien der Atome von Hauptgruppenelementen und Radien einiger wichtiger Ionen (Werte in pm)*

I	II	III	IV	V	VI	VII
Li 152 68 (+)	Be 112 31 (2+)	B 88	C 77	N 70	O 66 140 (2−)	F 64 136 (−)
Na 186 95 (+)	Mg 160 65 (2+)	Al 143 50 (3+)	Si 117	P 110	S 104 184 (2−)	Cl 99 181 (−)
K 231 133 (+)	Ca 197 99 (2+)	Ga 122 62 (3+)	Ge 122	As 121	Se 117	Br 114 195 (−)
Rb 244 148 (+)	Sr 215 113 (2+)	In 162	Sn 140	Sb 141	Te 137	I 133 216 (−)
Cs 262 165 (+)	Ba 217 135 (2+)	Tl 171	Pb 175	Bi 146	Po	At

Aufgaben:

1. Stellen Sie nach dem folgenden Schema Gleichungen auf für die Bildung von Ionen aus Atomen der folgenden Elemente. Vergleichen Sie jeweils den Radius des Ions mit dem des Atoms durch „kleiner" oder „gleich" oder „größer".

Atom	*Gleichung*	*Radien-Vergleich*
Natrium	..?..	..?..
Calcium	..?..	..?..
Brom	..?..	..?..
Aluminium	..?..	..?..
Sauerstoff	..?..	..?..
Stickstoff	..?..	..?..

2. Geben Sie Gleichungen an für die Bildung folgender Ionen: Wasserstoff-Ion, Sulfat-Ion, Hydrogenphosphat-Ion, Hydroxid-Ion, Carbonat-Ion, Ammonium-Ion.

3. Begründen Sie den Verlauf der Radien von Ionen innerhalb der Gruppen und Perioden.

4.3 Formeln ionischer Verbindungen

Obwohl ionische Stoffe aus elektrisch geladenen Einzelteilchen bestehen, sind sie nach außen hin elektrisch neutral. Daher müssen sich die Ladungen der Ionen gegenseitig ausgleichen; dies erfordert ein ganz bestimmtes, von den Ladungszahlen abhängiges Zahlenverhältnis der Ionen.

Die folgende Tabelle zeigt, wie man von den Ladungen der Ionen zu den Formeln ionischer Stoffe gelangt.

Tabelle 4-9: Entwicklung der Formeln einiger ionischer Stoffe

Nr.	*Name des Stoffes*	*Kationen*	*Anionen*	*Zahlenverhältnis der Ionen*	*Formel*
1	Natriumbromid	Na^+	Br^-	$1\,Na^+$ / $1\,Br^-$	NaBr
2	Kaliumoxid	K^+	O^{2-}	$2\,K^+$ / $1\,O^{2-}$	K_2O
3	Calciumchlorid	Ca^{2+}	Cl^-	$1\,Ca^{2+}$ / $2\,Cl^-$	$CaCl_2$
4	Lithiumsulfat	Li^+	SO_4^{2-}	$2\,Li^+$ / $1\,SO_4^{2-}$	Li_2SO_4
5	Lithiumnitrid	Li^+	N^{3-}	$3\,Li^+$ / $1\,N^{3-}$	Li_3N
6	Magnesiumnitrid	Mg^{2+}	N^{3-}	$3\,Mg^{2+}$ / $2\,N^{3-}$	Mg_3N_2
7	Aluminium-hydrogensulfat	Al^{3+}	HSO_4^-	$1\,Al^{3+}$ / $3\,HSO_4^-$	$Al(HSO_4)_3$
8	Aluminiumoxid	Al^{3+}	O^{2-}	$2\,Al^{3+}$ / $3\,O^{2-}$	Al_2O_3
9	Eisen(II)-sulfat	Fe^{2+}	SO_4^{2-}	$1\,Fe^{2+}$ / $1\,SO_4^{2-}$	$FeSO_4$
10	Eisen(III)-chlorid	Fe^{3+}	Cl^-	$1\,Fe^{3+}$ / $3\,Cl^-$	$FeCl_3$
11	Kupfer(II)-sulfat	Cu^{2+}	SO_4^{2-}	$1\,Cu^{2+}$ / $1\,SO_4^{2-}$	$CuSO_4$
12	Zink(II)-nitrat	Zn^{2+}	NO_3^-	$1\,Zn^{2+}$ / $2\,NO_3^-$	$Zn(NO_3)_2$
13	Calciumphosphat	Ca^{2+}	PO_4^{3-}	$3\,Ca^{2+}$ / $2\,PO_4^{3-}$	$Ca_3(PO_4)_2$

Aufgaben:

1. Woraus läßt sich das Zahlenverhältnis der Ionen in einem Stoff ermitteln? Erläutern Sie Ihre Aussage an drei selbst gewählten Beispielen.

2. Geben Sie Formeln an für folgende Stoffe: Calciumbromid, Natriumoxid, Aluminiumoxid, Calciumphosphat, Natriumsulfat, Calciumnitrid, Eisen(III)-chlorid, Eisen(II)-nitrat, Kupfer(I)-chlorid, Kaliumcarbonat.

4.4 Bildung von Ionengittern

Wir haben bereits gesehen, daß sich aus Natrium-Atomen und aus Chlor-Atomen wegen ihrer sehr unterschiedlichen Elektronegativitäten Ionenpaare Na^+Cl^- und nicht Moleküle Na—Cl bilden. Solche Ionenpaare sind z. B. im verdampften Natriumchlorid nachweisbar. Im festen Natriumchlorid ist jedoch, wie Untersuchungen mit Röntgenstrahlen ergeben haben, jedes Natrium-Ion von 6 Chlorid-Ionen in identischen Abständen umgeben und umgekehrt jedes Chlorid-Ion von 6 Natrium-Ionen. Die gleichen Abstände zeigen, daß jedes Ion die 6 entgegengesetzt geladenen direkten Nachbarn mit gleicher elektrostatischer Kraft anzieht. Individuelle, isolierte Ionenpaare sind nicht erkennbar.
Der Aufbau des festen Natriumchlorids wird verständlich, wenn man die gegenseitige Wechselwirkung zwischen mehreren Ionenpaaren berücksichtigt. Wie die Abbildung 4-6 zeigt, kann ein Natrium-Ion durchaus ein zweites Chlorid-Ion an sich binden – und umgekehrt ein Chlorid-Ion ein weiteres Natrium-Ion –, wodurch sich zwei und schließlich mehr Ionenpaare zu einem größeren Aggregat vereinigen können.

Abbildung 4–6: *Vereinigung von Ionenpaaren*

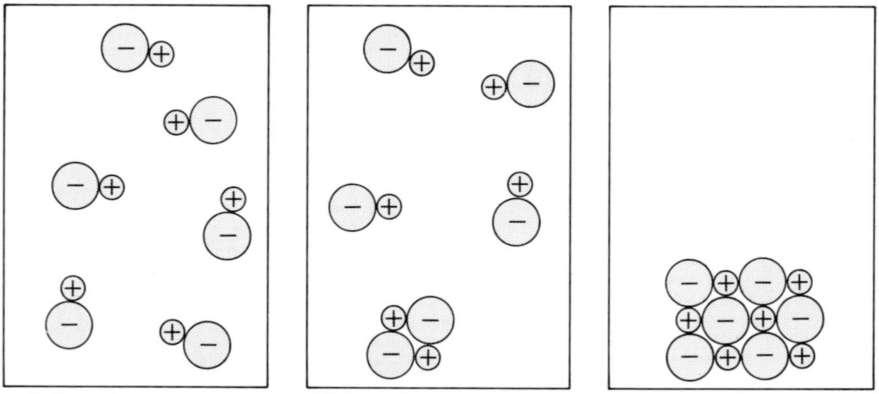

Getrennte Ionenpaare im gasförmigen Zustand — Bildung eines Aggregates aus 2 Ionenpaaren — Vereinigung von 6 Ionenpaaren

Dieses Gebilde ist gegenüber den getrennten Ionenpaaren und noch mehr gegenüber den völlig getrennten Ionen stabil und energiebegünstigt, denn die anziehenden Kräfte zwischen den sich direkt berührenden, entgegengesetzt geladenen Ionen übertreffen die Abstoßungskräfte zwischen den weiter voneinander entfernten, gleichnamig geladenen Ionen.

Die Fähigkeit eines Ions, entgegengesetzt geladene Ionen anzuziehen, ist also nicht dadurch abgesättigt, daß der Ausgleich der elektrischen Ladungen im Ionenpaar erreicht ist. **Ionen ziehen sich nicht nur paarweise an.** Im festen Zustand ist ein Ionenpaar für sich allein nicht stabil.

Betrachten wir die Situation nochmals, aber ausgehend von einem einzelnen Natrium-Ion, dem sich mehrere Chlorid-Ionen von beliebigen Raumrichtungen nähern. Alle Ionen wollen wir als starre Kugeln betrachten. Wegen der Kugelsymmetrie des elektrischen Feldes des Natrium-Ions wird jedes Chlorid-Ion, ganz gleich aus welcher Raumrichtung, sich so weit wie möglich dem Natrium-Ion nähern, d. h. so lange, bis sich die Elektronenhüllen berühren. Im Gegensatz zur Atombindung, bei der sich einfach besetzte Orbitale überlappen müssen, was nur in bestimmten Raumrichtungen möglich ist, zeigt also die Ionenbindung keine Vorzugsrichtung.

Die Ionenbindung ist ungerichtet.

Je mehr Chlorid-Ionen das Natrium-Ion direkt berühren können, um so mehr anziehende Wechselwirkungen treten auf und um so mehr Energie wird frei bei der Zusammenlagerung der Ionen. Die Zahl der entgegengesetzt geladenen Ionen, die ein Ion direkt als unmittelbare Nachbarn umgeben, wird **Koordinationszahl** genannt.

Die Koordinationszahl hängt ab vom Verhältnis der Radien der Ionen. Da meist das positive Ion kleiner als das negative ist, untersucht man, wie viele von den größeren negativen Ionen so um das kleinere positive gruppiert werden können, daß sich die entgegengesetzt geladenen Ionen noch gegenseitig berühren[1]).

Im Fall des Natriumchlorids haben um das kleinere Natrium-Ion ($r = 95$ pm) gerade 6 der größeren Chlorid-Ionen ($r = 181$ pm) Platz; die Koordinationszahl des Natrium-Ions ist 6. Da aus Gründen der Elektroneutralität im NaCl gleich viele Natrium- und Chlorid-Ionen enthalten sind, muß umgekehrt auch jedes Chlorid-Ion von 6 Natrium-Ionen umgeben sein, d. h. die Koordinationszahl des Chlorid-Ions ist ebenfalls 6.

Vergleichen wir nun Caesiumchlorid mit dem Natriumchlorid. Im gleichermaßen ionisch aufgebauten Caesiumchlorid kann das erheblich größere Cs^+-Ion ($r = 165$ pm) von 8 Chlorid-Ionen umgeben werden; folglich ist die Koordinationszahl des Caesium- und auch die des Chlorid-Ions im Caesiumchlorid 8.

Werden nun sehr viele Ionen unter diesen Gesichtspunkten zusammengelagert, so erhält man ein im Vergleich zur Größe eines Ions unendlich ausgedehntes Ionengitter.

In einem **Ionengitter** wiederholen sich Kationen und Anionen in regelmäßigen Abständen.

---

[1]) Die umgekehrte Vorgehensweise würde zu dem Ergebnis führen, daß sich sehr viele der kleineren positiven Ionen um das größere negative lagern könnten. In einem solchen Gebilde müßten die abstoßenden Kräfte die anziehenden übertreffen.

Die folgenden Abbildungen zeigen Ausschnitte aus den Ionengittern von NaCl und CsCl.

Abbildung 4–7:
Ausschnitt aus dem Ionengitter des NaCl (maßstäbliche Zeichnung, Natriumionen in Farbe)

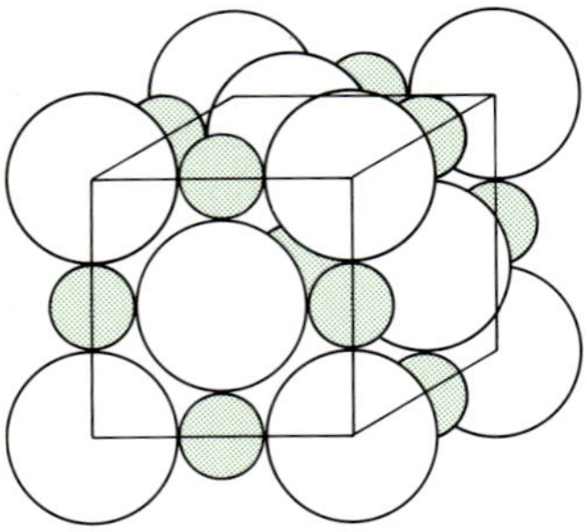

Abbildung 4–8:
Ausschnitt aus dem Ionengitter des NaCl (Schwerpunkte der Ionen, Schwerpunkte der Na-Ionen in Farbe)

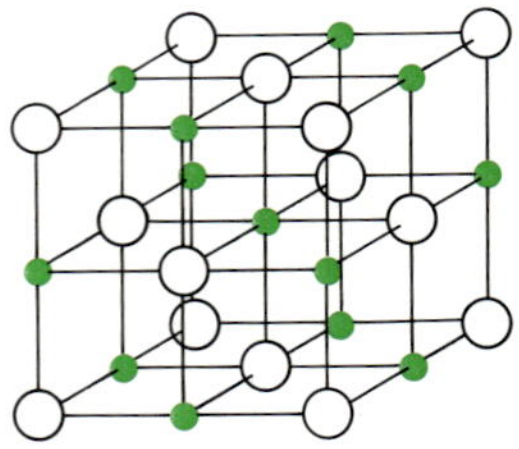

Abbildung 4–9:
Ausschnitt aus dem Ionengitter des CsCl (maßstäbliche Zeichnung, Caesiumion in Farbe)

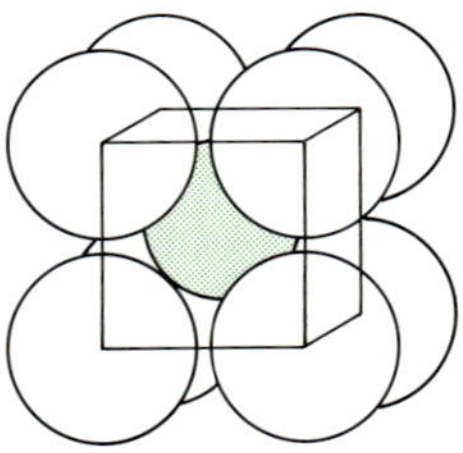

Abbildung 4–10:
Ausschnitt aus dem Ionengitter des CsCl (Schwerpunkte der Ionen, Schwerpunkt des Cs-Ions in Farbe)

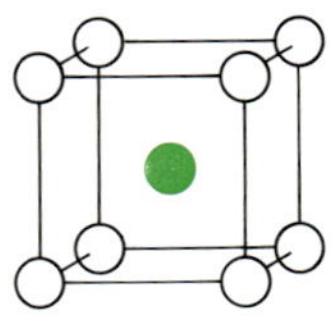

Aufgaben:

1. Was versteht man unter einem „Ionengitter"?
2. Von welcher Eigenschaft der Ionen hängt die Art eines Ionengitters ab? Erläutern Sie die Zusammenhänge anhand zweier typischer Beispiele.
3. Welche Aussage kann über die Richtungsabhängigkeit der Ionenbindung gemacht werden? Geben Sie eine Begründung. Vergleichen Sie mit der Atombindung.
4. Kann ein einfach positiv geladenes Ion mehr als ein einfach negativ geladenes Ion an sich binden? (Begründung)
   Welche Konsequenzen ergeben sich aus Ihrer Behauptung hinsichtlich des Aufbaus ionischer Stoffe?

4.5 Energiebilanz bei der Bildung von Ionengittern

Für die Bildung des ionischen Stoffes Natriumchlorid aus den Elementen Natrium und Chlor läßt sich folgende Gleichung anschreiben:

(4-3) $\mathbf{Na}(f) + \mathbf{1/2\,Cl_2}(g) \rightarrow \mathbf{NaCl}(f)$ (f = fest; g = gasförmig)

Sicher läuft die Reaktion nicht in einem einzigen Schritt ab. Unabhängig davon, wie der wirkliche Ablauf in allen Einzelheiten aussieht, gliedern wir die Gesamtreaktion in verschiedene Teilreaktionen auf. Zweck dieser Zerlegung in Teilreaktionen ist es, Verständnis für die Rolle verschiedener Energien, die zum Gesamtprozeß beitragen, zu gewinnen. Für die Bildung ionischer Stoffe ist besonders diejenige Energie von Bedeutung, die bei der Zusammenlagerung gasförmiger, d.h. voneinander unabhängiger Ionen frei wird: die Gitterenergie. Die Zerlegung der Gesamtreaktion in Teilschritte muß also so vorgenommen werden, daß zwischendurch solche gasförmigen Ionen gebildet werden. Dazu werden zunächst aus dem festen Metall durch Sublimation einzelne Atome erzeugt, die dann ionisiert werden; Chlormoleküle werden in Atome gespalten, die durch Aufnahme von Elektronen in Chloridionen umgewandelt werden. Die so erhaltenen gasförmigen Ionen vereinigen sich zum festen Ionengitter. Jede dieser Teilreaktionen ist von Energieeffekten begleitet, deren Summe die Bildungswärme der Verbindung ergibt. Wir betrachten nun die einzelnen Energien genauer.

4.5.1 Sublimationsenergie

Im festen Metall sind die Atome durch die Kräfte der Metallbindung im Gitterverband festgehalten. Voneinander unabhängige, freie Metallatome liegen im gasförmigen Zustand vor. Freie Metallatome erhält man durch Sublimation des Metalls:

(4-4) $\mathbf{Me}(f) \rightarrow \mathbf{Me}(g)$ ΔE = Sublimationsenergie

Um die Atome durch Sublimation aus dem Gitter zu lösen, muß die **Sublimationsenergie** ΔE aufgebracht werden. Die Sublimationsenergie ist gleich dem Unterschied zwischen der Energie des Metalldampfes E(Me(g)) und der Energie des festen Metalls E(Me(f)). (Siehe dazu Abbildung 4-11 und Fußnote auf Seite 76.)

Abbildung 4–11: *Energiediagramm für die Sublimation eines Metalls*

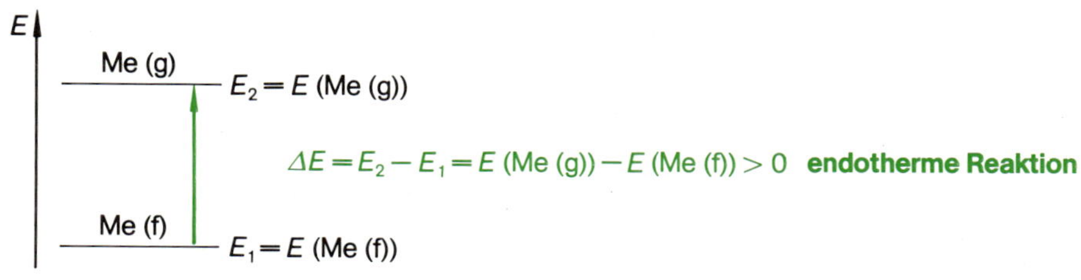

In der folgenden Tabelle sind einige Sublimationsenergien zusammengestellt.

Tabelle 4-10: Sublimationsenergie von Metallen[1,2])

Metall	*E* in kJ/mol	Metall	*E* in kJ/mol
Li	**161**	**Al**	**326**
Na	**109**	**Fe**	**418**
K	**90**	**Cu**	**338**
Mg	**148**	**Zn**	**131**
Ca	**178**		

4.5.2 Ionisierungsenergie

> Unter der Ionisierungsenergie I der Teilchen X versteht man die Energie, die aufgebracht werden muß, um 1 mol freier Teilchen X jeweils 1 Elektron zu entreißen; frei sind die Teilchen im gasförmigen Zustand[2]).

Die 1. Ionisierungsenergie I_1 bezieht sich auf die Entfernung des 1. Elektrons:

(4-5) $$\mathbf{X}(g) \rightarrow \mathbf{X}^+(g) + \mathbf{e}^- \qquad \Delta E = I_1$$

Die 2. Ionisierungsenergie I_2 bezieht sich auf die Entfernung des 2. Elektrons:

(4-6) $$\mathbf{X}^+(g) \rightarrow \mathbf{X}^{2+}(g) + \mathbf{e}^- \qquad \Delta E = I_2$$

Zur Bildung mehrfach geladener Kationen müssen mehrere Elektronen entfernt werden; dazu ist die Summe der entsprechenden Ionisierungsenergien aufzubringen.

Die nachfolgende Abbildung zeigt, daß die 1. Ionisierungsenergie einen periodischen Verlauf aufweist. Die geringe Ionisierungsenergie der Metalle ist der Grund dafür, daß diese relativ leicht Kationen bilden.

---

[1]) Genau genommen handelt es sich um „Enthalpiewerte". Neben der „inneren Energie" wird als ein weiteres Maß für den Energieinhalt eines Systems die „Enthalpie" verwendet. Da sich die Werte der inneren Energie und die Werte der Enthalpie oft nicht oder nur wenig unterscheiden und der Begriff Enthalpie erst später eingeführt werden soll, wird im folgenden nur von „Energie" gesprochen, auch wenn Enthalpiewerte angegeben werden.

[2]) 1 mol besteht aus $\{N_A\}$-Teilchen ($N_A = 6{,}022 \cdot 10^{23}$ 1/mol).

Abbildung 4–12: *1. Ionisierungsenergie I_1 für Atome X (im gasförmigen Zustand)*
Werte in kJ/mol; $X(g) \rightarrow X^+(g) + e^-$

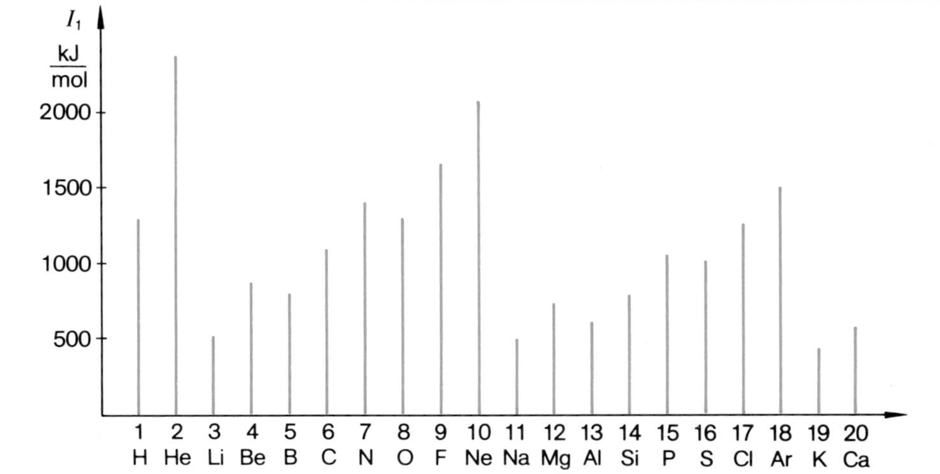

Wie die folgende Tabelle 4-11 zeigt, erfordert die Abspaltung von mehreren Elektronen stark steigende Ionisierungsenergien; durch die steigende positive Ladung der zurückbleibenden Ionen werden alle weiteren Elektronen immer stärker zurückgehalten. Auffallend steigt die Ionisierungsenergie, wenn eine Edelgaskonfiguration zerstört werden muß; dies ist der Grund für die Stabilität der Ionen mit Edelgaskonfiguration.

Tabelle 4-11: Ionisierungsenergie für Mehrfachionisierung in kJ/mol; *alle Atome und Ionen im gasförmigen Zustand*

I_1 gilt für: $X \rightarrow X^+ + e^-$; I_2 gilt für: $X^+ \rightarrow X^{2+} + e^-$ usw.

Z	Element	1.El. I_1	2.El. I_2	3.El. I_3	4.El. I_4	5.El. I_5	6.El. I_6	7.El. I_7	8.El. I_8	9.El. I_9	10.El. I_{10}
1	**H**	1 317									
2	**He**	2 378	5 255								
3	**Li**	526	7 303	11 816							
4	**Be**	905	1 763	14 856	21 016						
5	**B**	807	2 434	3 665	25 026	32 826					
6	**C**	1 092	2 358	4 624	6 228	37 836	47 266				
7	**N**	1 409	2 861	4 583	7 479	9 449	53 266	64 346			
8	**O**	1 319	3 394	5 303	7 473	10 996	13 326	71 326	84 056		
9	**F**	1 687	3 382	6 051	8 415	11 036	15 166	17 866	92 026	106 410	
10	**Ne**	2 087	3 969	6 130	9 369	12 200	15 246	20 006	23 076	115 310	131 410
11	**Na**	502	4 568	6 919	9 549	13 366	16 616	20 116	25 476	28 946	141 410
12	**Mg**	744	1 456	7 737	10 546	13 626	18 006	21 706	25 666	31 636	35 466
13	**Al**	584	1 823	2 751	11 586	14 846	18 367	23 296	27 466	31 860	38 460
14	**Si**	793	1 583	3 234	4 361	16 086	19 796	23 786	29 246	33 866	38 730
15	**P**	1 017	1 909	2 916	4 962	6 279	21 266	25 416	29 846	35 870	40 960
16	**S**	1 006	2 260	3 380	4 568	7 000	8 500	27 116	31 746	36 566	43 100
17	**Cl**	1 257	2 303	3 856	5 160	6 548	9 340	11 036	33 620	38 690	43 940
18	**Ar**	1 526	2 671	3 953	5 777	7 240	8 820	11 970	13 856	40 790	46 230
19	**K**	425	3 075	4 400	5 882	7 980	9 630	11 400	15 000	16 976	48 630
20	**Ca**	596	1 152	4 938	6 500	8 149	10 500	12 400	14 260	18 100	20 400
21	**Sc**	637	1 241	2 395	7 140	8 900	10 700	13 400	15 300	17 400	21 800

4.5.3 Bindungsenergie

Zur Bildung gasförmiger Anionen müssen erst die Moleküle der Elemente in Atome aufgespalten werden wie z. B.:

(4-7) $$\mathbf{Cl_2}(g) \rightarrow \mathbf{2Cl}(g) \qquad \Delta E = E(\text{Cl—Cl})$$

Für die Spaltung der Moleküle muß die Bindungsenergie $\Delta E = E(\text{Cl—Cl})$ aufgebracht werden. In der folgenden Tabelle sind einige Bindungsenergien zusammengestellt.

Tabelle 4-12: Bindungsenergien

Bindung	Bindungsenergie in kJ/mol
F—F	**153**
Cl—Cl	**242**
Br—Br	**193**
I—I	**151**
O=O	**498**

4.5.4 Elektronenaffinität

Auch die Bildung negativer Ionen ist von Energieeffekten begleitet.

Die bei der Bildung negativer Ionen aus isolierten Atomen (im gasförmigen Zustand) auftretende Energie wird **Elektronenaffinität** *EA* genannt.

Die meisten Atome nehmen das erste Elektron in einer exothermen, energieliefernden Reaktion auf:

(4-8) $$\mathbf{X}(g) + \mathbf{e}^- \rightarrow \mathbf{X}^-(g) \qquad \Delta E = EA(\text{X})$$

Die Elektronenaffinität *EA* nimmt für die exotherme Aufnahme von Elektronen negative Werte an, da die Ionen energieärmer (stabiler) als die Atome sind, aus denen sie entstanden. Vor allem bei den Halogenen erreichen die Elektronenaffinitäten beträchtliche Werte.

Auch die Atome der Elemente Sauerstoff und Schwefel nehmen das 1. Elektron in einer exothermen Reaktion auf; die dann bereits einfach negativ geladenen Ionen stoßen das 2. Elektron, das zum Erreichen der Edelgasschale aufgenommen werden muß, stark ab; der Energieaufwand bei der Aufnahme des 2. Elektrons übersteigt die zuerst gewonnene Energie bei weitem. Die gesamte Elektronenaffinität von Atomen, die mehrfach geladene Anionen bilden, ist daher stark positiv, d. h. mehrfach geladene Anionen sind immer energiereicher als die ihnen zugrunde liegenden Atome.

In der Tabelle sind die wichtigsten Elektronenaffinitäten zusammengestellt.

Tabelle 4-13: Elektronenaffinitäten in kJ/mol; *Atome und Ionen gasförmig*

Gleichung für die Bildung des Ions	*EA* (X) in kJ/mol
$F + e^- \rightarrow F^-$	−340
$Cl + e^- \rightarrow Cl^-$	−365
$Br + e^- \rightarrow Br^-$	−331
$I + e^- \rightarrow I^-$	−302
$O + 2e^- \rightarrow O^{2-}$	+628
$S + 2e^- \rightarrow S^{2-}$	+367

Die Energieverhältnisse sind insbesondere bei der Bildung des Oxid-Ions sehr ungünstig. Dennoch existieren sehr viele stabile ionische Oxide. Eine Erklärung dafür liefern die nächsten Abschnitte.

4.5.5 Gitterenergie

Den bedeutendsten Beitrag zur Energiebilanz bei der Bildung ionischer Stoffe leistet die Gitterenergie.
Die **Gitterenergie** eines ionischen Stoffes ist definiert durch den Prozeß:

(4-9) $\mathbf{Me^+}(g) + \mathbf{X^-}(g) \rightarrow \mathbf{MeX}(f) \qquad \Delta E = \text{Gitterenergie}$

Die **Gitterenergie** eines ionischen Stoffes ist die Energie, die frei wird, wenn sich gasförmige Ionen zu 1 mol des festen Ionengitters vereinigen.

Bei der Gitterbildung aus den gasförmigen Ionen handelt es sich um stark exotherme Prozesse; wie aus der folgenden Abbildung hervorgeht, nimmt die Gitterenergie immer negative Werte an.

Abbildung 4–13: *Energiediagramm zur Definiton der Gitterenergie*

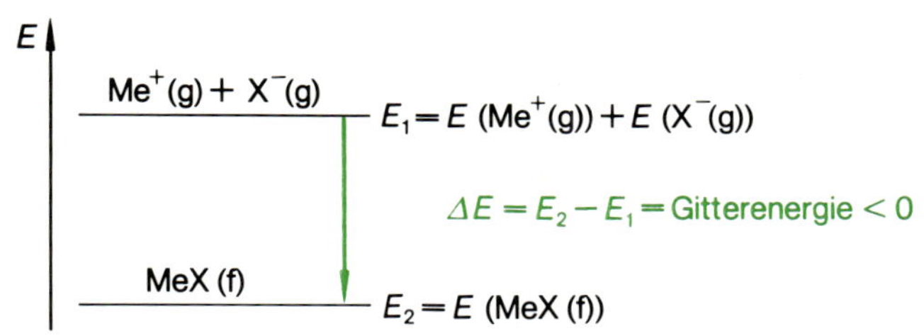

Das Coulombsche Gesetz ermöglicht folgende Aussagen:

Der Betrag der Gitterenergie
- steigt mit zunehmender Ladung der Ionen,
- sinkt mit zunehmendem Radius der Ionen,
- hängt ab vom Gittertyp, d.h. von der Koordinationszahl der Ionen.

Die Gitterenergie spielt eine zentrale Rolle bei der Betrachtung der Eigenschaften ionischer Stoffe. Einen Eindruck von der Größe der Gitterenergie erhält man anhand der Tabelle 4-14 (Seite 85).

4.5.6 Bildungswärme ionischer Stoffe

Versuch 4-1: *Bildung von Natriumchlorid aus den Elementen*
(Der Versuch ist unter dem Abzug durchzuführen!)

In ein Reagenzglas, in das unten seitlich ein Loch mit einer Stichflamme geblasen wurde, bringt man ein erbsengroßes Stück gut gereinigten Natriums. Man verschließt das Reagenzglas mit einem durchbohrten Stopfen, der mit einem Ableitungsrohr versehen ist, das durch eine durchbohrte Abdeckplatte für einen Standzylinder über eine leere und eine mit Kalilauge gefüllte Waschflasche mit einer Wasserstrahlpumpe verbunden ist. Das Natrium wird zu einer Kugel geschmolzen und das Reagenzglas sofort in einen schon vorher mit trockenem Chlor gefüllten Standzylinder eingeführt. Die Wasserstrahlpumpe wird auf schwache Leistung eingestellt. Vorsicht! Heftige Reaktion! Nach Beendigung der Reaktion wird etwas Reaktionsprodukt vom oberen Teil des Reagenzglases abgekratzt und identifiziert.

Versuchsaufbau für die Reaktion von Natrium mit Chlor

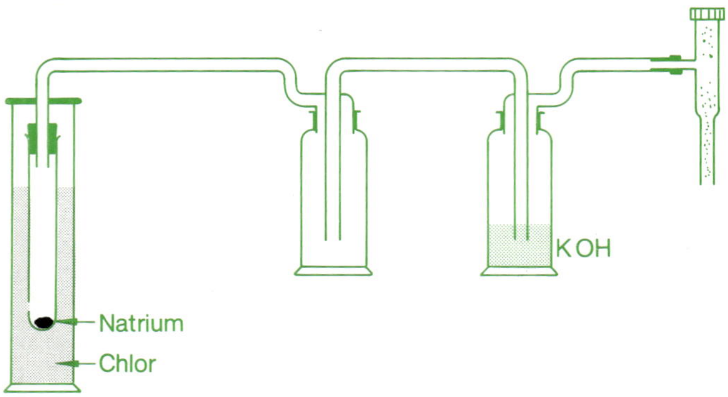

Deutung des Versuchs

Das Reaktionsprodukt wird nach Aussehen, Löslichkeit, evtl. Geschmack (Vorsicht vor Natriumresten) und evtl. an der Form der kubischen Kristalle, die man nach Eindampfen einer Probe einer wäßrigen Lösung unter dem Mikroskop betrachten kann, als Natriumchlorid erkannt.

Verbindungen entstehen aus den Elementen in sogenannten **Bildungsreaktionen**.

Bildungsreaktion für Natriumchlorid:

(4-10) $\mathbf{Na}(f) + \mathbf{1/2\,Cl_2}(g) \rightarrow \mathbf{NaCl}(f) \quad \Delta E = E(\text{NaCl}) = -411\ \text{kJ/mol}$ [1])

Die Reaktion verläuft heftig, stark exotherm, d.h. unter Abgabe einer erheblichen Reaktionswärme, der Reaktionsenergie ΔE.

Die Reaktionsenergie ΔE der Bildungsreaktion bezeichnen wir als Bildungswärme bzw. Bildungsenergie oder auch einfach als Energie von Natriumchlorid E(NaCl).

---

[1]) Alle angegebenen Werte sind genaugenommen molare Bildungsenthalpien.

Der mit −411 kJ/mol stark negative Wert der Bildungsenergie von Natriumchlorid zeigt, daß dieses gegenüber den Elementen energiearm, also beträchtlich stabiler als die Elemente ist.

Welche Beiträge zur Energie leisten die einzelnen Teilreaktionen, in die die Bildungsreaktion von Natriumchlorid zerlegt werden kann?

Um eine Bilanz der Energien aufzustellen, formulieren wir zur Übersicht ein Reaktionsschema und erstellen dann das entsprechende Gleichungsschema mit den dazugehörigen Energien:

Reaktionsschema

Teilreaktion	*Energie*
1 Sublimation von Natrium	Sublimationsenergie
2 Ionisierung der Natriumatome	Ionisierungsenergie
3 Spaltung der Bindungen in den Chlormolekülen	Bindungsenergie
4 Bildung der Chloridionen	Elektronenaffinität
5 Bildung des Gitters	Gitterenergie
6 Gesamtreaktion = Summe der Teilreaktionen = Bildungsreaktion von Natriumchlorid	Bildungswärme von Natriumchlorid

Gleichungsschema

1 Na (f)	→ Na (g)	$\Delta E_1 =$	109 kJ/mol
2 Na (g)	→ Na^+ (g) + e^-	$\Delta E_2 =$	502 kJ/mol
3 1/2 Cl_2 (g)	→ Cl (g)	$\Delta E_3 = \frac{1}{2} \cdot$	242 kJ/mol
4 Cl (g) + e^-	→ Cl^- (g)	$\Delta E_4 =$	−365 kJ/mol
5 Na^+ (g) + Cl^- (g)	→ NaCl (f)	$\Delta E_5 =$	−778 kJ/mol
6 **Na** (f) + **1/2 Cl_2** (g)	→ **NaCl** (f)	$\Delta E_6 =$	− **411** kJ/mol

Bei Angabe der Energien müssen die stöchiometrischen Zahlen aus den dazugehörigen Gleichungen berücksichtigt werden.

Die ersten drei Schritte kosten einen beträchtlichen Energieaufwand, der durch die exotherme Elektronenaffinität des Chlors längst nicht gedeckt wird. Erst die sehr exotherme Bildung des Gitters liefert so viel Energie, daß die Bildung des Natriumchlorids doch noch in einer exothermen Reaktion erfolgt. So wie sich die Gesamtreaktion als Summe der Teilreaktionen ergibt, addieren sich auch die einzelnen Energiebeträge zur Gesamtenergie. In einem Diagramm (Abbildung 4-14) lassen sich die Verhältnisse übersichtlich darstellen.

Rechnerisch ergibt sich:

$$\begin{aligned}\Delta E_6 &= \Delta E_1 + \Delta E_2 + \Delta E_3 + \Delta E_4 + \Delta E_5 \\ &= (109 + 502 + \tfrac{1}{2} \cdot 242 - 365 - 778)\ \text{kJ/mol} \\ &= \mathbf{-411\ kJ/mol}\end{aligned}$$

Bei komplizierten Gleichungssystemen empfiehlt sich eine Kontrolle. Alle Teilchen, die in den Gleichungen 1 bis 5 nur zwischenzeitlich erscheinen – dies sind: Na (g), Na^+ (g), e^-, Cl (g), Cl^- (g) –, heben sich in den verschiedenen Gleichungen gegenseitig auf.

Abbildung 4–14: *Energiebilanz bei der Bildung von Natriumchlorid*

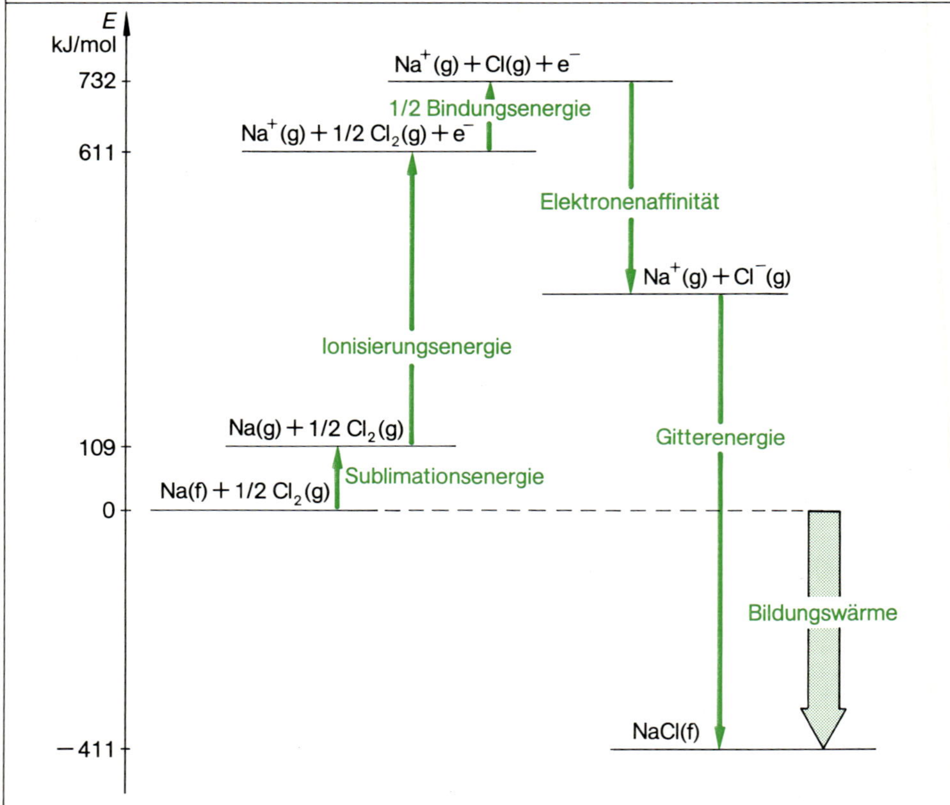

Da sich die Bildungswärme bequem experimentell bestimmen läßt, ermittelt man üblicherweise nach diesem Verfahren die Gitterenergie, die auf anderen Wegen nur schwer zugänglich ist.

Beispiel: Bestimmung der Gitterenergie von Aluminiumoxid

Gleichungsschema: *Bildung von Aluminiumoxid* – Al_2O_3

1	2Al (f)	→ 2Al (g)	$\Delta E_1 = 2 \cdot 326$ kJ/mol
2	2Al (g)	→ $2Al^{3+}$ (g) + $6e^-$	$\Delta E_2 = 2\,(584 + 1823 + 2751)$ kJ/mol
3	$\frac{3}{2}O_2$ (g)	→ 3O (g)	$\Delta E_3 = \frac{3}{2} \cdot 498$ kJ/mol
4	3O (g) + $6e^-$	→ $3O^{2-}$ (g)	$\Delta E_4 = 3 \cdot 628$ kJ/mol
5	$2Al^{3+}$ (g) + $3O^{2-}$ (g)	→ Al_2O_3 (f)	$\Delta E_5 = x$
6	**2Al** (f) + $\mathbf{\frac{3}{2}O_2}$ (g)	→ $\mathbf{Al_2O_3}$ (f)	$\Delta E_6 = -$**1676** kJ/mol

Aus $\Delta E_6 = \Delta E_1 + \Delta E_2 + \Delta E_3 + \Delta E_4 + x$ ergibt sich die Gitterenergie x:

$$x = \Delta E_6 - \Delta E_1 - \Delta E_2 - \Delta E_3 - \Delta E_4$$
$$= \mathbf{-15\,275}\ \text{kJ/mol}\ Al_2O_3$$

Gerade dieses Beispiel unterstreicht die Rolle der Gitterenergie bei der Bildung ionischer Stoffe; sie liefert als einzige Teilreaktion einen allerdings äußerst bedeutsamen exothermen Beitrag, der den Energieverbrauch der ersten vier Reaktionsschritte deutlich übertrifft.

Aufgaben:

1. Definieren Sie den Begriff „Ionisierungsenergie". Geben Sie dazu eine Reaktionsgleichung an.
Wie verändert sich die Ionisierungsenergie in einer Periode und wie in einer Gruppe im PSE? Begründen Sie Ihre Aussagen.

2. Definieren Sie den Begriff „Elektronenaffinität". Geben Sie dazu eine Reaktionsgleichung an.
Welche Elemente haben besonders hohe, welche besonders niedrige Elektronenaffinität?

3. Definieren Sie den Begriff „Gitterenergie" eines ionischen Stoffes. Geben Sie auch eine passende Reaktionsgleichung an.
Von welchen Eigenschaften der Teilchen hängt die Gitterenergie ab? In welcher Weise?

4. Was versteht man unter dem Begriff „Bildungswärme eines ionischen Stoffes"? Erläutern Sie den Begriff am Beispiel der Bildung von Calciumchlorid.

5. Geben Sie Gleichungen für die Prozesse an, bei denen die Ionisierungsenergie und die Elektronenaffinität des Chloratoms auftreten. Handelt es sich jeweils um exotherme oder endotherme Prozesse?
Welche Auswirkungen auf die Bindungsmöglichkeiten des Elements Chlor ergeben sich aus Ihren Schlüssen?

6. Geben Sie die Gleichung für die Reaktion an, bei der die Elektronenaffinität des Sauerstoffs auftritt. Handelt es sich um einen exothermen oder einen endothermen Vorgang? Begründen Sie Ihre Aussage.

7. Vergleichen Sie die Gitterenergien der folgenden Stoffe miteinander, und begründen Sie Ihre Aussage.
Natriumfluorid – Natriumchlorid – Natriumbromid
Kaliumchlorid – Natriumchlorid – Lithiumchlorid
Natriumoxid – Magnesiumoxid – Aluminiumoxid
Es soll angenommen werden, daß innerhalb einer Reihe jeweils der gleiche Gittertyp vorliegt.

8. Die 1. Ionisierungsenergie des Magnesiums hat den Wert 700 kJ/mol.
Welche Werte erwarten Sie für die 2. und die 3. Ionisierungsenergie näherungsweise? Geben Sie eine Begründung.

9. Warum gibt es eine Verbindung der Formel AlF_4 nicht?

10. Berechnen Sie die Bildungswärme von Natriumoxid aus den folgenden Daten, nachdem Sie zuerst ein geeignetes Gleichungssystem aufgestellt haben (Lösung −416 kJ/mol).

Sublimationswärme von Natrium	109 kJ/mol
1. Ionisierungsenergie von Natrium	502 kJ/mol
2. Ionisierungsenergie von Natrium	4568 kJ/mol
Bindungsenergie im Sauerstoffmolekül	498 kJ/mol
Elektronenaffinität von Sauerstoff	628 kJ/mol
Gitterenergie von Natriumoxid	−2515 kJ/mol

11. Berechnen Sie die Gitterenergie von Aluminiumfluorid aus den folgenden gerundeten Daten. Stellen Sie zuerst ein geeignetes Gleichungssystem auf. (Lösung: Gitterenergie = − 6120 kJ/mol)

Sublimationswärme von Aluminium	300 kJ/mol
1. Ionisierungsenergie von Aluminium	600 kJ/mol
2. Ionisierungsenergie von Aluminium	1800 kJ/mol
3. Ionisierungsenergie von Aluminium	2700 kJ/mol
4. Ionisierungsenergie von Aluminium	11500 kJ/mol
Bindungsenergie im Fluormolekül	160 kJ/mol
Elektronenaffinität von Fluor	−340 kJ/mol
Bildungswärme von Aluminiumfluorid	−1500 kJ/mol

Achtung bei der Auswahl der Werte!

12. Berechnen Sie die Gitterenergie von Aluminiumoxid aus den folgenden gerundeten Daten. Stellen Sie dazu zuerst ein passendes Gleichungssystem auf. (Lösung: Gitterenergie = − 15050 kJ/mol)

Sublimationswärme von Aluminium	300 kJ/mol
1. Ionisierungsenergie von Aluminium	600 kJ/mol
2. Ionisierungsenergie von Aluminium	1800 kJ/mol
3. Ionisierungsenergie von Aluminium	2700 kJ/mol
4. Ionisierungsenergie von Aluminium	11500 kJ/mol
Bindungsenergie im Sauerstoffmolekül	500 kJ/mol
Elektronenaffinität von Sauerstoff	600 kJ/mol
Bildungswärme von Aluminiumoxid	−1700 kJ/mol

13. Berechnen Sie die Elektronenaffinität von Schwefel aus den folgenden Daten, nachdem Sie zuerst ein geeignetes Gleichungssystem aufgestellt haben. (Lösung: Elektronenaffinität = 367 kJ/mol)

Sublimationswärme von Kalium	90 kJ/mol
1. Ionisierungsenergie von Kalium	414 kJ/mol
2. Ionisierungsenergie von Kalium	3070 kJ/mol
Sublimationswärme von Schwefel	279 kJ/mol
Gitterenergie von Kaliumsulfid	−2072 kJ/mol
Bildungswärme von Kaliumsulfid	−418 kJ/mol

4.6 Eigenschaften von Salzen

Salzartige Stoffe zeigen eine Reihe typischer Eigenschaften und Reaktionsweisen, die sich aus ihrem ionischen Aufbau heraus erklären lassen.

Einige dieser Eigenschaften hängen in erster Linie davon ab, mit welcher Kraft die Bausteine des Gitters an ihren Plätzen festgehalten werden, d. h. davon, welche Energie erforderlich ist, die Bausteine von ihren Gitterplätzen zu entfernen. Derartige Eigenschaften ionischer Stoffe zeigen bei gleichem Gittertyp im allgemeinen um so extremere Werte, je höher der Betrag der Gitterenergie ausfällt.

Zu diesen Eigenschaften zählen der Schmelz- und der Siedepunkt, die Härte, die Zugfestigkeit, der Elastizitätsmodul usw.

Einige dieser Zusammenhänge verdeutlicht die folgende Tabelle.

Tabelle 4-14: *Zusammenhänge zwischen* **Ionenradien, Gitterenergie**[1]**), Schmelzpunkt, Siedepunkt und Härte** *am Beispiel ausgewählter ionischer Stoffe*

Formel	*Ionen*		*Gitter-energie in kJ/mol*	*Schmelz-punkt F_p in °C*	*Siede-punkt K_p in °C*	*Härte nach Mohs*	*Bri-nell-härte*
	Kation/Anion	*r (Kation)/ r (Anion) in pm*					
NaCl	Na^+/Cl^-	95/181	– 780	801	1465	2,5	12,4
KCl	K^+/Cl^-	133/181	– 680	770	1407	2,2	5,8
NaF	Na^+/F^-	95/136	– 920	992	1700	3,2	
NaCl	Na^+/Cl^-	95/181	– 780	801	1465	2,5	12,4
NaBr	Na^+/Br^-	95/195	– 740	747	1390		9,2
NaI	Na^+/I^-	95/216	– 690	660	1300		8,4
MgO	Mg^{2+}/O^{2-}	65/140	– 3830	2800	3600	6,5	
CaO	Ca^{2+}/O^{2-}	99/140	– 3440	2570	2890	4,5	
SrO	Sr^{2+}/O^{2-}	113/140	– 3260	2430		3,5	
BaO	Ba^{2+}/O^{2-}	135/140	– 3090	1920	ca. 2000	3,3	
Na_2O	Na^+/O^{2-}	95/140	– 2515	Subl.	1275		
MgO	Mg^{2+}/O^{2-}	65/140	– 3830	2800	3600	6,5	
Al_2O_3	Al^{3+}/O^{2-}	50/140	–15280	2045	2980	9,0	

Nach Mohs wird die Härte durch Ritzen mit Vergleichssubstanzen, nach Brinell durch Eindrücken einer gehärteten Stahlkugel mit genormter Kraft aus dem Eindruck ermittelt.

Das besonders harte Aluminiumoxid findet als Schleifmittel „Korund" Verwendung: Aus der Tabelle 4-14 ersehen wir, daß es seine Härte einer günstigen Kombination von besonders kleinen und gleichzeitig hoch geladenen Ionen verdankt.

Schmelz- und Siedepunkte ionischer Stoffe

Bei gleichem Gittertyp haben ionische Stoffe um so höhere Schmelzpunkte, je höher der Betrag der Gitterenergie ist. Dies wird gut sichtbar in den Reihen NaF bis NaI und MgO bis BaO.

Hochschmelzende keramische Werkstoffe sind daher bevorzugt aus kleinen Ionen mit hohen Ladungszahlen aufgebaut, wie die letzten Beispiele in der Tabelle 4-14 beweisen. Zwischen den Siedepunkten und der Gitterenergie läßt sich ebenfalls ein Zusammenhang feststellen.

Sprödigkeit

Versuch 4-2: Ein großer Kristall Kupfer(II)-sulfat wird gespalten (Betrachtung vor und nach der Spaltung auf dem Tageslichtprojektor).

---

[1]) In der Literatur finden sich (vor allem wegen der großen Unsicherheit in der Genauigkeit der Elektronenaffinität des Sauerstoffs) sehr unterschiedliche Werte für die Gitterenergie. Daher sind hier gerundete Werte angegeben.

Im Vergleich zu anderen Stoffen wie Metallen oder organischen Substanzen sind Salze auffallend spröde. Schon bei geringfügigen Verformungen werden sie gespalten. Die entstehenden Bruchstücke können wieder die typische Kristallform aufweisen, da die Spaltung bevorzugt in besonders orientierten „Spaltebenen" erfolgt. Wie aus der Abbildung 4-15 ersichtlich ist, stehen sich nach Verschiebung der Ionen der oberen Gitterebenen gleichnamig geladene Ionen unmittelbar gegenüber; die abstoßenden Kräfte zwischen den Ionen der gegenseitig aus der Gleichgewichtslage verschobenen Ebenen übertreffen dann die anziehenden Kräfte, so daß es zur Spaltung kommt.

Abbildung 4–15: *Schema der Verformung und Spaltung eines Ionenkristalls*

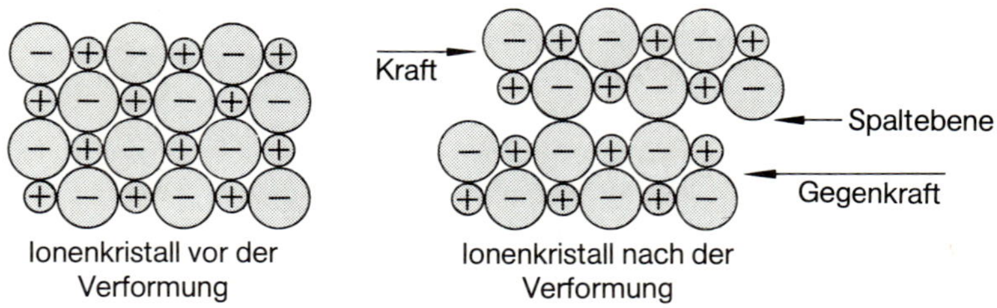

Leitfähigkeit von Salzen

Versuch 4-3: *Leitfähigkeit von Magnesiumnitrat-hexahydrat*

Einige Spatelspitzen $Mg(NO_3)_2 \cdot 6H_2O$ werden in einem Reagenzglas mit dem Bunsenbrenner geschmolzen ($F_p = 90\,°C$). Man taucht einen in einen Wechselstromkreis (ca. 5 V) mit einem Ampèremeter in Reihe geschalteten Leitfähigkeitsprüfer in die Schmelze; der Strom wird gemessen. Während des Erkaltens und Erstarrens der Schmelze wird der Strom ebenfalls gemessen. Anschließend löst man das Salz durch Zugabe einiger ml Wasser auf und überprüft die Leitfähigkeit der Lösung.

Beobachtung: Während festes Salz keine Leitfähigkeit zeigt, leiten sowohl die Schmelze als auch die Lösung des Salzes den Strom gut.

Deutung: Elektrische Leitfähigkeit setzt voraus, daß bewegliche Ladungsträger vorhanden sind. In der Schmelze und in Lösungen von Salzen sind die Ionen weitgehend frei beweglich. Im festen Zustand dagegen sind die Ionen so fest an ihre Gitterplätze gebunden, daß sie keinen Ladungstransport übernehmen können.

Aufgaben:

1. Welche Formeln haben die Oxide der Elemente Natrium, Calcium, Aluminium und Magnesium? Ordnen Sie die Stoffe in der Reihenfolge steigender Gitterenergie. Geben Sie Begründungen dafür. Welche Eigenschaften erwarten Sie bei diesen Stoffen?
2. Warum sind Salze spröde?
3. Welche Ionen treten in hochschmelzenden keramischen Stoffen bevorzugt auf? Warum?

4. Die Bromide der in der folgenden Tabelle aufgeführten Elemente sollen hinsichtlich ihres Aufbaus und der zu erwartenden Eigenschaften untersucht werden.

	Natrium	Calcium	Phosphor	Schwefel	Brom
Bindungsart	?	?	?	?	?
Ionenladung bzw. Bindigkeit des Zentralatoms	?	?	?	?	?
Formel	?	?	?	?	?
Elektronenformel	?	?	?	?	?
Art und Größe der zwischenmolekularen Wechselwirkungen	?	?	?	?	?
vermutliche Eigenschaften	?	?	?	?	?

4.7 Vorgänge beim Auflösen von Salzen

Salze lösen sich häufig gut in Wasser, dagegen nicht in organischen Lösungsmitteln wie Benzin. Dies ist jedem vom „Prototyp" der ionischen Stoffe, dem Kochsalz, bekannt.
In wäßrigen Lösungen von Salzen müssen bewegliche Ladungsträger vorhanden sein (Versuch 4-3); dies können offensichtlich nur bewegliche Ionen sein. Obwohl Ionen im Gitter mit erheblicher Kraft gebunden sind, wird beim Lösungsvorgang das Gitter abgebaut. Warum sind gerade Wassermoleküle in der Lage, den stabilen Gitterverband ionischer Stoffe zu sprengen? Wir erinnern uns an die Elektronenformel und den räumlichen Aufbau des Wassermoleküls und daran, daß die beiden O—H-Bindungen wegen der unterschiedlichen Elektronegativität der beiden Atome stark polar sind. Das Wassermolekül ist ein typisches Dipolmolekül.

Abbildung 4–16: *Elektronenformel und Umrißlinie des Wassermoleküls*

Wird ein ionischer Stoff in Wasser gebracht, so kommt es zu einer intensiven Wechselwirkung zwischen den Ionen des Salzes und den Dipolmolekülen des Wassers, einer Ionen-Dipol-Wechselwirkung.

Die Ionen an der Oberfläche des Kristalls zwingen die angrenzenden Wasserdipole in eine räumliche Orientierung, in der diese ihnen das jeweils entgegengesetzt geladene Ende zuwenden. Die Wassermoleküle nähern sich positiv geladenen Kationen mit dem partiell negativ geladenen Sauerstoffatom und negativ geladenen Anionen mit den partiell positiv geladenen Wasserstoffatomen (Abbildung 4-17). Wegen des unterschiedlichen Abstandes übertreffen die anziehenden Kräfte die abstoßenden; Ionen und Wassermoleküle üben aufeinander eine anziehende Wirkung aus. Durch die Ionen-Dipol-Wechselwirkung wird Energie frei. Ionen können nun den Kristall verlassen; sie umgeben sich mit weiteren Wassermolekülen, die eine **Hydrathülle** um das Ion ausbilden. Der Aufbau einer Hydrathülle, die **Hydratation**, liefert die **Hydratationsenergie**, die beim Lösungsprozeß die Gitterenergie kompensieren kann.[1])

Abbildung 4–17: *Schema der Auflösung eines Ionenkristalls Me^+X^-*

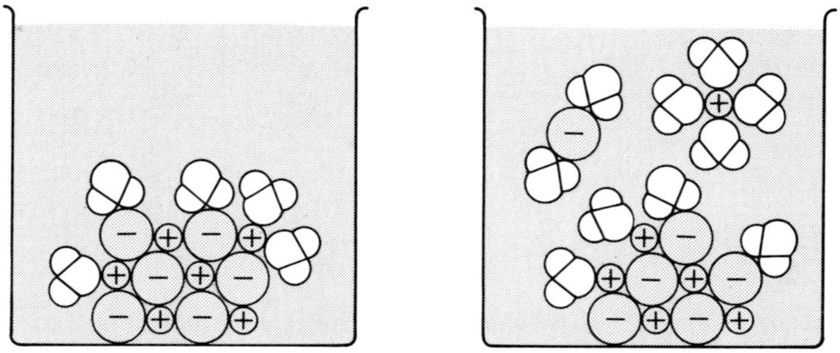

Beginn der Auflösung:
Anlagerung von Wasserdipolen
an den Ionenkristall

Auflösung des Ionenkristalls
in einem frühen Stadium:
ein positives und ein negatives
Ion in Lösung
Ionen in Lösung hydratisiert:
$Me(H_2O)_4^+$ und $X(H_2O)_2^-$

Die Hydrathülle eines Ions kann aus bis zu etwa 10 Wassermolekülen aufgebaut sein; häufig treten die Hydratationszahlen 4, 6, 10 auf. Kationen sind stärker hydratisiert als Anionen. Manchmal kann die Zahl der zur Hydrathülle zu rechnenden Wassermoleküle nicht genau angegeben werden; man behilft sich dann mit x und y oder verwendet das Zeichen aq für die Hydratation, wie dies in den folgenden Gleichungen gezeigt wird.

(4-13) $$\mathbf{Me^+X^-}\ (f) \xrightarrow{\text{Wasser}} \mathbf{Me(H_2O)_x^+} + \mathbf{X(H_2O)_y^-}$$ bzw.

(4-14) $$\mathbf{Me^+X^-}\ (f) \xrightarrow{\text{Wasser}} \mathbf{Me^+}\ (aq) + \mathbf{X^-}\ (aq)$$

[1]) Die Hydratationsenergie entstammt der kinetischen Energie der Wassermoleküle, die in die Hydrathülle eingebaut werden.

Jedes Salz hat eine typische Löslichkeit; in einer bestimmten Menge des Lösungsmittels Wasser löst sich das Salz nur bis zu einer bestimmten Höchstmenge, bis zur Sättigung. Salze können aus gesättigten Lösungen wieder auskristallisieren, wenn die Temperatur der Lösung gesenkt wird und dabei die Löslichkeit abnimmt, oder wenn das Lösungsmittel verdampft bzw. verdunstet. Die Kristallisation ist die Umkehrung der Auflösung eines Salzes. Wenn die Ionen ihre Hydrathülle wieder abstreifen, bevor sie in das Gitter eingebaut werden, entstehen wasserfreie Salze; Natriumchlorid kristallisiert z. B. wasserfrei aus.

In anderen Fällen bauen die hydratisierten Ionen bei der Kristallisation selbst ein eigenes Gitter auf, ohne dehydratisiert zu werden. Diese Salze enthalten dann Kristallwasser wie z. B. $CaCl_2 \cdot 6\,H_2O$, $CuSO_4 \cdot 5\,H_2O$ oder $CoCl_2 \cdot 6\,H_2O$. Kristallwasserhaltige Salze unterscheiden sich deutlich von den wasserfreien.

Versuch 4-4: *Entwässerung kristallwasserhaltiger Salze*

In einem Reagenzglas werden wenige Spatelspitzen $CuSO_4 \cdot 5\,H_2O$ bzw. $CoCl_2 \cdot 6\,H_2O$ vorsichtig in der Bunsenbrennerflamme erhitzt. Man achtet auf Farbänderungen und auf Kondensationen an den kälteren Wandungen des Reagenzglases. Anschließend werden einige Tropfen Wasser dazugegeben.

Beobachtungen: Blaues Kupfer(II)-sulfat wird weiß;
lilafarbenes Kobalt(II)-chlorid wird hellblau;
am Reagenzglas scheiden sich Wassertropfen ab. Durch Wasserzugabe werden die Farbänderungen wieder rückgängig gemacht.

Ergebnis: Schwermetallsalze können im kristallwasserfreien und im kristallwasserhaltigen Zustand verschiedene Farben haben.

„Echte" Salze, Stoffe, die schon im festen Zustand aus Ionen aufgebaut sind, „zerfallen" in Lösung in frei bewegliche hydratisierte Ionen. Die Salze bezeichnet man daher auch als **Elektrolyte**, weil ihre wäßrigen Lösungen als auch ihre Schmelzen den elektrischen Strom gut leiten.

Neben den „echten" Salzen gibt es noch sogenannte „potentielle" Elektrolyte; das sind molekular aufgebaute Stoffe mit stark polaren Bindungen, die erst in Wasser in Ionen zerfallen; diesen Vorgang nennt man **elektrolytische Dissoziation**.

(4-15) $$\mathbf{HCl}(g) \xrightarrow{H_2O} \mathbf{H^+}(aq) + \mathbf{Cl^-}(aq)$$

(4-16) $$\mathbf{H_2SO_4}(fl) \xrightarrow{H_2O} \mathbf{H^+}(aq) + \mathbf{HSO_4^-}(aq)$$

(4-17) $$\mathbf{AlBr_3}(f) \xrightarrow{H_2O} \mathbf{Al^{3+}}(aq) + \mathbf{3Br^-}(aq)$$

Fälschlicherweise wird solchen Stoffen manchmal auch ohne Anwesenheit von Wasser ein ionischer Aufbau zugeschrieben. Sie bestehen aber aus echten Molekülen.

Aufgaben:

1. Beschreiben Sie die Vorgänge beim Lösen eines Salzes in Wasser.
2. Was versteht man unter der „Hydrathülle" eines Ions?
3. Geben Sie Gleichungen für den Auflösungsprozeß folgender Salze an:
   Natriumiodid; Calciumbromid; Kupfer(II)-chlorid.
   In den Gleichungen soll die Beteiligung des Lösungsmittels Wasser erkennbar sein.
4. Welche Unterschiede zwischen hydratisierten und nicht hydratisierten Ionen kennen Sie?
5. Wie kann auf einfache Weise Wasser nachgewiesen werden?

4.8 Energetik von Lösungsvorgängen

Wir wollen nun die Energie-Effekte, die beim Auflösen von Salzen auftreten, genauer untersuchen und ihre Ursachen diskutieren.

Versuch 4-5: *Lösungswärme von wasserfreiem Calciumchlorid*
In einem mittelgroßen Reagenzglas, das zur Wärmedämmung in ein Loch in einem Styropor-Block gestellt wird, werden einige Spatelspitzen wasserfreies, vorher gut in einer Reibschale pulverisiertes Calciumchlorid unter Rühren mit einem kurzen Magnetrührstäbchen in wenigen ml Wasser gelöst. Die Temperaturänderung wird möglichst mit einem Digitalthermometer gemessen.

Versuch 4-6: *Lösungswärme von kristallwasserhaltigem Calciumchlorid*
Der Versuch wird wie der vorhergehende durchgeführt. Pulverisieren von $CaCl_2 \cdot 6\,H_2O$ ist nicht erforderlich.

Beobachtungen: Wasserfreies Calciumchlorid löst sich in stark exothermer Reaktion. Kristallwasserhaltiges Calciumchlorid löst sich endotherm.

Anstelle der in den Versuchen 4-5 und 4-6 angegebenen Substanzen können auch verwendet werden: Natriumhydroxid, Ammoniumchlorid, Ammoniumnitrat usw.; allerdings entfällt dann die Vergleichsmöglichkeit.

Versuch 4-7: *Bildung von Aluminiumbromid – Lösung von Aluminiumbromid*
In ein senkrecht eingespanntes Reagenzglas, unter das zur Sicherheit eine Porzellanschale geschoben ist, gibt man ca. 1–2 ml Brom. Aluminiumblech wird frisch mit Sandpapier von der Oxidschicht befreit; man gibt ca. 0,5 cm^2 große Blechstücke nacheinander in das Brom und schließt nach jeder Zugabe sofort das Fenster des Abzugs. Nach einer Anlaufphase verläuft die Reaktion so heftig, daß weißglühendes Aluminium aus dem Reagenzglas geschleudert wird.

Achtung: Gibt man aus der Spritzflasche tropfenweise Wasser zu dem Reaktionsprodukt Aluminiumbromid, so erfolgt eine heftige bis explosionsartige Lösungsreaktion. Fenster des Abzugs so weit wie möglich dazu schließen!

Achtung: Aluminiumbromid nach dem Versuch unbedingt beseitigen!

Interpretation der Versuchsergebnisse

Wir haben bereits gehört, daß zum Abbau des Ionengitters die Gitterenergie, die erhebliche Werte annehmen kann, aufgebracht werden muß.
Andererseits liefert die Hydratation der Ionen Energie, die Hydratationsenergie. Einen Eindruck von der Größe der Hydratationsenergie gibt die folgende Tabelle.

Tabelle 4-15: Hydratationsenergien einiger Ionen *(Werte gerundet)*

$Me^+ (g) \xrightarrow{H_2O} Me^+ (aq)$		$x^- (g) \xrightarrow{H_2O} x^- (aq)$	
Ion	*Hydratationsenergie kJ/mol*	*Ion*	*Hydratationsenergie kJ/mol*
H^+ Li^+ Na^+ K^+ NH_4^+	−1130 − 550 − 440 − 400 − 400	OH^- F^- Cl^- Br^- I^-	−320 −410 −330 −300 −270
Mg^{2+} Ca^{2+}	−2000 −1650		

Bei der exothermen Auflösung von wasserfreiem Calciumchlorid wird die Lösungswärme ΔE_4 (Gleichung 4-21) frei. Man kann nun den Lösungsprozeß gedanklich in mehrere Teilschritte zerlegen, deren Energien ΔE_1, ΔE_2 und ΔE_3 sind. Im ersten Teilschritt wird Calciumchlorid unter Zufuhr von Energie, dem Betrage nach gleich der Gitterenergie, in gasförmige Ionen zerlegt, die dann in weiteren Teilschritten hydratisiert werden, wobei die Hydratationsenergien der Ionen frei werden.

Die Gitterenergie von $CaCl_2$ hat den Wert −2230 kJ/mol.

(4-18) $CaCl_2 (f) \longrightarrow Ca^{2+} (g) + 2 Cl^- (g)$ $\quad \Delta E_1 = -$ Gitterenergie

(4-19) $Ca^{2+} (g) \xrightarrow{H_2O} Ca^{2+} (aq)$ $\quad \Delta E_2 =$ Hydratationsenergie

(4-20) $2 Cl^- (g) \xrightarrow{H_2O} 2 Cl^- (aq)$ $\quad \Delta E_3 =$ Hydratationsenergie

---

(4-21) $\mathbf{CaCl_2} (f) \xrightarrow{H_2O} \mathbf{Ca^{2+}} (aq) + \mathbf{2 Cl^-} (aq)$ $\quad \Delta E_4 =$ Lösungswärme

Die Summe der Energien der Teilschritte muß die Gesamtenergie ergeben:

$$\Delta E_1 + \Delta E_2 + \Delta E_3 = \Delta E_4$$

Damit ergibt sich die Lösungswärme von Calciumchlorid zu:

$$\Delta E_4 = (+2230 - 1650 - 2 \cdot 330) \text{ kJ/mol} = \mathbf{-80 \text{ kJ/mol}}$$

Der negative Wert der Lösungsenergie von wasserfreiem Calciumchlorid zeigt, daß es sich um einen exothermen Vorgang handelt.
An diesem Beispiel erkennen wir, daß die Auflösung eines Salzes dann in exothermer Reaktion geschieht, wenn die Summe der Beiträge der Hydratationsenergien der Ionen den Betrag der Gitterenergie übersteigt, d. h. wenn die exothermen Hydratationen mehr Energie liefern, als die endotherme Spaltung des Gitters verbraucht.

Abbildung 4–18: *Zusammenhang zwischen Gitterenergie, Hydratationsenergien der Ionen und Lösungswärme von wasserfreiem Calciumchlorid*

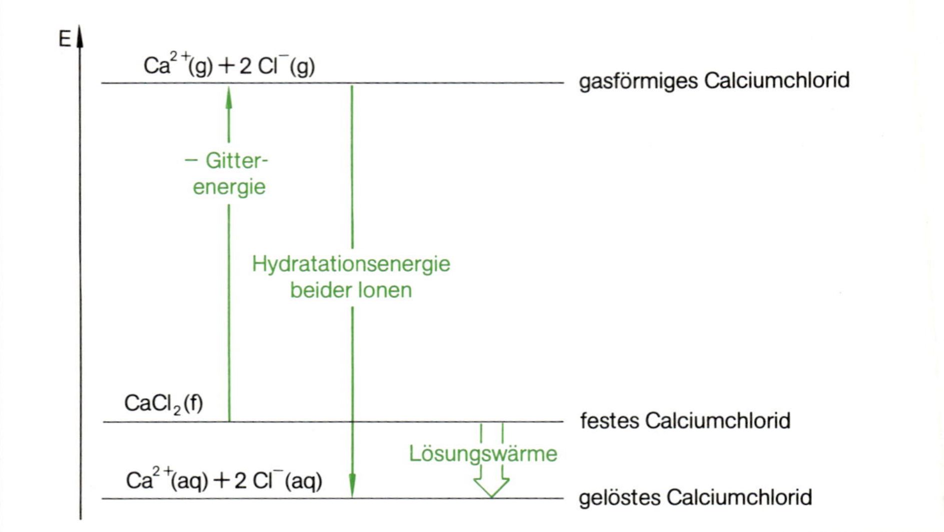

Aus der Abbildung 4-18 entnehmen wir den Zusammenhang:

Lösungswärme = Hydratationsenergie aller Ionen – Gitterenergie

Da sich das kristallwasserhaltige Calciumchlorid, $CaCl_2 \cdot 6\,H_2O$, unter Abkühlung, also endotherm auflöst, muß in diesem Fall die Hydratation der Ionen weniger Energie liefern, als durch die Gitterspaltung verbraucht wird. Die Hydratationsenergie muß im Vergleich zum wasserfreien Calciumchlorid verständlicherweise erheblich kleiner ausfallen, da ein Teil der Hydratation bereits vorweggenommen ist. Gleichzeitig fällt aber im kristallwasserhaltigen Salz auch die Gitterenergie kleiner aus, da ein weniger kompaktes Gitter aufgebaut wird. Der erste Effekt wirkt sich stärker als der zweite aus.

Die Tabelle 4-16 gibt die Wärmetönungen für die Auflösungsprozesse einiger Salze an.

Tabelle 4-16: Wärmetönung bei der Auflösung einiger Salze

Salz	*Wärmetönung*	*Betrag der Hydratationsenergien der Ionen $\|HE\|$*	*Betrag der Gitterenergie $\|GE\|$*
NaCl	keine Wärmetönung	fast gleich groß	
NaOH	stark exotherm	$\|HE\| > \|GE\|$	
NH_4Cl	schwach endotherm	$\|HE\| < \|GE\|$	
NH_4NO_3	endotherm	$\|HE\| < \|GE\|$	
$CaCl_2$	exotherm	$\|HE\| > \|GE\|$	
$CaCl_2 \cdot 6\,H_2O$	endotherm	$\|HE\| < \|GE\|$	

Die Frage, warum endotherme Reaktionen wie die Auflösung mancher Salze überhaupt ablaufen und noch dazu freiwillig, ohne äußeres Zutun, gehört zu den Grundfragen der Chemie; sie läßt sich in wenigen Worten höchstens andeutungsweise behandeln.

Neben der Energie spielt die Unordnung in einem System (beschrieben durch die Entropie) eine wichtige Rolle; erst beide zusammen bestimmen letztlich, ob ein Vorgang freiwillig abläuft oder nicht. Vorgänge zeigen eine um so größere Tendenz, freiwillig abzulaufen, je mehr bei ihnen die Energie des Systems abnimmt (je mehr Energie abgegeben wird, d. h. je exothermer der Vorgang ist) und je mehr die Unordnung des Systems zunimmt.
Im Gitter ist jedes Ion an seinem Platz fixiert, es herrscht eine strenge Ordnung; in der Lösung können sich die Ionen frei bewegen, wobei sie allerdings die Wassermoleküle der Hydrathülle in eine strenge Ordnung zwingen; insgesamt kann die Unordnung in der Lösung höher als im Kristall sein. Im Fall der endothermen Auflösung von Salzen übertrifft nun der Einfluß einer stark steigenden Unordnung den ungünstigen Einfluß der Energie.

Aufgaben:

1. Was versteht man unter der „Hydratationsenergie" eines Ions? (Gleichung und Erläuterung)
2. Welche Eigenschaften eines Ions beeinflussen seine Hydratationsenergie? In welcher Weise? Geben Sie Beispiele dazu an.
3. Berechnen Sie die Lösungswärme von Natriumiodid. Verwenden Sie dazu die Tabellen 4-14 und 4-15. Stellen Sie die energetischen Verhältnisse in einem Diagramm dar.
4. Erklären Sie, warum sich Ammoniumchlorid in schwach endothermer Reaktion in Wasser löst.
5. Warum lösen sich kristallwasserhaltige Salze in Wasser in endothermer Reaktion?
6. Welche Beziehung besteht zwischen Gitterenergie, Hydratationsenergie und Lösungswärme eines Salzes? Entwickeln Sie eine Formel unter Verwendung eines Energiediagramms.

4.9 Fällung schwer löslicher Salze

Unter der Löslichkeit L eines Salzes versteht man seine Masse in g, die sich in 100 g Wasser löst. Die Löslichkeit von Salzen überstreicht einen extrem weiten Bereich von den leicht löslichen bis hin zu den sehr schwer löslichen Salzen. Davon soll die folgende Tabelle einen Eindruck geben.

Tabelle 4-17: Löslichkeit einiger Salze *in g/100 g Wasser bei 25°C*

Formel	Name	Löslichkeit g/100 g	Verbale Kennzeichnung
$NaI \cdot 2H_2O$	Natriumiodid	184,0	sehr leicht löslich
$NaCl$	Natriumchlorid	36,0	leicht löslich
$Na_2SO_4 \cdot 10H_2O$	Natriumsulfat	28,0	leicht löslich
$Na_2S \cdot 9H_2O$	Natriumsulfid	20,0	leicht löslich
$AgNO_3$	Silbernitrat[1]	245	sehr leicht löslich
$Ba(NO_3)_2$	Bariumnitrat	10,1	leicht löslich
$Pb(NO_3)_2$	Blei(II)-nitrat	60,0	leicht löslich
$AgCl$	Silberchlorid[1]	0,00014	sehr schwer löslich
$BaSO_4$	Bariumsulfat	0,00023	sehr schwer löslich
PbS	Blei(II)-sulfid	$2{,}4 \cdot 10^{-11}$	extrem schwer löslich
$CaCO_3$	Calciumcarbonat = Kalkstein = Marmor	0,0013	sehr schwer löslich
$CaSO_4 \cdot 2H_2O$	Calciumsulfat = Gips	0,21	schwer löslich
KCl	Kaliumchlorid	35,0	leicht löslich
KI	Kaliumiodid	148	sehr leicht löslich
PbI_2	Blei(II)-iodid	0,076	schwer löslich

[1] Da Silber in seinen Verbindungen praktisch nur „einwertig" auftritt, kann auf die Oxidationszahl I im Namen verzichtet werden.

Salzartige Stoffe, die als Baustoffe verwendet werden sollen, müssen schwer löslich sein. Beispiele dafür sind Kalkstein oder Gips, der allerdings bereits merklich löslich ist und daher im Außenbereich nicht gebraucht werden kann.

Was geschieht, wenn Lösungen leicht löslicher Salze miteinander vereinigt werden?

Wird eine Natriumchlorid-Lösung mit einer Kaliumiodid-Lösung vereinigt, so enthält die Mischung Natriumionen, Chloridionen, Kaliumionen und Iodidionen. Die Tabelle auf Seite 93 zeigt, daß keine der möglichen Ionenkombinationen zu einem schwer löslichen Salz führt.

Versuche 4-8: *Fällung von schwer löslichen Salzen*
In größeren Reagenzgläsern stellt man getrennte Lösungen a und b von leicht löslichen Salzen her und vereinigt sie.

Die *Beobachtungen* sind in der folgenden Tabelle zusammengefaßt.

Nr.	*Lösung a*	*Lösung b*	*Beobachtung*
1	$AgNO_3$	$NaCl$	Ausfallen eines **weißen** Feststoffes
2	$Ba(NO_3)_2$	Na_2SO_4	Ausfallen eines **weißen** Feststoffes
3	$Pb(NO_3)_2$	Na_2S	Ausfallen eines **schwarzen** Feststoffes
4	$Pb(NO_3)_2$	KI	Ausfallen eines **gelben** Feststoffes

Beim Vereinigen von Lösungen leicht löslicher Salze kann es zur **Fällung schwer löslicher Salze**, sogenannter **Niederschläge**, kommen.

Aus der Tabelle 4-17 ersehen wir, daß Silberchlorid sehr schwer löslich ist; für den Versuch 4-8,1 lautet daher die Gleichung:

(4-22) $$\mathbf{Ag^+}(aq) + \mathbf{NO_3^-}(aq) + \mathbf{Na^+}(aq) + \mathbf{Cl^-}(aq)$$

Silbernitrat gelöst — Natriumchlorid gelöst

$$\rightarrow \mathbf{AgCl}(f)\downarrow + \mathbf{Na^+}(aq) + \mathbf{NO_3^-}(aq)$$

Silberchlorid Niederschlag — Natriumnitrat gelöst

Die an der Reaktion unbeteiligten Ionen können weggelassen werden; ebenso lassen wir die Zeichen (f) und (aq) weg und erhalten damit die Ionengleichung:

(4-23) $$\mathbf{Ag^+ + Cl^- \rightarrow AgCl\downarrow}$$

Für die anderen Beispiele lauten die Gleichungen:

(4-24) $Ba(NO_3)_2 + Na_2SO_4 \rightarrow BaSO_4\downarrow + 2NaNO_3$ bzw.

(4-25) $\mathbf{Ba^{2+} + SO_4^{2-} \rightarrow BaSO_4\downarrow}$

(4-26) $Pb(NO_3)_2 + Na_2S \rightarrow PbS\downarrow + 2NaNO_3$ bzw.

(4-27) $\mathbf{Pb^{2+} + S^{2-} \rightarrow PbS\downarrow}$

(4-28) $Pb(NO_3)_2 + 2KI \rightarrow PbI_2\downarrow + 2KNO_3$ bzw.

(4-29) $\mathbf{Pb^{2+} + 2I^- \rightarrow PbI_2\downarrow}$

Die Fällung von Ionen in Form schwer löslicher Salze kann zu ihrem Nachweis verwendet werden, z. B. wird das Chlorid-Ion als Silberchlorid, das Sulfat-Ion als Bariumsulfat gefällt. Häufig haben die Niederschläge charakteristische Farben.

Die ausgeprägte Schwerlöslichkeit mancher Salze darf nicht zu der Annahme verleiten, daß bei ihnen der Betrag der Gitterenergie grundsätzlich größer als der der Hydratationsenergie der Ionen sein muß. Fällungen solcher Salze müßten dann exotherm und umgekehrt die Auflösungen immer endotherm sein. Als Gegenbeispiel soll hier nur das Magnesiumcarbonat aufgeführt werden, dessen Fällung endotherm verläuft. Dies zeigt, daß Energiebetrachtungen allein zu falschen Aussagen führen können (siehe dazu die Bemerkungen auf den Seiten 92 und 93).

Aufgaben:

1. Eine Lösung von leicht löslichem Natriumcarbonat wird mit einer Lösung von ebenso leicht löslichem Calciumchlorid vereinigt. Was geschieht? (Gleichung)
2. In eine Lösung von leicht löslichem Silbernitrat wird Salzsäure gegossen. Was geschieht? (Gleichung)
3. Wie können giftige Schwermetall-Ionen aus Abwässern beseitigt werden?
4. Obwohl Barium-Ionen sehr toxisch sind, wird das ionische Bariumsulfat als unbedenkliches Röntgenkontrastmittel verwendet. Erklären Sie diese Tatsache.
5. Eine Lösung von Bariumhydroxid wird mit Schwefelsäure versetzt. Erklären Sie das Versuchsergebnis anhand einer Gleichung.

5 Chemisches Rechnen

5.1 Stöchiometrische Grundlagen

Durch die Masse, die Stoffmenge und das Volumen kann angegeben werden, *wieviel* von einem Stoff vorliegt.

Stoffportion

Masse ← | ↓ | → **Volumen**

Stoffmenge

Zusammen mit abgeleiteten Größen bilden sie die Grundlage der Stöchiometrie, d. h. der Berechnung chemischer Umsetzungen.

5.1.1 Die atomare Masseneinheit

Im Labor und in der chemischen Industrie verwendet man als Masseneinheiten vor allem das Gramm und das Kilogramm. Im atomaren Bereich, etwa bei der Bezeichnung der Masse eines Atoms oder eines Moleküls, ergäben sich bei Verwendung dieser Einheiten unhandlich kleine Zahlenwerte. So hat z. B. ein Sauerstoffatom diese Masse:

0, 000 000 000 000 000 000 000 026 558 g $(2{,}6558 \cdot 10^{-23}\,\mathrm{g})$.

Zur Vermeidung solch unpraktischer Zahlen hat man die **atomare Masseneinheit** mit dem Einheitenzeichen u (atomic mass unit) eingeführt:

- Die **atomare Masseneinheit** 1 u ist der 12. Teil der Masse eines Atoms des Nuklids ^{12}C.

$$1\,\mathrm{u} = \frac{m(^{12}\mathrm{C})}{12}$$

- Das Verhältnis der Atommasse in u zur atomaren Masseneinheit 1 u wird als **relative Atommasse** A_r bezeichnet.
- Die **Zahlenwerte** der relativen Atommassen sind dem Periodensystem zu entnehmen (Zahl über dem Symbol).

Beispiele: *1.* $A_r(\mathrm{K}) = 39{,}1$
$m(\mathrm{K}) = 39{,}1\,\mathrm{u}$

2. $A_r(\mathrm{Cl}) = 35{,}5$
$m(\mathrm{Cl}) = 35{,}5\,\mathrm{u}$

Mittelwert der relativen Atommassen der Isotope ^{35}Cl (Anteil 75%) und ^{37}Cl (Anteil 25%)

Die Massen von Molekülen ergeben sich als Summe der Massen der Atome.

Beispiele: 3. $m(O_2) = 2 \cdot 16\,u = 32\,u$
4. $m(CO_2) = 12\,u + 2 \cdot 16\,u = 44\,u$

Aufgabe:

Welche Massen haben ein Essigsäure- (CH_3COOH), ein Salpetersäure-, ein Schwefelsäuremolekül?

5.1.2 Die Stoffmenge

Die **Stoffmenge** *n* ist ein Maß für die Anzahl der Teilchen in einer Stoffportion.

Wegen ihrer Bedeutung bildet sie im System der SI-Einheiten eine der sieben voneinander unabhängigen Basisgrößen. Das Formelzeichen der Stoffmenge ist *n*, die Einheit das Mol.

Nach dem Normblatt DIN 32625 ist diese Einheit wie folgt definiert:

„Das **Mol** ist die Stoffmenge eines Systems, das aus ebensoviel Einzelteilchen besteht, wie Atome in 0,012 Kilogramm des Kohlenstoffnuklids ^{12}C enthalten sind; sein Einheitenzeichen ist „mol".

Bei Benutzung des Mol müssen die Einzelteilchen spezifiziert sein und können Atome, Moleküle, Ionen, Elektronen sowie andere Teilchen oder Gruppen solcher Teilchen genau angegebener Zusammensetzung sein."

Ein und dieselbe Stoffportion kann also unterschiedliche Stoffmengen haben, je nachdem, welche Teilchenart gezählt wird. So enthält z. B. eine Portion von 16 g Sauerstoff 1 mol O-Atome, aber nur 0,5 mol O_2-Moleküle. Stoffmengenangaben werden deshalb wie folgt geschrieben:
Hinter dem Formelzeichen *n* gibt man in Klammern das Teilchen an, auf welches sich die Zählgröße bezieht, z. B.:

$n(O) = 1\,\text{mol} \qquad n(O_2) = 0{,}5\,\text{mol}$

In 12 g der Atomsorte ^{12}C sind **$6{,}022 \cdot 10^{23}$ Atome** enthalten. Diese Zahl nennt man Avogadro-Zahl.

Aus der Avogadro-Zahl (ohne Einheit) geht die stoffmengenbezogene Größe **Avogadro-Konstante N_A** mit der Einheit 1/mol hervor:

$$N_A = 6{,}022 \cdot 10^{23}\,\text{mol}^{-1}$$

Die ungeheure Größe des Zahlenwertes von N_A soll folgendes Beispiel veranschaulichen: Würden $6{,}022 \cdot 10^{23}$ Alkoholmoleküle, welche gerade ein Volumen von 59 ml einnehmen (Schnapsglasfüllung), gleichmäßig auf das Weltmeer verteilt (ca. $1{,}37 \cdot 10^{21}$ Liter), so enthielte jeder Liter Meerwasser trotzdem noch ungefähr 440 Moleküle Alkohol.

Mit Hilfe der Avogadro-Konstanten N_A kann aus einer beliebigen Stoffmenge die entsprechende Zahl N von Teilchen berechnet werden und umgekehrt:

$$\text{Stoffmenge} = \frac{\text{Zahl der Teilchen}}{\text{Avogadro-Konstante}}; \quad n = \frac{N}{N_A}$$

Beispiel: *Wieviel Schwefelatome sind in der Stoffmenge $n(S) = 0{,}004$ mol enthalten?*

$N(S) = n(S) \cdot N_A$

$N(S) = 0{,}004 \text{ mol} \cdot 6{,}022 \cdot 10^{23} \text{ mol}^{-1}$

$N(S) = 2{,}4 \cdot 10^{21}$

Aufgaben:

1. Welche Stoffmenge haben 1 Milliarde Wassermoleküle?

2. Wieviel Teilchen sind in 0,500 mol SO_2, 2,00 mol KCl, 0,300 mmol Na_2SO_4 enthalten?

5.1.3 Die molare Masse

Jeder Stoffmenge entspricht eine bestimmte Masse. Für die auf 1 mol bezogene Masse eines Stoffes wurde eine eigene Bezeichnung, die *molare Masse*, eingeführt; ihr Formelzeichen ist M.

- Die **molare Masse** M eines Stoffes ist der Quotient aus seiner Masse m und seiner Stoffmenge n.

$$\boxed{M = \frac{m}{n}} \quad \text{(Einheit von } M\text{: kg/mol)}$$

Die Bezeichnung ,,molar" wird für Größen verwendet, in deren Nenner die Stoffmenge steht.
Die Einheit der molaren Masse ist kg/mol, gebräuchlicher ist jedoch g/mol.
Die molare Masse M eines Stoffes ergibt sich durch Anhängen der Einheit g/mol an die relative Teilchenmasse.

Beispiele (die Werte sind gerundet):

1. $M(O_2) = 2 \cdot M(O) = \mathbf{32\ g/mol}$
2. $M(CO_2) = M(C) + 2 \cdot M(O) = \mathbf{44\ g/mol}$
3. $M(Na) = \mathbf{23\ g/mol}$
4. $M(Na^+) = \mathbf{23\ g/mol}$[1]
5. $M(F^-) = \mathbf{19\ g/mol}$[1]
6. $M(NaOH) = M(Na) + M(O) + M(H) = \mathbf{40\ g/mol}$

Die molare Masse M erlaubt die Umrechnung der Stoffmenge n einer Stoffportion in ihre Masse m und umgekehrt.

[1] Die molare Masse, bezogen auf Ionen, wird normalerweise der molaren Masse, bezogen auf die entsprechenden kompletten Atome, gleichgesetzt, da die molare Masse der fehlenden bzw. zusätzlichen Elektronen im allgemeinen vernachlässigt werden kann.

Beispiel 7: *Wie groß ist die Stoffmenge n(Fe), wenn eine Stoffportion Eisen die Masse $m = 200\,g$ hat?*

$$n = \frac{m}{M}; \quad n(\text{Fe}) = \frac{200\text{ g}}{55{,}8\text{ g/mol}} = \mathbf{3{,}58\ mol}$$

Beispiel 8: *Welche Masse m hat die Stoffmenge $n(P) = 0{,}50\,mol$?*
$m = n \cdot M$; $m = 0{,}50\text{ mol} \cdot 31\text{ g/mol} = \mathbf{16\ g}$

Mit der molaren Masse gewinnen die chemische Formel und die Reaktionsgleichung zusätzliche Bedeutung:

Beispiel 9: *Der Formel für Butan, C_4H_{10}, kann man folgendes entnehmen:*

a) Die Verbindung Butan ist aus den Elementen Kohlenstoff und Wasserstoff aufgebaut.
b) 1 C_4H_{10}-Molekül enthält 4 C-Atome und 10 H-Atome.
c) In $n(C_4H_{10}) = 1$ mol sind die Stoffmengen $n(C) = 4$ mol und $n(H) = 10$ mol enthalten.
d) 58 g C_4H_{10} (Masse von 1 mol C_4H_{10}) enthalten 48 g C und 10 g H.

Beispiel 10: *Die Reaktionsgleichung für die vollständige Verbrennung von Propan C_3H_8 enthält jetzt folgende Aussagen:*

	$\mathbf{C_3H_8}$	+	$\mathbf{5O_2}$	→	$\mathbf{3CO_2}$	+	$\mathbf{4H_2O}$		
a)	Verbindung Propan	+	Element Sauerstoff	→	Verbindung Kohlenstoffdioxid	+	Verbindung Wasser	Umsetzung von Stoffen	Aussage qualitativ
b)	1 Molekül C_3H_8	+	5 Moleküle O_2	→	3 Moleküle CO_2	+	4 Moleküle H_2O	Reaktion von Teilchen	
c)	1 mol C_3H_8	+	5 mol O_2	→	3 mol CO_2	+	4 mol H_2O	Stoffmengen	Aussagen quantitativ
d)	44 g* C_3H_8	+	160 g O_2	→	132 g CO_2	+	72 g H_2O	Massen	

* $m = n \cdot M$; $m(C_3H_8) = 1\text{ mol} \cdot 44\text{ g/mol} = 44\text{ g}$

Damit können vielfältige quantitative Probleme gelöst werden.

Beispiel 11: *a) In welchem Massenverhältnis sind die Elemente Eisen und Sauerstoff in der Verbindung Eisen(III)-oxid Fe_2O_3 enthalten?*
b) Wie groß ist der Anteil Sauerstoff in Massenprozent?

Lösung:

a) Berechnung der Massenverhältnisse über die Stoffmengenverhältnisse:

$$\frac{n(\text{Fe})}{n(\text{O})} = \frac{2}{3}; \quad \frac{m(\text{Fe})}{M(\text{Fe})} = \frac{2 \cdot m(\text{O})}{3 \cdot M(\text{O})}; \quad \frac{m(\text{Fe})}{m(\text{O})} = \frac{2 \cdot 55{,}8\text{ g/mol}}{3 \cdot 16\text{ g/mol}} = \mathbf{2{,}3}$$

Die Massen von Fe und O verhalten sich wie 2,3 : 1

b) Berechnung des Massenanteiles Sauerstoff (in %):

$$\frac{n(\text{O})}{n(\text{Fe}_2\text{O}_3)} = \frac{3}{1}; \quad \frac{m(\text{O})}{M(\text{O})} = \frac{3 \cdot m(\text{Fe}_2\text{O}_3)}{M(\text{Fe}_2\text{O}_3)}$$

$$\frac{m(\text{O})}{m(\text{Fe}_2\text{O}_3)} = \frac{3 \cdot 16\text{ g/mol}}{159{,}6\text{ g/mol}} = \mathbf{0{,}30}$$

Der Sauerstoffanteil beträgt 30 Massen-%.

Beispiel 12: *Welche Masse Eisen(III)-oxid muß mit Kohlenstoffmonooxid reagieren, damit 1000 kg Eisen entstehen?*

Lösung:

a) Aufstellen der Reaktionsgleichung:

$Fe_2O_3 + 3\,CO \rightarrow 2\,Fe + 3\,CO_2$

b) Ermitteln der Stoffmengenverhältnisse der angeführten Stoffe:

$$\frac{n(Fe_2O_3)}{n(Fe)} = \frac{1}{2} \quad \text{oder} \quad n(Fe_2O_3) = \frac{n(Fe)}{2}$$

c) Ersetzen der Stoffmengen:

$$\frac{m(Fe_2O_3)}{M(Fe_2O_3)} = \frac{m(Fe)}{2 \cdot M(Fe)}$$

d) Auflösen nach der gesuchten Größe:

$$m(Fe_2O_3) = \frac{m(Fe) \cdot M(Fe_2O_3)}{2 \cdot M(Fe)}$$

$$m(Fe_2O_3) = \frac{1000\ \text{kg} \cdot 159{,}6\ \text{g/mol}}{2 \cdot 55{,}8\ \text{g/mol}} = 1{,}43 \cdot 10^3\ \text{kg oder } \mathbf{1{,}43\ t}$$

Es müssen 1,43 t Eisen(III)-oxid eingesetzt werden.

Aufgaben:

1. Wieviel kg gebrannten Kalk (Calciumoxid) erhält man beim Brennen von 100 kg Kalkstein (Calciumcarbonat)?

2. Phosphorpentaoxid dient als Trockenmittel. Wieviel Gramm Wasser werden von 50 g P_2O_5 gebunden, wenn sich dabei Phosphorsäure bildet?

3. 3,0 g Bariumchloriddihydrat werden in Wasser gelöst und die Bariumionen mit verdünnter Schwefelsäure ausgefällt. Wieviel schwerlösliches Bariumsulfat entsteht?

4. Welche molaren Massen haben die folgenden Verbindungen?

a) Schweflige Säure (H_2SO_3)
b) Ethanol (C_2H_5OH)
c) Methanal (HCHO)
d) Calciumhydroxid
e) Kaliumdichromat ($K_2Cr_2O_7$)

5.1.4 Das molare Volumen

Bei gasförmigen Stoffen hat das Volumen gegenüber der Masse wegen seiner leichteren Bestimmbarkeit die größere Bedeutung. Das auf 1 mol bezogene Volumen eines Stoffes bezeichnet man als *molares Volumen*, das Formelzeichen ist V_m.

- Das **molare Volumen** V_m eines Stoffes ist der Quotient aus seinem Volumen V und seiner Stoffmenge n.

$$\boxed{V_m = \frac{V}{n}} \quad \left(\text{Einheit: } \frac{m^3}{mol}\right)$$

Die Einheit des molaren Volumens ist m^3/mol; gebräuchlicher ist jedoch l/mol.

Nach dem Gesetz von Avogadro nehmen gleiche Teilchenmengen verschiedener gasförmiger Stoffe bei gleichem Druck und gleicher Temperatur gleiche Volumina ein. 1 mol verschiedener Gase hat daher bei gleichen Bedingungen ein ganz bestimmtes Volumen. Dieses Volumen V_m bei Normbedingungen (siehe unten) kann man wie folgt berechnen:

Beispiel 1: *Zu bestimmen ist das Volumen einer Wasserstoffportion mit der Stoffmenge $n(H_2) = 1$ mol:*

Aus molarer Masse $M(H_2) = 2{,}016$ g/mol und der Dichte $\varrho(H_2) = 0{,}0899$ g/l erhält man das Volumen von 1 mol Wasserstoff:

$$\varrho(H_2) = \frac{M(H_2)}{V_m(H_2)}; \quad V_m(H_2) = \frac{M(H_2)}{\varrho(H_2)}$$

$$V_m(H_2) = \frac{2{,}016\ \text{g/mol}}{0{,}0899\ \text{g/l}} = \mathbf{22{,}4\ l/mol}$$

Entsprechende Berechnungen mit anderen Gasen führen zum (angenähert) gleichen Ergebnis.

Unabhängig vom Stoff beträgt das **molare Volumen eines Gases im Normzustand**:

$$V_{m,0} = 22{,}4\ \text{l/mol}$$

Der Normzustand eines Gases ist definiert durch

- den **Normdruck** $p_0 = 1013{,}25$ hPa (Hektopascal) und durch
- die **Normtemperatur** $\vartheta_0 = 0\,°C$ oder $T_0 = 273{,}15$ K

Das molare Volumen erweitert die Aussagekraft von Gleichungen chemischer Reaktionen, an denen Gase beteiligt sind. Zur Betrachtung sei nochmal obiges Beispiel $C_3H_8 + 5\,O_2 \rightarrow 3\,CO_2 + 4\,H_2O$ angeführt:

Wegen der Beziehung $V_0 = V_{m,0} \cdot n$ gilt:
1 mol · 22,4 l/mol (C_3H_8) und 5 mol · 22,4 l/mol (O_2) ergeben
3 mol · 22,4 l/mol (CO_2) und 4 mol · 18 ml/mol flüssiges Wasser,
d. h. 22,4 l Propan und 112 l Sauerstoff ergeben 67,2 l Kohlenstoffdioxid und 72 ml flüssiges Wasser.

Das molare Volumen ermöglicht Volumenberechnungen bei gasförmigen Stoffen.

Beispiel 2: *Welches Volumen nimmt die Stoffmenge $n(CO) = 15{,}0$ mol bei Normbedingungen ein?*

Lösung:

$$V_{m,0} = \frac{V_0}{n}; \quad V_0 = V_{m,0} \cdot n$$

$$V_0(CO) = 22{,}4\ \text{l/mol} \cdot 15{,}0\ \text{mol} = \mathbf{336\ l}$$

Das Volumen des Kohlenstoffmonooxids beträgt 336 l.

Beispiel 3: *Wieviel Liter Kohlenstoffdioxid (Normzustand) entstehen bei der vollständigen Verbrennung von 698 g (entspricht 1,00 l) Benzin (für Benzin kann vereinfachend Octan C_8H_{18} eingesetzt werden)?*

Lösung:

$$2\,C_8H_{18} + 25\,O_2 \rightarrow 16\,CO_2 + 18\,H_2O$$

$$n(C_8H_{18}) = \frac{m(C_8H_{18})}{M(C_8H_{18})}; \quad n(CO_2) = \frac{V_0(CO_2)}{V_{m,0}(CO_2)}$$

Verhältnis der Stoffmengen:

$$\frac{n(C_8H_{18})}{n(CO_2)} = \frac{2}{16} \text{ bzw. } n(C_8H_{18}) = \frac{n(CO_2)}{8}$$

Die beiden obigen Gleichungen können zusammengefaßt werden:

$$\frac{m(C_8H_{18})}{M(C_8H_{18})} = \frac{V_0(CO_2)}{8 \cdot V_{m,0}(CO_2)}$$

Nach $V_0(CO_2)$ aufgelöst:

$$V_0(CO_2) = \frac{8 \cdot V_{m,0}(CO_2) \cdot m(C_8H_{18})}{M(C_8H_{18})}$$

$$V_0(CO_2) = \frac{8 \cdot 22{,}4\,\text{l/mol} \cdot 698\,\text{g}}{114\,\text{g/mol}} = \mathbf{1{,}10 \cdot 10^3\,l}$$

Bei der Verbrennung von 1 l Benzin entstehen $1{,}10 \cdot 10^3$ l Kohlenstoffdioxid.

Aufgaben:

1. Welcher Stoffmenge entsprechen 2,0 l Methan bei Normbedingungen?
2. Welche Masse haben 500 l Neongas (Normbedingungen)? Welche Dichte haben Sauerstoff und Kohlenstoffdioxid im Normzustand?
3. Wieviel Liter Luft (21 Vol-% Sauerstoff) sind nötig (bei Normbedingungen), um 1000 g Kohlenstoff zu verbrennen?
4. Bei einer Umsetzung zwischen Aluminium und Salzsäure wurden 200 ml Wasserstoff (Normbedingungen) gebildet. Welche Masse Aluminium ging dabei in Lösung?
5. Kohle enthält pro Tonne 10,0 kg Schwefel. Ein 750-MW-Steinkohlekraftwerk verfeuert in der Stunde 220 t Kohle. Wieviel Kubikmeter Schwefeldioxid (im Normzustand) entstehen bei einem 24,0-Stunden-Betrieb?

Alle Volumenberechnungen wurden bisher unter der Voraussetzung durchgeführt, daß Normbedingungen vorlagen.
In der Praxis weichen aber der Druck und vor allem die Temperatur meist stark von den Normbedingungen ab, d. h., bei stöchiometrischen Berechnungen muß in der Regel von Normbedingungen auf die gegebenen Zustandsbedingungen umgerechnet werden. Dies gelingt mit Hilfe der allgemeinen Gasgleichung.

5.1.5 Die allgemeine Gasgleichung

Bei gasförmigen Stoffen wird der Zustand einer gegebenen Teilchenmenge durch die Zustandsgrößen Druck, Volumen und (absolute) Temperatur ausgedrückt.

Diese Größen sind in der allgemeinen Zustandsgleichung für Gase miteinander verknüpft.

Allgemeine Zustandsgleichung der Gase[1]

$$\frac{p_0 \cdot V_0}{T_0} = \frac{p_1 \cdot V_1}{T_1} = \frac{p_2 \cdot V_2}{T_2} = \ldots$$

Die Zustandsgleichung verbindet beliebige Zustände einer gegebenen Gasmenge mit dem Normzustand.

Beispiel 1: *In einer Stahlflasche stehen 16,0 Liter Sauerstoff bei 18°C unter einem Druck von 80,0 · 10³ hPa. Welches Volumen würde diese Gasportion bei 21°C und 1,04 · 10³ hPa einnehmen?*

$$\frac{p_1 \cdot V_1}{T_1} = \frac{p_2 \cdot V_2}{T_2}$$

Gaszustand 1: $p_1 = 80{,}0 \cdot 10^3$ hPa, $V_1 = 16{,}0$ l; $T_1 = 291$ K
Gaszustand 2: $p_2 = 1{,}04 \cdot 10^3$ hPa, $T_2 = 294$ K, gesucht: V_2

$$V_2 = \frac{p_1 \cdot V_1 \cdot T_2}{T_1 \cdot p_2} = \frac{80{,}0 \cdot 10^3\,\text{hPa} \cdot 16{,}0\,\text{l} \cdot 294\,\text{K}}{291\,\text{K} \cdot 1{,}04 \cdot 10^3\,\text{hPa}} = \mathbf{1{,}24 \cdot 10^3\,l}$$

Das Gas würde das Volumen $1{,}24 \cdot 10^3$ l einnehmen.

Beispiel 2: *Luft von 20°C und 1030 hPa Druck wird in einem abgeschlossenen Gefäß (keine Volumenänderung) auf 70°C erhitzt. Welchen Druck hat jetzt das Gas?*

Da $V_1 = V_2$, gilt vereinfacht:

$$p_2 = \frac{p_1 \cdot T_2}{T_1} = \frac{1030\,\text{hPa} \cdot 343\,\text{K}}{293\,\text{K}} = \mathbf{1{,}21 \cdot 10^3\,hPa}$$

Beispiel 3: *Bei der Umsetzung von Zink mit Salzsäure entstehen 110 ml Wasserstoffgas bei 21°C. Der Luftdruck (= Gasdruck) beträgt 970 hPa. Wie groß ist das Gasvolumen im Normzustand?*

Gaszustand 1: $p_1 = 970$ hPa; $T_1 = 294$ K; $V_1 = 110$ ml
Normzustand: $p_0 = 1013$ hPa; $T_0 = 273$ K; V_0: gesucht

$$V_0 = \frac{p_1 \cdot V_1 \cdot T_0}{T_1 \cdot p_0} = \frac{970\,\text{hPa} \cdot 110\,\text{ml} \cdot 273\,\text{K}}{294\,\text{K} \cdot 1013\,\text{hPa}} = \mathbf{97{,}8\,ml}$$

Im Normzustand nimmt der Wasserstoff ein Volumen von 97,8 ml ein.

[1]) Die allgemeine Zustandsgleichung der Gase läßt sich auch durch $p \cdot V = n \cdot R \cdot T$ wiedergeben. Hierbei sind n die Stoffmenge und R die molare Gaskonstante.

Beispiel 4: *10,0 g Quecksilber(II)-oxid werden thermisch zersetzt. Welches Volumen nimmt das entstehende Sauerstoffgas bei 22 °C und unter 1014 hPa ein?*

a) Reaktionsgleichung:

$2\,HgO \rightarrow 2\,Hg + O_2$

b) Sauerstoffvolumen unter Normbedingungen:

(1) $M(HgO) = \frac{m(HgO)}{n(HgO)}$; $n(HgO) = \frac{m(HgO)}{M(HgO)}$

(2) $V_{m,0}(O_2) = \frac{V_0(O_2)}{n(O_2)}$; $n(O_2) = \frac{V_0(O_2)}{V_{m,0}(O_2)}$

(3) $\frac{n(HgO)}{n(O_2)} = \frac{2}{1}$; $n(HgO) = 2 \cdot n(O_2)$

Durch Einsetzen von (1) und (2) in (3) erhält man:

$$\frac{m(HgO)}{M(HgO)} = \frac{2 \cdot V_0(O_2)}{V_{m,0}(O_2)}; \quad V_0(O_2) = \frac{m(HgO) \cdot V_{m,0}(O_2)}{2 \cdot M(HgO)}$$

$$V_0(O_2) = \frac{10{,}0\ \text{g} \cdot 22{,}4\ \text{l/mol}}{2 \cdot 216{,}5\ \text{g/mol}} = \mathbf{0{,}517\ l}$$

c) Umrechnen des Sauerstoffvolumens auf die gegebenen Bedingungen:

Normzustand: $p_0 = 1013$ hPa; $T_0 = 273$ K; $V_0 = 0{,}517$ l
Gaszustand 1: $p_1 = 1014$ hPa; $T_1 = 295$ K; V_1: gesucht

$$V_1 = \frac{p_0 \cdot V_0 \cdot T_1}{T_0 \cdot p_1} = \frac{1013\ \text{hPa} \cdot 0{,}517\ \text{l} \cdot 295\ \text{K}}{273\ \text{K} \cdot 1014\ \text{hPa}} = \mathbf{0{,}558\ l}$$

Das entstehende Sauerstoffgas nimmt ein Volumen von 0,558 l ein.

Aufgaben:

1. 10,0 g Magnesium werden mit verdünnter Schwefelsäure vollständig umgesetzt. Welches Volumen nimmt der entstehende Wasserstoff bei 18 °C und Normdruck ein?

2. 8,0 g Blei(II)-nitrat mit einem Reinheitsgrad von 98,4% werden unter 1005 hPa bei 380 °C thermisch zersetzt. Welche Volumina an Stickstoffdioxid und Sauerstoff entstehen bei Reaktionstemperatur?

3. Pyrit, ein sulfidisches Erz der Zusammensetzung FeS_2, wird vor der Verhüttung mit Luftsauerstoff in Eisen(III)-oxid und Schwefeldioxid übergeführt.
a) Welche Masse Schwefeldioxid entsteht aus 1000 kg eines Erzes mit einem Massengehalt von 63,0% Pyrit?
b) Welches Volumen nimmt das entstandene Gas unter 1040 hPa bei 15 °C ein?

4. 40,0 l Benzin (Octan; Dichte $\varrho = 0{,}698\ \text{g/cm}^3$) sollen vollständig verbrannt werden. Welches Volumen Luft (Luft enthält 20,95 Vol-% Sauerstoff) von 1035 hPa und 16 °C ist dazu erforderlich?

5.1.6 Die Stoffmengenkonzentration

Eine *Lösung* ist eine flüssige Mischphase, die aus zwei oder mehr Stoffen besteht. Dabei unterscheidet man zwischen *gelösten Stoffen* und *Lösungsmittel*. Der *Gehalt* an gelöstem Stoff kann auf verschiedene Weise angegeben werden. Für die Chemie hat die *Stoffmengenkonzentration* zentrale Bedeutung.

Sie ist definiert durch:

$$c(X) = \frac{n(X)}{V(Ls)} \qquad \left(\text{Einheit: } \frac{\text{mol}}{\text{m}^3}\right)$$

- Die **Stoffmengenkonzentration** *c* (einer gelösten Komponente mit den Teilchen X) ist der Quotient aus der Stoffmenge *n* (der gelösten Komponente) und dem Volumen *V*(Ls) der Lösung.

Die Einheit mol/m³ ist in der Praxis von untergeordneter Bedeutung, gebräuchlicher sind die Einheiten **mol/l** und **mmol/l**.
Der Zahlenwert der Stoffmengenkonzentration gibt an, wieviel Mol des gelösten Stoffes in 1 l der fertigen Lösung enthalten sind.

Beispiel 1: *c(NaCl) = 1 mol/l bedeutet:*
1 l Natriumchlorid-Lösung enthält 1 mol NaCl, d.h. 1 mol Na^+-Ionen und 1 mol Cl^--Ionen.

Beispiel 2: *c($MgCl_2$) = 0,25 mol/l bedeutet:*
In 1,0 l der Magnesiumchlorid-Lösung sind 0,25 mol Mg^{2+}-Ionen und 0,50 mol Cl^--Ionen (wegen $MgCl_2$) enthalten.

Beispiel 3: *Welche Stoffmengenkonzentration hat eine Kalilauge, die 26,0 g Kaliumhydroxid in 125 ml Lösung enthält?*

$$n = \frac{m}{M}; \; n(\text{KOH}) = \frac{26{,}0 \text{ g}}{56{,}1 \text{ g/mol}} = 0{,}463 \text{ mol}$$

$$c = \frac{n}{V}; \; c(\text{KOH}) = \frac{n(\text{KOH})}{V(\text{Ls})} = \frac{0{,}463 \text{ mol}}{0{,}125 \text{ l}} = \mathbf{3{,}70 \text{ mol/l}}$$

Beispiel 4: *Wie stellt man 250 ml Natriumsulfat-Lösung, c(Na_2SO_4) = 0,50 mol/l, her, wenn als Salz nur $Na_2SO_4 \cdot 10H_2O$ zur Verfügung steht?*
$M(Na_2SO_4 \cdot 10H_2O) = 322$ g/mol

$$n = c \cdot V; \quad n = \frac{m}{M}$$

eingesetzt: $c \cdot V = \frac{m}{M}$

$m = M \cdot c \cdot V$

$$m(Na_2SO_4 \cdot 10H_2O) = 322 \text{ g/mol} \cdot 0{,}50 \text{ mol/l} \cdot 0{,}25 \text{ l} = \mathbf{40 \text{ g}}$$

Zu 40 g Natriumsulfat-Dekahydrat wird soviel Wasser gegeben, bis die Lösung das Volumen 250 ml hat.

Im Chemielabor und in der Praxis finden auch die folgenden Gehaltsangaben Anwendung:

Massenanteil $\left(\frac{m(\text{gelöster Stoff})}{m(\text{Lösung})}\right)$ und

Volumenkonzentration $\left(\frac{V(\text{gelöster Stoff})}{V(\text{Lösung})}\right)$

Beispiel 5: 96%ige Schwefelsäure bedeutet: In 100 g der Schwefelsäurelösung sind 96 g reine Schwefelsäure enthalten.

Beispiel 6: Eine 30%ige Zuckerlösung erhält man z. B. durch Auflösen von 30 g Zucker in 70 g Wasser.

Beispiel 7: Bei alkoholischen Getränken wird der Alkoholgehalt in der Regel als Volumenkonzentration angegeben. So enthält etwa 1 l 45%iger Zwetschgenschnaps 450 ml reinen Alkohol.

Beispiel 8: *Für Titrationen werden häufig verdünnte Säuren bestimmter Stoffmengenkonzentrationen benötigt. Oft müssen diese aus gängigen konzentrierten Säuren mit bekanntem Massenanteil hergestellt werden.*
Wieviel ml 65%ige Salpetersäure sind zur Herstellung von 0,250 l Salpetersäure, $c(HNO_3) = 2{,}00$ mol/l, erforderlich? ($\varrho(HNO_3, 65\%) = 1{,}39$ g/cm³)

- Berechnung der Masse reiner Salpetersäure, die in 1,00 l 65%iger Säure enthalten ist:
  $m(HNO_3) = m(HNO_3\text{-Lösung}) \cdot \text{Massenanteil}$
  $m(HNO_3) = 1{,}39\ \text{kg} \cdot 65/100 = 0{,}904\ \text{kg}$
- Berechnung der Stoffmenge HNO_3 in 1,00 l 65%iger Säure:
  $$n(HNO_3) = \frac{m(HNO_3)}{M(HNO_3)} = \frac{904\ \text{g}}{63{,}0\ \text{g/mol}} = 14{,}3\ \text{mol}$$
- Berechnung der Stoffmenge HNO_3 in 0,250 l HNO_3-Lösung, $c(HNO_3) = 2{,}00$ mol/l:
  $n(HNO_3) = 2{,}00\ \text{mol/l} \cdot 0{,}250\ \text{l} = 0{,}500\ \text{mol}$
- Berechnung des erforderlichen Volumens der konzentrierten Säure:
  $$V(HNO_3, 65\%) = \frac{0{,}500\ \text{mol} \cdot 1{,}00 \cdot 10^3\ \text{ml}}{14{,}3\ \text{mol}} = \mathbf{35{,}0\ ml}$$

Zur Herstellung der gewünschten Säure mißt man 35,0 ml 65%ige Salpetersäure ab und verdünnt so lange mit Wasser, bis 250 ml Lösung erreicht sind (evtl. muß nach dem Abkühlen noch etwas Wasser nachgefüllt werden).

Aufgaben:

1. Welche Stoffmengenkonzentration hat eine Salzsäure, die in 500 ml 42,0 g Wasserstoffchlorid enthält?

2. Wieviel Gramm Magnesium lassen sich mit 100 ml Salzsäure, $c(HCl) = 0{,}50$ mol/l, auflösen?

3. Welche Einwaagen an den gelösten Stoffen sind erforderlich, um Lösungen mit folgenden Volumina und Stoffmengenkonzentrationen herzustellen:
a) 250 ml Eisen(III)-chloridlösung, $c(FeCl_3) = 0{,}250$ mol/l (Salz: $FeCl_3 \cdot 6\,H_2O$),
b) 10 ml Silber(I)-nitratlösung, $c(AgNO_3) = 5{,}0 \cdot 10^{-3}$ mol/l?

4. Berechnen Sie die Stoffmengenkonzentration der gelösten Stoffe in den folgenden wäßrigen Lösungen:
a) 120 g Ammoniumchlorid in 2,0 l Lösung,
b) 20 g Natriumhydroxid in 0,50 l Lösung.

5. Wieviel ml 36%iger Salzsäure sind zur Herstelung von 0,50 l Salzsäure, $c(HCl) = 0{,}10$ mol/l erforderlich? ($\varrho(HCl, 36\%) = 1{,}18$ g/cm³)

5.2 Der Energieumsatz bei chemischen Reaktionen

Neben Stoffänderungen treten bei chemischen Reaktionen auch Energieänderungen auf. Diese äußern sich etwa durch Abgabe oder Entzug von Wärme, durch Leuchterscheinungen, durch Verrichten von mechanischer Arbeit (z. B. bei einer Explosion) oder von elektrischer Arbeit (z. B. bei einem galvanischen Element).

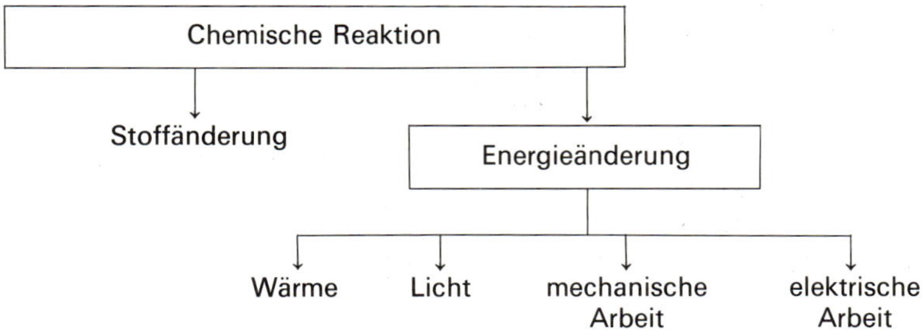

Jeder Stoff besitzt einen bestimmten **Energieinhalt**.
Dieser Energieinhalt setzt sich aus der Bewegungsenergie der Teilchen, der Schwingungsenergie, der Bindungsenergie, der Gitterenergie usw. zusammen.

Aus praktischen Gründen werden nebeneinander zwei Maße für den Energieinhalt von Stoffen verwendet:

- die **innere Energie** *U* (Energieinhalt bei konstantem Volumen) und
- die **Enthalpie** *H* (Energieinhalt bei konstantem Druck).

Da man immer nur am Unterschied zwischen den Energieinhalten der End- und der Ausgangsstoffe interessiert ist, braucht man die Absolutwerte der Zustandsgrößen *U* bzw. *H* nicht zu kennen. Bei chemischen Reaktionen tritt diese Energiedifferenz überwiegend als **Reaktionswärme** auf. Dabei ist zu unterscheiden, ob die Reaktion bei konstantem Volumen oder bei konstantem Druck abläuft.[1]

Zusammenfassung:

- **Reaktionswärme** ist die bei einer chemischen Umsetzung auftretende Wärmeenergie.
- Die Reaktionswärme bei konstantem Volumen heißt **Reaktionsenergie** (ΔU).
- Die Reaktionswärme bei konstantem Druck heißt **Reaktionsenthalpie** (ΔH).

Bei einer Reaktion, die ohne Volumenänderung abläuft, wie z. B. bei flüssigen oder festen Systemen, sind die Werte von ΔU und von ΔH gleich groß. Ändert sich das Volumen, wie meistens bei Vorgängen, an denen Gase beteiligt sind, dann unterscheiden sich beide Werte um die verrichtete oder aufgenommene Volumenarbeit.
Da jedoch die Volumenarbeit im Vergleich zur Reaktionswärme gering ist, kann sie häufig vernachlässigt werden.

---

[1] Der Unterschied kann am einfachsten am Beispiel der Sublimation eines Metalls gezeigt werden.

Weil chemische Reaktionen normalerweise bei konstantem Druck ablaufen, ist die gemessene Reaktionswärme in der Regel die Reaktionsenthalpie.

Wenn in der Folge öfter das allgemeinere Wort „Reaktionswärme" verwendet wird, ist damit ausschließlich die Reaktionsenthalpie ΔH gemeint.

> Die **Reaktionsenthalpie** ist die Differenz der Enthalpien des End- und des Ausgangszustandes.

Für eine Reaktion A + B → C + D

Ausgangsstoffe		Endstoffe
A + B	→	C + D
mit der Enthalpie H_1		mit der Enthalpie H_2

ist die Reaktionsenthalpie:

$$\Delta H = H_2 - H_1 = H(\mathrm{C}) + H(\mathrm{D}) - (H(\mathrm{A}) + H(\mathrm{B}))$$

Nach dieser Festlegung erhält die Reaktionswärme

- ein **negatives** Vorzeichen, wenn $H_1 > H_2$ (**exotherme** Reaktion),
- ein **positives** Vorzeichen, wenn $H_1 < H_2$ (**endotherme** Reaktion).

Die Reaktionsenthalpie ist bei einer gegebenen Reaktion abhängig:

- von den reagierenden Stoffmengen,
- von den Zustandsbedingungen Temperatur und Druck,
- von den Aggregatzuständen (gegebenenfalls auch von den Modifikationen) der Reaktionsteilnehmer.

Beispiel 1: *Für die Umsetzung von Wasserstoff mit Sauerstoff bei Standardbedingungen ($T = 298$ K und $p = 1013$ hPa) erhält man für die Bildung von 1 mol Wasser folgende unterschiedliche ΔH-Werte:*

(5-1) $H_2 + 1/2\,O_2 \rightarrow H_2O\,(fl)$; $\Delta H = -286$ kJ

(5-2) $H_2 + 1/2\,O_2 \rightarrow H_2O\,(g)$; $\Delta H = -242$ kJ

Der Unterschied von 44 kJ ist die Kondensationswärme, die beim Übergang von 1 mol Wasser vom gasförmigen in den flüssigen Zustand frei wird.

Jeder Stoff hat eine bestimmte Enthalpie H. So ist die Enthalpie des Wassers: $H(H_2O, fl)$ oder $H(H_2O, g)$, die Enthalpie des Wasserstoffs: $H(H_2)$ und die des Sauerstoffs: $H(O_2)$.

Die Reaktionsenthalpie von (5-1) ergibt sich dann zu:

$$\Delta H = H_2 - H_1 = H(H_2O, fl) - H(H_2) - H(1/2\,O_2)$$

Um einen Bezugspunkt zu haben, wird die **Enthalpie der Elemente gleich Null** gesetzt: $H(H_2) = 0$ kJ und $H(O_2) = 0$ kJ. Daraus folgt: $\Delta H = H(H_2O, fl)$.

Somit ist die Enthalpie des flüssigen Wassers gleich der Reaktionswärme ΔH, die bei der Bildung des Wassers aus den Elementen auftritt. Die auf **1 mol bezogene Enthalpie einer Verbindung** wird daher auch **molare Bildungsenthalpie** H_m genannt.

> Unter der **molaren Bildungsenthalpie** H_m einer Verbindung versteht man die Enthalpieänderung, die bei der Bildung von 1 mol der entsprechenden Verbindung aus den Elementen[1] auftritt. (Einheit: J/mol)

Die Bildungsenthalpien des Wassers verdeutlicht das folgende Diagramm:

Diagramm 5-1: Bildungsenthalpien des Wassers

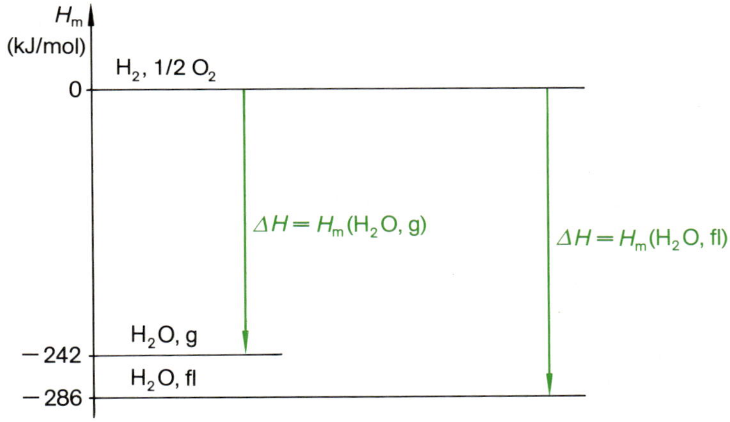

Bildungsenthalpien erhalten negative Vorzeichen, wenn die Verbindungen in exothermer Reaktion aus den Elementen entstehen; sie erhalten positive Vorzeichen, wenn die Bildungsreaktion endotherm ist.

Diagramm 5-2: Vorzeichen von Bildungsenthalpien

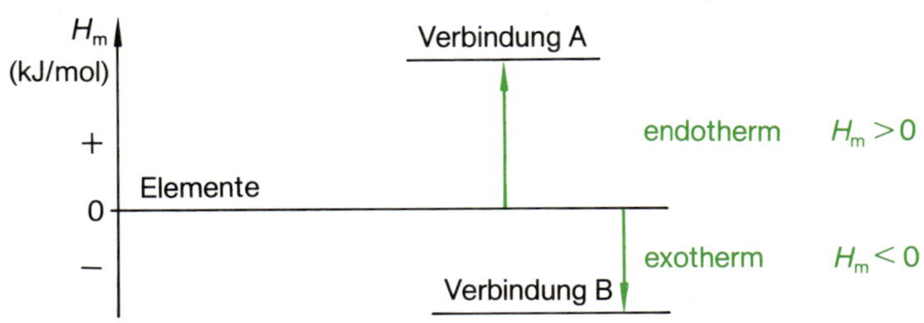

In Tabelle 5-1 sind die Bildungsenthalpien wichtiger Verbindungen aufgeführt.

[1] Demnach werden auch die auf 1 mol bezogenen Enthalpien von Elementen mit H_m bezeichnet.

Tabelle 5-1: Bildungsenthalpien *(bezogen auf den Standardzustand)*

Nr.	*Stoffname*	*Formel*	*(Aggregatzustand)*	H_m *in kJ/mol*
1	Wasser	H_2O	(fl)	− 286
2	Wasser	H_2O	(g)	− 242
3	Kohlenstoffdioxid	CO_2	(g)	− 393
4	Kohlenstoffmonooxid	CO	(g)	− 111
5	Ammoniak	NH_3	(g)	− 46
6	Stickstoffmonooxid	NO	(g)	+ 90
7	Methan	CH_4	(g)	− 75
8	Ethin	C_2H_2	(g)	+ 227
9	Salpetersäure	HNO_3	(fl)	− 174
10	Schwefelsäure	H_2SO_4	(fl)	− 814
11	Calciumoxid	CaO	(f)	− 635
12	Magnesiumoxid	MgO	(f)	− 601
13	Aluminiumoxid	Al_2O_3	(f)	−1676
14	Eisen(III)-oxid	Fe_2O_3	(f)	− 824
15	Kupfer(II)-oxid	CuO	(f)	− 157
16	Natriumchlorid	$NaCl$	(f)	− 411
17	Silber(I)-chlorid	$AgCl$	(f)	− 127
18	Calciumcarbonat	$CaCO_3$	(f)	−1207
19	Magnesiumcarbonat	$MgCO_3$	(f)	−1096
20	Natriumsulfat	Na_2SO_4	(f)	−1384

(Anmerkung: Verbindungen mit großen negativen Werten sind sehr stabil, Verbindungen mit positiven Werten können in einer exothermen Reaktion in ihre Elemente zerfallen.)

Aus den tabellierten Bildungsenthalpien (molaren Enthalpien) läßt sich die molare Reaktionsenthalpie ΔH_m (bei Standardbedingungen) berechnen:

- Die **molare Reaktionsenthalpie** einer chemischen Reaktion ergibt sich als Differenz der Summe der molaren Enthalpien der Endstoffe und der Summe der molaren Enthalpien der Ausgangsstoffe.

$$\Delta H_m = \Sigma H_m \text{ (Endstoffe)} - \Sigma H_m \text{ (Ausgangsstoffe)}$$

Die Summe der molaren Enthalpien der Endstoffe bzw. der Ausgangsstoffe erhält man, indem man die molaren Enthalpien der einzelnen Reaktionsteilnehmer mit den entsprechenden stöchiometrischen Zahlen[1] multipliziert.

Beispiel 2: *Welche Reaktionsenthalpie wird bei der Umsetzung von 1,0 mol Eisen(III)-oxid mit Kohlenstoffmonooxid freigesetzt?*

$$Fe_2O_3 + 3\,CO \rightarrow 2\,Fe + 3\,CO_2$$

$$\Delta H_m = 2 \cdot H_m(Fe) + 3 \cdot H_m(CO_2) - (1 \cdot H_m(Fe_2O_3) + 3 \cdot H_m(CO))$$

$$\Delta H_m = 2 \cdot 0\text{ kJ/mol} + 3 \cdot (-393\text{ kJ/mol}) - (1 \cdot (-824\text{ kJ/mol}) + 3 \cdot (-111\text{ kJ/mol}))$$

$$\Delta H_m = 0\text{ kJ/mol} - 1179\text{ kJ/mol} + 824\text{ kJ/mol} + 333\text{ kJ/mol}$$

$$\Delta H_m = \mathbf{-22\ kJ/mol}$$

Bei diesem Beispiel bezieht sich der Wert für die molare Reaktionsenthalpie ΔH_m auf die Reaktion von 1 mol Fe_2O_3 mit 3 mol CO zu 2 mol Fe und 3 mol CO_2.

---

[1] Nach DIN 32640 ist die stöchiometrische Zahl in einer chemischen Reaktion „diejenige Anzahl von Atomen oder Atomgruppen, die sich an der Reaktion beteiligen."

Bei chemischen Gleichungen wird die molare Reaktionsenthalpie häufig neben der Reaktionsgleichung in kJ/mol angegeben.

Beispiel 3: $4\,NH_3 + 5\,O_2 \rightarrow 4\,NO + 6\,H_2O\,(g)$; $\Delta H_m = -\mathbf{908\ kJ/mol}$

Die molare Reaktionsenthalpie von −908 kJ/mol bezieht sich hier auf den Umsatz von 4 mol NH_3 mit 5 mol O_2 zu 4 mol NO und 6 mol H_2O.

Sind statt Stoffmengen Massen gegeben, wird zunächst die molare Reaktionsenthalpie ΔH_m berechnet. Anschließend erfolgt die Umrechnung auf die Reaktionsenthalpie ΔH der gegebenen Massen:

$$\Delta H = n \cdot \Delta H_m$$

Reaktionsenthalpie = Stoffmenge · molare Reaktionsenthalpie

Beispiel 4: *Welche Reaktionswärme entsteht bei der Verbrennung von 1000 g Methan (Hauptbestandteil des Erdgases) zu Kohlenstoffdioxid und gasförmigem Wasser?*

$$CH_4 + 2\,O_2 \rightarrow CO_2 + 2\,H_2O\,(g)$$

$$\Delta H_m = 1 \cdot (-393\ \text{kJ/mol}) + 2 \cdot (-242\ \text{kJ/mol}) - (1 \cdot (-75\ \text{kJ/mol}) + 2 \cdot 0\ \text{kJ/mol})$$

$$\Delta H_m = -802\ \text{kJ/mol}$$

(molare Reaktionsenthalpie für Umsatz von **1 mol CH_4** mit 2 mol O_2 zu 1 mol CO_2 und 2 mol H_2O)

$$n = \frac{m}{M};\quad n(CH_4) = \frac{1000\ \text{g}}{16{,}0\ \text{g/mol}} = 62{,}5\ \text{mol}$$

$$\Delta H = n \cdot \Delta H_m$$

$$\Delta H = 62{,}5\ \text{mol} \cdot (-802\ \text{kJ}/\mathbf{1{,}00}\ \text{mol})$$

$$\Delta H = -\mathbf{5{,}01 \cdot 10^4\ kJ}$$

Beispiel 5: *Welche Reaktionswärme wird bei der vollständigen Verbrennung von 200 l (NB) Ethin (Acetylen) freigesetzt?*

$$2\,C_2H_2 + 5\,O_2 \rightarrow 4\,CO_2 + 2\,H_2O\,(g)$$

$$\Delta H_m = 4 \cdot (-393\ \text{kJ/mol}) + 2 \cdot (-242\ \text{kJ/mol}) - 2 \cdot 227\ \text{kJ/mol}$$

$$\Delta H_m = -2510\ \text{kJ/mol}$$

Die molare Reaktionsenthalpie ($\Delta H_m = -2510$ kJ/**1,00 mol „Umsetzung"**) bezieht sich hier auf die Verbrennung von 2 mol C_2H_2

($\Delta H_m = -2510$ kJ/**2,00 mol C_2H_2**)

$$n(C_2H_2) = \frac{V_0(C_2H_2)}{V_{m,0}(C_2H_2)} = \frac{200\ \text{l}}{22{,}4\ \text{l/mol}} = 8{,}93\ \text{mol}$$

$$\Delta H = n \cdot \Delta H_m$$

$$\Delta H = 8{,}93\ \text{mol} \cdot (-2510\ \text{kJ}/2{,}00\ \text{mol}) = -\mathbf{1{,}12 \cdot 10^4\ kJ}$$

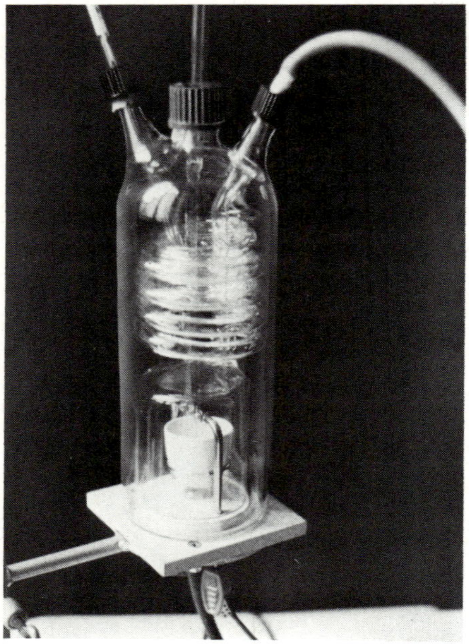

Abbildung 5-1: Kalorimeter *zur Bestimmung von Reaktionsenthalpien bei festen Stoffen*

Um Reaktionswärmen auch für Umsetzungen, an denen **Ionen** beteiligt sind, errechnen zu können, wurde ein weiteres Bezugssystem eingeführt. Darin wird die molare Enthalpie des Hydroniumions in wäßriger Lösung (bei Standardbedingungen) gleich Null gesetzt:

$$H_m(H_3O^+, aq) = 0\ kJ/mol$$

Einige Standardbildungsenthalpien von Ionen in wäßriger Lösung zeigt Tab. 5-2.

Tabelle 5-2: Bildungsenthalpien von Ionen in wäßriger Lösung (Standardbedingungen)

Nr.	*Stoffname*	*Formel*	*(Aggregatzustand)*	H_m *in kJ/mol*
1	Hydroniumion	H_3O^+	(aq)	0
2	Calciumion	Ca^{2+}	(aq)	− 543
3	Magnesiumion	Mg^{2+}	(aq)	− 467
4	Zink(II)-ion	Zn^{2+}	(aq)	− 154
5	Eisen(II)-ion	Fe^{2+}	(aq)	− 89
6	Eisen(III)-ion	Fe^{3+}	(aq)	− 49
7	Kupfer(II)-ion	Cu^{2+}	(aq)	+ 65
8	Silber(I)-ion	Ag^+	(aq)	+ 106
9	Hydroxidion	OH^-	(aq)	− 230
10	Chloridion	Cl^-	(aq)	− 167
11	Bromidion	Br^-	(aq)	− 121
12	Iodidion	I^-	(aq)	− 57
13	Sulfidion	S^{2-}	(aq)	+ 33
14	Carbonation	CO_3^{2-}	(aq)	− 677
15	Nitration	NO_3^-	(aq)	− 207
16	Sulfation	SO_4^{2-}	(aq)	− 909
17	Chromation	CrO_4^{2-}	(aq)	− 881
18	Dichromation	$Cr_2O_7^{2-}$	(aq)	−1490

Beispiel 6: *Zu berechnen ist die Reaktionswärme bei der Fällung von 20 g Magnesiumcarbonat aus Magnesiumchlorid- und Natriumcarbonatlösung.*

$Mg^{2+} + 2\,Cl^- + 2\,Na^+ + CO_3^{2-} \rightarrow MgCO_3 + 2\,Na^+ + 2\,Cl^-$

Die Enthalpien der Na^+- und der Cl^--Ionen brauchen nicht berücksichtigt zu werden, da diese an der Umsetzung nicht beteiligt sind.

Vereinfachte Gleichung: $Mg^{2+} + CO_3^{2-} \rightarrow MgCO_3$

$\Delta H_m = 1 \cdot H_m(MgCO_3) - 1 \cdot H_m(Mg^{2+}) - 1 \cdot H_m(CO_3^{2-})$

$\Delta H_m = -1096\ kJ/mol + 467\ kJ/mol + 677\ kJ/mol$

$\Delta H_m = 48\ kJ/mol$

$$\Delta H = \frac{m}{M} \cdot \Delta H_m$$

$$\Delta H = \frac{20\ g}{84{,}3\ g/mol} \cdot 48\ kJ/mol$$

ΔH = **11 kJ**

Aufgaben:

1. Welche Wärmemenge ist zum Brennen von 100,0 kg Kalkstein (100% Calciumcarbonat) erforderlich?

2. a) Welche Masse Calciumhydroxid kann aus 50,0 kg gebranntem Kalk CaO gewonnen werden?
b) Welche Wärmemenge wird dabei frei? ($H_m(Ca(OH)_2) = -986\ kJ/mol$)

3. Welche Reaktionsenthalpie wird frei, wenn 100 l Ammoniakgas zu Stickstoffmonooxid und gasförmigem Wasser verbrennen?

4. Wieviel Wärme wird frei, wenn 5,0 kg Ethan C_2H_6 mit Chlorgas zu Chlorethan C_2H_5Cl und Wasserstoffchlorid reagieren?
($H_m(C_2H_6) = -104\ kJ/mol$; $H_m(C_2H_5Cl) = -112\ kJ/mol$; $H_m(HCl) = -92\ kJ/mol$)

5. Berechnen Sie die Wärmeenergie für die Reaktion von 50 ml Kupfer(II)-sulfatlösung ($c(CuSO_4) = 2{,}0\ mol/l$) mit Zinkpulver (Produkte: $ZnSO_4$ und Cu).

6. Inwiefern können die molaren Enthalpien Auskunft über die Stabilität von Verbindungen geben?

6 Geschwindigkeit chemischer Reaktionen

6.1 Definition der Reaktionsgeschwindigkeit

Aus Erfahrung wissen wir, daß viele chemische Reaktionen sehr schnell ablaufen, wie z. B. die explosionsartige Verbrennung des Benzins im Kfz-Motor, der schlagartige Zerfall des Sprengstoffs Nitroglyzerin, die in Sekundenbruchteilen ablaufende Knallgasreaktion oder auch die augenblickliche Ausfällung schwer löslicher Salze beim Zusammengeben von Salzlösungen. Dagegen nimmt die Verdauung eines fetten Gänsebratens Stunden in Anspruch; andere Vorgänge wie das Rosten von Eisen oder der biochemische Abbau organischer Gartenabfälle dauern sogar Wochen und Monate. Die Geschwindigkeit chemischer Abläufe ist also sehr unterschiedlich.

Allgemein ist Geschwindigkeit definiert als Änderung einer Größe in einem bestimmten Zeitabschnitt. Bei einer chemischen Reaktion entsteht innerhalb eines Zeitabschnitts aus einer gegebenen Menge von Ausgangsstoffen eine bestimmte Menge an Endstoffen; die sich ändernde Größe ist hier die Stoffmenge oder, bezogen auf das Reaktionsvolumen, die Stoffmengenkonzentration der Reaktionsteilnehmer.

Zur Ermittlung der Reaktionsgeschwindigkeit müssen deshalb Konzentrationsbestimmungen durchgeführt werden. Dabei erfaßt man die Konzentration in der Praxis über leicht meßbare Größen, die mit ihr in Beziehung stehen, wie etwa Volumen, Druck, Leitfähigkeit usw.

Versuch 6-1: Volumenmessung pro Zeit bei der Reaktion von Zink mit Salzsäure

In einen Rundkolben mit ca. 10 g Zinkpulver gibt man etwa 10 ml Salzsäure der Konzentration 1 mol/l.

Das entstehende Gas wird in einem Kolbenprober aufgefangen und das Volumen in Abständen von 1 min gemessen.

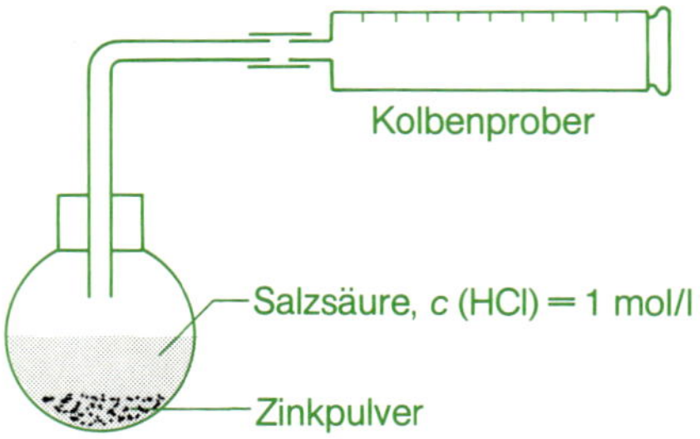

Zink reagiert mit Säure unter Wasserstoffentwicklung:

(6-1) (vereinfacht) $$Zn + 2H^+ \rightarrow Zn^{2+} + H_2$$

Das Volumen des entstehenden Wasserstoffgases ist der Stoffmenge direkt proportional.

Die graphische Darstellung des Gasvolumens $V(H_2)$ in Abhängigkeit von der Zeit t zeigt, daß pro Zeitabschnitt immer weniger Wasserstoff entsteht. Folglich nimmt die Geschwindigkeit der Reaktion immer mehr ab. Schließlich käme die Wasserstoffentwicklung zum Erliegen.

Abbildung 6–1: *Wasserstoffentwicklung als Funktion der Zeit*

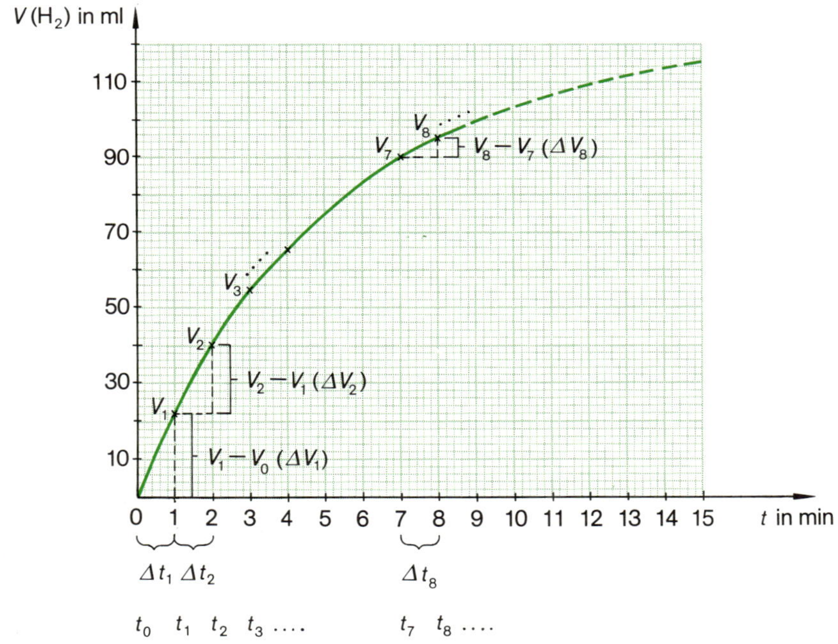

Betrug die durchschnittliche Geschwindigkeit v, mit der der Wasserstoff entwickelt wurde, im Zeitraum von t_0 bis t_1 noch

$$v_1 = \frac{V_1 - V_0}{t_1 - t_0} = \frac{\Delta V_1}{\Delta t_1},$$

so war sie im zweiten Zeitabschnitt von t_1 bis t_2 nur noch

$$v_2 = \frac{V_2 - V_1}{t_2 - t_1} = \frac{\Delta V_2}{\Delta t_2} \quad \text{usw.}$$

Der Reaktionsgleichung ist zu entnehmen, daß im Verlauf der Umsetzung neben der Zunahme des Wasserstoffvolumens und damit der Stoffmenge $n(H_2)$ die Stoffmenge $n(Zn^{2+})$ in gleicher Weise zunimmt. Pro 1 mol Wasserstoffmoleküle entsteht 1 mol Zinkionen. Aus dem Wasserstoffvolumen läßt sich deshalb die Stoffmenge $n(Zn^{2+})$ berechnen.

Beispiel: In der 1. Minute (von t_0 bis t_1) werden 22 ml H_2-Gas gemessen; bei 20°C nimmt 1 mol H_2 ca. 24 l ein.

$$n(H_2) = \frac{2{,}2 \cdot 10^{-2}\,l}{24\,l/mol} = \mathbf{9{,}2 \cdot 10^{-4}\,mol}$$

Da $n(H_2) = n(Zn^{2+})$, sind auch $9{,}2 \cdot 10^{-4}$ mol Zn^{2+}-Ionen entstanden. Verteilt sich diese Stoffmenge in der Lösung mit dem Volumen 10 ml, so gilt für die Konzentration der Zn^{2+}-Ionen $c_1(Zn^{2+})$ zum Zeitpunkt t_1:

$$c_1(Zn^{2+}) = \frac{9{,}2 \cdot 10^{-4}\,mol}{1{,}0 \cdot 10^{-2}\,l} = \mathbf{9{,}2 \cdot 10^{-2}\,mol/l}$$

Da die Konzentration $c_0(Zn^{2+})$ bei t_0 gleich 0 mol/l war, ergibt sich als durchschnittliche Reaktionsgeschwindigkeit während der 1. Minute, bezogen auf die Zn^{2+}-Ionen:

$$v = \frac{c_1 - c_0}{t_1 - t_0} = \frac{9{,}2 \cdot 10^{-2}\,mol/l}{1{,}0\,min} = \mathbf{9{,}2 \cdot 10^{-2}\,mol \cdot l^{-1} \cdot min^{-1}}$$

Da bei allen chemischen Reaktionen Konzentrationsänderungen auftreten, auch wenn keine Volumenänderungen erfolgen, wird die Reaktionsgeschwindigkeit allgemein definiert durch:

$$\boxed{v = \frac{\Delta c}{\Delta t}} \quad \left(\text{Einheit: } \frac{mol}{l \cdot s}\right)$$

- Die **Reaktionsgeschwindigkeit** einer chemischen Reaktion ist der Quotient aus der Konzentrationsänderung eines Stoffes und dem Zeitabschnitt.

Da Ausgangsstoffe und Produkte über die Reaktionsgleichung miteinander verknüpft sind, genügt zur Bestimmung der Reaktionsgeschwindigkeit die Ermittlung der Konzentrationsänderung eines Reaktionsteilnehmers.

Die so bestimmten Geschwindigkeiten sind jeweils Durchschnittsgeschwindigkeiten. Wählt man jedoch die Zeitabschnitte immer kleiner ($\Delta t \to 0$ s), dann wird aus dem Differenzenquotient schließlich ein Differentialquotient, aus der Durchschnittsgeschwindigkeit die Momentangeschwindigkeit, für die zum Zeitpunkt t gilt:

$$v = \frac{dc}{dt}$$

Im Konzentrations-Zeit-Diagramm ergibt sich die Durchschnittsgeschwindigkeit graphisch als Steigung einer Sekante, die Momentangeschwindigkeit als Steigung einer Tangente.

Beispiele zur Ermittlung der Reaktionsgeschwindigkeiten aus einem experimentell gefundenen Kurvenverlauf:

Abbildung 6–2: *Konzentration in Abhängigkeit von der Zeit*

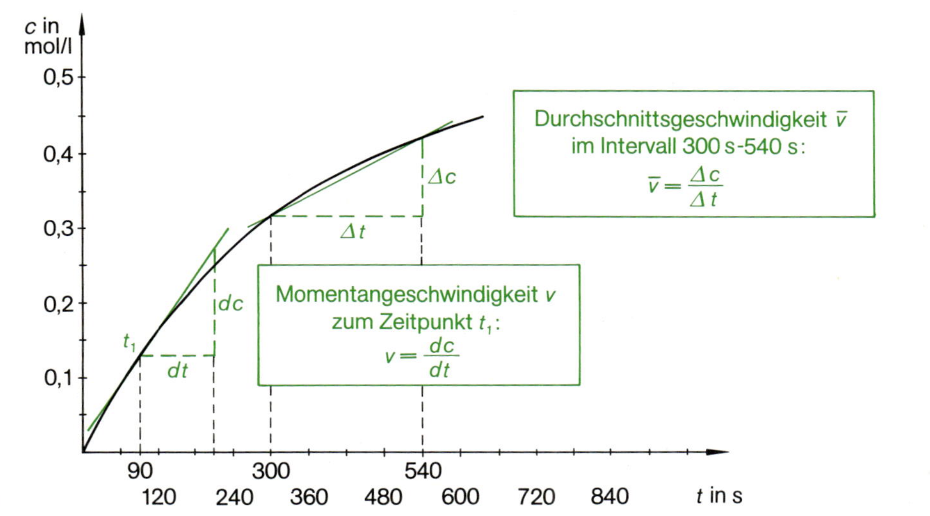

a) Durchschnittsgeschwindigkeit für den Zeitraum von 300 s bis 540 s:

$$\bar{v}_{300s-540s} = \frac{0{,}100\ \text{mol}}{240\ \text{s} \cdot \text{l}} = 4{,}16 \cdot 10^{-4}\ \text{mol} \cdot \text{s}^{-1} \cdot \text{l}^{-1}$$

b) Momentangeschwindigkeit zum Zeitpunkt 90 s:

$$v_{90s} = \frac{0{,}125\ \text{mol}}{120\ \text{s} \cdot \text{l}} = 1{,}04 \cdot 10^{-3}\ \text{mol} \cdot \text{s}^{-1} \cdot \text{l}^{-1}$$

Aufgaben:

1. Wie würde der Kurvenverlauf aussehen, wenn man für den Versuch Zink + Salzsäure an der Ordinate statt des Wasserstoffvolumens die Konzentration der H^+-Ionen in Abhängigkeit von der Zeit auftragen würde?

2. Brom reagiert mit Methansäure gemäß
$HCOOH(aq) + Br_2(aq) \rightarrow CO_2(g) + 2\,H^+(aq) + 2\,Br^-(aq)$.
Zu Beginn ist die Konzentration von Brom 0,020 mol/l nach 40 s 0,004 mol/l.
Berechnen Sie die Durchschnittsgeschwindigkeit (Betrag) der Reaktion.

6.2 Die Aktivierungsenergie

Eine Reaktion mit außerordentlich hoher Geschwindigkeit ist die Knallgasreaktion, bei der die Umsetzung von Wasserstoff mit Sauerstoff in Sekundenbruchteilen erfolgt.

Versuch 6-2: Ein kleiner Luftballon wird mit Sauerstoff- und Wasserstoffgas etwa im Volumenverhältnis 1 : 2 gefüllt und an einer dünnen Schnur gehalten. Nach einiger Zeit wird das Gemisch gezündet.
(Vorsicht: Abstand, Mund zum Druckausgleich öffnen lassen!)

Bei Zimmertemperatur bleibt die sonst sehr heftige Reaktion von Wasserstoff mit Sauerstoff aus, obwohl bei der Vereinigung der Reaktionspartner zu Wasser viel Wärme freigesetzt wird und eine sehr stabile Verbindung entsteht. (Wie Berechnungen ergeben haben, geht die Umsetzung unmeßbar langsam vor sich und würde erst in Millionen von Jahren abgelaufen sein.)

Weshalb reagieren die beiden Gase praktisch nicht miteinander?

Damit zwei Stoffe miteinander reagieren können, müssen ihre Teilchen zusammenstoßen. Im Luftballon ist die Zahl der Kollisionen ungeheuer groß. So stößt jedes Molekül pro Sekunde 15–20 Milliarden mal mit anderen Molekülen zusammen; in 1 ml ergibt dies die unvorstellbare Zahl von etwa 10^{29} Zusammenstößen je Sekunde. Da trotzdem keine sichtbare Reaktion stattfindet, muß man folgern, daß die Energie der Kollisionen zu gering ist, die Zusammenstöße also **unwirksam** sind und noch keine Reaktion herbeiführen können. Wird dagegen an den Luftballon eine Flamme gehalten, dann erfolgt augenblicklich eine Explosion, die die große Reaktionsgeschwindigkeit widerspiegelt. Die Zahl der **wirksamen** Zusammenstöße muß also durch die Energiezufuhr sprunghaft angestiegen sein.
Die anhand des Knallgasversuches gemachte Beobachtung, daß eine Reaktion erst dann mit merklicher Geschwindigkeit abläuft, wenn ein bestimmter Energiebetrag zugeführt wird, läßt sich auf viele chemische Umsetzungen übertragen. So verbrennen eine Kohlenhalde oder ein Holzstoß nicht von selbst, obwohl der Reaktionspartner Sauerstoff in der Luft in großer Menge zur Verfügung steht. Sogar das feuergefährliche Benzin kann man beim Tanken in der Regel völlig gefahrlos handhaben. Es setzt erst dann seine Energie frei, wenn es im Motor gezündet wird.
Alle Beispiele zeigen, daß selbst energieliefernde Reaktionen einer Energiezufuhr bedürfen, damit die Umsetzung sichtbar anlaufen kann.
Das bei exothermen Reaktionen vorhandene Energiegefälle von den Ausgangsstoffen zu den Endstoffen läßt sich also nicht ohne weiteres nützen.

Modellversuch

Versuch 6-3: Gefärbtes Wasser im Kolben I soll über ein gebogenes Glasrohr in den tiefer gelegenen Kolben II geleitet werden. Dazu muß so lange geblasen werden, bis das Wasser den Punkt D überschritten hat. Von nun an fließt es – auch ohne weiteres Blasen – von selbst, bis der Kolben I leer ist.

Abbildung 6–3: *Modellversuch zur Aktivierungsenergie einer exothermen Reaktion*

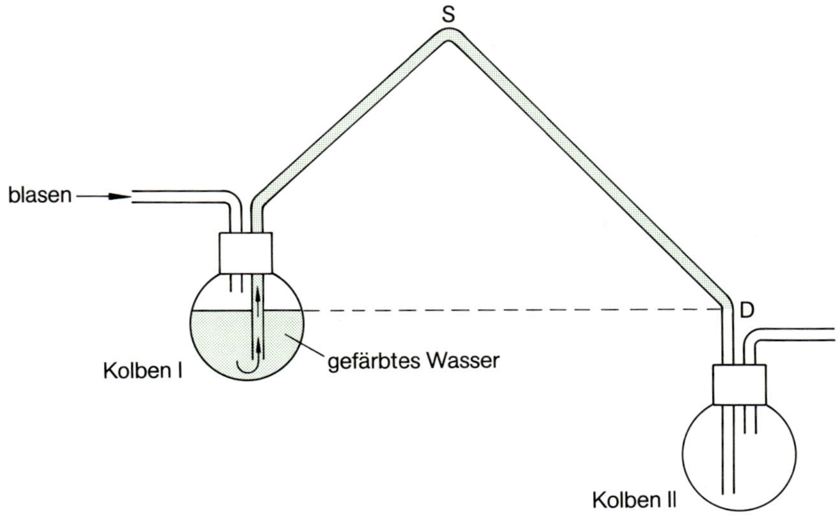

Entsprechendes gilt für chemische Reaktionen:

Erst wenn die Reaktionspartner durch Zufuhr einer bestimmten Mindestenergie, der „Aktivierungsenergie", den Energieberg erklommen haben, sind sie in der Lage, miteinander zu reagieren.

Aktivierungsenergie ist die Energie, die man zuführen muß, damit eine Reaktion mit merklicher Geschwindigkeit einsetzt.

Weshalb müssen Stoffe, die miteinander reagieren sollen, erst aktiviert werden?

Zur Beantwortung dieser Frage betrachten wir noch einmal das Knallgasgemisch. Vor der Reaktion besteht dieses aus Wasserstoff*molekülen* und Sauerstoff*molekülen*. In den entstehenden Wassermolekülen existiert dagegen diese Verknüpfung zweier gleicher Atome miteinander nicht mehr, sondern es gibt nur noch Elektronenpaarbindungen zwischen O- und H-Atomen.

Vereinfacht betrachtet reagieren nur Wasserstoff- und Sauerstoff*atome* miteinander. Damit nun die H_2- und O_2-Moleküle beim Zusammenstoß zu reaktionsfähigen Atomen zerfallen, muß die Stoßenergie eine bestimmte Mindestgröße erreichen, eben die Aktivierungsenergie (siehe Abbildung 6-4).

Abbildung 6–4: *Zusammenhang zwischen Energie und Reaktionsfortschritt bei einer exothermen Reaktion*

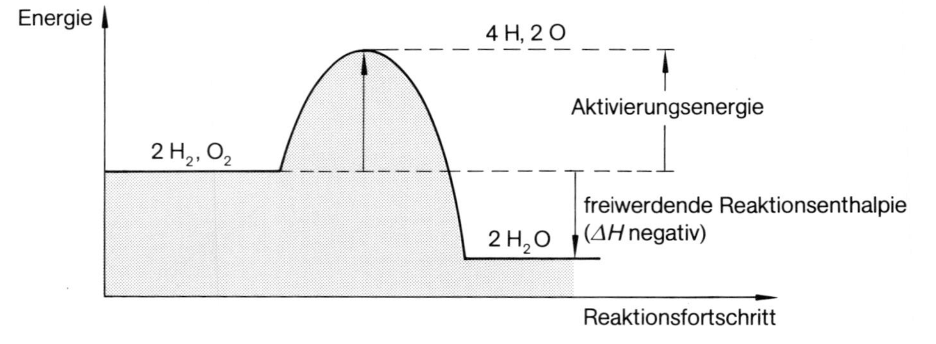

Bei endothermen Reaktionen muß im allgemeinen eine größere Aktivierungsenergie aufgebracht werden als bei exothermen Reaktionen.
Um dies zu demonstrieren, wird obiger Modellversuch in umgekehrter Richtung durchgeführt. Will man das Wasser vom Kolben II in den höher gelegenen Kolben I befördern, muß man jetzt stärker blasen, und man muß auch dann weiterblasen, wenn das Wasser den Scheitelpunkt S überschritten hat. Sobald man nämlich mit dem Blasen aufhört, fließt kein Wasser mehr in die gewünschte Richtung.

Der Zusammenhang zwischen Energie und „Reaktionsfortschritt" bei einer endothermen Reaktion soll am Beispiel der Photosynthese gezeigt werden:

(6-2) $$6\,CO_2 + 6\,H_2O \rightarrow C_6H_{12}O_6 + 6\,O_2; \quad \Delta H_m = +2825\ \text{kJ/mol}$$

Abbildung 6–5: *Zusammenhang zwischen Energie und Reaktionsfortschritt bei einer endothermen Reaktion*

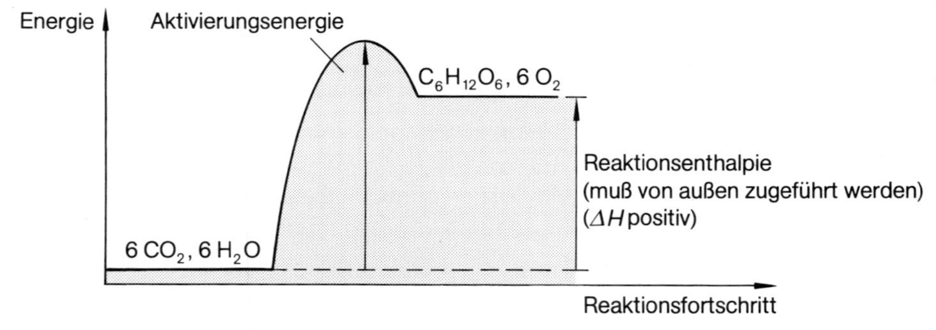

Aufgaben:

1. Suchen Sie nach einer Erklärung dafür, weshalb bei einer Ionenreaktion praktisch jeder Teilchenzusammenstoß „zum Erfolg" führt.

2. Warum müssen manche Chemikalien, z. B. Wasserstoffperoxid, vor Licht geschützt aufbewahrt werden?

6.3 Die Abhängigkeit der Reaktionsgeschwindigkeit von der Konzentration

Versuch 6-4: In zwei Reagenzgläser (a und b) gibt man je 10 ml Natriumthiosulfatlösung (2,5 g/20 ml).
Gleichzeitig gießt man nun in das eine (a) 5 ml stark verdünnte, in das andere (b) 5 ml konzentrierte Salzsäure.

Beobachtung: Bei (b) ist wesentlich schneller eine gelbliche Trübung erkennbar als bei (a).

Erklärung: Natriumthiosulfat setzt sich mit Salzsäure zu Schwefel, Schwefeldioxid, Wasser und Natriumchlorid um.

(6-3) $$Na_2S_2O_3 + 2\,HCl^{1} \rightarrow S + SO_2 + H_2O + 2\,NaCl$$

Da die Na^+-Ionen der $Na_2S_2O_3$-Lösung und die Cl^--Ionen der Salzsäure an der Reaktion nicht beteiligt sind, ergibt sich vereinfacht:

(6-4) $$S_2O_3^{2-} + 2\,H^+ \rightarrow S + SO_2 + H_2O$$

Der zunächst äußerst feinverteilt ausfallende Schwefel (Trübung) ballt sich nach kurzer Zeit zu einem gelben Niederschlag zusammen.

Die kürzere Reaktionszeit mit konzentrierter Salzsäure (b) zeigt, daß die größere Konzentration der H^+-Ionen auch eine größere Reaktionsgeschwindigkeit bewirkt.

Die Erkenntnis, daß die Konzentrationen der Ausgangsstoffe Einfluß auf die Reaktionsgeschwindigkeit haben, soll im nächsten Versuch vertieft werden. Dabei wird diesmal die Konzentration der Säure konstant gehalten und diejenige des anderen Ausgangsstoffes verändert.

Versuch 6-5: Durch Lösen von 4,96 g $Na_2S_2O_3 \cdot 5\,H_2O$ in destilliertem Wasser stellt man 100 ml einer Natriumthiosulfatlösung der Konzentration 0,2 mol/l her.
In drei 100-ml-Erlenmeyerkolben gibt man
a) 10 ml b) 20 ml c) 30 ml
der Thiosulfatlösung und füllt mit destilliertem Wasser jeweils bis zur 50-ml-Marke auf.
Zu den Lösungen, deren Konzentrationen sich wie 1 : 2 : 3 verhalten, gießt man nun jeweils 10 ml halbkonzentrierte Salzsäure und mißt die Zeit bis zum ersten Auftreten der Trübung.
(Anschaulich wird die Versuchsreihe mit Hilfe des Tageslichtprojektors. Dazu stellt man die Erlenmeyerkolben auf eine durchsichtige Folie mit einer Markierung – z. B. Kreuz – und mißt die Zeit, bis die Markierung nicht mehr zu erkennen ist.
Da giftiges Schwefeldioxid entsteht, empfiehlt es sich, die Reaktionsprodukte bald in den Abzug zu stellen.

Beobachtung: Die Reaktionszeiten verhalten sich etwa umgekehrt wie die Konzentrationen.

---

[1] Salzsäure ist die wäßrige Lösung von HCl ($H^+ + Cl^-$).

Abbildung 6-6: *Reaktionszeitmessung auf dem Tageslichtprojektor*

– Versuchsbeginn
(*Kreuz deutlich sichtbar*)

– *Versuchsende*
(*Kreuz nach Trübung verschwunden*)

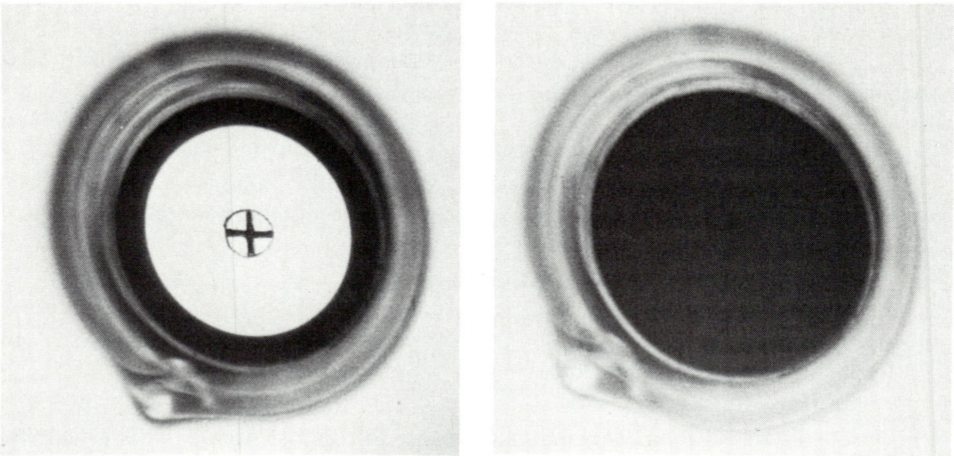

Daraus folgt: Die Reaktionsgeschwindigkeit ist der Konzentration der Thiosulfationen proportional.

$$v \sim c\,(S_2O_3^{2-})$$

Die Reaktionsgeschwindigkeit steigt also sowohl bei Erhöhung von $c\,(H^+)$ als auch von $c\,(S_2O_3^{2-})$.

Für viele Reaktionen vom Typ $A + B \rightarrow C$ oder $A + B \rightarrow C + D$ findet man, daß die Reaktionsgeschwindigkeit sowohl proportional $c\,(A)$ als auch proportional $c\,(B)$ ist. Damit gilt:

$$v = k \cdot c\,(A) \cdot c\,(B)$$

Geschwindigkeits- oder Zeitgesetz für die Reaktion $\mathbf{A + B \rightarrow C + \ldots}$

Hierbei ist k die Geschwindigkeitskonstante der Reaktion, die für jede Reaktion einen anderen Wert hat und stark temperaturabhängig ist. Ein großer Wert von k bedeutet eine große Reaktionsgeschwindigkeit.

Daß eine Erhöhung der Ausgangskonzentration in vielen Fällen eine Reaktion beschleunigt, ist für uns im Grunde nichts Neues. So läßt sich z. B. durch mehr Dünger (bis zu einem gewissen Grade) ein schnelleres Wachstum der Pflanzen erreichen. Ein Zwei-Komponentenkleber bindet schneller ab, wenn man mehr Härter zusetzt. Konzentrierte Laugen wirken stärker ätzend als verdünnte. Das „Verblasen" des Roheisens zu Stahl (wobei störende Beimengungen im Eisen wie Phosphor, Schwefel und Kohlenstoff verbrannt werden) erfolgt mit reinem Sauerstoff wesentlich schneller als mit Luft usw.

Zur Erklärung dieser Erkenntnis betrachten wir nochmals Versuch 6-5. Wir stellen uns vor, daß – genau wie beim Knallgasgemisch die Gasteilchen – bei dieser Reaktion sowohl die Thiosulfationen als auch die H^+-Ionen sich in der Lösung in ständiger Bewegung befinden und dabei fortwährend zusammenstoßen. Kollisionen von hinreichender Heftigkeit, bei denen die Teilchen die nötige Aktivierungsenergie besitzen (hier z. B., um die schützende Hydrathülle zu durchstoßen), führen zu einer chemischen Reaktion. Die Wahrscheinlichkeit von Zusammenstößen und damit auch von wirksamen Zusammenstößen steigt aber direkt mit der Zahl der Teilchen pro Volumeneinheit, also mit der Konzentration, wie die folgende Abbildung verdeutlicht.

Abbildung 6–7: *Häufigkeit von Zusammenstößen*

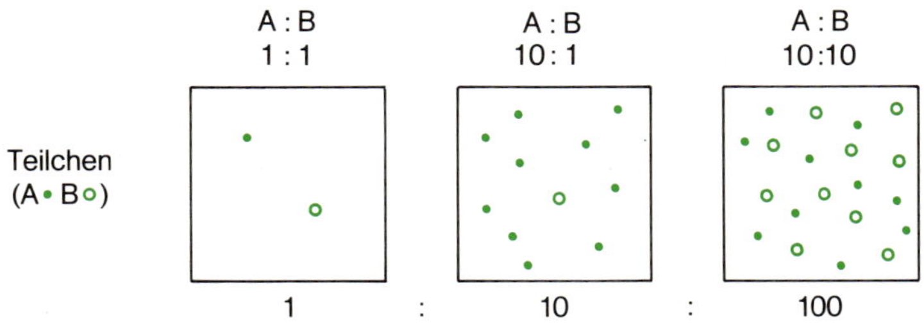

Verhältnis der Zusammenstöße zwischen A und B in der gleichen Zeit und bei gleicher Temperatur

Befinden sich also in einem bestimmten Volumen nur 1 Teilchen A und 1 Teilchen B, dann ist die Wahrscheinlichkeit eines Zusammenstoßes gering. Diese Wahrscheinlichkeit steigt jedoch schon auf das Zehnfache, wenn die Teilchenzahl des einen Ausgangsstoffes auf 10 erhöht wird. Sie steigt gar auf das Hundertfache, wenn beide Reaktionspartner mit je 10 Teilchen vertreten sind.

Aufgaben:

1. Warum ist die Reaktionsgeschwindigkeit den stoffmengenbezogenen und nicht den in Massenprozenten angegebenen Konzentrationen proportional?
2. Die Reaktion $A + B \rightarrow C + D$ hat die Geschwindigkeitskonstante $k = 5{,}0 \cdot 10^{-5}$ $l \cdot mol^{-1} \cdot s^{-1}$.
   Wieviel Mol C und D haben sich nach 300 Sekunden gebildet, wenn zu Beginn der Reaktion 0,10 mol A und 0,060 mol B in insgesamt 200 ml Lösung vorlagen und angenommen wird, daß die Reaktionsgeschwindigkeit in diesem Zeitraum konstant geblieben ist?

6.4 Die Abhängigkeit der Reaktionsgeschwindigkeit von der Temperatur

Versuch 6-6: 50 ml einer $Na_2S_2O_3$-Lösung der Konzentration 0,1 mol/l werden in einen 100-ml-Erlenmeyerkolben gegeben, und die Temperatur wird gemessen. Der Kolben wird auf dem Tageslichtprojektor auf eine Folie mit Markierung gesetzt. Dann gießt man 10 ml verdünnte Salzsäure ($c(HCl) = 1$ mol/l) gleicher Temperatur dazu und bestimmt die Zeit, bis die Trübung so stark ist, daß man die Markierung nicht mehr erkennen kann.
Der Versuch wird anschließend bei höheren Temperaturen (Erwärmen der Ausgangsstoffe im Wasserbad), etwa 30 °C, 40 °C und 50 °C, wiederholt.

Beobachtung: Je wärmer die miteinander reagierenden Lösungen sind, desto kürzer ist auch die Reaktionszeit. So bedingt eine Temperaturerhöhung um 10 °C eine Verringerung der Reaktionszeit auf etwa die Hälfte.

Diese Beobachtung läßt sich angenähert bei vielen Reaktionen machen. Sie führte zur Aufstellung einer Reaktionsgeschwindigkeits-Temperatur-Regel, kurz RGT-Regel:

> Eine Temperaturerhöhung um 10 °C bedingt etwa eine Verdoppelung der Reaktionsgeschwindigkeit.

Dieser Temperatureffekt der Reaktionsgeschwindigkeit ist viel größer, als es zunächst den Anschein hat, denn bereits bei einer Erhöhung um 100 °C vergrößert sich die Reaktionsgeschwindigkeit (bei einer angenommenen Verdoppelung je 10 °C) um den Faktor $2^{10} = 1024$.
Andererseits kann man nun verstehen, daß die schon bei Zimmertemperatur explosionsartig verlaufende Umsetzung zwischen einer konzentrierten Säure und Natrium bei der Temperatur der flüssigen Luft (ca. -200 °C) nahezu zum Erliegen kommt.

Zum Verständnis für den großen Einfluß der Temperatur auf die Reaktionsgeschwindigkeit gelangen wir, wenn wir uns nochmals mit der Energie der reagierenden Teilchen beschäftigen. Bei der Erläuterung der Aktivierungsenergie hatten wir gesehen, daß Moleküle nur dann mit dem Reaktionspartner reagieren können, wenn die Zusammenstöße eine bestimmte Wucht erreichen, d. h., wenn die Reaktionspartner eine bestimmte kinetische Energie mitbringen.
Untersuchungen von Boltzmann haben gezeigt, daß bei einer gegebenen Temperatur die Geschwindigkeiten und damit die kinetische Energie der Teilchen eines Gases oder eines gelösten Stoffes nicht gleich, sondern sehr unterschiedlich sind. So gibt es zwar eine große Anzahl Teilchen mit mittlerer kinetischer Energie, daneben aber auch solche, die sehr energiearm bzw. sehr energiereich sind.

Abbildung 6–8: *Verteilung der Energie auf die Teilchen bei der gegebenen Temperatur T_1*

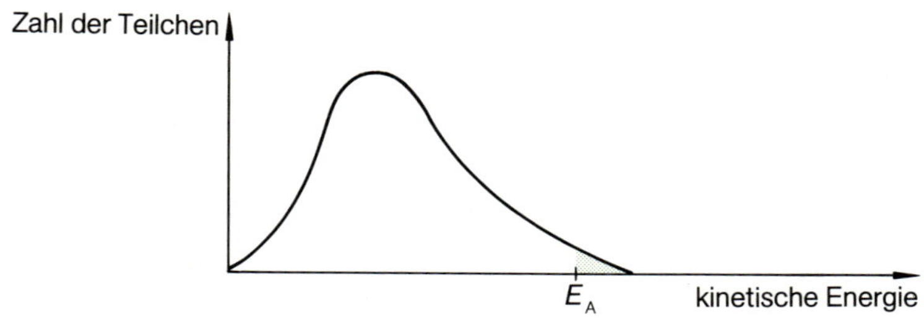

Bei einer angenommenen Aktivierungsenergie E_A sind nur wenige Teilchen bei der gegebenen Temperatur T_1 zur Reaktion befähigt.
Bei einer höheren Temperatur T_2 verschiebt sich dagegen der Kurvenverlauf nach rechts (siehe Abbildung 6-9), so daß die Zahl der energiereichen Teilchen schon bei geringer Temperaturerhöhung wesentlich größer wird und viel mehr Teilchen der Ausgangsstoffe die Aktivierungsenergie erreichen. (Ein Vergleich der gerasterten Flächen soll dies verdeutlichen.)

Abbildung 6–9: *Verteilung der Energie auf die Teilchen bei verschiedenen Temperaturen*

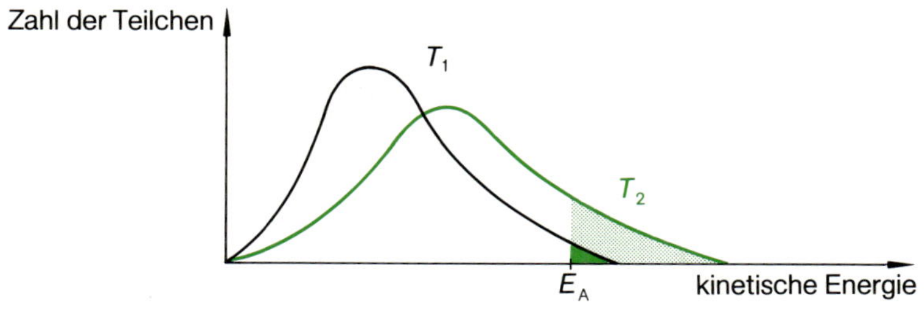

Daß bei höheren Temperaturen die Zusammenstöße nicht nur wuchtiger sind, sondern auch häufiger erfolgen (z. B. stößt ein H_2-Molekül im Knallgasgemisch bei 0 °C etwa 15 Milliarden mal pro Sekunde, bei 20 °C 16,5 Milliarden mal mit anderen Teilchen zusammen), ist eine Nebenerscheinung, die gegenüber dem energetischen Aspekt kaum ins Gewicht fällt.

Aufgaben:

1. Ein kleines Kupferstück reagiert bei 20 °C mit Salpetersäure. Man verdoppelt nun:
a) die Temperatur,
b) das Volumen der Säure,
c) die Konzentration der Säure.
Ordnen Sie die Maßnahmen nach abnehmender Effektivität in ihrer Wirkung auf die Reaktionsgeschwindigkeit, und begründen Sie Ihre Antwort.

2. a) In kochendem Wasser von 100 °C braucht ein Ei 8 Minuten, bis es hart ist. Wie lange würde dieser Vorgang in einem Dampfdrucktopf in 120 °C heißem Wasser dauern?
b) Auf der Zugspitze beträgt der Luftdruck nur 0,7 bar, was bedeutet, daß Wasser schon bei etwa 90 °C siedet. Wie lange dauert dort also das Eierkochen?

3. Wodurch läßt sich die Reaktion von Salzsäure mit Aluminium beschleunigen?
a) durch Abkühlen
b) durch Erhöhen des Drucks
c) durch Erwärmen
d) durch Erhöhen der Säurekonzentration
Begründen Sie jeweils.

4. Erklären Sie die Tatsache, daß viele exotherme Vorgänge sich selbst beschleunigen.

6.5 Die Abhängigkeit der Reaktionsgeschwindigkeit von Katalysatoren

Versuch 6-7: Ein kleines Reagenzglas mit 5 ml 30%iger Wasserstoffperoxidlösung und ein gleich großes Reagenzglas mit 5 ml destilliertem Wasser werden in heißes Wasser getaucht, bis die Inhalte etwa 60 °C erreicht haben. Anschließend werden beide Flüssigkeiten in der Projektion beobachtet.

Versuch 6-8: In ein Reagenzglas mit ca. 5 ml 30%iger H_2O_2-Lösung gibt man eine Spatelspitze Braunstein und hält nach kurzer Zeit einen glimmenden Span in die Öffnung.

Wasserstoffperoxid H_2O_2 ist eine relativ instabile Verbindung, die in exothermer Reaktion leicht in Wasser und Sauerstoff zerfällt.

(6-5) $$2\,H_2O_2 \rightarrow 2\,H_2O + O_2; \quad \Delta H_m = -196{,}3\ \text{kJ/mol}$$

Bei Zimmertemperatur ist jedoch die Zerfallsgeschwindigkeit gering, so daß sich Wasserstoffperoxidlösungen – speziell in lichtabhaltenden braunen Flaschen – längere Zeit aufbewahren lassen.

Durch Wärmezufuhr werden jedoch immer mehr H_2O_2-Moleküle aktiviert und zerfallen – im Gegensatz zum stabilen H_2O –, wobei der entweichende Sauerstoff am Aufsteigen von Gasblasen zu erkennen ist.

Bei Versuch 6-8 ist ebenfalls eine, sogar sehr heftige, Gasentwicklung zu beobachten, die eine große Zerfallsgeschwindigkeit anzeigt, obwohl von außen keinerlei Energie zugeführt wurde. Der zugesetzte Braunstein (Mangandioxid MnO_2) vergrößert also genau wie eine Temperaturerhöhung die Reaktionsgeschwindigkeit. Nach erfolgtem Zerfall des Wasserstoffperoxids kann man feststellen, daß der Braunstein sich nicht aufgelöst hat wie etwa Zinkpulver oder ein Magnesiumband in Salzsäure. Seine Farbe und seine Masse haben sich ganz offensichtlich nicht verändert. Letzteres läßt sich nachprüfen, indem man z. B. genau 1 g Mangandioxid zusetzt, nach der Reaktion das übriggebliebene Wasser entfernt und nach vorsichtigem Trocknen nochmals wiegt. Ein Gewichtsverlust wird nicht festgestellt.

Beim erneuten Zusetzen des „gebrauchten" Braunsteins zu frischer Wasserstoffperoxidlösung ist wie vorher eine Zerfallsreaktion zu beobachten.

Ähnlich wie Braunstein bei Wasserstoffperoxid verhält sich Platinasbest gegenüber einem Wasserstoff-Sauerstoff-Gemisch.

Versuch 6-9: Läßt man Wasserstoffgas aus einer Druckflasche ausströmen, dann setzt die Verbrennung erst ein, wenn man mittels einer Flamme zündet (Kupfernetz als Rückschlagsicherung).

Die sofortige Reaktion mit Sauerstoff erfolgt jedoch auch, wenn man etwas Platinasbest (mit Hilfe einer Tiegelzange) in den Wasserstoffstrom bringt. Auch hier verändert sich das Platinasbest nicht und kann weiter als eine Art „ewiger Wasserstoffanzünder" verwendet werden.

Abbildung 6-10: „Wasserstoffanzünder" Platinasbest

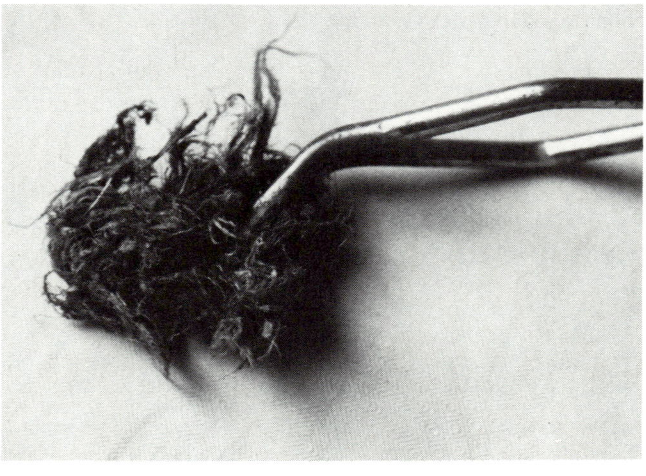

Stoffe, die allein durch ihre Anwesenheit die Geschwindigkeit chemischer Reaktionen erhöhen, ohne selbst dabei verbraucht zu werden, nennt man *Katalysatoren*.

Ein **Katalysator** ist ein Reaktionsbeschleuniger, der nach der Reaktion selbst wieder unverändert vorliegt.

Der häufig verwendete Ausdruck „Ein Katalysator ermöglicht eine Reaktion" ist nur so zu verstehen, daß ein Katalysator eine sonst mit praktisch nicht beobachtbarer Geschwindigkeit ablaufende Reaktion beschleunigt. Reaktionen zwischen Stoffen, die prinzipiell nicht miteinander reagieren, kann auch ein Katalysator nicht ermöglichen. Zum Verständnis der Reaktionsbeschleunigung durch einen Katalysator führen wir uns nochmals den energetischen Reaktionsverlauf vor Augen. Um miteinander reagieren zu können, müssen z. B. die Wasserstoff- und Sauerstoffmoleküle erst den Aktivierungsberg überwinden. Bei Zimmertemperatur und ohne Katalysator gelingt dies nur wenigen Molekülen.
Mit Hilfe des Katalysators erreichen aber offensichtlich viele Teilchen – auch ohne Energiezufuhr – den Aktivierungsberg. Dies kann nur damit erklärt werden, daß der Katalysator die zur Reaktion nötige Aktivierungsenergie erniedrigt und auf diese Weise zur Reaktionsbeschleunigung beiträgt:

Abbildung 6–11: *Einfluß eines Katalysators auf die Aktivierungsenergie einer exothermen Reaktion*

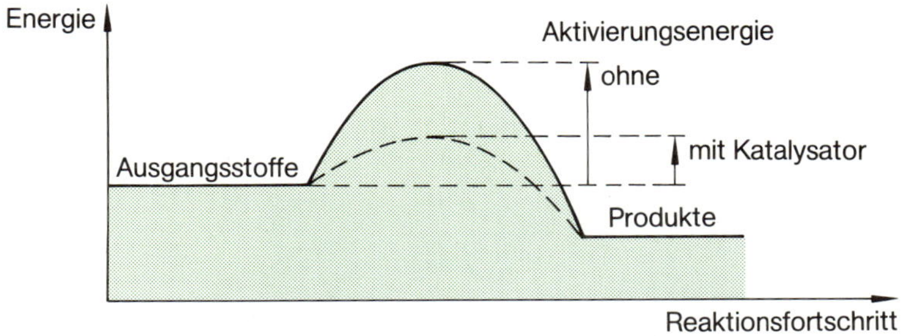

Die Erniedrigung der Aktivierungsenergie ist die Folge der **Oberflächenwirkung** eines festen Katalysators. Die Wirkungsweise soll am Beispiel des Platins als Katalysator für die Knallgasreaktion erläutert werden:
Die Oberflächenteilchen des Feststoffes sind nur nach innen voll beansprucht, nach außen sind noch Valenzen frei. Durch diese Oberflächenkräfte können Wasserstoffmoleküle angezogen werden. Mit der Annäherung der Wasserstoffmoleküle an die Feststoffoberfläche werden die Wechselbeziehungen zwischen den Platinatomen und den Wasserstoffatomen der Gasmoleküle immer stärker, bis letztlich die Moleküle in ihre Atome dissoziieren. Die nur schwach an das Platin gebundenen Wasserstoffatome sind jedoch so reaktionsfähig, daß sie ohne weitere Energiezufuhr mit den aufprallenden Sauerstoffmolekülen reagieren können. So kommt es an der Platinoberfläche zur Bildung von Wassermolekülen, die sich im letzten Reaktionsschritt wieder vom Katalysator lösen.

Abbildung 6–12: *Wirkungsweise eines oberflächenaktiven Katalysators*

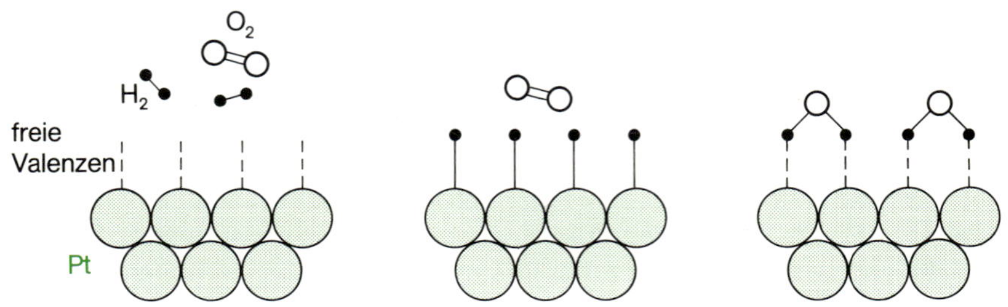

Katalysatoren spielen in der gesamten Natur eine überragende Rolle, ermöglichen sie doch durch ihre Anwesenheit erst den Großteil der Lebensprozesse. So werden z. B. die Stoffwechselvorgänge in unserem Körper durch Hunderte äußerst kompliziert aufgebauter Biokatalysatoren, sog. Enzyme, gesteuert. Diese Notwendigkeit der intensiven Mitwirkung von Katalysatoren wird sofort deutlich, wenn man sich ein Beispiel vor Augen hält: Ohne Katalysatoren würde es Wochen dauern, bis über die Nahrung aufgenommene Fette abgebaut wären. Eine Temperaturerhöhung zur Beschleunigung dieses Abbaus kommt nicht in Betracht, da bereits bei 40 °C eine Zerstörung lebenswichtiger Eiweiße, z. B. der roten Blutkörperchen, einsetzt.

Versuch 6-10: *Katalytische Wirkung eines Enzyms am Beispiel der Katalase:*
Ein rohes Stück Kartoffel wird in ein Reagenzglas mit H_2O_2 getaucht. Aufschäumen beweist die Wirkung des Enzyms Katalase.

Abbildung 6-13: Zerfall von Wasserstoffperoxid durch die Wirkung der Katalase (in der Kartoffel)

In der Technik sind Katalysatoren nicht mehr wegzudenken. Sie prägen geradezu das Bild der modernen chemischen Großindustrie. Einige Beispiele mögen dies zeigen.

Tabelle 6-1: Technische Katalysatoren

Verfahren	*Ausgangsstoffe*	*Produkte*	**Katalysatoren**
Hydrierung	Alkene, H_2	Alkane	Raney-Nickel Pd, Pt
Fischer-Tropsch-Verfahren	CO, H_2	C_nH_{2n+2}	Co, Fe-Carbid
Methanol-Synthese	CO, H_2	CH_3OH	ZnO/Cr_2O_3
Haber-Bosch-Verfahren	N_2, H_2	NH_3	$Fe/Al_2O_3/K_2O$
Epoxidierung	Alken, O_2	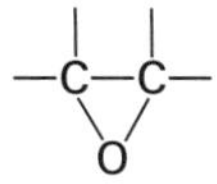	Ag
Schwefelsäure-darstellung	SO_2, O_2	SO_3	V_2O_5
Polymerisation	Alkene	Polymere	Ni-, Ti-, V-Verbindungen
Esterherstellung	Alkohol, Säure	Ester	Schwefelsäure

Besondere Bedeutung kommt Katalysatoren auch im Kampf gegen die Umweltverschmutzung zu. Als Beispiel sei hier nur die „Entgiftung" der Autoabgase genannt.

Abbildung 6-14: Keramikwabenkörper eines Autoabgaskatalysators

Unter vielen Katalysatorsystemen zur Abgasentgiftung wird heute wegen seiner Vorteile – gleichzeitige „Konvertierung" von C_xH_y, CO und NO_x – der Dreiwegkatalysator bevorzugt. Eingebettet in einem Edelstahlgehäuse mit elastischer Zwischenlage ist ein Keramikwabenkörper (Abbildung 6-14), dessen viele Röhrenwände mit γ-Al_2O_3 (rauhe und damit außerordentlich große Oberfläche) beschichtet sind. Dieses Oxid trägt die katalytisch aktiven Edelmetalle wie Platin, Palladium und Rhodium. Die schädlichen Abgase strömen über die Edelmetalle und werden dabei zu etwa 90% zu neuen, ungefährlichen Stoffen umgesetzt.

Abbildung 6–15: *Aufbau und Wirkungsweise eines Autoabgaskatalysators*

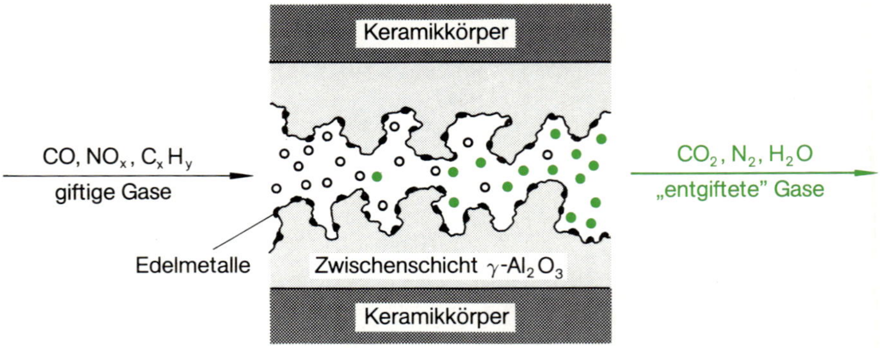

Die wesentlichen chemischen Reaktionen sind:

(6-6) $$2NO + 2CO \rightarrow N_2 + 2CO_2$$

(6-7) $$2CO + O_2 \rightarrow 2CO_2$$

(6-8) z. B. $$C_7H_{16} + 11O_2 \rightarrow 7CO_2 + 8H_2O$$

Abgasentgiftung ist nur bei Verwendung von bleifreiem Benzin möglich, da Blei den Katalysator unwirksam macht.
Auch im menschlichen Körper wirken Blei und andere Schwermetalle wie Quecksilber oder Cadmium als „Katalysatorgifte" und blockieren die vielfältige Tätigkeit der Enzyme, was letztlich zur Vergiftung des Menschen führen kann.

7 Das chemische Gleichgewicht

7.1 Reversible Reaktionen

Versuch 7-1:

a) Je 10 ml Silbernitratlösung, $c(AgNO_3) = 0{,}1$ mol/l, und frisch bereitete Eisen(II)-sulfatlösung, $c(FeSO_4) = 0{,}1$ mol/l, werden in einem Erlenmeyerkolben zusammengegeben. Nach kurzem Durchmischen läßt man die Lösung einige Minuten stehen.

b) Den Niederschlag von Silber filtriert man ab und wäscht ihn mit destilliertem Wasser sorgfältig aus.

c) Dem Filtrat entnimmt man anschließend 2 Proben und prüft die eine mit Kaliumthiocyanat KSCN auf Eisen(III)-ionen (rote Färbung von $Fe(SCN)_3$), die andere mit Salzsäure auf Silberionen (weißer Niederschlag von Silberchlorid).

d) Über den gewaschenen Niederschlag im Filter (Silber) läßt man konzentrierte Eisen(III)-nitratlösung laufen und prüft danach das Filtrat mit verdünnter Salzsäure wieder auf Silberionen.

Beobachtung und Erklärung:

Silberionen und Eisen(II)-ionen reagieren miteinander zu elementarem Silber und Eisen(III)-ionen (Hinreaktion):

(7-1) $$Ag^+ + Fe^{2+} \rightarrow Ag + Fe^{3+}$$

Andererseits löst sich feinverteiltes Silber in einer Lösung, die Eisen(III)-ionen enthält (Rückreaktion):

(7-2) $$Ag + Fe^{3+} \rightarrow Ag^+ + Fe^{2+}$$

Sowohl bei der Hinreaktion als auch bei der Rückreaktion können neben den Endstoffen noch Ausgangsstoffe nachgewiesen werden, auch wenn auf genaueste Einhaltung gleicher Stoffmengen geachtet wurde. Das bedeutet: Weder die Hinreaktion noch die Rückreaktion laufen vollständig ab. Vielmehr stellt sich ein bestimmtes Verhältnis zwischen den Stoffmengen der Ausgangs- und der Endstoffe ein.

> Reaktionen, die nach beiden Richtungen verlaufen können, die also umkehrbar (reversibel) sind, nennt man Gleichgewichtsreaktionen; den Zustand, den sie erreichen, bezeichnet man als **Gleichgewichtszustand**.

In der Gleichung wird dies durch einen Doppelpfeil angezeigt:

(7-3) $$\mathbf{Ag^+ + Fe^{2+} \underset{\text{Rückreaktion}}{\overset{\text{Hinreaktion}}{\rightleftharpoons}} Ag + Fe^{3+}}$$

Weitere Beispiele für umkehrbare Vorgänge sind:

(7-4) $$\mathbf{H_2 + I_2 \rightleftharpoons 2HI}$$

(7-5) $$\mathbf{CaCO_3 + CO_2 + H_2O \rightleftharpoons Ca(HCO_3)_2}$$

(7-6) $$\mathbf{CH_3COOH + CH_3CH_2OH \rightleftharpoons CH_3COOC_2H_5 + H_2O}$$

Damit ein Vorgang reversibel verlaufen kann, darf natürlich kein Reaktionsteilnehmer aus dem Reaktionsraum entweichen können. So führen z. B. Umsetzungen zwischen Gasen immer nur dann zu einem Gleichgewichtszustand, wenn das Reaktionssystem nach außen hin abgeschlossen ist.
Für die Einstellung eines chemischen Gleichgewichts ist es gleichgültig, ob man von den Ausgangsstoffen oder den „Produkten" ausgeht (Abbildung 7-1).

Abbildung 7–1: *Schematische Darstellung des Gleichgewichtszustandes für eine Reaktion $A + B \rightleftharpoons C + D$*

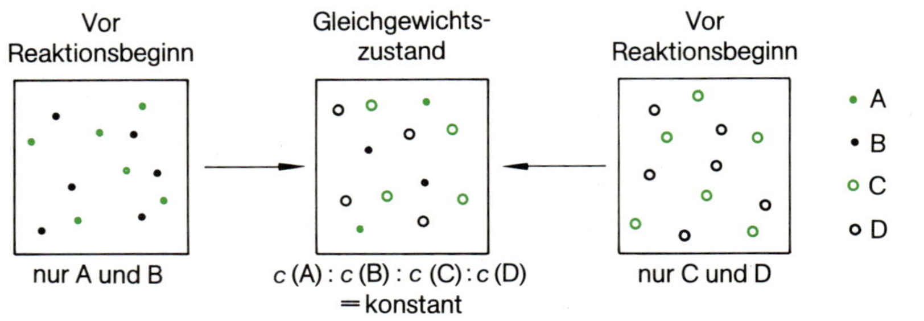

In der Regel überwiegen bei einer gegebenen Temperatur entweder die Ausgangs- oder die Endstoffe, d. h., die weitaus meisten Gleichgewichte sind mehr oder weniger stark auf eine Seite verschoben. In der Gleichung drückt man dies durch unterschiedlich lange Pfeile aus.

So liegt z. B. das Gleichgewicht

(7-4) $$H_2 + I_2 \rightleftharpoons 2\,HI$$

bei Zimmertemperatur weit auf der rechten Seite, d. h. H_2 und I_2 reagieren fast vollständig zu HI.

7.2 Die kinetische Deutung des chemischen Gleichgewichts

Die Ausbildung eines Gleichgewichtszustandes ist die Folge zweier entgegengesetzt verlaufender chemischer Reaktionen.

$$A + B \underset{\text{Rückreaktion}}{\overset{\text{Hinreaktion}}{\rightleftharpoons}} C + D$$

Bei einer Reaktion von A mit B sind zunächst nur die Ausgangsstoffe A und B vorhanden.
In dem Maße, wie sie miteinander reagieren, nimmt ihre Konzentration ab (Abbildung 7-2); damit sinkt die Reaktionsgeschwindigkeit der Hinreaktion v_{hin} (Abbildung 7-3). Die Geschwindigkeit der Rückreaktion $v_{rück}$ wächst dagegen von 0 mol/l · s so lange, bis schließlich beide Geschwindigkeiten gleich groß sind.

Abbildung 7–2: *Konzentrations-Zeit-Diagramm*
c (C) und c (D) überwiegen im Gleichgewicht

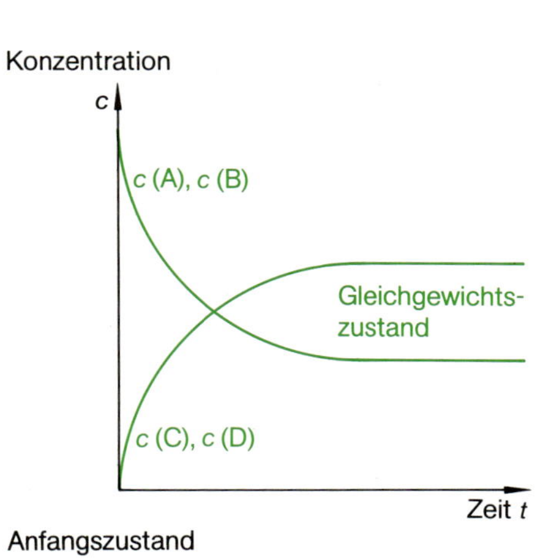

Abbildung 7–3: *Reaktionsgeschwindigkeits-Zeit-Diagramm*

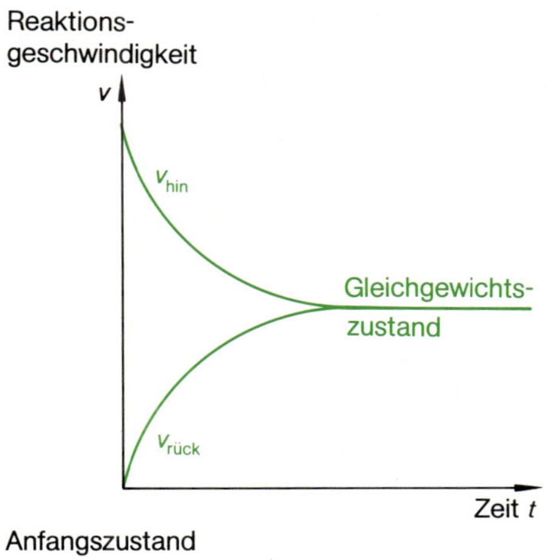

Im Gleichgewichtszustand werden in der Zeiteinheit genauso viele Teilchen A und B durch die Hinreaktion verbraucht, wie durch die Rückreaktion wieder gebildet werden. Die Zusammensetzung des Gemischs ändert sich jetzt nicht mehr, d. h., die Konzentrationen aller Stoffe bleiben konstant, obwohl beide Vorgänge weiterhin ablaufen. Im Endzustand liegt ein **dynamisches Gleichgewicht** vor.
Ein einfacher Modellversuch soll das Wesen des dynamischen Gleichgewichts noch etwas verdeutlichen:

Versuch 7-2: Von zwei gleich großen Meßzylindern (je 100 ml) wird der eine (A) mit violettfarbener Kaliumpermanganatlösung bis zur 100-ml-Marke gefüllt, der zweite (B) bleibt leer. In den Zylinder A taucht man nun eine 25-ml-Pipette, in den Zylinder B eine 10-ml-Pipette (Abbildung 7-4), füllt die Pipetten bis zur jeweiligen Füllhöhe im Zylinder und gibt die Flüssigkeiten gleichzeitig in den jeweils anderen Zylinder (bei der ersten Übertragung enthält die kleine Pipette natürlich noch keine Lösung). Dieser Vorgang wird in gleicher Weise so oft wiederholt, bis die Füllhöhen in beiden Zylindern konstant bleiben. Alle weiteren Übertragungsaktionen vermögen an diesem Zustand nichts mehr zu ändern. Das Gleichgewicht für die Übertragung hat sich eingestellt.

Abbildung 7–4: *Modellversuch zum dynamischen Gleichgewicht*

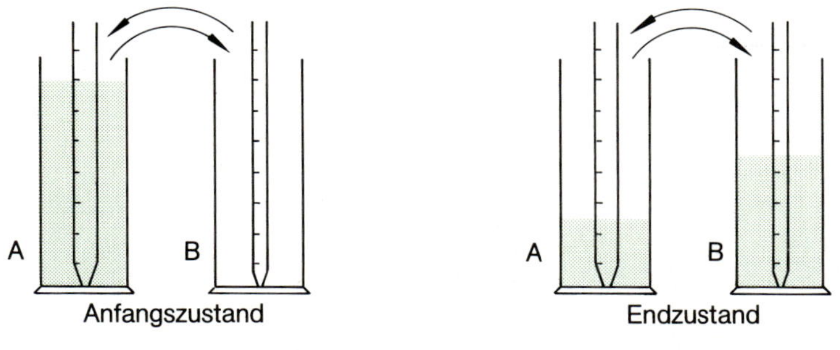

7.3 Die Beschreibung des Gleichgewichts durch das Massenwirkungsgesetz

Die quantitative Erfassung des chemischen Gleichgewichts erfolgt mit Hilfe des sog. Massenwirkungsgesetzes (MWG). Dieses läßt sich anschaulich aus der Betrachtung der Reaktionsgeschwindigkeiten der Hin- und der Rückreaktion ableiten. Bei gleichbleibenden äußeren Bedingungen hängt die Geschwindigkeit einer chemischen Reaktion nur von den Konzentrationen der Reaktionsteilnehmer ab.

Für das Gleichgewicht

(7-4)
$$\underset{\text{Ausgangsstoffe}}{\mathbf{H_2 + I_2}} \quad \underset{\text{Rückreaktion}}{\overset{\text{Hinreaktion}}{\rightleftharpoons}} \quad \underset{\text{Endstoffe}}{\mathbf{2\,HI}}$$

gilt deshalb:

Die Geschwindigkeit v_{hin} der Hinreaktion ist proportional dem Produkt der Konzentrationen der Ausgangsstoffe:

$$v_{hin} = k_{hin} \cdot c(H_2) \cdot c(I_2)$$

Entsprechend ist die Geschwindigkeit $v_{rück}$ der Rückreaktion proportional dem Produkt der Konzentrationen der Endstoffe:

$$v_{rück} = k_{rück} \cdot c(HI)^2$$

Im Gleichgewichtszustand sind die Geschwindigkeiten der Hin- und der Rückreaktion gleich groß:

$$v_{hin} = v_{rück}$$

Damit gilt:

$$k_{hin} \cdot c(H_2) \cdot c(I_2) = k_{ruck} \cdot c(HI)^2$$

$$\frac{k_{hin}}{k_{rück}} = \frac{c(HI)^2}{c(H_2) \cdot c(I_2)}$$

Zieht man $\frac{k_{hin}}{k_{rück}}$ zu einer einzigen Konstanten zusammen, so erhält man die Gleichgewichtskonstante K, für die gilt:

$$K = \frac{c(HI)^2}{c(H_2) \cdot c(I_2)}$$

Für eine allgemeine Gleichgewichtsreaktion

$$\mathbf{aA + bB \rightleftharpoons dD + eE}$$

lautet das **Massenwirkungsgesetz**:

$$K = \frac{c(\mathrm{D})^{\mathrm{d}} \cdot c(\mathrm{E})^{\mathrm{e}}}{c(\mathrm{A})^{\mathrm{a}} \cdot c(\mathrm{B})^{\mathrm{b}}}$$

- Dividiert man das Produkt der Konzentrationen der Endstoffe durch das Produkt der Konzentrationen der Ausgangsstoffe, dann erhält man im Gleichgewichtszustand (bei konstanter Temperatur) eine für die Reaktion charakteristische Konstante.

Wir betrachten ein Gleichgewicht der Form A + B $\rightleftharpoons$ D + E. Die Ausgangskonzentrationen von A und B sind gleich groß. Ist der Wert der Konstanten größer als 1, dann liegt das Gleichgewicht mehr auf der Seite der Endstoffe; die Ausgangsstoffe werden sich zum größten Teil in Endstoffe umwandeln.

Ist der Wert der Konstanten kleiner als 1, dann liegt das Gleichgewicht mehr auf der Seite der Ausgangsstoffe, d. h. die Ausgangsstoffe werden nur in sehr geringem Maße zu Endstoffen reagieren.

Der Wert der Gleichgewichtskonstanten *K* ist für das jeweilige Gleichgewicht charakteristisch. Den Zusammenhang zwischen Gleichgewichtskonstanten und Gleichgewichtskonzentrationen zeigt die folgende Tabelle.

Tabelle 7-1: Auswirkungen der K-Werte verschiedener Reaktionen vom Typ A + B $\rightleftharpoons$ D + E auf die Gleichgewichtskonzentrationen

Gleichgewichtskonstante K	*Ausgangskonzentrationen (mol/l)*				*Gleichgewichtskonzentrationen (mol/l)*			
	A	B	D	E	A	B	D	E
10^{-2}	1	1	0	0	0,91	0,91	0,09	0,09
10^{-1}	1	1	0	0	0,76	0,76	0,24	0,24
10^{0}	1	1	0	0	0,50	0,50	0,50	0,50
10^{2}	1	1	0	0	0,09	0,09	0,91	0,91

Für ein gegebenes Gleichgewicht ist der Wert von *K* nur von der Temperatur abhängig. So erhält man für das Gleichgewichtssystem $H_2/I_2/HI$ z. B. bei 425 °C immer den Wert 54 und bei 1000 °C den Wert 18, gleichgültig, von welchen Ausgangsmengen bzw. Ausgangskonzentrationen man im Experiment ausgeht.

Tabelle 7-2: Gleichgewichtskonstanten im Iod-Wasserstoff-Gleichgewicht bei verschiedenen Temperaturen (c jeweils in mol/m³)

Temperatur δ in °C	*Ausgangszustand* $c(H_2)$	$c(I_2)$	$c(HI)$	*Gleichgewichtszustand* $c(H_2)$	$c(I_2)$	$c(HI)$	*Gleichgewichtskonstante* $K = \frac{c(HI)^2}{c(H_2) \cdot c(I_2)}$
425	5,33	5,38	0	1,12	1,17	8,42	**54,1**
425	4,34	2,42	2,66	2,28	0,37	6,77	**54,3**
425	0	0	13,94	1,49	1,49	10,96	**54,1**
425	0	0	5,34	0,57	0,57	4,20	**54,3**
1000	0	0	5,34	0,85	0,85	3,64	**18,3**
1000	5,33	5,38	0	1,70	1,73	7,28	**18,0**

Für die Praxis hat die Gleichgewichtskonstante K enorme Bedeutung. Soll z. B. der Stoff D hergestellt werden, so ist die Ausbeute bei $K = 10^{-2}$ maximal 9%, dagegen bei einem Wert von $K = 10^2$ 91% (Tab. 7-1).
Die Einheit der Konstanten läßt sich nicht allgemeingültig angeben. Sie ist vielmehr abhängig von den stöchiometrischen Faktoren der Ausgangsstoffe und der Produkte.

Aufgaben:

1. Wie lautet das Massenwirkungsgesetz für die folgenden Reaktionen?
a) $CH_3CHO + H_2 \rightleftharpoons CH_3CH_2OH$
b) $CH_4 + 2\,O_2 \rightleftharpoons CO_2 + 2\,H_2O$

2. Zu Beginn einer chemischen Reaktion sollen alle Reaktionspartner in der Konzentration $c = 1$ mol/l vorliegen. In welcher Richtung verläuft ein Stoffumsatz in folgenden Fällen?
a) $K < 1$
b) $K > 1$

3. Stellen Sie die Gleichungen auf, und formulieren Sie das Massenwirkungsgesetz für folgende umkehrbare Reaktionen.
a) Stickstoff + Sauerstoff ⇌ Stickstoffmonooxid
b) Wasser + Kohlenstoff ⇌ Kohlenstoffmonooxid + Wasserstoff
c) Wasserstoffsulfid + Sauerstoff ⇌ Schwefeldioxid + Wasser

7.4 Abhängigkeit der Gleichgewichtslage von der Konzentration

Versuch 7-3: Je 100 ml einer stark verdünnten Eisen(III)-chloridlösung (0,1 g $FeCl_3 \cdot 6\,H_2O$ pro 100 ml) und einer Kaliumthiocyanatlösung (0,12 g KSCN pro 100 ml) werden zusammengegossen.
Zu 100 ml der entstandenen tiefroten Flüssigkeit gibt man anschließend unter Umrühren so viel destilliertes Wasser, bis die Farbe gerade nach Gelb umschlägt. Diese Lösung verteilt man nun auf drei 250-ml-Bechergläser und stellt diese auf den Tageslichtprojektor.
In ein Becherglas gibt man jetzt eine Spatelspitze festes Eisen(III)-chlorid, in das zweite festes Kaliumthiocyanat. Die dritte Lösung dient als Farbvergleich.

Beobachtung: In beiden Fällen tritt wieder Rotfärbung auf.

Versuch 7-4: Zu Kaliumchromatlösung gibt man bis zum Farbumschlag Salzsäure, dann wieder bis zum Umschlag Natronlauge.

Beobachtung: Die gelbe Chromatlösung färbt sich orange, wird dann wieder gelb.

Bei Versuch 7-3 stehen gelbliche Eisen(III)-Ionen und farblose Thiocyanat-Ionen im Gleichgewicht mit blutrotem Eisen(III)-thiocyanat:

(7-7) $$\underset{\text{gelblich}}{\mathbf{Fe^{3+}}} + \underset{\text{farblos}}{\mathbf{3SCN^-}} \rightleftharpoons \underset{\text{blutrot}}{\mathbf{Fe(SCN)_3}}$$

Bei starker Verdünnung ist ein Großteil des roten Eisen(III)-thiocyanats in die Ionen zerfallen (Gelbfärbung).

Durch die Zugabe von Eisen(III)-Ionen bzw. von Thiocyanationen zur verdünnten Lösung verschiebt sich dagegen das Gleichgewicht nach rechts, die Konzentration des undissoziierten Eisen(III)-thiocyanats steigt:

(7-8) $$Fe^{3+} + 3SCN^- \rightleftharpoons Fe(SCN)_3; \quad K = \frac{c(Fe(SCN)_3)}{c(Fe^{3+}) \cdot c(SCN^-)^3}$$

Bei Versuch 7-4 stehen gelbe Chromationen (CrO_4^{2-}) und H^+-Ionen im Gleichgewicht mit orangefarbenen Dichromationen ($Cr_2O_7^{2-}$) und Wasser:

(7-9) $$\mathbf{2CrO_4^{2-} + 2H^+ \rightleftharpoons Cr_2O_7^{2-} + H_2O}; \quad K = \frac{c(Cr_2O_7^{2-}) \cdot c(H_2O)}{c(CrO_4^{2-})^2 \cdot c(H^+)^2}$$

Durch Vergrößerung der H^+-Konzentration wird das Gleichgewicht zugunsten der orangefarbenen Dichromationen verschoben. Eine Verringerung von $c(H^+)$ – hier geschehen durch Zugabe von Hydroxidionen: $H^+ + OH^- \rightleftharpoons H_2O$ – bewirkt dagegen eine Verschiebung zugunsten der gelben Chromationen.

Beide Versuche zeigen, daß sich durch Änderung der Konzentrationen von Reaktionsteilnehmern die Lage eines chemischen Gleichgewichts beeinflussen läßt.

> Bei **Konzentrationserhöhung** eines Stoffes verschiebt sich das Gleichgewicht so, daß dieser Stoff verstärkt verbraucht wird.
> Die **Konzentrationsverminderung** eines Stoffes ruft dessen Nachbildung hervor.
> In beiden Fällen stellt sich ein neues Gleichgewicht ein.

Die Erklärung für diesen Sachverhalt liefert uns das Massenwirkungsgesetz:

Bei gleichbleibender Temperatur ist der Wert der Gleichgewichtskonstanten K konstant. Die Konzentrationserhöhung eines Ausgangsstoffes bedeutet somit, daß der Nenner im Massenwirkungsausdruck größer und der Wert des Quotienten damit kleiner wird. Damit der Quotient wieder den Wert der Konstanten K erhält, müssen die Ausgangsstoffe so lange verstärkt miteinander zu Endstoffen reagieren, bis durch die Vergrößerung des Zählers und die Verkleinerung des Nenners der Quotient den Wert K erreicht.

7.5 Abhängigkeit der Gleichgewichtslage vom Druck

Versuch 7-5: In einem Erlenmeyerkolben werden Kupferspäne mit einigen ml konzentrierter Salpetersäure übergossen. Mit dem braunen Stickstoffdioxid (Vorsicht: starkes Gift, Abzug) wird ein Kolbenprober gut zur Hälfte gefüllt.

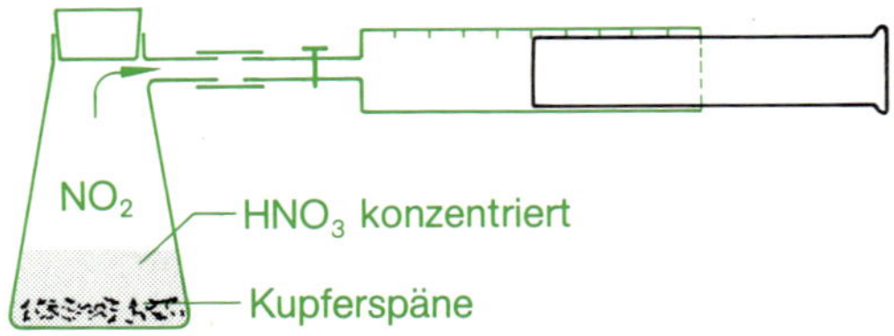

Das Gas im Kolbenprober wird nun durch eine rasche und kräftige Druckerhöhung (p_1) vor einem weißen Hintergrund komprimiert (Schutzhandschuhe tragen!).

Beobachtung: Man erkennt, wie sich die Farbe des Gases beim Komprimieren zunächst vertieft, nach etwa einer Sekunde aber aufhellt.

Braunes Stickstoffdioxid NO_2 steht im Gleichgewicht mit farblosem Distickstofftetraoxid N_2O_4:

(7-10) $$\underset{\text{braun}}{2\,NO_2} \rightleftharpoons \underset{\text{farblos}}{N_2O_4}$$

Die kurzzeitige Vertiefung der braunen Farbe im obigen Versuch ist offensichtlich die Folge des Zusammenrückens aller Moleküle durch die Volumenverringerung (Abbildung 7-5). Die folgende Farbaufhellung läßt sich nur damit erklären, daß die Zahl der NO_2-Moleküle abnimmt, das Gleichgewicht sich durch die Druckerhöhung also auf die Seite des farblosen Distickstofftetraoxids verlagert. Nach Avogadro bedingt aber die Umwandlung von NO_2 in N_2O_4 eine Volumenverminderung bzw., wenn das Volumen konstant gehalten wird, einen verringerten Druck p_2. Wenn sich alle Moleküle des Ausgangsstoffes Stickstoffdioxid gemäß der obigen Gleichung zusammenlagerten, müßte der Druck bzw. das Volumen auf die Hälfte abnehmen, da sich zwei Teilchen zu einem verbinden.

Abbildung 7–5: *Änderung der Gleichgewichtslage durch Druckerhöhung*

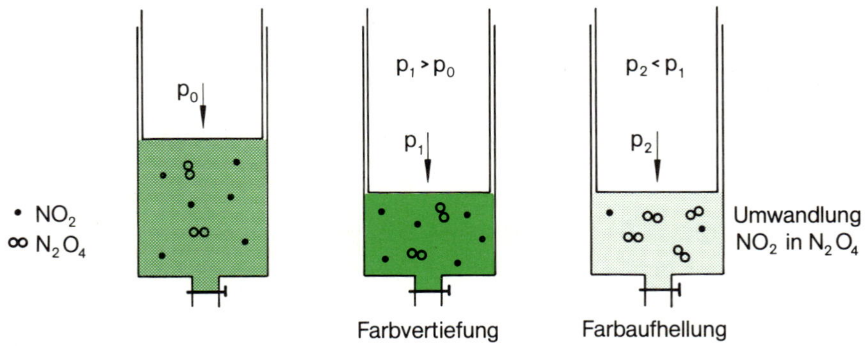

Würde man umgekehrt durch Herausziehen des Stempels im Kolbenprober den Gasdruck vermindern, dann müßten immer mehr Distickstofftetraoxidmoleküle zerfallen und sich das Gleichgewicht auf die Seite der Stickstoffdioxidmoleküle verschieben,

die wegen ihrer größeren Teilchenzahl auch ein größeres Volumen beanspruchen. (Im Experiment läßt sich diese Verschiebung farblich nur schwer erkennen.)
Am Beispiel des Systems 2 NO_2/N_2O_4 haben wir gesehen, daß auch durch Druckänderung die Lage eines chemischen Gleichgewichts beeinflußt werden kann. Dies gilt allerdings nur für solche Reaktionen, bei denen Volumenänderungen erfolgen, d. h. für Reaktionen, an denen Gase bei Ausgangsstoffen und Produkten in unterschiedlichen Stoffmengen beteiligt sind.

Bei einem im Gleichgewicht befindlichen Stoffsystem begünstigen **Druckerhöhungen** Vorgänge, die unter **Volumenverminderung** ablaufen, **Druckerniedrigungen** Vorgänge, die unter **Volumenvergrößerung** ablaufen.

7.6 Abhängigkeit der Gleichgewichtslage von der Temperatur

Versuch 7-6: Drei Spitzkölbchen werden mit Stickstoffdioxid/Distickstofftetraoxid gefüllt.[1]

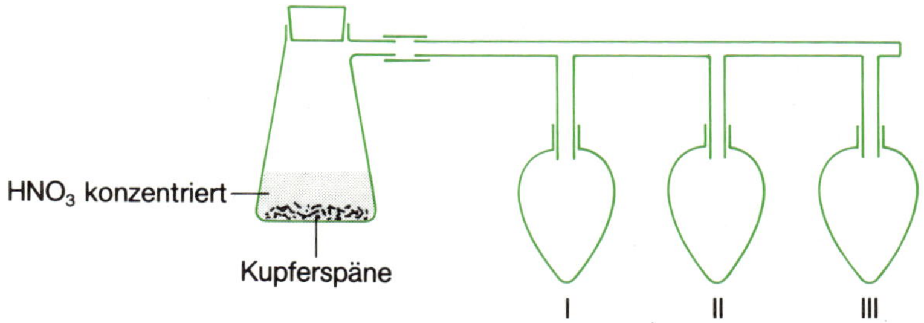

Mit Stopfen und Halteklemme versehen, taucht man nun Kolben I in ca. 60 °C heißes Wasser, Kolben II in eine Kältemischung; Kolben III dient zum Farbvergleich.

Beobachtung: Bei I ist kräftige Farbvertiefung, bei II deutliche Farbaufhellung zu sehen.

Versuch 7-7: In ein Reagenzglas gibt man eine Spatelspitze Ammoniumchlorid und zwei angefeuchtete Streifen Universalindikatorpapier, die durch einen Glaswollebausch getrennt sind. Anschließend erhitzt man das Salz vorsichtig.

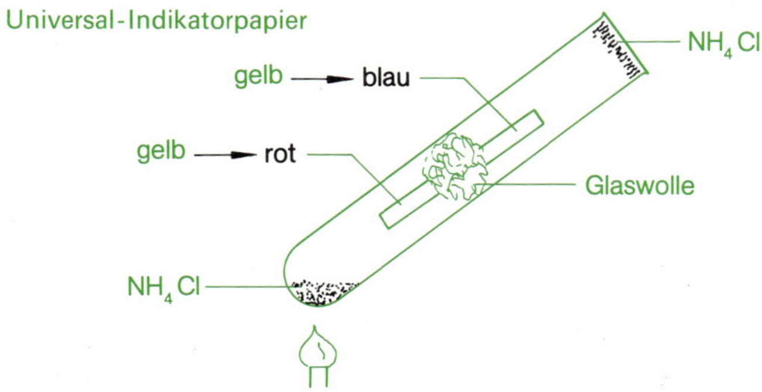

Beobachtung: Ammoniumchlorid geht in die Gasphase über und schlägt sich an der Reagenzglasöffnung wieder als weißer Feststoff nieder. Das untere Indikatorpapier färbt sich zunächst blau, dann rot; das obere wird blau.

[1] Statt Spitzkölbchen können auch mit dem Gas gefüllte Ampullen verwendet werden.

Bei Versuch 7-6 deuten Farbvertiefung und Farbaufhellung auf eine Verschiebung der Gleichgewichtslage zwischen NO_2 und N_2O_4 hin. Diese Reaktion verläuft gemäß

(7-10) $$2\,NO_2 \underset{\text{endotherm}}{\overset{\text{exotherm}}{\rightleftharpoons}} N_2O_4 \qquad \Delta H_m = -57{,}3\ \text{kJ/mol}$$

unter starker Wärmetönung.[1]

Im Experiment führte Temperaturerhöhung zu vermehrter endothermer Stickstoffdioxidbildung, Temperaturerniedrigung dagegen begünstigte die unter Wärmeabgabe verlaufende Distickstofftetraoxidbildung.

Im Versuch 7-7 steht festes Ammoniumchlorid mit den beiden Gasen Ammoniak und Wasserstoffchlorid im Gleichgewicht:

(7-11) $$\mathbf{NH_4Cl} \underset{\text{exotherm}}{\overset{\text{endotherm}}{\rightleftharpoons}} \mathbf{NH_3 + HCl} \qquad \Delta H_m = +174{,}5\ \text{kJ/mol}$$

Bei Energiezufuhr durch Erhitzen zerfällt das Salz in die beiden Spaltprodukte. Der Nachweis dieses Sachverhalts gelingt mit Hilfe der Indikatorpapierstreifen, wobei man die Tatsache ausnützt, daß Ammoniak wegen der geringeren Molekülmasse eine größere Diffusionsgeschwindigkeit besitzt als Wasserstoffchlorid. Deshalb befindet sich nach einiger Zeit mehr Ammoniak in der oberen Reagenzglashälfte. Universalindikatorpapier färbt sich infolgedessen oben blau und unten rot.

Bei Abkühlung an der kalten Reagenzglasöffnung vereinigen sich die beiden Gase wieder zu weißem Ammoniumchlorid.

Die Gleichgewichtslage ist also wie bei Versuch 7-6 stark temperaturabhängig.

Damit kennen wir nun eine dritte Möglichkeit, die Lage eines chemischen Gleichgewichts zu beeinflussen.

> **Temperaturerhöhung** verschiebt ein Gleichgewicht auf die Seite der energiereicheren Stoffe.
>
> **Temperaturverminderung** verschiebt ein Gleichgewicht auf die Seite der energieärmeren Stoffe.

7.7 Das Prinzip vom kleinsten Zwang

Aus den Beispielen folgt ein allgemeines Prinzip, das **Prinzip vom kleinsten Zwang** (nach Braun und Le Chatelier):

> Wird auf ein im Gleichgewicht befindliches Stoffsystem (durch Änderung der Konzentration, des Drucks oder der Temperatur) ein Zwang ausgeübt, dann verschiebt sich das Gleichgewicht so, daß durch den ablaufenden Vorgang der Zwang vermindert wird.

---

[1] Die für eine Gleichgewichtsreaktion angegebene Wärmetönung bezieht sich grundsätzlich auf die Hinreaktion.

Daraus ergibt sich:

Die Veränderung ...		begünstigt ...
Temperatur	höher →	endotherme Vorgänge
	niedriger →	exotherme Vorgänge
Druck	höher →	Volumenverminderung
	niedriger →	Volumenvergrößerung
eines Reaktionspartners	Zugabe →	Verbrauch dieses Partners im Reaktionsgemisch
	Entfernung →	Bildung dieses Partners im Reaktionsgemisch

Ein **Katalysator** hat auf die Lage eines Gleichgewichts **keinen Einfluß**, da er Hin- und Rückreaktion in gleicher Weise beschleunigt. Er sorgt nur für eine schnellere Einstellung des Gleichgewichts (siehe Kap. 7.8).

Aufgaben:

1. Wasser steht in einem temperaturabhängigen Gleichgewicht mit seinem Dampf.
Wie verändert sich der Dampfdruck bei Temperaturerhöhung? Begründen Sie.

2. Im Hochofen stellt sich das sog. Boudouard-Gleichgewicht ein:
$CO_2(g) + C(f) \rightleftharpoons 2CO(g) \quad \Delta H_m = +172\ kJ/mol$
Wie ändert sich das Konzentrationsverhältnis von Kohlenstoffmonooxid zu Kohlenstoffdioxid
a) bei steigender Temperatur,
b) mit steigendem Druck?

3. Als Vorstufe zur Gewinnung der Salpetersäure wird Stickstoffmonooxid großtechnisch durch Ammoniakverbrennung erzeugt.
Dabei stehen Ammoniak und Sauerstoff im Gleichgewicht mit Stickstoffmonooxid und Wasserdampf.
Die Reaktion verläuft im Sinne der Stickstoffmonooxidbildung exotherm.
a) Stellen Sie die Gleichung auf.
b) Erläutern Sie anhand des chemischen Gleichgewichts, wie nach dem Prinzip des kleinsten Zwangs eine maximale Ausbeute an Stickstoffmonooxid erzielt werden kann.
c) Wenden Sie auf obige Gleichung das Massenwirkungsgesetz an.

4. Schwefeldioxid und Wasserdampf stehen im Gleichgewicht mit Wasserstoffsulfid und Sauerstoff. Die Reaktion verläuft im Sinne der Wasserstoffsulfidbildung endotherm.
a) Wenden Sie das Massenwirkungsgesetz an.
b) Durch welche Maßnahmen ließe sich die Ausbeute an Wasserstoffsulfid vergrößern? Begründen Sie jeweils.

5. Beim Verbrennen von Wasserstoff an einer glühenden Platinwendel stellt sich ein Gleichgewicht ein.
Wie verschiebt sich dessen Lage, wenn der Platindraht weißglühend wird?

6. Bei einem umkehrbaren Vorgang in wäßriger Lösung $A + B \rightleftharpoons C + D$ sei C die gewünschte Substanz und D ein wenig lösliches, ungiftiges Gas.
Wird man den Vorgang in einem offenen oder einem verschlossenen Gefäß ablaufen lassen? (Begründung)

7. In Leitungswasser ist meist Calciumhydrogencarbonat gelöst, welches im Gleichgewicht steht mit schwerlöslichem Kalkstein (Calciumcarbonat), Kohlenstoffdioxid und Wasser.
a) Wie verändert sich das Gleichgewicht beim Kochen des Leitungswassers?
b) Was müßte passieren, wenn man in stark kalkhaltiges und deshalb trübes Wasser Kohlenstoffdioxid einleitet?

8. In wäßriger Ammoniaklösung herrscht das Gleichgewicht
$NH_3 + H_2O \rightleftharpoons NH_4^+ + OH^- \quad \Delta H_m < 0\,kJ/mol$
Was geschieht, wenn man
a) verdünnte Salzsäure zusetzt,
b) verdünnte Natronlauge zugibt,
c) die Lösung in einem offenen Gefäß erhitzt?
Begründen Sie jeweils.

7.8 Chemische Gleichgewichte in der Technik

7.8.1 Die Ammoniaksynthese

Die Herstellung von Ammoniak aus den Elementen ist ein Beispiel dafür, wie Gesetzmäßigkeiten der Chemie in der Praxis Anwendung finden.

Ammoniak ist neben der Schwefelsäure eine der wichtigsten Grundchemikalien in der Technik und dient vor allem zur Herstellung von Düngemitteln, aber auch von Kunststoffen, Farbstoffen, Medikamenten usw.

Besonders die Ernährung der ständig wachsenden Weltbevölkerung wäre heute ohne den massiven Einsatz stickstoffhaltiger Düngemittel nicht mehr denkbar. Da die Pflanzen mit wenigen Ausnahmen den zwar überall vorhandenen, doch sehr reaktionsträgen elementaren Stickstoff (Dreifachbindung) aus der Luft nicht direkt verwenden können, müssen durch technische Verfahren reaktionsfähigere Stickstoffverbindungen wie z.B. Nitrate hergestellt werden. Grundlage solcher Verfahren ist die Direktsynthese von Ammoniak aus Luftstickstoff und Wasserstoff:

(7-12) $$\mathbf{N_2 + 3H_2 \rightleftharpoons 2NH_3} \quad \Delta H_m = -92\,kJ/mol$$

Experimentelle Untersuchungen bzw. die Gleichung zeigen, daß
a) die Umsetzung nicht vollkommen abläuft, sondern zu einem Gleichgewicht führt,
b) die Reaktion im Sinne der Ammoniakbildung exotherm verläuft,
c) bei vollständigem Umsatz aus 4 mol gasförmigen Ausgangsstoffen 2 mol gasförmige Produkte entstehen würden, d.h., das Volumen sich bei konstantem Druck halbieren würde.

Nach dem Prinzip vom kleinsten Zwang gibt es deshalb drei Möglichkeiten, das Gleichgewicht zugunsten einer höheren Ausbeute an Ammoniak zu verschieben:

1. durch Arbeiten bei niedriger Reaktionstemperatur,
2. durch Einsetzen eines hohen Drucks,
3. durch Konzentrationsänderung, z. B. durch Entfernen von Ammoniak aus dem Gleichgewicht.

Das Gleichgewicht liegt bei Zimmertemperatur fast völlig auf der Seite des Ammoniaks. Wegen der enormen Reaktionsträgheit des Stickstoffs wird der Gleichgewichtszustand aber erst nach langer Zeit erreicht. Eine Beschleunigung der Gleichgewichtseinstellung gelingt zwar mit Hilfe spezieller Katalysatoren, doch erreichen diese erst zwischen 400 °C und 500 °C ihre volle Wirksamkeit. Bei 500 °C beträgt allerdings der Ammoniakgehalt im Gleichgewicht nur noch 0,1 Vol.-%, d. h., bei Atmosphärendruck wäre die Ammoniaksynthese völlig unwirtschaftlich. Durch die Anwendung eines hohen Druckes läßt sich aber die Ausbeute beträchtlich steigern, wie nachfolgende Tabelle zeigt.

Tabelle 7-3: Anteil des NH_3 im Gleichgewicht *in Abhängigkeit von der Temperatur und vom Druck*

Druck in bar	*Volumenanteil an NH_3 in %* **400 °C**	**500 °C**
1	0,4	0,1
30	10,7	3,3
100	25,1	10,4
200	36,3	17,6
300	46	27
600	66	42
1000	80	57

Diese Zusammenhänge wurden 1905–1910 von Haber untersucht und die Ergebnisse anschließend von Bosch in die Technik übertragen (Haber-Bosch-Verfahren).

Als besonders wirtschaftlich erwiesen sich dabei folgende Bedingungen:

Temperatur: 500 °C
Druck: 200 bar
Katalysator: Gemisch aus Fe, Al_2O_3 und K_2O

Bei diesen Reaktionsbedingungen beträgt der Anteil des Ammoniaks im Gleichgewicht etwa 17,5%. In der Praxis erzielt man jedoch nur 11%, da man aus Zeit- und Kostengründen die Strömungsgeschwindigkeit der Gase so hoch wählt, daß nur eine Kontaktdauer von etwa 1/2 Minute erreicht wird und sich das Gleichgewicht damit gar nicht ganz einstellen kann.

Das gebildete Ammoniakgas läßt sich durch starke Abkühlung verflüssigen und dadurch aus dem Gleichgewicht entfernen. Die restlichen Ausgangsstoffe werden zusammen mit Frischgas wieder verdichtet und erneut in den Kontaktofen eingebracht (Kreislauf-Prinzip).

Abbildung 7–6: *Ammoniaksynthese*

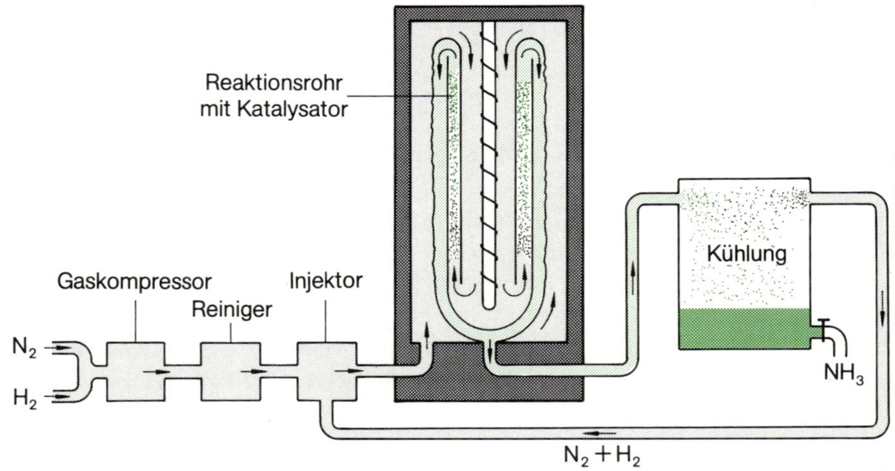

Das schwierigste Problem bei der Durchführung der Ammoniaksynthese war technischer Natur. So mußte ein etwa 12 m hoher zylindrischer „Ofen" mit 2 m Durchmesser so konstruiert werden, daß er den hohen Druck von 200 bar aushielt. Die hierfür benötigten Stahlrohre wurden bei diesen Bedingungen aber von dem Wasserstoff derart angegriffen, daß der die Festigkeit mitbedingende Kohlenstoff in Form von Methan herausgelöst wurde und der Stahlmantel anfangs platzte.

Bosch umging diese Schwierigkeit dadurch, daß er ein doppelwandiges Reaktionsrohr entwickelte. Die Innenwand besteht dabei aus kohlenstofffreiem Weicheisen, durch welches der Wasserstoff diffundieren kann, ohne Schaden anzurichten. Der Außenmantel aus hochwertigem Stahl verleiht dem Turm die eigentliche Festigkeit. Er wurde zusätzlich mit Löchern versehen, damit der Wasserstoff vollends entweichen konnte.

Heute ist an die Stelle des Doppelrohrofens von Bosch ein aus glühendem Stahlband gewickelter Kontaktofen getreten, dessen Stahllegierung auch bei den extremen Reaktionsbedingungen gegen Wasserstoff beständig ist.

Aufgaben:

1. Weshalb werden bei der technischen Ammoniaksynthese Katalysatoren eingesetzt?
2. Ammoniak wird in Frankreich heute nach zwei Verfahren hergestellt, dem Mont-Cenis-Verfahren bei 400 °C und 100 bar, und dem Fauser-Casale-Verfahren, das bei 500 °C und 800 bar arbeitet.
   Diskutieren Sie Vor- und Nachteile der beiden Verfahren.

7.8.2 Schwefeldioxid-Schwefeltrioxid-Synthese

Ein weiteres bedeutendes Ausgangsprodukt der chemischen Industrie ist die Schwefelsäure, die in nahezu 1000 Anwendungsbereichen eingesetzt wird. Die Gewinnung dieser Grundchemikalie läuft über die Darstellung ihres Anhydrids, des Schwefeltrioxids SO_3.

Der einfachste Weg, die Reaktion von Schwefel mit Sauerstoff, führt nicht direkt zum Ziel. So erhält man bei der Verbrennung von Schwefel überwiegend Schwefeldioxid und nur geringe Mengen des gewünschten SO_3, da auch die weitere Reaktion des SO_2 zu SO_3 umkehrbar und exotherm verläuft:

(7-13) $$\mathbf{S} + \mathbf{O_2} \rightleftharpoons \mathbf{SO_2} \qquad \Delta H_m = -297 \text{ kJ/mol}$$

(7-14) $$\mathbf{2SO_2} + \mathbf{O_2} \rightleftharpoons \mathbf{2SO_3} \qquad \Delta H_m = -197 \text{ kJ/mol}$$

Wegen der hohen Verbrennungstemperatur liegt das Gleichgewicht von (7-14) weitgehend auf der Seite des Schwefeldioxids (bei 900 °C zu 88%, bei 1000 °C zu fast 100%).

Die Schwefeltrioxidherstellung gelingt jedoch, wenn man von SO_2 ausgeht und dieses bei nicht zu hohen Temperaturen mit Sauerstoff umsetzt.

Auch hier steht neben einer möglichst hohen Ausbeute wieder die Frage nach ausreichend großer Reaktionsgeschwindigkeit im Vordergrund.

Bei Zimmertemperatur liegt zwar das Gleichgewicht SO_2/SO_3 nahezu ganz auf der Seite des gewünschten SO_3, jedoch reagieren hier Schwefeldioxid und Sauerstoff kaum miteinander.

Bei höheren Temperaturen verschiebt sich aber die Gleichgewichtslage, wie oben schon erwähnt, auf die Seite des Schwefeldioxids, da die Rückreaktion endotherm verläuft; der Anteil an Schwefeltrioxid nimmt ab. So sind bei 400 °C 2%, bei 600 °C bereits 24% und bei 800 °C gar 78% des SO_3 zerfallen. Da aber selbst bei einer Temperatur von 600 °C die Reaktion noch viel zu langsam verläuft, ist an eine wirtschaftliche Ausbeute nur mit Hilfe von Katalysatoren zu denken.

Der nachfolgende Versuch soll die Bedeutung des Katalysators für die Beschleunigung der Einstellung des genannten Gleichgewichts aufzeigen.

Versuch 7-8: Durch eine mit schwefliger Säure gefüllte Waschflasche drückt man mit Hilfe eines Gummiballes mit Blase einen Luftstrom. Beim Durchgang nimmt dieser Schwefeldioxidgas mit. Das SO_2/O_2-Gemisch leitet man nun

1. durch ein schwer schmelzbares Glasrohr
   a) bei Zimmertemperatur b) unter Erhitzen
2. nach entsprechender Einstellung der Zweiwegehähne durch ein schwer schmelzbares Glasrohr mit lockerem Platinasbest
   a) wieder bei Zimmertemperatur b) unter langsamem Erhitzen des Katalysators
   c) unter starkem Erhitzen. (Der Versuch ist unter dem Abzug durchzuführen!)

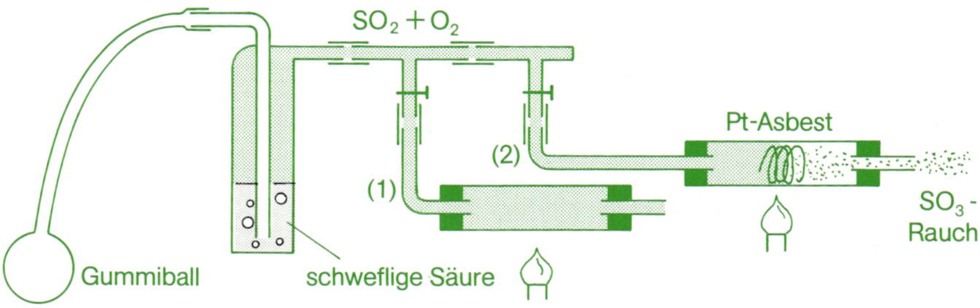

Beobachtung: Ohne Katalysator (1) ist eine SO_3-Entwicklung sowohl bei Zimmertemperatur (a) als auch beim Erhitzen (b) kaum wahrzunehmen. Mit Katalysator (2) ist ohne Erwärmen (a) ebenfalls keine Reaktion zu erkennen. Bei mäßigem Erhitzen (b) entweicht jedoch ein dichter, weißer Rauch von festem Schwefeltrioxid. Noch stärkeres Erhitzen (c) führt wegen der Gleichgewichtsverschiebung wieder zu einer Abnahme der Rauchbildung.

Der Versuch zeigt, daß Platinasbest schon bei relativ geringer Erwärmung auf etwa 400 °C die Einstellung des Gleichgewichts und damit auch die gewünschte Reaktion von Schwefeldioxid zu Schwefeltrioxid enorm beschleunigen kann.
Die Reaktionszeit ist neben der Temperatur auch noch von der Oberfläche des Katalysators abhängig.
Da große Mengen Platin im technischen Einsatz zu teuer sind, setzt man statt dessen Vanadinoxide als Katalysatoren ein, die zwar erst bei ca. 450 °C ansprechen, aber bei entsprechender Vorbehandlung dem Platin an Wirksamkeit nicht nachstehen.
Bei dem technischen Verfahren, dem sog. Kontaktverfahren, findet die Schwefeltrioxidsynthese mittels der Vanadinoxide bei knapp 500 °C statt. Durch Verwendung von Sauerstoff im Überschuß (auf 7 Vol.-% Schwefeldioxid wird nicht die stöchiometrische Menge von 3,5 Vol.-%, sondern 10 Vol.-% angesetzt) gelingt es, auch bei dieser Temperatur die Ausbeute auf etwa 98% zu bringen.
Durch diesen sehr hohen Umsatz bedarf es hier praktisch keiner Anwendung höherer Drücke wie im Falle der ebenso vom Druck begünstigten Synthese des Ammoniaks. Auch ein kostenaufwendiger Kreisprozeß, wie er bei der Ammoniaksynthese durchgeführt wird, fällt hier weg.
Trotzdem hat man versucht, die Ausbeute beim Kontaktverfahren noch zu erhöhen, nicht zuletzt im Hinblick auf eine wünschenswerte Abgasverminderung, da in die Atomsphäre gelangendes Schwefeldioxid schwere Umweltschäden hervorruft.

Zur technischen Gewinnung der Schwefelsäure wird das Schwefeltrioxid nicht direkt in Wasser eingeleitet, da der Lösungsvorgang so stark exotherm ist, daß ein Teil des SO_3 wieder gasförmig entweichen würde.

Leicht absorbiert wird es dagegen durch konzentrierte Schwefelsäure, wobei Dischwefelsäure entsteht:

$$SO_3 + H_2SO_4 \rightleftharpoons \underset{\text{Dischwefelsäure}}{H_2S_2O_7}$$

Mit Wasser reagiert diese wieder zur Schwefelsäure:

$$H_2S_2O_7 + H_2O \rightleftharpoons 2\,H_2SO_4$$

Aufgaben:

1. a) Wie lautet das Massenwirkungsgesetz für die Reaktion von Schwefeldioxid zu Schwefeltrioxid?
b) Auf welche Seite verschiebt sich das Gleichgewicht
1. bei Erhöhung der Konzentration des Sauerstoffs,
2. bei Erhöhung des Gesamtdrucks,
3. bei Erhöhung der Temperatur,
4. bei Einsatz eines Katalysators?
Begründen Sie jeweils.

2. Welchen Verlust an Schwefeldioxid bedeutet eine 98%ige Ausbeute bei einer Produktion von $1{,}00 \cdot 10^6$ t Schwefeltrioxid?

3. Ein Katalysator vermag die Lage eines chemischen Gleichgewichts nicht zu beeinflussen. Geben Sie dafür eine Erklärung. (Hinweis: Energiediagramm)

8 Säure-Base-Reaktionen

8.1 Säure-Base-Begriffe nach Brönsted

Versuch 8-1: Mit einem Stableitfähigkeitsmesser überprüft man nacheinander die Leitfähigkeit
- von destilliertem Wasser
- von destilliertem Wasser bei gleichzeitigem Einleiten von Wasserstoffchlorid und versetzt die Lösung anschließend mit einigen Tropfen blauer Lackmuslösung.

Abbildung 8-1: Prüfung der Leitfähigkeit *einer wäßrigen HCl-Lösung mit Stableitfähigkeitsmesser*

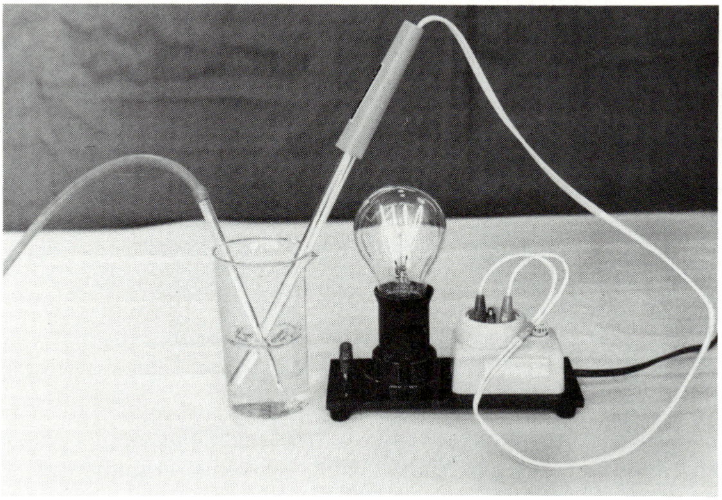

Während Wasserstoffchlorid und destilliertes Wasser für sich allein keine Leitfähigkeit zeigen, beweist das starke Aufleuchten der Lampe beim Überprüfen der Leitfähigkeit einer wäßrigen Wasserstoffchloridlösung die Anwesenheit von frei beweglichen Ionen.

Den Gesamtablauf des Vorgangs erklärt man folgendermaßen: Aufgrund ihres Dipolcharakters lagern sich die Reaktionspartner derart aneinander, daß das partiell positive H-Atom eines HCl-Moleküls an das partiell negative O-Atom eines H_2O-Moleküls zu liegen kommt. Die zwischen diesen Molekülen wirkenden elektrostatischen Anziehungskräfte leiten eine Reaktion ein, in deren Verlauf die Bindung im HCl-Molekül zunächst stark gelockert wird (in Gleichung 1 punktiert dargestellt). Parallel dazu wird eine Bindung von dem positivierten H-Atom zu einem der freien Elektronenpaare des

Sauerstoffs im Wasser aufgebaut.[1] Dies führt schließlich zu einer vollständigen Übertragung des Protons vom HCl-Molekül auf das H_2O-Molekül; neben einem Chloridion entsteht ein Hydroniumion.

(8-1)

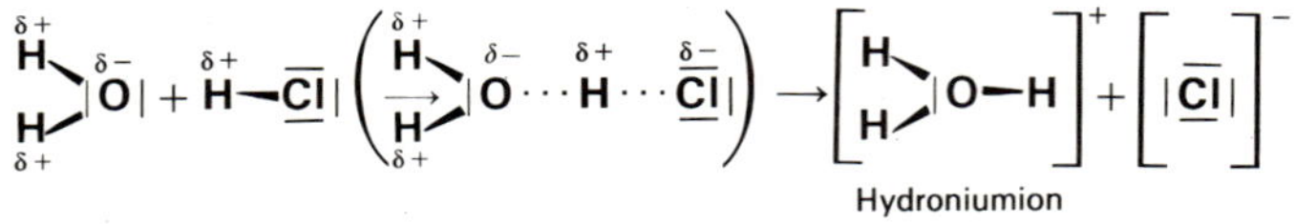

Vereinfacht[2]*:* $\mathbf{H_2O + HCl \rightarrow H_3O^+ + Cl^-}$

Die Rotfärbung der Lackmuslösung zeigt, daß mit der wäßrigen Wasserstoffchlorid-Lösung eine Säure (Salzsäure) vorliegt. Für den Farbumschlag des Indikators von blau nach rot sind die H_3O^+-Ionen verantwortlich.

Nach Brönsted gilt:

> Säuren können Wasserstoffionen abgeben;
> Säuren sind Protonenspender.

Demnach ist das HCl-Gas eine Säure, weil es H^+-Ionen an H_2O abgegeben hat. Bei chemischen Reaktionen können Protonen wegen ihrer hohen Ladungsdichte nie frei auftreten (Seite 64, Fußnote 2). Daher werden Säuren nur dann Protonen abgeben, wenn gleichzeitig ein Stoff anwesend ist, der Protonen binden kann. Solche Stoffe bezeichnet Brönsted als Basen.

> Basen können Wasserstoffionen einfangen;
> Basen sind Protonenfänger.

Versuch 8-2: Man überprüft die Leitfähigkeit von destilliertem Wasser bei gleichzeitigem Einleiten von Ammoniak und gibt zu dieser Lösung einige Tropfen roter Lackmuslösung.

Der Farbumschlag des Indikators Lackmus von rot nach blau zeigt, daß eine wäßrige Lösung von Ammoniak basisch reagiert. NH_3-Moleküle entreißen als Base H_2O-Molekülen je ein Proton. Die dabei entstehenden Ionen bewirken die elektrische Leitfähigkeit:

(8-2)

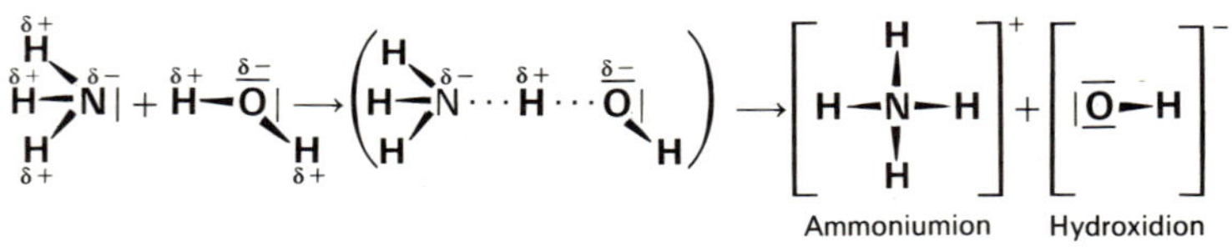

Vereinfacht[2]*:* $\mathbf{NH_3 + H_2O \rightarrow NH_4^+ + OH^-}$

Die basische (alkalische, laugenhafte) Wirkung von NaOH in wäßriger Lösung stellt sich nach Brönsted folgendermaßen dar:

---

[1] Eine Bindung, bei der ein Partner beide Bindungselektronen liefert, wird koordinative Bindung genannt.

[2] Die Rückreaktion wird hier zunächst außer acht gelassen.

NaOH ist ein ionischer Stoff, der beim Lösen in Wasser in freibewegliche Na^+- und OH^--Ionen zerfällt. Die OH^--Ionen stellen nun die eigentliche Base dar, da sie Protonen von H_2O-Molekülen aufnehmen können.

(8-3) $$NaOH \xrightarrow{\text{Dissoziation in Wasser}} Na^+ + OH^-$$

(8-4) $$\underset{\text{eigentliche Base}}{OH^-} + H_2O \longrightarrow H_2O + OH^-$$

Die wäßrigen Lösungen von Basen nennt man Laugen (z. B. NaOH Natronlauge). Laugen enthalten stets OH^--Ionen; diese sind für den Farbumschlag des Indikators Lackmus von rot nach blau verantwortlich.

Die Brönstedschen Definitionen können nur erfüllt sein, wenn für Säuren und Basen gilt:

Als Säuren können nur Stoffe wirken, deren Teilchen mindestens ein H-Atom aufweisen, als Basen hingegen nur Stoffe, deren Teilchen mindestens ein freies Elektronenpaar zur Bindung eines Protons besitzen.

8.2 Protolyse – Korrespondierende Säure-Base-Paare

Bei allen Reaktionen zwischen Säuren und Basen werden Protonen übertragen. Daher bezeichnet man solche Vorgänge auch als **Protolysen** und die daran beteiligten Säuren und Basen als **Protolyte**.

In der Hinreaktion der Gleichung

(8-2) $$\underset{\text{Base}}{NH_3} + \underset{\text{Säure}}{H_2O} \rightleftharpoons \underset{\text{Säure}}{NH_4^+} + \underset{\text{Base}}{OH^-}$$

ist Wasser eine Säure, die ein Proton auf die Base Ammoniak überträgt; in der Rückreaktion überträgt ein Ammoniumion als Säure ein Proton auf die Base Hydroxidion.

Die Reaktion läßt sich somit formal in folgende zwei Teilreaktionen zerlegen:

(8-5) $$\underset{\text{Säure}}{H_2O} \rightleftharpoons H^+ + \underset{\text{Base}}{OH^-}$$

(8-6) $$\underset{\text{Base}}{NH_3} + H^+ \rightleftharpoons \underset{\text{Säure}}{NH_4^+}$$

In jeder Teilreaktion gehört zu einer bestimmten Säure (z. B. H_2O bzw. NH_4^+) eine nur aus ihr durch Protonenabgabe entstandene Base (z. B. OH^- bzw. NH_3). Eine Säure und eine Base, die in dieser Weise miteinander in Verbindung stehen, bezeichnet man als korrespondierendes Säure-Base-Paar.

Korrespondierendes Säure-Base-Paar: $$\underset{\text{Säure}}{HB} \rightleftharpoons \underset{\text{Proton}}{H^+} + \underset{\text{Base}}{B^-}$$

Eine Auswahl wichtiger korrespondierender Säure-Base-Paare zeigt die Tabelle 8-1.

Tabelle 8-1: Korrespondierende Säure-Base-Paare

	Säure HB	$HB \rightleftharpoons H^+ + B^-$	Base B^-		K_S mol/l	K_B mol/l
sehr stark	Perchlorsäure	$HClO_4 \rightleftharpoons H^+ + ClO_4^-$	Perchlorat-Ion	sehr schwach	10^{10}	10^{-24}
	Wasserstoffiodid	$HJ \rightleftharpoons H^+ + J^-$	Iodid-Ion		10^{9}	10^{-23}
	Wasserstoffchlorid	$HCl \rightleftharpoons H^+ + Cl^-$	Chlorid-Ion		10^{6}	10^{-20}
	Schwefelsäure	$H_2SO_4 \rightleftharpoons H^+ + HSO_4^-$	Hydrogensulfat-Ion		10^{3}	10^{-17}
	Hydroniumion	$H_3O^+ \rightleftharpoons H^+ + H_2O$	Wasser		$10^{1,74}$	$10^{-15,74}$
	Salpetersäure	$HNO_3 \rightleftharpoons H^+ + NO_3^-$	Nitrat-Ion		$10^{1,32}$	$10^{-15,32}$
stark	Hydrogensulfat-Ion	$HSO_4^- \rightleftharpoons H^+ + SO_4^{2-}$	Sulfat-Ion	schwach	$10^{-1,92}$	$10^{-12,08}$
	Phosphorsäure	$H_3PO_4 \rightleftharpoons H^+ + H_2PO_4^-$	Dihydrogenphosphat-Ion		$10^{-1,96}$	$10^{-12,04}$
	Wasserstofffluorid	$HF \rightleftharpoons H^+ + F^-$	Fluorid-Ion		$10^{-3,14}$	$10^{-10,86}$
	Ameisensäure	$HCOOH \rightleftharpoons H^+ + HCOO^-$	Formiat-Ion		$10^{-3,70}$	$10^{-10,30}$
mittel-stark	Benzoesäure	$C_6H_5COOH \rightleftharpoons H^+ + C_6H_5COO^-$	Benzoat-Ion	mittel-stark	$10^{-4,20}$	$10^{-9,80}$
	Essigsäure	$CH_3COOH \rightleftharpoons H^+ + CH_3COO^-$	Acetat-Ion		$10^{-4,75}$	$10^{-9,25}$
	Kohlensäure	$H_2CO_3 \rightleftharpoons H^+ + HCO_3^-$	Hydrogencarbonat-Ion		$10^{-6,52}$	$10^{-7,48}$
	Wasserstoffsulfid	$H_2S \rightleftharpoons H^+ + HS^-$	Hydrogensulfid-Ion		$10^{-6,92}$	$10^{-7,08}$
	Dihydrogenphosphat-Ion	$H_2PO_4^- \rightleftharpoons H^+ + HPO_4^{2-}$	Hydrogenphosphat-Ion		$10^{-7,12}$	$10^{-6,88}$
schwach	Ammonium-Ion	$NH_4^+ \rightleftharpoons H^+ + NH_3$	Ammoniak	stark	$10^{-9,25}$	$10^{-4,75}$
	Blausäure	$HCN \rightleftharpoons H^+ + CN^-$	Cyanid-Ion		$10^{-9,40}$	$10^{-4,60}$
	Hydrogencarbonat-Ion	$HCO_3^- \rightleftharpoons H^+ + CO_3^{2-}$	Carbonat-Ion		$10^{-10,40}$	$10^{-3,60}$
	Hydrogenphosphat-Ion	$HPO_4^{2-} \rightleftharpoons H^+ + PO_4^{3-}$	Phosphat-Ion		$10^{-12,32}$	$10^{-1,68}$
	Hydrogensulfid-Ion	$HS^- \rightleftharpoons H^+ + S^{2-}$	Sulfid-Ion		$10^{-12,90}$	$10^{-1,10}$
sehr schwach	Wasser	$H_2O \rightleftharpoons H^+ + OH^-$	Hydroxid-Ion	sehr stark	$10^{-15,74}$	$10^{1,74}$
	Hydroxid-Ion	$OH^- \rightleftharpoons H^+ + O^{2-}$	Oxid		10^{-24}	$10^{10,00}$
	Wasserstoff	$H_2 \rightleftharpoons H^+ + H^-$	Hydrid-Ion		10^{-40}	$10^{26,00}$

Bei jeder Protolyse treten stets zwei korrespondierende Säure-Base-Paare miteinander in Beziehung. Die Säure des einen Paares überträgt ein Proton auf die Base des anderen Paares.

Ein weiteres Beispiel soll dies belegen.

Versuch 8-3: Zwei Schälchen, von denen das eine konzentrierte Salzsäure und das andere Ammoniakwasser enthält, werden unter einer Glaswanne nebeneinander gestellt. Aus den entweichenden HCl- und NH_3-Gasen entwickelt sich augenblicklich ein aus winzigen Ammoniumchlorid-Kriställchen bestehender Rauch.

Abbildung 8-2: Bildung von Ammoniumchlorid aus HCl- und NH_3-Gas

Die beiden korrespondierenden Säure-Base-Paare einer Reaktion zwischen Ammoniak und Wasserstoffchlorid sind:

(8-7)

$$HCl \rightleftharpoons H^+ + Cl^- \quad \text{(Protonenabgabe)}$$
$$NH_3 + H^+ \rightleftharpoons NH_4^+ \quad \text{(Protonenaufnahme)}$$
$$\mathbf{HCl} + \mathbf{NH_3} \rightleftharpoons \mathbf{NH_4^+} + \mathbf{Cl^-} \quad \text{(Protolyse)}$$

Säure Base Säure Base

Wasser kann sowohl Protonen abgeben (Wasser als Säure) als auch Protonen aufnehmen (Wasser als Base):

(8-5) $$\mathbf{H_2O} \rightleftharpoons H^+ + OH^-$$

(8-8) $$\mathbf{H_2O} + \mathbf{H^+} \rightleftharpoons H_3O^+$$

Daher bezeichnet man das Wasser als einen **Ampholyten** (von griech. amphi = beides). Neben Wassermolekülen besitzen auch viele andere Teilchen Ampholyt-Charakter.

> **Ampholyte** sind Stoffe, die sowohl als Säuren als auch als Basen wirken können.

Welche Funktion ein Ampholyt im konkreten Fall tatsächlich ausübt, hängt von seiner Säure- bzw. Basenstärke im Vergleich zu der Basen- bzw. Säurestärke des jeweiligen Reaktionspartners ab.

Aufgaben:

1. Geben Sie
a) zu den Säuren H_3PO_4 bzw. HS^- die korrespondierenden Basen,
b) zu den Basen HCO_3^- bzw. SO_4^{2-} die korrespondierenden Säuren an.

2. Welche der folgenden Teilchen sind Ampholyte?
OH^-, CO_2, PO_4^{3-}, NH_3, $H_2PO_4^-$, HCO_3^-
Begründen Sie Ihre Entscheidungen jeweils durch Gleichungen.

8.3 Stärke von Säuren und Basen

Will man quantitative Aussagen über den Ablauf von Protolysen machen, so benötigt man hierzu exakte Angaben über die Stärken der beteiligten Säuren und Basen. Eine Säure ist um so stärker, je größer ihre Tendenz ist, ein Proton abzugeben. Deshalb muß die korrespondierende Base jeweils um so schwächer sein, je stärker die zugehörige Säure ist und umgekehrt. Um nun die Stärke von Säuren und Basen zu bestimmen, läßt man sie mit ein und demselben Partner, dem Ampholyten Wasser, reagieren.

Angewendet auf die Protolyse

(8-1) $$HCl + H_2O \rightleftharpoons H_3O^+ + Cl^-$$

lautet das Massenwirkungsgesetz:

$$K = \frac{c(H_3O^+) \cdot c(Cl^-)}{c(HCl) \cdot c(H_2O)}$$

Da die Konzentration des Wassers in verdünnten wäßrigen Lösungen annähernd gleichbleibt – $c(H_2O) = 55{,}6$ mol/l –, bezieht man $c(H_2O)$ in K ein und erhält statt der allgemeinen Gleichgewichtskonstante K die **Säurekonstante** K_s.

$$K_S = \frac{c(H_3O^+) \cdot c(Cl^-)}{c(HCl)}$$

Je stärker eine Säure ist, desto größer ist ihr K_S-Wert (Vergleiche Tabelle 8-1).

Analog dazu erhält man für die Protolyse der Base NH_3 in Wasser

(8-2) $$NH_3 + H_2O \rightleftharpoons NH_4^+ + OH^-$$

statt der allgemeinen Gleichgewichtskonstanten

$$K = \frac{c(NH_4^+) \cdot c(OH^-)}{c(NH_3) \cdot c(H_2O)}$$

die **Basenkonstante** K_B.

$$K_B = \frac{c(NH_4^+) \cdot c(OH^-)}{c(NH_3)}$$

Je stärker eine Base ist, um so größer ist ihr K_B-Wert (Vergleiche Tabelle 8-1).

Die **Gleichgewichtslage einer Protolyse** hängt grundsätzlich von den Stärken der beteiligten Säuren und Basen ab. Je stärker Säure und Base sind, umso vollständiger reagieren sie:

(8-7)	HCl(g) stärkere Säure	+	NH_3(g) stärkere Base	$\rightleftharpoons$ (Gleichgewicht rechts)	NH_4^+ schwächere Säure		Cl^- schwächere Base
(8-2)	NH_3(g) schwächere Base	+	H_2O schwächere Säure	$\rightleftharpoons$ (Gleichgewicht links)	NH_4^+ stärkere Säure	+	OH^- stärkere Base

Es gilt:

> Das **Gleichgewicht einer Protolyse** ist stets in Richtung auf die schwächere Säure und die schwächere Base verschoben.

> Die sehr starken Säuren und Basen reagieren praktisch vollständig mit Wasser.

Somit sind in wäßrigen Lösungen sehr starker Säuren H_3O^+-Ionen die stärkste Säure und in wäßrigen Baselösungen sehr starker Basen OH^--Ionen die stärkste Base:

(8-1)	**HCl**	+	$\mathbf{H_2O}$	$\rightleftharpoons$	$\mathbf{H_3O^+}$ eigentliche Säure	+	$\mathbf{Cl^-}$
(8-9)	$\mathbf{H_2SO_4}$	+	$\mathbf{H_2O}$	$\rightleftharpoons$	$\mathbf{H_3O^+}$ eigentliche Säure	+	$\mathbf{HSO_4^-}$
(8-10)	$\mathbf{HNO_3}$	+	$\mathbf{H_2O}$	$\rightleftharpoons$	$\mathbf{H_3O^+}$ eigentliche Säure	+	$\mathbf{NO_3^-}$
(8-11)	$\mathbf{O^{2-}}$	+	$\mathbf{H_2O}$	$\rightleftharpoons$	$\mathbf{2OH^-}$ eigentliche Base		

Alle nicht sehr starken Protolyte reagieren in nicht zu stark verdünnter Lösung nur unvollständig mit Wasser.

(8-12) $\underset{\text{eigentliche Säure}}{CH_3COOH} + H_2O \rightleftharpoons H_3O^+ + CH_3COO^-$

(8-13) $\underset{\text{eigentliche Base}}{CO_3^{2-}} + H_2O \rightleftharpoons OH^- + HCO_3^-$

Protolyse-Reaktionen laufen nur dann in nennenswertem Umfang in Richtung auf die Produkte ab, wenn dabei die stärkste Säure ihre Protonen auf die stärkste Base überträgt.

Beispiel: *Calciumcarbonat (Kalkstein) reagiert mit Salzsäure im Überschuß.*

(8-14) $\underset{\text{stärkste Säure}}{H_3O^+} + Cl^- + Ca^{2+} + \underset{\text{stärkste Base}}{CO_3^{2-}} \rightleftharpoons Ca^{2+} + Cl^- + HCO_3^- + H_2O$

Das zunächst entstandene HCO_3^--Ion übernimmt als Base (Ampholyt) nochmals ein Proton von der Säure H_3O^+:

(8-15) $\underset{\text{stärkste Säure}}{H_3O^+} + Cl^- + \underset{\text{stärkste Base}}{HCO_3^-} \rightleftharpoons Cl^- + H_2CO_3 + H_2O$

(8-16) $\underset{\text{stärkste Säure}}{2\,H_3O^+} + 2\,Cl^- + Ca^{2+} + \underset{\text{stärkste Base}}{CO_3^{2-}} \rightleftharpoons Ca^{2+} + 2\,Cl^- + 2\,H_2O + H_2CO_3$

Die entstehende, äußerst instabile Kohlensäure zerfällt jedoch augenblicklich in Wasser und Kohlenstoffdioxid:

(8-17) $H_2CO_3 \rightleftharpoons H_2O + CO_2$

Aufgaben:

1. Stellen Sie unter Benutzung der Säure-Base-Tabelle Formelgleichungen für folgende Reaktionen auf:
   a) Ammoniumchlorid reagiert mit Kalilauge.
   b) Essigsäure setzt sich mit Natronlauge um.
   c) Calciumhydroxid wird mit verdünnter Schwefelsäure versetzt.
   d) Calciumoxid wird mit Wasser übergossen.
2. Formulieren Sie die folgenden Reaktionsgleichungen:
   a) Verdünnte Salpetersäure wird mit konzentrierter Kalilauge versetzt.
   b) Kaliumsulfid und Kaliumhydrogensulfat werden gemeinsam in Wasser aufgelöst.
   c) In verdünnte Phosphorsäure wird Ammoniakgas eingeleitet.
3. Warum gibt es kein Ammoniumoxid?

8.4 Der Protolysengrad

Versuch 8-4: Zwei schlanke, jeweils mindestens 100 ml fassende Bechergläser enthalten 25 ml Salzsäure, $c(HCl) = 4$ mol/l ($\triangleq$ 8,5 ml 37%ige Salzsäure + 16,5 ml Wasser), bzw. 25 ml Essigsäure, $c(CH_3COOH) = 4$ mol/l ($\triangleq$ 6 ml 98%ige Essigsäure + 19 ml Wasser). Die dicht über dem Boden eingeschmolzenen Platinelektroden sind über ein Stromstärkemeßgerät mit einer Spannungsquelle (5 V~) verbunden.
(Beide Lösungen werden für Versuch 8-5 zurückbehalten.)

Beobachtung: Bei gleicher Stoffmengenkonzentration zeigt Essigsäure eine wesentlich geringere Leitfähigkeit als Salzsäure.

Abbildung 8-3: *Demonstration des unterschiedlichen Protolysengrades von Salzsäure und Essigsäure gleicher Konzentration durch Vergleich der Leitfähigkeiten*

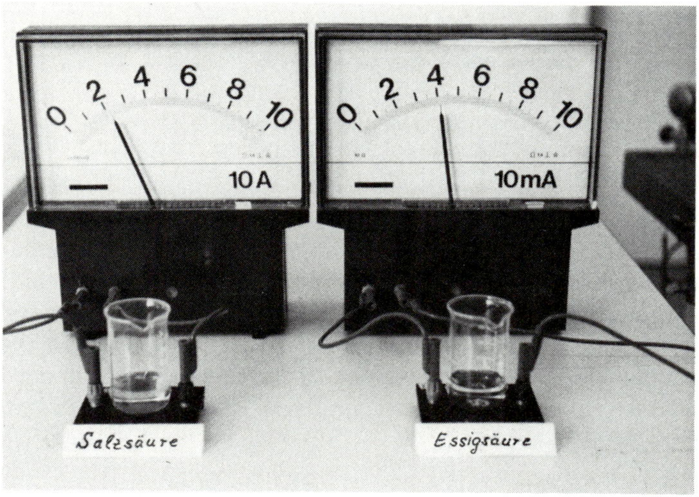

Die im Vergleich zur Salzsäure deutlich niedrigere elektrische Leitfähigkeit der Essigsäure belegt, daß in dieser erheblich weniger Ladungsträger vorhanden sind. Damit ist bewiesen, daß bei gleicher Ausgangskonzentration der Salzsäure bzw. Essigsäure viel weniger CH_3COOH-Moleküle protolysiert sind als HCl-Moleküle (CH_3COOH ist eine schwächere Säure als HCl).
Ein Gradmesser für das Ausmaß der Protolyse einer Säure oder Base in Wasser ist der *Protolysengrad* α. Er gibt den Anteil der Anfangskonzentration eines Protolyten an, der in Wasser protolysiert vorliegt.

$$\textbf{Protolysengrad } \alpha = \frac{\text{Konzentration der protolysierten Teilchen}}{\text{Konzentration des Protolyten vor der Protonenübertragung}}$$

Bei den in Versuch 8-4 gewählten Ausgangskonzentrationen liegt der Wert des Protolysengrades von HCl deutlich höher als der von CH_3COOH.

Wäßrige Lösungen sehr starker Protolyte weisen einen Protolysengrad auf, der nur knapp unter dem Grenzwert 1 liegt (Beispiel: Salzsäure, $c(HCl) = 0{,}1$ mol/l, hat einen Protolysengrad $\alpha = 0{,}999$), während er bei schwachen Protolyten niedrig ausfällt (Beispiel: Essigsäure, $c(CH_3COOH) = 0{,}1$ mol/l, hat einen Protolysengrad $\alpha = 0{,}013$).

Tabelle 8-2: Abhängigkeit des Protolysengrades von der Stärke des Protolyten (Anfangskonzentration jeweils 0,1 mol/l)

	Säure- bzw. Base-Konstante	α	Von 10^9 Teilchen sind protolysiert
Säuren			
HCl[1]	10^{6}	0,9999999	999999900
CH_3COOH	$10^{-4,75}$	0,0133	13300000
HPO_4^{2-}	$10^{-12,32}$	0,00000219	2190
Basen			
S^{2-}	$10^{-1,10}$	0,579	579000000
NH_3	$10^{-4,75}$	0,0133	13300000
SO_4^{2-}	$10^{-12,08}$	0,00000288	2880

Versuch 8-5: Den beiden Säurelösungen von Versuch 8-4 fügt man nun nach und nach jeweils etwa bis zum 3fachen des Ausgangsvolumens destilliertes Wasser zu und vergleicht dabei die Änderungen der Stromstärke.

Beobachtung: Bei Verdünnung der Salzsäure wird von Anfang an eine Abnahme, bei Verdünnung der Essigsäure hingegen anfänglich sogar noch eine Zunahme der elektrischen Leitfähigkeit beobachtet; erst dann nimmt sie auch hier langsam ab.

Auch bei relativ hoher Konzentration ist eine sehr starke Säure in Wasser bereits derart stark protolysiert, daß eine weitere Verdünnung praktisch nur eine Verminderung der Ionenkonzentration bewirkt. Hingegen können bei schwächeren und daher nur schwächer protolysierten Säuren durch Hinzufügen von mehr Wasser weitere Säuremoleküle dazu angeregt werden, Protonen auf Wasser zu übertragen (Verschiebung des Protolysengleichgewichts nach rechts). Entsprechendes gilt für das Ausmaß der Protolyse von Basen in Wasser. Somit ist gerade der Protolysengrad schwacher Protolyte stark konzentrationsabhängig.

Tabelle 8-3: Abhängigkeit des Protolysengrades von der Konzentration eines Protolyten

	Anfangskonzentration (mol/l)	α	Von 10^9 Teilchen sind protolysiert
CH_3COOH	1,00	0,00421	4210000
CH_3COOH	0,100	0,0133	13300000
CH_3COOH	0,0100	0,0413	41300000
CH_3COOH	0,00100	0,125	125000000

Man sieht, daß sich ganz allgemein bei extrem starker Verdünnung auch sehr schwache Protolyte nahezu vollständig mit Wasser umsetzen und dabei Protolysengrade von fast 1 erreichen.

Der Protolysengrad ist von zwei Gegebenheiten abhängig:

a) von der individuellen Stärke eines Protolyten.
b) vom Grad seiner Verdünnung.

Dabei steigt der α-Wert sehr starker Protolyte mit zunehmender Verdünnung nur wenig, der schwächerer Protolyte hingegen stark.

[1] Der α-Wert von HCl berechnet sich für eine Säurekonstante von genau 10^6 mol/l; er soll demonstrieren, wie nahe er bei 1 liegt.

Aufgaben:

1. a) Unterscheiden sich die Protolysengrade von Essigsäure, $c(CH_3COOH) = 0{,}2\ mol/l$, und Salzsäure, $c(HCl) = 0{,}2\ mol/l$?
   Begründen Sie Ihre Aussage.
   b) Wie verändern sich die α-Werte, wenn man die beiden Lösungen jeweils auf das 1000fache ihres ursprünglichen Volumens verdünnt?
2. Beim Verdünnen ist die Leitfähigkeit einer Säure gleichgeblieben.
   a) Hat sich der Protolysengrad verändert?
   b) Was läßt sich über die Stärke dieser Säure aussagen?

8.5 Das Protolysengleichgewicht des Wassers

Versuch 8-6: Mit der Anordnung von Versuch 8-4 wird bei einer angelegten Wechselspannung von 50 V und einer Stromanzeige im µA-Bereich die Leitfähigkeit von destilliertem Wasser nachgewiesen.

Bei geeigneten Versuchsbedingungen läßt sich eine – wenn auch minimale – Leitfähigkeit des destillierten Wassers nachweisen. Die dafür verantwortlichen Ionen können nur einer Gleichgewichtsreaktion entstammen, bei der das Wasser teils als Säure und teils als Base (Ampholyt) wirkt:

(8-18) $$H_2O + H_2O \rightleftharpoons H_3O^+ + OH^-$$

Dieses Gleichgewicht ist jedoch sehr stark nach links verschoben. So ergeben Messungen, daß bei 22°C die Konzentration der H_3O^+- wie auch der OH^--Ionen 10^{-7} mol/l ist.

Bei Anwendung des Massenwirkungsgesetzes auf das obige Gleichgewicht gilt:

$$K = \frac{c(H_3O^+) \cdot c(OH^-)}{c(H_2O)^2}$$

Da sowohl in destilliertem Wasser als auch in verdünnten wäßrigen Lösungen die Konzentration des Wassers praktisch unverändert – $c(H_2O) = 55{,}6\ mol/l$ – bleibt, kann man sie in die allgemeine Gleichgewichtskonstante einbeziehen und erhält das Ionenprodukt des Wassers:

$$K_W = c(H_3O^+) \cdot c(OH^-)$$

Setzt man für die Konzentration der H_3O^+- und OH^--Ionen den oben genannten Wert 10^{-7} mol/l ein, so ergibt sich für eine Temperatur von 22°C:

> Ionenprodukt des Wassers:
> $$K_W = c(H_3O^+) \cdot c(OH^-) = 10^{-14}\ (mol/l)^2$$

Das Ionenprodukt des Wassers gilt nicht nur für reines Wasser, sondern grundsätzlich auch für alle verdünnten wäßrigen Lösungen; es gilt auch dann noch, wenn die Konzentration der H_3O^+-Ionen und der OH^--Ionen nicht mehr gleich ist. Ist eine der beiden Konzentrationen bekannt, läßt sich mit Hilfe des Ionenprodukts die unbekannte Konzentration berechnen.

8.6 Der pH-Wert

8.6.1 Einführung des pH-Wertes

Der Charakter einer Lösung, d.h., ob sie sauer, basisch oder neutral ist, hängt vom Verhältnis der Konzentration der H_3O^+-Ionen zur Konzentration der OH^--Ionen ab. Überwiegen die H_3O^+-Ionen, wird die Lösung als sauer, überwiegen die OH^--Ionen, so wird sie als basisch bezeichnet. In neutralen Lösungen sind beide Konzentrationen gleich groß.
Zur Kennzeichnung einer Lösung genügt es, die H_3O^+-Ionenkonzentration anzugeben. Da diese jedoch meist recht unhandliche, kleine Zahlenwerte ergibt, verwendet man den **negativen dekadischen Logarithmus des Zahlenwerts der H_3O^+-Konzentration**, den **pH-Wert**.

$$\mathbf{pH = -\log c(H_3O^+)}$$

Für **neutrale** Lösungen gilt:

$c(H_3O^+) = 10^{-7}$ mol/l; **pH = 7**
$c(OH^-) = 10^{-7}$ mol/l

Für **saure** Lösungen gilt:

$c(H_3O^+) > 10^{-7}$ mol/l; **pH < 7**
$c(OH^-) < 10^{-7}$ mol/l

Für **alkalische** Lösungen gilt:

$c(H_3O^+) < 10^{-7}$ mol/l; **pH > 7**
$c(OH^-) > 10^{-7}$ mol/l

Diese Zusammenhänge werden durch folgende Abbildung verdeutlicht:

Abbildung 8–4: *pH-Wert-Skala*

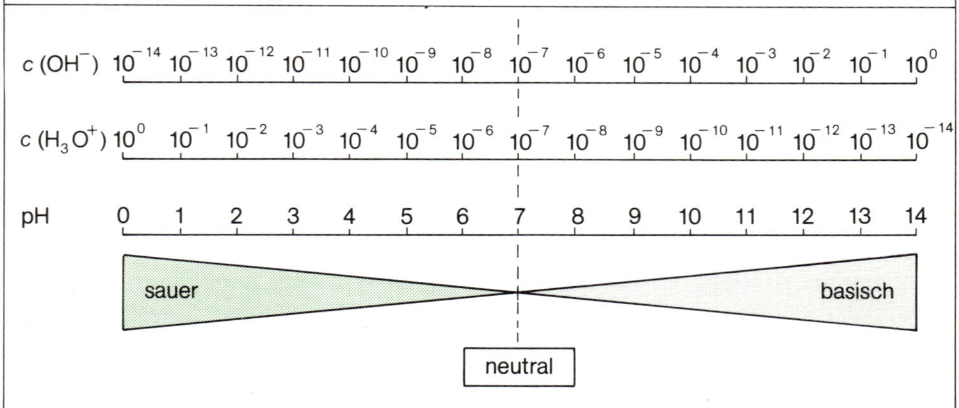

Manche chemischen Reaktionen laufen nur in bestimmten pH-Bereichen ab. Dies gilt vor allem für Reaktionsabläufe in lebenden Organismen. So kann z. B. die Eiweißverdauung im Magen nur bei einem pH-Wert von 0,9 bis 1,5 vonstatten gehen, während menschliches Blut seine vielfältigen Aufgaben nur dann bewältigt, wenn sein pH-Wert nicht wesentlich von 7,4 abweicht.

Dem aufmerksamen Beobachter wird auch nicht entgehen, daß bestimmte, in der freien Natur wachsende Pflanzen in manchen Gebieten geradezu übermäßig stark und in benachbarten, dem äußeren Anschein nach völlig gleichen Landstrichen, oftmals gar nicht vertreten sind. Die Ursache hierfür liegt nicht selten in den örtlichen, oft sehr unterschiedlich sauren (Moorboden) bzw. basischen (Kalkboden) „Bodenreaktionen". Auch unsere Kulturpflanzen gedeihen daher auf verschiedenen Böden unterschiedlich gut.

8.6.2 Bestimmung des pH-Wertes mit Indikatoren

> Indikatoren sind Farbstoffe, die innerhalb eines bestimmten pH-Bereichs ihre Farbe ändern.

Diese Fähigkeit beruht darauf, daß Indikatoren auch Protolyte sind. Säure und korrespondierende Base des Indikators haben verschiedene Farben. In Wasser stellt sich folgendes Gleichgewicht ein:

(8-19)

$$\underset{\substack{\text{Indikatorsäure}\\ \text{(Farbe A)}}}{\mathbf{HInd}} + \mathbf{H_2O} \rightleftharpoons \mathbf{H_3O^+} + \underset{\substack{\text{korrespondierende}\\ \text{Indikatorbase}\\ \text{(Farbe B)}}}{\mathrm{Ind^-}}$$

Durch Zugabe einer beliebigen Säure wird $c(H_3O^+)$ erhöht, was eine Verschiebung des Gleichgewichts nach links zur Folge hat. Die Konzentration von Ind^- nimmt entsprechend ab, die von HInd hingegen zu; die Lösung nimmt die Farbe der Indikatorsäure an. Im Gegensatz hierzu bewirkt die Zufuhr einer beliebigen Base die Verminderung von $c(H_3O^+)$. Dies hat eine Gleichgewichtsverschiebung nach rechts zur Folge; es zeigt sich die Farbe der Indikatorbase.

Im **Umschlagsbereich** des Indikators stellt sich eine **Mischfarbe** ein; hier gilt:

$$c(\mathrm{HInd}) \approx c(\mathrm{Ind^-})\ .$$

Daß wir mit Lackmus Säuren und Basen nachweisen können, verdanken wir dem Umstand, daß dieser Indikator seinen Farbumschlag in einem pH-Bereich um 7 hat. Die Chemie kennt aber eine ganze Reihe weiterer Indikatoren, deren Umschlagsbereiche ganz andere Abschnitte der pH-Skala erfassen.

Abbildung 8–5: *Umschlagsbereiche einiger Indikatoren*

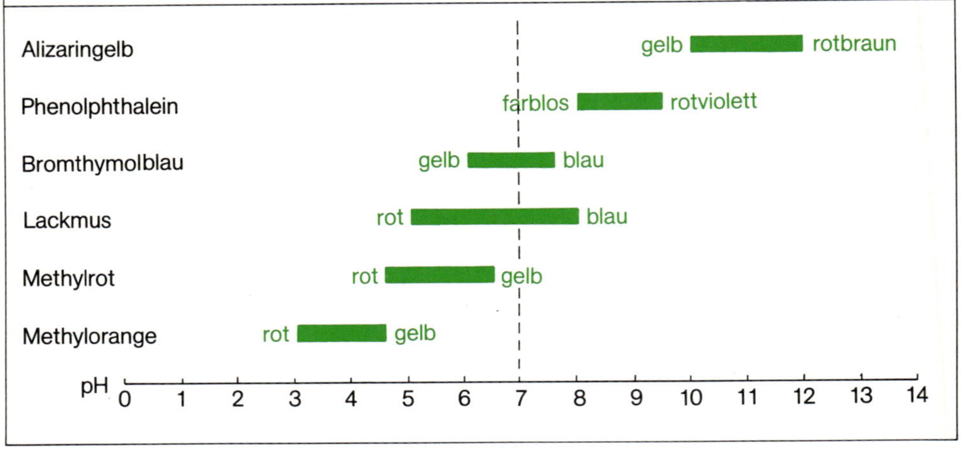

Will man nun den pH-Wert einer Lösung ermitteln, so benötigt man dazu im allgemeinen mehrere Indikatoren. Mit geringerem Aufwand und etwas größerer Genauigkeit lassen sich pH-Wert-Messungen mit **Universalindikatoren** (Mischungen verschiedener Indikatoren) durchführen. Diese zeigen je nach pH-Wert der Prüflösung unterschiedliche Farben. Durch Vergleich mit einer Farbskala lassen sich die pH-Werte leicht ablesen.

Versuch 8-7: Durch kurzes Eintauchen je eines Streifens Universalindikatorpapier (pH 1–14) werden die pH-Werte folgender wäßriger Lösungen ermittelt:

a) Salzsäure
b) Natronlauge
c) Ammoniakwasser
d) Zitronensäure-Lösung
e) Ascorbinsäure-Lösung
f) Ammoniumchlorid-Lösung
g) Natriumcarbonat-Lösung
h) Kaliumhydrogensulfat-Lösung

Ergebnisse:

a) <1; c) $11-12$; e) $2-3$; g) $11-12$;
b) >13; d) $2-3$; f) $5-6$; h) $1-2$

Diese Resultate hätten sich jedoch auch anhand der Säure- und Basestärken im voraus abschätzen lassen.

Zu f) Infolge seines extrem schwach basischen Charakters protolysiert das Cl^--Ion praktisch nicht, das NH_4^+-Ion als schwache Säure wenigstens zu einem geringen Teil:

$$NH_4^+ + H_2O \rightleftharpoons NH_3 + H_3O^+$$

Die wäßrige NH_4Cl-Lösung reagiert also wegen der zusätzlich gebildeten H_3O^+-Ionen schwach sauer.

Zu g) Die starke Base CO_3^{2-} ist in Wasser zwar nur teilweise protolysiert; doch genügen die gebildeten Hydroxidionen, um den pH-Wert deutlich in den alkalischen Bereich zu verschieben:

$$CO_3^{2-} + H_2O \rightleftharpoons HCO_3^- + OH^-$$

Zu h) Das HSO_4^--Ion im Kaliumhydrogensulfat ist ein Ampholyt. Da sein Säurecharakter erheblich stärker als sein Basecharakter ausgeprägt ist, setzt sich in wäßriger Lösung deutlich die saure Wirkung durch.

$$HSO_4^- + H_2O \rightleftharpoons SO_4^{2-} + H_3O^+$$

8.6.3 Bestimmung des pH-Wertes mit der Glaselektrode

Viel genauer können pH-Werte potentiometrisch mit der sog. Glaselektrode bestimmt werden. Dieses sehr kompliziert aufgebaute Meßinstrument enthält als wesentliche Bestandteile zwei gleiche Elektroden (z. B. mit Silberchlorid überzogene Silberelektroden), eine Bezugs- und eine Meßelektrode, die in Elektrolytlösungen gleicher Konzentration (z. B. gleicher Cl^--Konzentration) hineinragen. Wird die Glaselektrode in eine Probelösung eingetaucht, so baut sich zwischen Bezugs- und Meßelektrode eine Spannung auf, deren Größe vom Verhältnis der konstanten H_3O^+-Konzentration um die Meßelektrode und der zu messenden H_3O^+-Konzentration der Probelösung bestimmt ist. Anstelle der abgegriffenen Spannung wird am pH-Meßgerät der pH-Wert angezeigt.

Abbildung 8–6: *Aufbau einer Glaselektrode*

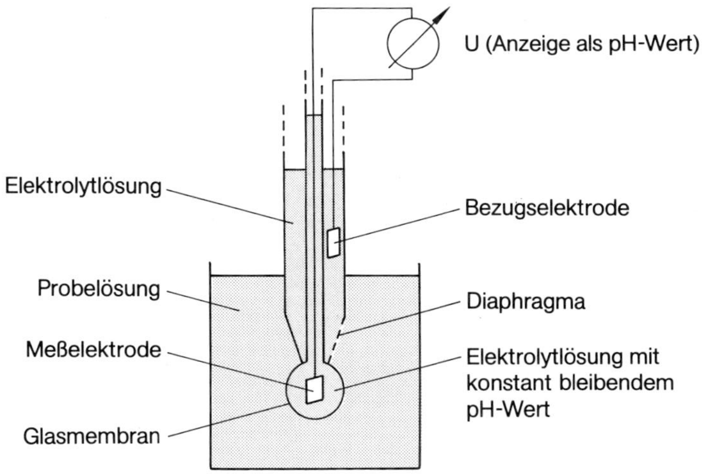

8.6.4 Berechnung von pH-Werten

Sehr starke Säuren und Basen sind in Wasser praktisch vollständig protolysiert ($\alpha \approx 1$). Der pH-Wert einer sehr starken Säure kann auf einfache Weise berechnet werden, da die Anfangskonzentration der Säure gleich der Konzentration der gebildeten H_3O^+-Ionen im Gleichgewicht ist.

Beispiel 1: *Welchen pH-Wert besitzt eine Salzsäure, c(HCl) = 0,015 mol/l?*

$c(H_3O^+) = 0{,}015$ mol/l

$pH = -\log c(H_3O^+) = -\log 0{,}015$[1]

$\mathbf{pH = 1{,}8}$

Bei sehr starken Basen der Formel MeOH entspricht die Konzentration der gebildeten OH^--Ionen im Gleichgewicht der Anfangskonzentration der Base.

[1] Zur Berechnung von pH-Werten wird nur der Zahlenwert der Konzentration verwendet, da der Logarithmus von Einheiten nicht definiert ist.

Beispiel 2: *Zu berechnen ist der pH-Wert einer Natronlauge, $c(NaOH) = 7{,}50 \cdot 10^{-3}$ mol/l.*

$$c(OH^-) = 7{,}50 \cdot 10^{-3}\ \text{mol/l}$$

$$c(H_3O^+) = \frac{K_w}{c(OH^-)} = \frac{10^{-14}\ (\text{mol/l})^2}{7{,}50 \cdot 10^{-3}\ \text{mol/l}} = 1{,}33 \cdot 10^{-12}\ \text{mol/l}$$

pH = 11,9

Aufgaben:

1. Die Konzentration der Hydroxidionen einer wäßrigen Lösung sei $1 \cdot 10^{-11}$ mol/l. Welchen pH-Wert besitzt diese Lösung? Welchen Charakter weist sie auf?

2. Eine wäßrige Lösung habe den pH-Wert 9,0.
Wieviel Gramm Hydroxidionen enthält $^1/_4$ Liter?

3. Welchen Charakter zeigen die wäßrigen Lösungen folgender Stoffe: Wasserstoffsulfid, Kaliumoxid, Natriumsulfat, Ammoniumcarbonat, Kaliumhydrogenphosphat?
(Orientieren Sie sich dabei an der Säure-Base-Tabelle.)

4. a) Welchen Charakter zeigt eine wäßrige Kaliumsulfidlösung?
b) Wie verändert sich der pH-Wert, wenn man dieser Lösung Ammoniumhydrogensulfat im Überschuß zusetzt?
c) Formulieren Sie die Gesamtreaktion.

5. Berechnen Sie
a) den pH-Wert einer Natronlauge, $c(NaOH) = 0{,}0350$ mol/l,
b) den pH-Wert einer Perchlorsäure, $c(HClO_4) = 0{,}035$ mol/l.

8.7 Die Neutralisation

Versuch 8-8: Zu 100 ml Salzsäure, $c(HCl) = 0{,}01$ mol/l, die mit wenigen Tropfen Bromthymolblau versetzt ist, werden unter ständigem Rühren 100 ml ebenfalls mit Bromthymolblau versetzte Natronlauge, $c(NaOH) = 0{,}01$ mol/l, gegeben, bis ein Farbumschlag eintritt.

Beobachtung: Es entsteht eine Mischfarbe grün, die einen pH-Wert von ungefähr 7 anzeigt.

Versuch 8-9: In einem hohen und weiten Reagenzglas werden NaOH-Plätzchen mit konzentrierter Salzsäure übergossen (Vorsicht, Schutzbrille!).

Beobachtung: Es tritt eine starke Erwärmung auf.

Eine Protolyse, bei der aus einer Säure und einer Base neutrale oder wenigstens annähernd neutrale Produkte entstehen, bezeichnet man als **Neutralisation.**

Unter den Ausgangsstoffteilchen stellen H_3O^+-Ionen die stärkste Säure und OH^--Ionen die stärkste Base dar. Sie reagieren mit großer Geschwindigkeit praktisch vollständig zu Wasser. Die jeweiligen Begleitionen (hier Na^+ und Cl^-) beteiligen sich hingegen überhaupt nicht am eigentlichen Reaktionsgeschehen und ergeben ein gelöstes Salz. Die Neutralisation von Salzsäure mit Natronlauge muß demnach wie folgt formuliert werden:

(8-20) $$\underbrace{H_3O^+ + Cl^-}_{\text{Salzsäure}} + \underbrace{Na^+ + OH^-}_{\text{Natronlauge}} \rightleftharpoons \underbrace{Na^+ + Cl^-}_{\text{Kochsalz}} + \underbrace{2\,H_2O}_{\text{Wasser}}$$

$$\Delta H_m = -57{,}5\ \text{kJ/mol}$$

Bleiben die nicht an der Reaktion beteiligten Ionen unberücksichtigt, so vereinfacht sich die Gleichung:

(8-21) $H_3O^+ + OH^- \rightleftharpoons 2\,H_2O \qquad \Delta H_m = -57{,}5\ \mathrm{kJ/mol}$ bzw.

(8-22) $H^+ + OH^- \rightleftharpoons H_2O \qquad \Delta H_m = -57{,}5\ \mathrm{kJ/mol}$

Die Wärmetönung dieser Reaktion wird als **Neutralisationswärme** bezeichnet.

Aufgaben:

Formulieren Sie

1. die Neutralisation von Phosphorsäure mit Calciumhydroxid,

2. die Neutralisation von Aluminiumhydroxid mit Schwefelsäure.

8.8 Neutralisationstitration

Versuch 8-10: 20 ml Salzsäure, $c(\mathrm{HCl}) = 1$ mol/l, werden in einem Becherglas auf 200 ml verdünnt und mit einigen Tropfen Bromthymolblau-Lösung versetzt. Unter ständigem Rühren mit einem Magnetrührer läßt man aus einer 25 ml-Bürette Natronlauge, $c(\mathrm{NaOH}) = 1$ mol/l, langsam zutropfen. Gleichzeitig wird der pH-Wert mit der Glaselektrode potentiometrisch gemessen. Die Meßergebnisse werden in ein Diagramm eingetragen.

Abbildung 8-7: Neutralisationstitration *mit potentiometrischer Bestimmung des Äquivalenzpunktes*

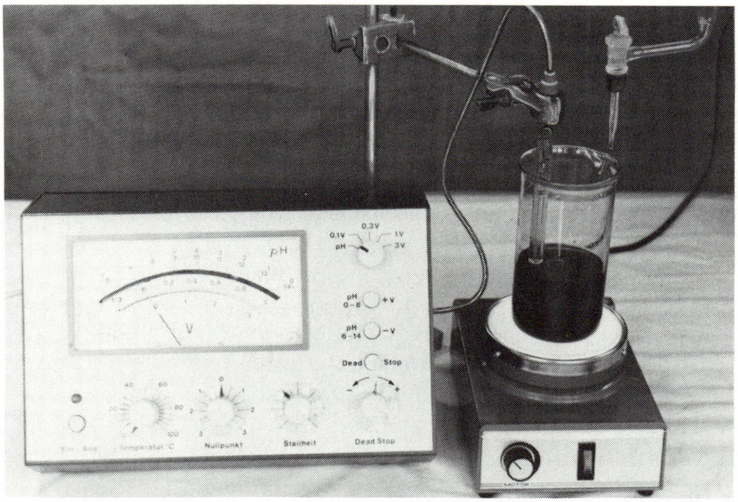

Diagramm 8-1: Neutralisationskurve

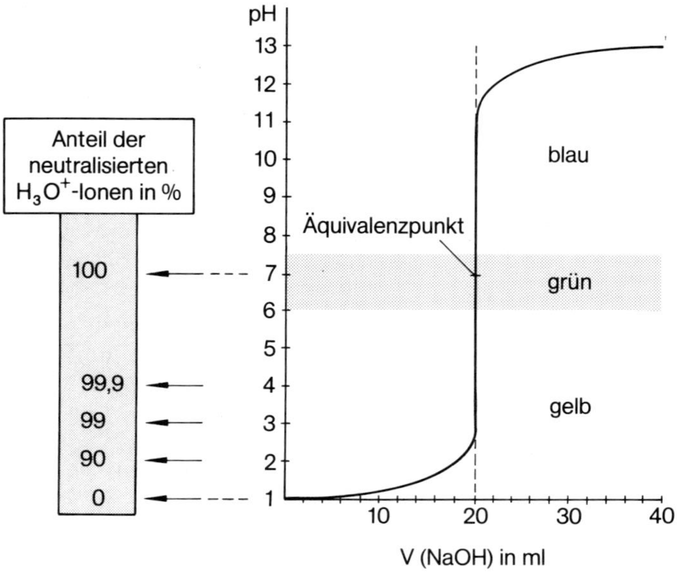

Dem Kurvenverlauf liegt folgende Überlegung zugrunde:

Für die Salzsäure, $c(\mathrm{HCl}) = 0{,}1$ mol/l gilt:

$$\mathrm{pH} = -\log c(H_3O^+) = -\log 0{,}1 = 1.$$

Durch Zugabe von 18 ml NaOH ($c = 1$ mol/l) sind 90% von 200 ml Salzsäure neutralisiert; $c(H_3O^+)$ sinkt auf 1/10 des Ausgangswertes ($c(H_3O^+) = 10^{-2}$ mol/l), was dem pH-Wert 2 entspricht. Neutralisiert man von den verbliebenen 10% der Salzsäure abermals 90% (≙ insgesamt 99% der ursprünglich vorhandenen Säure), so sinkt $c(H_3O^+)$ schließlich auf 1/100 ihres anfänglichen Wertes, und der pH-Wert steigt auf 3, bei 99,9% neutralisierter Säure auf 4. Um die restlichen 0,1 % Säure zu neutralisieren, reichen nunmehr geringste Mengen Natronlauge aus, so daß der pH-Wert bei genau 20 ml zugeführter Natronlauge sprunghaft auf 7 ansteigt.

Analog dazu bewirkt die weitere Zugabe winziger Mengen Natronlauge einen zunächst raschen, sich dann abflachenden Anstieg. Nach einem Verbrauch von 40 ml Natronlauge wird schließlich ein pH-Wert von annähernd 13 erreicht.

Dem Diagramm ist zu entnehmen, daß im Bereich des Neutralpunktes (Äquivalenzpunkt) wegen der Steilheit der Neutralisationskurve bereits geringste Mengen an Natronlauge genügen, um eine starke pH-Wert-Änderung hervorzurufen und damit den Farbumschlag des Indikators zu bewirken. Dies nützt man aus, um mit Hilfe einer **Neutralisationstitration** Massen von Säuren bzw. Basen durch Reaktion mit einer Maßlösung genau bekannter Konzentration zu bestimmen.

Beispiel 1: *Bei der Titration von 60 ml Kalilauge wurden 15 ml Salzsäure, c (HCl) = 1,0 mol/l, verbraucht. Zu berechnen sind die Konzentration und die Masse von Kaliumhydroxid.*

Für den Reaktionsverlauf verwenden wir die vereinfachte Gleichung:

(8-22) $$\mathbf{KOH + HCl \rightleftharpoons KCl + H_2O}$$

Hieraus folgt, daß zur vollständigen Neutralisation von 1 mol KOH 1 mol HCl benötigt wird. Somit gilt:

$$\frac{n(\mathrm{KOH})}{n(\mathrm{HCl})} = \frac{1}{1} \quad \text{bzw.} \quad c(\mathrm{KOH}) \cdot V(\mathrm{KOH\text{-}Ls}) = c(\mathrm{HCl}) \cdot V(\mathrm{HCl\text{-}Ls})$$

$$c(\mathrm{KOH}) = \frac{1{,}0\ \mathrm{mol/l} \cdot 15\ \mathrm{ml}}{60\ \mathrm{ml}} = \mathbf{0{,}25\ mol/l}$$

Die Masse von Kaliumhydroxid berechnet sich wie folgt:

$$m(\mathrm{KOH}) = n(\mathrm{KOH}) \cdot M(\mathrm{KOH}) = c(\mathrm{KOH}) \cdot V(\mathrm{KOH\text{-}Ls}) \cdot M(\mathrm{KOH})$$
$$m(\mathrm{KOH}) = 0{,}25\ \mathrm{mol/l} \cdot 6{,}0 \cdot 10^{-2}\ \mathrm{l} \cdot 56{,}1\ \mathrm{g/mol} = \mathbf{0{,}84\ g}$$

Beispiel 2: *Zur Titration von 20 ml verdünnter Schwefelsäure werden 4,0 ml Natronlauge, c (NaOH) = 1,0 mol/l, verbraucht. Berechnen Sie die Konzentration und die Masse der reinen Säure.*

Vereinfachte Gleichung:

(8-23) $$\mathbf{H_2SO_4 + 2\,NaOH \rightleftharpoons Na_2SO_4 + 2\,H_2O}$$

Zur vollständigen Neutralisation von 1 mol H_2SO_4 werden 2 mol NaOH benötigt.

Daher gilt:

$$\frac{n(\mathrm{H_2SO_4})}{n(\mathrm{NaOH})} = \frac{1}{2} \ \text{bzw.}\ 2 \cdot c(\mathrm{H_2SO_4}) \cdot V(\mathrm{H_2SO_4\text{-}Ls}) = c(\mathrm{NaOH}) \cdot V(\mathrm{NaOH\text{-}Ls})$$

$$c(\mathrm{H_2SO_4}) = \frac{1{,}0\ \mathrm{mol/l} \cdot 4{,}0\ \mathrm{ml}}{2 \cdot 20\ \mathrm{ml}} = \mathbf{0{,}10\ mol/l}$$

$$m(\mathrm{H_2SO_4}) = n(\mathrm{H_2SO_4}) \cdot M(\mathrm{H_2SO_4}) = c(\mathrm{H_2SO_4}) \cdot V(\mathrm{H_2SO_4\text{-}Ls}) \cdot M(\mathrm{H_2SO_4})$$
$$m(\mathrm{H_2SO_4}) = 0{,}10\ \mathrm{mol/l} \cdot 2{,}0 \cdot 10^{-2}\ \mathrm{l} \cdot 98\ \mathrm{g/mol} = \mathbf{0{,}20\ g}$$

Aufgabe:

Zur Titration von 30 ml Salzsäure wurden 6,0 ml Bariumhydroxid, $c(\mathrm{Ba(OH)_2}) = 0{,}10$ mol/l, verbraucht.
Berechnen Sie
a) die Konzentration,
b) die Masse des Wasserstoffchlorids in der vorgegebenen Lösung.

9 Redoxreaktionen

9.1 Reduktion und Oxidation – Reduktionsmittel und Oxidationsmittel

Versuch 9-1: Aus einem langen, gebogenen Glasrohr wird Aluminium- bzw. Zinkstaub in die Flamme eines Bunsenbrenners geblasen.

Versuch 9-2: Ein schwer schmelzbares Reagenzglas, dessen Boden mit wenig Zinkpulver bedeckt ist, wird unter ständigem Einleiten von Chlorgas bis zum Einsetzen einer Reaktion kräftig erhitzt (Abzug).

Beobachtung: Aluminium und Zink verbrennen zu weißen Endprodukten.

Abbildung 9-1: Verbrennung von Aluminiumstaub *in der Flamme des Bunsenbrenners*

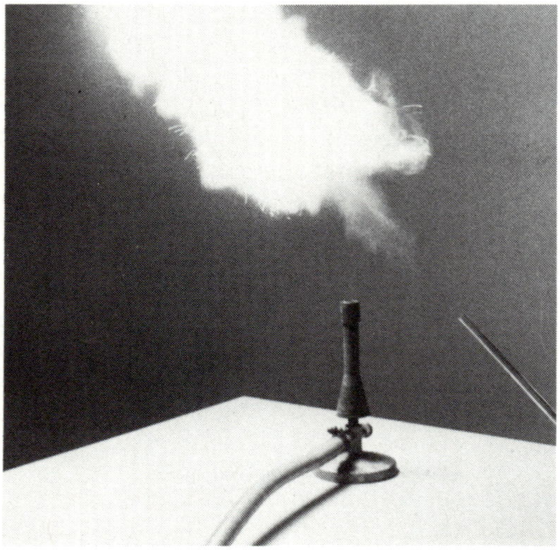

Bei Reaktionen zwischen Metallen und Sauerstoff entstehen ionische Oxide wie z. B. Aluminiumoxid und Zink(II)-oxid.

(9-1) $$2Zn + O_2 \rightarrow 2ZnO$$

Dabei kann die Bildung der Zn^{2+}- und O^{2-}-Ionen durch folgende Teilgleichungen wiedergegeben werden:

(9-2) $2Zn \rightarrow 2Zn^{2+} + 4e^-$ (*Elektronenabgabe*)

(9-3) $O_2 + 4e^- \rightarrow 2O^{2-}$ (*Elektronenaufnahme*)

Analog dazu muß man sich die Bildung des ebenfalls ionisch aufgebauten Salzes Zinkchlorid

(9-4) $$Zn + Cl_2 \rightarrow ZnCl_2$$

aus Teilgleichungen zusammengesetzt denken:

(9-5) $Zn \rightarrow Zn^{2+} + 2e^-$ (*Elektronenabgabe*)

(9-6) $Cl_2 + 2e^- \rightarrow 2Cl^-$ (*Elektronenaufnahme*)

Ein Vergleich der beiden Reaktionen macht deutlich, daß jeweils ein Stoff (Zn) Elektronen abgibt und der andere (O_2 bzw. Cl_2) Elektronen aufnimmt.

> Ein Stoff, der Elektronen abgeben kann, wird Reduktionsmittel genannt.
> Ein Stoff, der Elektronen aufnehmen kann, wird Oxidationsmittel genannt.

Ein Reduktionsmittel reduziert andere Stoffe, indem es Elektronen auf sie überträgt; ein Oxidationsmittel oxidiert andere Stoffe, indem es diesen Elektronen entzieht.

> **Elektronenaufnahme wird Reduktion genannt;**
> **Elektronenabgabe wird Oxidation genannt.**

Allerdings können Teilchen nur dann Elektronen abgeben, wenn gleichzeitig Reaktionspartner anwesend sind, die diese Elektronen aufnehmen. Daher verlangt jede Oxidation eine gleichzeitige Reduktion und umgekehrt. Hier zeigt sich eine Analogie zur Übertragung von Protonen bei Säure-Base-Reaktionen.

> Vorgänge, bei denen ein Elektronenaustausch erfolgt, werden als **Redoxreaktionen** bezeichnet.

Bei Redoxreaktionen werden Elektronen vom Reduktionsmittel auf das Oxidationsmittel übertragen; dabei wird das Reduktionsmittel oxidiert und das Oxidationsmittel reduziert.

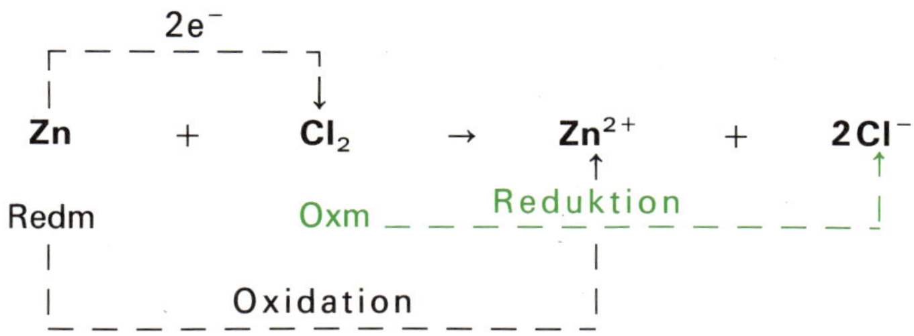

Die bisher formulierten Redoxvorgänge lassen folgende Regel erkennen:

> Bei Redoxreaktionen muß die Zahl der abgegebenen Elektronen stets der Zahl der aufgenommenen Elektronen entsprechen.

Ein weiteres Beispiel soll diese Erkenntnis festigen:

(9-7) $4Al \rightleftharpoons 4Al^{3+} + \mathbf{12e^-}$ (Oxidation)

(9-8) $3O_2 + \mathbf{12e^-} \rightleftharpoons 6O^{2-}$ (Reduktion)

(9-9) $\mathbf{4Al + 3O_2 \rightleftharpoons 2Al_2O_3}$ (Redoxreaktion)

Die Reaktionen (9-7) bis (9-9) sind Gleichgewichtsreaktionen und somit umkehrbar. In (9-7) ist Aluminium das Reduktionsmittel und das mit ihm korrespondierende Aluminium das Oxidationsmittel. Man bezeichnet zwei derart miteinander in Beziehung stehende Teilchen als **korrespondierendes Redoxpaar**.

- *Redoxpaar:* **Reduktionsmittel $\rightleftharpoons$ Oxidationsmittel + Elektronen**

Auch die Gleichung (9-8) stellt ein korrespondierendes Redoxpaar dar, in dem der Sauerstoff das Oxidationsmittel und das Oxidion das mit ihm korrespondierende Reduktionsmittel ist.

- **An Redoxreaktionen sind stets zwei Redoxpaare beteiligt.**

(Vergleiche hiermit die an Protolysereaktionen stets beteiligten zwei Säure-Base-Paare!)

Aufgaben:

1. Formulieren Sie die Reaktion von Magnesium mit Stickstoff, und zeigen Sie die zwei beteiligten korrespondierenden Redoxpaare auf.
2. Welche der folgenden Teilchen stellen Oxidationsmittel dar: K, Mg, S^{2-}, I_2, Al, Fe^{3+}? Geben Sie die korrespondierenden Reduktionsmittel an.

9.2 Die Oxidationszahl

Man bezeichnet auch z. B. die Knallgasreaktion als eine Redoxreaktion, obwohl bei ihr kein vollständiger Elektronenübergang vorliegt. Es werden nur polare Atombindungen ausgebildet.

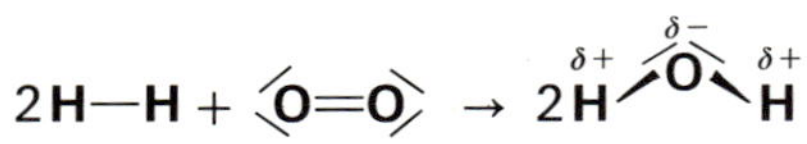

Um Gleichungen für solche Vorgänge erstellen zu können, hat man als Hilfsmittel die **Oxidationszahl (OZ)** eingeführt. Sie repräsentiert eine **wahre oder hypothetische Ionenladung** und wird als römische Zahl mit vorangestelltem Vorzeichen[1] über oder rechts oben neben das jeweilige Elementsymbol geschrieben (z. B. Mg^{+II}, O^{-II}, H^{+I}). Ihre Definition nach DIN 32640 lautet:

> „Die Oxidationszahl eines Elementes in irgendeiner chemischen Einheit gibt die Ladung an, die ein Atom des Elementes haben würde, wenn die Elektronen jeder Bindung an diesem Atom dem jeweils stärker elektronegativen Atom zugeordnet werden."

Bestimmung der Oxidationszahl

1. Bei Stoffen, die aus *einfachen Ionen* aufgebaut sind, entsprechen sich Ladungs- und Oxidationszahl sowohl vom Betrag als auch vom Vorzeichen her.

Beispiel Al_2O_3:

Teilchen mit Ladungsangabe	Teilchen mit Angabe der OZ
O^{2-}	O^{-II}
Al^{3+}	Al^{+III}

[1] Ziffern ohne Vorzeichen bedeuten positive Oxidationszahlen.

2. *Moleküle mit polaren Atombindungen* (z.B. H_2O) werden gedanklich so zerlegt, daß die bindenden Elektronenpaare dem elektronegativsten Partner zugeordnet sind. Die so erhaltenen Ionenladungen bezeichnet man als Oxidationszahlen.

Beispiele:

Verbindung	echte Ionen	hypothetische Ionen	Teilchen mit Angabe der OZ
	–	$2H^{+}/O^{2-}$	$2H^{+I}/O^{-II}$
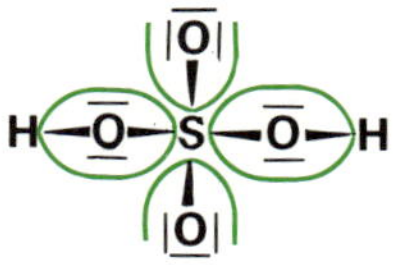	–	$2H^{+}/4O^{2-}/S^{6+}$	$2H^{+I}/4O^{-II}/S^{+VI}$

3. *Atome von Elementen* haben stets die Oxidationszahl 0 (z. B. Fe^{0}, N_2^{0}). In Gleichungen unterbleibt die Angabe.

Da aber eine ganze Reihe von Elementen in Verbindungen entweder immer oder sehr häufig gleiche Oxidationszahlen aufweisen, ist es von Vorteil, sich die gängigsten einzuprägen, die die folgende Übersicht zeigt:

Elementgruppe / Element	*OZ (in Verbindungen)*
a) Alkalimetalle	stets +I
b) Erdalkalimetalle	stets +II
c) Elemente der 3. Hauptgruppe	stets +III
d) Fluor (elektronegativstes Element)	stets −I
e) Wasserstoff	meist +I
f) Sauerstoff	meist −II

Die Summe der Oxidationszahlen ergibt die Gesamtladung des betrachteten Teilchens. Daher läßt sich in jeder Formel die unbekannte OZ eines Elements mit Hilfe der bekannten Oxidationszahlen der übrigen Elemente sehr einfach berechnen.

Beispiele: *Gesucht sei jeweils die Oxidationszahl x*
a) von Phosphor in H_3PO_4,
b) von Stickstoff in NH_4^+,
c) von Chrom in $Cr_2O_7^{2-}$.

Lösungen

a) $x + 3(+1) + 4(-2) = 0$
$x = +5 \Rightarrow$ OZ von P: **+V**

b) $x + 4(+1) = +1$
$x = -3 \Rightarrow$ OZ von N: **−III**

c) $2x + 7(-2) = -2$
$x = +6 \Rightarrow$ OZ von Cr: **+VI**

Weitere Beispiele über die Ableitung von Oxidationszahlen zeigt die Tabelle 9-1.

Tabelle 9-1: Oxidationszahlen

Name	*Formel*	*Echte Ionen*	*Hypothetische Ionen*	*Oxidationszahlen*
Natriumchlorid	$NaCl$	Na^{+}; Cl^{-}		$\mathbf{Na^{+I}}$; $\mathbf{Cl^{-I}}$
Kaliumoxid	K_2O	K^{+}; O^{2-}		$\mathbf{K^{+I}}$; $\mathbf{O^{-II}}$
Lithiumhydrid	LiH	Li^{+}; H^{-}		$\mathbf{Li^{+I}}$; $\mathbf{H^{-I}}$
Magnesiumbromid	$MgBr_2$	Mg^{2+}; Br^{-}		$\mathbf{Mg^{+II}}$; $\mathbf{Br^{-I}}$
Aluminiumfluorid	AlF_3	Al^{3+}; F^{-}		$\mathbf{Al^{+III}}$; $\mathbf{F^{-I}}$
Calciumnitrid	Ca_3N_2	Ca^{2+}; N^{3-}		$\mathbf{Ca^{+II}}$; $\mathbf{N^{-III}}$
Wasserstoffchlorid	HCl		H^{+}; Cl^{-}	$\mathbf{H^{+I}}$; $\mathbf{Cl^{-I}}$
Wasser	H_2O		H^{+}; O^{2-}	$\mathbf{H^{+I}}$; $\mathbf{O^{-II}}$
Schwefelsäure	H_2SO_4		H^{+}; S^{6+}; O^{2-}	$\mathbf{H^{+I}}$; $\mathbf{S^{+VI}}$; $\mathbf{O^{-II}}$
Hydroniumion	H_3O^{+}	H_3O^{+}	H^{+}; O^{2-}	$\mathbf{H^{+I}}$; $\mathbf{O^{-II}}$
Hydroxidion	OH^{-}	OH^{-}	H^{+}; O^{2-}	$\mathbf{H^{+I}}$; $\mathbf{O^{-II}}$
Natriumnitrat	$NaNO_3$	Na^{+}; NO_3^{-}	N^{5+}; O^{2-}	$\mathbf{Na^{+I}}$; $\mathbf{N^{+V}}$; $\mathbf{O^{-II}}$
Kaliumpermanganat	$KMnO_4$	K^{+}; MnO_4^{-}	Mn^{7+}; O^{2-}	$\mathbf{K^{+I}}$; $\mathbf{Mn^{+VII}}$; $\mathbf{O^{-II}}$
Ammoniumnitrat	NH_4NO_3	NH_4^{+}; NO_3^{-}	N^{3-}; H^{+}; N^{5+}; O^{2-}	$\mathbf{N^{-III}}$; $\mathbf{H^{+I}}$; $\mathbf{N^{+V}}$; $\mathbf{O^{-II}}$
Kaliumchromat	K_2CrO_4	K^{+}; CrO_4^{2-}	Cr^{6+}; O^{2-}	$\mathbf{K^{+I}}$; $\mathbf{Cr^{+VI}}$; $\mathbf{O^{-II}}$

Gehen zwei Elemente Verbindungen verschiedener Zusammensetzung ein, so bringt man die variablen Oxidationszahlen der Atome bzw. einfachen Ionen im *Namen* der jeweiligen Verbindung folgendermaßen zum Ausdruck:

$Fe^{+II}O$:	Eisen(II)-oxid	$Cu_2^{+I}SO_4$:	Kupfer(I)-sulfat
$Fe_2^{+III}O_3$:	Eisen(III)-oxid	$Cu^{+II}SO_4$:	Kupfer(II)-sulfat
$Mn^{+IV}O_2$:	Mangan(IV)-oxid	$Mn^{+II}O$:	Mangan(II)-oxid
$N_2^{+III}O_3$:	Stickstoff(III)-oxid	$N^{+II}O$:	Stickstoff(II)-oxid

Die nachfolgende Gegenüberstellung von Redoxvorgängen und Protolysen soll noch einmal die vielen formalen Ähnlichkeiten dieser Reaktionsabläufe aufzeigen.

Redoxreaktionen

$4e^{-}$

$$\mathbf{S^{0}} + \mathbf{O_2^{0}} \rightleftharpoons \mathbf{S^{+IV}} \quad \mathbf{O_2^{-II}}$$

Redm, Oxm, Oxm, Redm

Redoxpaar 1

Redoxpaar 2

$2e^{-}$

$$\mathbf{Zn^{0}} + \mathbf{S^{0}} \rightleftharpoons \mathbf{Zn^{+II}} \quad \mathbf{S^{-II}}$$

Redm, Oxm, Oxm, Redm

Redoxpaar 1

Redoxpaar 2

Säure-Base-Reaktionen

H^{+}

$$\mathbf{H_2O} + \mathbf{NH_3} \rightleftharpoons \mathbf{OH^{-}} + \mathbf{NH_4^{+}}$$

Säure, Base, Base, Säure

Säure-Base-Paar 1

Säure-Base-Paar 2

H^{+}

$$\mathbf{HCl} + \mathbf{H_2O} \rightleftharpoons \mathbf{Cl^{-}} + \mathbf{H_3O^{+}}$$

Säure, Base, Base, Säure

Säure-Base-Paar 1

Säure-Base-Paar 2

Aufgaben:

1. In den folgenden Formeln sind die Oxidationszahlen der jeweils unterstrichenen Elemente anzugeben.
$K_2\underline{Mn}O_4$, $Na_4\underline{Si}O_4$, $\underline{Cl}_2O$, $\underline{N}H_4\underline{N}O_3$, $\underline{Cr}O_4^{2-}$, $\underline{Mn}(HCO_3)_2$, $(NH_4)_2\underline{Pt}Cl_6$

2. Wie lauten die Formeln folgender Verbindungen?
Mangan(II)-sulfat, Zink(II)-nitrat, Kupfer(I)-sulfid, Blei(II)-phosphat, Aluminiumcarbonat, Eisen(III)-hydrogenphosphat, Schwefel(VI)-oxid, Phosphor(III)-oxid

3. Geben Sie die Namen folgender Verbindungen an.
CuS, $Mg(NO_3)_2$, Ba_3N_2, $Ca(OH)_2$, $PbCl_2$, $HgCl$, $FeCO_3$, N_2O_3, SF_6

9.3 Beschreibung von Redoxvorgängen

Versuch 9-3: Ein Gemisch aus 27 g Aluminium und 80 g Eisen(III)-oxid wird in ein Tongefäß gegeben und in der Mitte mit etwas Magnesiumpulver überschichtet. Das Al/Fe_2O_3-Gemenge (Thermit) wird schließlich über ein Mg-Band möglichst im Freien aus gebührendem Abstand gezündet.

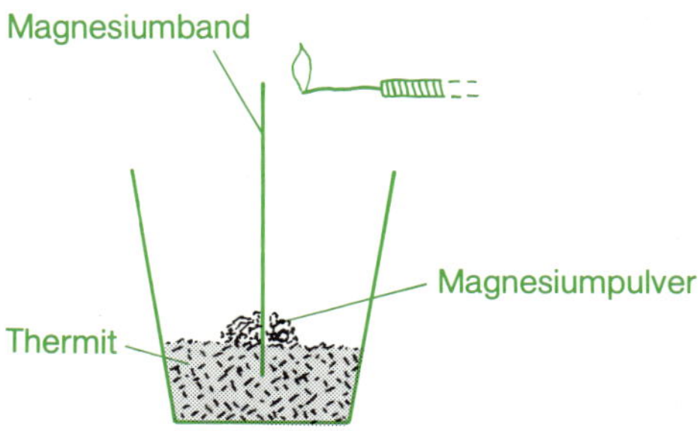

Beobachtung: Die Reaktion zwischen Eisen(III)-oxid und Aluminium läuft unter starker Hitzeentwicklung und kräftigem Funkensprühen ab; aus der sehr spröden Aluminiumschlacke läßt sich mit dem Hammer ein etwa erbsengroßer „Eisenkern" (Prüfung mit einem Magneten) herausschlagen.

Abbildung 9-2: Thermit-Versuch; *oben Reaktionsgefäß, darunter Auffangbehälter für das flüssige Eisen*

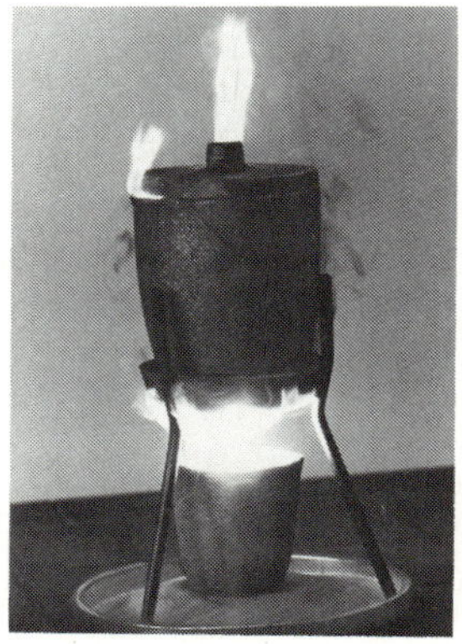

Beim **Aufstellen einer Redoxgleichung** geht man folgendermaßen vor:

1. Angabe der Formeln der Reaktionsteilnehmer und Bestimmung der Oxidationszahlen.
2. Formulieren der Teilgleichungen für die Oxidation und die Reduktion mit dem geforderten Elektronenausgleich.
3. Erstellen der Gesamtgleichung.

Auf unser Versuchsbeispiel angewandt, gilt:

1. Ausgangsstoffe: $Fe_2^{+III}O_3^{-II}$, Al^0

Endstoffe: $Al_2^{+III}O_3^{-II}$, Fe^0

2. Elektronenübergänge:

$2\,Al \rightarrow 2\,Al^{3+} + 6\,e^-$ (Oxidation)

$2\,Fe^{3+} + 6\,e^- \rightarrow 2\,Fe$ (Reduktion)

3. Gesamtgleichung:

(9-10) $\mathbf{Fe_2O_3 + 2\,Al \rightarrow Al_2O_3 + 2\,Fe}$ (Redoxreaktion)

Das Thermitverfahren wird zum Verschweißen von Eisenbahnschienen verwendet und auch zur Gewinnung von Metallen herangezogen, die sich mit dem billigeren Kohlenstoff allzu leicht verbinden oder legieren würden, wie z. B. Chrom, Mangan oder Titan. Dabei läßt man jeweils ein Gemisch des Reduktionsmittels Aluminium mit dem entsprechenden Metalloxid in großen, feuerfest ausgekleideten Eisenbottichen reagieren. Die Reaktion läuft analog der in unserem Versuch gezeigten ab:

Beispiel: $Cr_2^{+III}O_3 + 2\,Al \rightarrow 2\,Cr + Al_2^{+III}O_3$

Versuch 9-4: In einem schwer schmelzbaren Reaktionsrohr befindet sich ein Porzellanschiffchen mit etwas Eisen(III)-oxid. Nun läßt man über das Fe_2O_3 ständig Kohlenstoffmonooxid-Gas hinwegstreichen. Das Gas verläßt das Reaktionsrohr über eine Waschflasche, die Kalkwasser enthält.
Aufgrund der hohen Giftigkeit des CO wird grundsätzlich unter dem Abzug gearbeitet und sehr sorgfältig auf Dichtigkeit geachtet. Nachdem man sich davon überzeugt hat, daß die gesamte Anlage luftfrei ist, wird das Fe_2O_3 kräftig mit dem Bunsenbrenner erhitzt.[1]

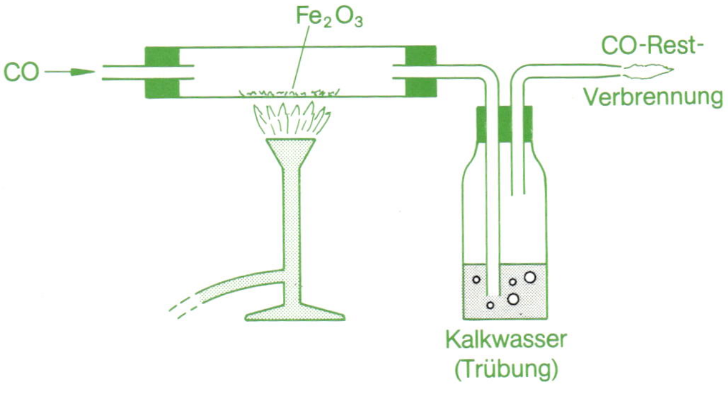

Beobachtung: Das rotbraune Fe_2O_3 wird allmählich grauschwarz, während sich das Kalkwasser zu trüben beginnt (CO_2-Nachweis). Nach dem Erkalten läßt sich die grauschwarze Masse mit einem Magneten als Eisen identifizieren.

Aufstellen der Gleichung:

1. Ausgangsstoffe: $Fe_2^{III}O_3^{-II}$, $C^{II}O^{-II}$

Endstoffe: Fe^0, $C^{IV}O_2^{-II}$

---

[1] Explosionsgrenze des Kohlenstoffmonooxids: 12,4–74 Vol-%

2. Elektronenübergänge[1]:

$$C^{2+} \rightarrow C^{4+} + 2e^- \quad / \cdot 3 \text{ (Oxidation)}$$

$$2Fe^{3+} + 6e^- \rightarrow 2Fe \quad \text{(Reduktion)}$$

3. Gesamtgleichung:

(9-11) $$\mathbf{Fe_2O_3 + 3CO \rightarrow 2Fe + 3CO_2}$$

Dieser Redoxprozeß stellt den wichtigsten Schritt bei der Gewinnung von Eisen aus oxidischen Erzen im Hochofen dar. Das benötigte Kohlenstoffmonooxid entsteht durch Oxidation der Kokskohle mit Luftsauerstoff:

$$\mathbf{2C + O_2 \rightarrow 2C^{+II}O^{-II}}$$

An allen diesen Beispielen sieht man, daß sich bei Redoxreaktionen die Oxidationszahlen systematisch ändern:

> Bei der Oxidation eines Teilchens wird die Oxidationszahl positiver, bei der Reduktion negativer.

Versuch 9-5: Drei große Erlenmeyerkolben werden jeweils zu etwa 1/3 mit mäßig konzentrierter Natriumsulfitlösung gefüllt. In Kolben I gibt man zusätzlich etwas verdünnte Schwefelsäure und in Kolben III etwas Natronlauge. Nun gießt man in die drei Kolben jeweils verdünnte Kaliumpermanganatlösung. Es lassen sich farbliche Veränderungen beobachten.

Reaktionsübersicht:

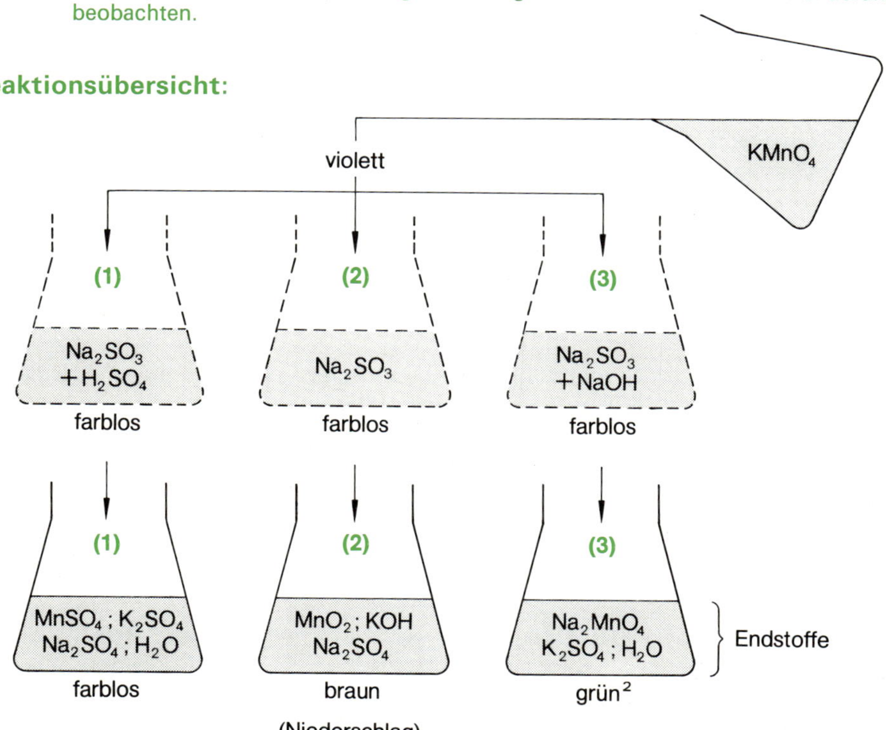

[1] In Gleichungen mit Elektronenbeteiligung werden anstelle von Oxidationszahlen Ladungszahlen angegeben, selbst wenn keine echten Ladungen vorliegen.

[2] Nach kurzer Zeit Braunfärbung

Um die Gleichungen für diese Reaktionen formulieren zu können, muß unser bisher angewandtes Verfahren in einigen Punkten erweitert werden. Dies soll an den drei Versuchsbeispielen aufgezeigt werden:

1. Reaktion von $KMnO_4$ mit Na_2SO_3 in saurem Milieu

– Zunächst werden die Oxidationszahlen in den Ausgangs- und Endstoffen bestimmt; diese entsprechen den Ladungen echter einfacher bzw. hypothetischer Ionen.

Ausgangsstoffe			*Endstoffe*		
Formel	echte Ionen	hypothetische Ionen	Formel	echte Ionen	hypothetische Ionen
$KMnO_4$ Na_2SO_3 H_2SO_4	$K^+ + MnO_4^-$ $2Na^+ + SO_3^{2-}$ $2H^+ + SO_4^{2-}$	$\mathbf{Mn^{7+}} + 4O^{2-}$ $\mathbf{S^{4-}} + 3O^{2-}$ $S^{6+} + 4O^{2-}$	$MnSO_4$ Na_2SO_4 K_2SO_4 H_2O	$\mathbf{Mn^{2+}} + SO_4^{2-}$ $2Na^+ + SO_4^{2-}$ $2K^+ + SO_4^{2-}$	$S^{6+} + 4O^{2-}$ $\mathbf{S^{6+}} + 4O^{2-}$ $S^{6+} + 4O^{2-}$ $2H^+ + O^{2-}$

Wie ersichtlich, ändern sich nur die Ladungen von Mangan und Schwefel.

– Nun wird eine Gleichung aufgestellt, die zunächst nur den geforderten Elektronenausgleich zwischen den Ionen mit unterschiedlichen Ladungen (Oxidationszahlen) anstrebt.

$$\begin{array}{llll} Mn^{7+} + 5e^- & \rightarrow Mn^{2+} & & / \cdot 2 \\ S^{4+} & \rightarrow S^{6+} & + 2e^- & / \cdot 5 \\ \hline 2Mn^{7+} + 5S^{4+} & \rightarrow 2Mn^{2+} + 5S^{6+} & & \end{array}$$

– Im nächsten Schritt ergänzt man die hypothetischen Ionen mit O^{2-}-Ionen zu echten Ionen und sorgt dafür, daß dabei auf beiden Seiten der Gleichung gleich viele Oxidionen hinzuaddiert werden.

$$2MnO_4^- + 5SO_3^{2-} \rightarrow 2Mn^{2+} + 5SO_4^{2-} + 3O^{2-}$$

– Die in Wasser nicht existenzfähigen O^{2-}-Ionen reagieren in saurer Lösung mit H^+-Ionen zu Wasser.

$$2MnO_4^- + 5SO_3^{2-} + 6H^+ \rightarrow 2Mn^{2+} + 5SO_4^{2-} + 3H_2O$$

– Schließlich wird die Ionengleichung zur endgültigen Stoffgleichung vervollständigt.

(9-12)

$$\mathbf{2KMnO_4 + 5Na_2SO_3 + 3H_2SO_4 \rightarrow 2MnSO_4 + 5Na_2SO_4 + K_2SO_4 + 3H_2O}$$

2. Reaktion von $KMnO_4$ mit Na_2SO_3 in neutralem Milieu

– Bestimmung der Oxidationszahlen in den Ausgangs- und Endstoffen

Ausgangsstoffe			*Endstoffe*		
Formel	echte Ionen	hypothetische Ionen	Formel	echte Ionen	hypothetische Ionen
$KMnO_4$ Na_2SO_3 H_2O	$K^+ + MnO_4^-$ $2Na^+ + SO_3^{2-}$	$\mathbf{Mn^{7+}} + 4O^{2-}$ $\mathbf{S^{4+}} + 3O^{2-}$ $2H^+ + O^{2-}$	MnO_2 Na_2SO_4 KOH	$2Na^+ + SO_4^{2-}$ $K^+ + OH^-$	$\mathbf{Mn^{4+}} + 2O^{2-}$ $\mathbf{S^{6+}} + 4O^{2-}$

– Elektronenübergang mit Ausgleich:

$$\begin{array}{llll} Mn^{7+} & +3e^- & \rightarrow Mn^{4+} & \quad /\cdot 2 \\ S^{4+} & & \rightarrow S^{6+} & +2e^- \;/\cdot 3 \\ \hline 2Mn^{7+} & +3S^{4+} & \rightarrow 2Mn^{4+} & +3S^{6+} \end{array}$$

– Ergänzung der hypothetischen zu echten Ionen (Mn^{4+} zur echten Verbindung)

$$2MnO_4^- + 3SO_3^{2-} \rightarrow 2MnO_2 + 3SO_4^{2-} + O^{2-}$$

– Reaktion der O^{2-}-Ionen mit Wasser

$$2MnO_4^- + 3SO_3^{2-} + H_2O \rightarrow 2MnO_2 + 3SO_4^{2-} + 2OH^-$$

– Gesamtgleichung

(9-13) $$\mathbf{2KMnO_4 + 3Na_2SO_3 + H_2O \rightarrow 2MnO_2 + 3Na_2SO_4 + 2KOH}$$

Aufgrund der gebildeten Kalilauge wird die Lösung zunehmend alkalisch.

3. Reaktion von $KMnO_4$ mit Na_2SO_3 in alkalischem Milieu

– Bestimmung der Oxidationszahlen

Ausgangsstoffe			*Endstoffe*		
Formel	echte Ionen	hypothetische Ionen	Formel	echte Ionen	hypothetische Ionen
$KMnO_4$ Na_2SO_3 $NaOH$	$K^+ + MnO_4^-$ $2Na^+ + SO_3^{2-}$ $Na^+ + OH^-$	$\mathbf{Mn^{7+}} + 4O^{2-}$ $\mathbf{S^{4+}} + 3O^{2-}$	Na_2MnO_4 K_2SO_4 H_2O	$2Na^+ + MnO_4^{2-}$ $2K^+ + SO_4^{2-}$	$\mathbf{Mn^{6+}} + 4O^{2-}$ $\mathbf{S^{6+}} + 4O^{2-}$ $2H^+ + O^{2-}$

– Elektronenübergang

$$\begin{array}{llll} Mn^{7+} + e^- & \rightarrow Mn^{6+} & & / \cdot 2 \\ S^{4+} & \rightarrow S^{6+} & + 2e^- & \\ \hline 2Mn^{7+} + S^{4+} & \rightarrow 2Mn^{6+} + S^{6+} & & \end{array}$$

– Ergänzung zu echten Ionen

$$2MnO_4^- + SO_3^{2-} + O^{2-} \rightarrow 2MnO_4^{2-} + SO_4^{2-}$$

– Entfernung der O^{2-}-Ionen mit Wasser

$$2MnO_4^- + SO_3^{2-} + 2OH^- \rightarrow 2MnO_4^{2-} + SO_4^{2-} + H_2O$$

– Gesamtgleichung

(9-14) $$\mathbf{2KMnO_4 + Na_2SO_3 + 2NaOH \rightarrow 2Na_2MnO_4 + K_2SO_4 + H_2O}$$

Aufgaben:

Formulieren Sie die folgenden Vorgänge.

1. Aluminium setzt sich mit Schwefelsäure zu Aluminiumsulfat und Wasserstoff um.
2. Wasserstoffchlorid reagiert mit Mangan(IV)-oxid unter Bildung von Mangan(II)-chlorid, Wasser und Chlor.
3. Kaliumdichromat reagiert mit Kaliumiodid in saurem Milieu (Schwefelsäure). Als Produkte erhält man u. a. Chrom(III)-Ionen, Sulfationen und Iod.
4. Titriert man Kaliumpermanganatlösung mit angesäuerter (Schwefelsäure) Eisen(II)-sulfatlösung, so entfärbt sich die Kaliumpermanganatlösung durch Bildung des blaßrosafarbenen Mn^{2+}-Ions. Gleichzeitig lassen sich jetzt Fe^{3+}-Ionen nachweisen.

9.4 Redoxreaktionen unter Beteiligung organischer Verbindungen

9.4.1 Nomenklatur und Struktur einiger einwertiger Alkohole und ihrer Oxidationsprodukte

Bisher wurden nur Redoxreaktionen behandelt, an denen anorganische Substanzen beteiligt waren. Sind die gewonnenen Erkenntnisse auch auf Reaktionen mit organischen Molekülen übertragbar? Wir betrachten zunächst einige Alkane und dann Vertreter wichtiger **Substanzklassen**, die man sich von diesen Kohlenstoffhydriden abgeleitet denkt und die sich durch spezifische Atomgruppen voneinander unterscheiden. Da diese Gruppen die charakteristischen Eigenschaften der jeweiligen Substanzklassen bedingen, bezeichnet man sie als **funktionelle Gruppen**.

Tabelle 9-2: Struktur und Nomenklatur einiger Alkane – abgeleitete Substanzklassen – funktionelle Gruppen

Alkan	*Eine sauerstoffhaltige Verbindung*	*Substanzklasse*	*Funktionelle Gruppe der Substanzklasse*
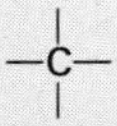 Methan	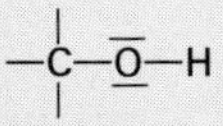 Methanol	Alkohol (hier Alkanol)	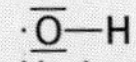 Hydroxylgruppe
	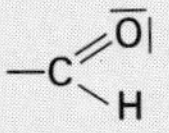 Methanal (Formaldehyd)	Aldehyd (hier Alkanal)	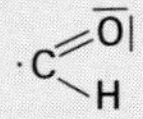 Aldehydgruppe
	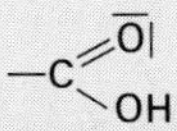 Methansäure (Ameisensäure)	Carbonsäure (hier Alkansäure)	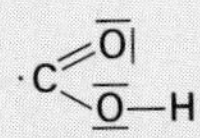 Carboxylgruppe
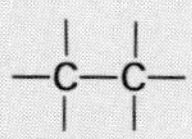 Ethan	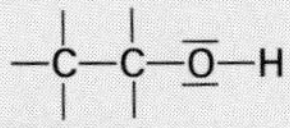 Ethanol	Alkohol (hier Alkanol)	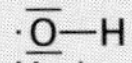 Hydroxylgruppe
	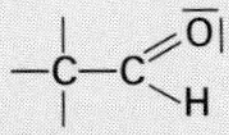 Ethanal (Acetaldehyd)	Aldehyd (hier Alkanal)	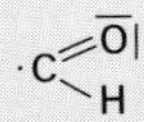 Aldehydgruppe
	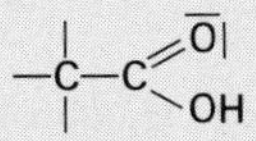 Ethansäure (Essigsäure)	Carbonsäure (hier Alkansäure)	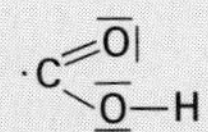 Carboxylgruppe
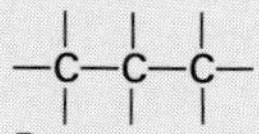 Propan	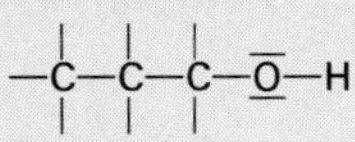 Propanol	Alkohol (hier Alkanol)	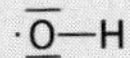 Hydroxylgruppe
	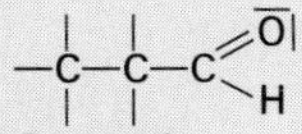 Propanal	Aldehyd (hier Alkanal)	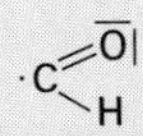 Aldehydgruppe
	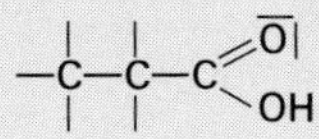 Propansäure	Carbonsäure (hier Alkansäure)	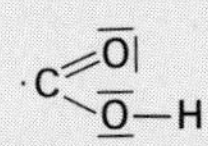 Carboxylgruppe
	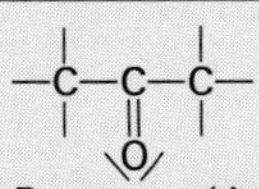 Propanon (Aceton)	Keton (hier Alkanon)	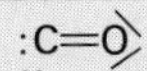 Ketogruppe

Die von den Alkanen abgeleiteten Alkohole (Alkanole) können grundsätzlich pro C-Atom nur eine Hydroxylgruppe tragen. Man unterscheidet **primäre, sekundäre und tertiäre Alkohole**, je nachdem, ob die OH-Gruppe eines Alkohols an einem primären, sekundären oder tertiären C-Atom steht. Ein C-Atom ist dabei primär, sekundär oder tertiär, wenn es unmittelbar mit einem, zwei oder drei weiteren C-Atomen verbunden ist.

Tabelle 9-3: Struktur und Nomenklatur einiger einwertiger Alkohole

Struktur	*Typ*	*Bezeichnung*
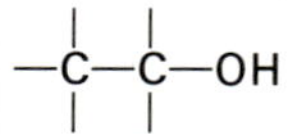	primär	Ethanol
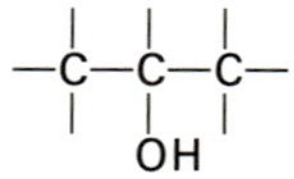	sekundär	2-Propanol
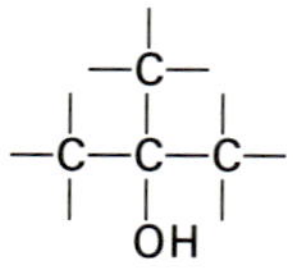	tertiär	2-Methyl-2-propanol

Aufgabe:

Welche der folgenden Aussagen sind falsch?
a) Primäre Alkohole sind Trinkalkohole.
b) Sekundäre Alkohole besitzen zwei OH-Gruppen.
c) Butanol kann auch ein tertiärer Alkohol sein.
d) Propanol stellt stets einen sekundären Alkohol dar.
e) Alkohole werden dann als primär bezeichnet, wenn sie in der chemischen Industrie eine vorrangige Stellung einnehmen.

9.4.2 Verbrennungsgleichung der Alkane – Ableitung der Oxidationszahl

Neben ihrer umfangreichen Verwendung als Ausgangsstoffe in der chemischen Industrie zählen die Alkane zu unseren wichtigsten Energieträgern.

Versuch 9-6: Mit einem Bunsenbrenner wird die Verbrennung von Propan oder Butan vorgeführt. Die gasförmigen Verbrennungsprodukte saugt man mittels einer Wasserstrahlpumpe unter einem Trichter ab und leitet diese durch ein langes Glasrohr sowie einen nachgeschalteten Erlenmeyerkolben, der Kalkwasser enthält.

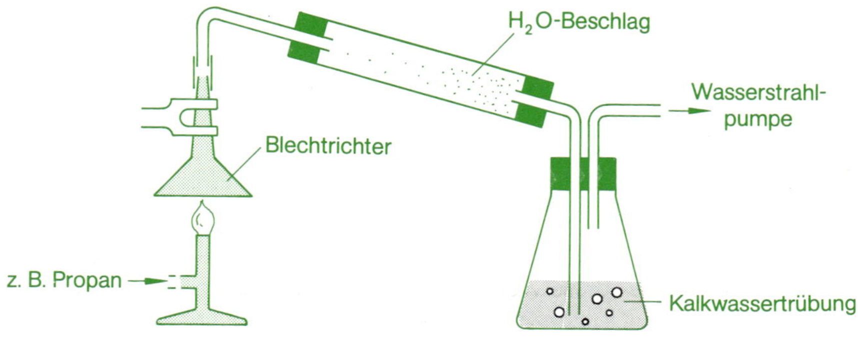

Die Bildung von Wassertröpfchen sowie die Trübung des Kalkwassers zeigen, daß Alkane zu Wasser und Kohlenstoffdioxid verbrennen.

Für die Verbrennung von **Propan** lautet die Gleichung:

(9-15) $$\mathbf{C_3H_8 + 5O_2 \rightarrow 4H_2O + 3CO_2}$$

Der Sauerstoff ändert seine Oxidationszahl von 0 auf −II, d. h., er wird reduziert. Da der Wasserstoff seine Oxidationszahl +I beibehält, muß die OZ des Kohlenstoffs erhöht worden sein, d. h., Propan wurde oxidiert. Für jedes der drei C-Atome im Propanmolekül ergibt sich zunächst die unpraktische OZ $-\frac{\text{VIII}}{3}$, die beim Aufstellen der Gleichung für den Elektronenübergang zu Schwierigkeiten führen würde.
Zur Festsetzung der Oxidationszahlen von C-Atomen in organischen Molekülen werden daher die gemeinsamen Elektronenpaare folgendermaßen verteilt: Die bindenden Elektronenpaare polarer C—X-Bindungen sind den elektronegativeren Atomen ganz (in C—H-Bindungen den C-Atomen), die gemeinsamen Elektronenpaare der unpolaren C—C-Bindungen hingegen den einzelnen C-Atomen nur zur Hälfte zuzuordnen. Auf diese Weise ergeben sich vernünftige hypothetische Ladungen bzw. Oxidationszahlen, wie z. B. für das erste und dritte C-Atom des Propanmoleküls die OZ −III und für das mittlere C-Atom die OZ −II:

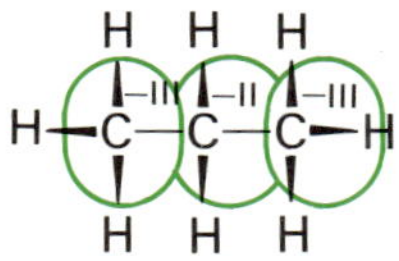

Mit dem gleichzeitigen Anstieg dieser verschiedenen Oxidationsstufen der drei C-Atome des Propanmoleküls auf die einheitliche Oxidationsstufe +IV des Kohlenstoffs in den drei entstehenden CO_2-Molekülen läßt sich jetzt der Teilschritt Oxidation bei der Verbrennung des Propans verstehen: Zwei C-Atome ändern formal ihre OZ von −III auf +IV, ein C-Atom von −II auf +IV. Die C-Atome des Propanmoleküls geben insgesamt 20 Elektronen ab, die von fünf O_2-Molekülen aufgenommen werden.

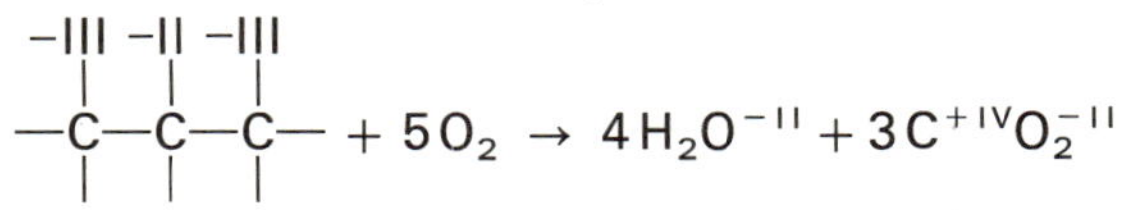

Aufgabe:

Formulieren Sie die vollständige Verbrennung
a) von Butan, b) von Ethanol.

Geben Sie die sich verändernden Oxidationszahlen an.

9.4.3 Oxidationsreihen von Alkanen

Die Oxidation von Alkanen zu Alkanolen

Die vollständige Oxidation von Alkanen führt zu Wasser und Kohlenstoffdioxid. Doch können auch einzelne C-Atome in Alkanen oxidiert werden, durch gesonderte Prozesse sogar in Stufen. Auf diese Weise lassen sich von Alkanen Vertreter neuer Substanzklassen herstellen, die zusammen eine Oxidationsreihe ergeben.

Vom Propan leiten sich 1-Propanol und 2-Propanol ab:

$$\overset{-III}{C}H_3 - \overset{-II}{C}H_2 - \boxed{\overset{-III}{C}H_3} + \boxed{\tfrac{1}{2}O_2} \rightarrow \overset{-III}{C}H_3 - \overset{-II}{C}H_2 - \boxed{\overset{-I}{C}H_2-\overset{-II}{O}H}$$

$$\overset{-III}{C}H_3 - \boxed{\overset{-II}{C}H_2} - \overset{-III}{C}H_3 + \boxed{\tfrac{1}{2}O_2} \rightarrow \overset{-III}{C}H_3 - \boxed{\begin{array}{c}\overset{0}{C}H \\ | \\ \overset{-II}{O}H\end{array}} - \overset{-III}{C}H_3$$

Änderungen der Oxidationszahlen treten nur beim O-Atom und beim C-Atom im jeweils eingerahmten Teil auf. Ein Vergleich der Oxidationszahlen macht deutlich, daß Propan als Reduktionsmittel zu 1-Propanol bzw. zu 2-Propanol oxidiert und Sauerstoff als Oxidationsmittel reduziert wurde.

Die Oxidation von primären Alkoholen zu Aldehyden

Versuch 9-7: In einem Reagenzglas werden ca. 5 ml Ethanol mit verdünnter Kaliumdichromatlösung versetzt, die man zuvor mit konzentrierter Schwefelsäure angesäuert hat.

Beobachtung: Die Gesamtlösung färbt sich grün; gleichzeitig läßt sich der Geruch des Aldehyds Ethanal wahrnehmen.

Die beobachtete Grünfärbung von Ethanol nach Zugabe angesäuerter Kaliumdichromatlösung zeigt eine Reduktion des organefarbenen Dichromations ($Cr_2O_7^{2-}$) zum grünen Cr^{3+}-Ion durch den primären Alkohol an. Gleichzeitig wird Ethanol zu Ethanal oxidiert.

Formulierung der Reaktion:

Ausgangsstoffe			*Endstoffe*		
Formel	echte Ionen	hypothetische Ionen	Formel	echte Ionen	hypothetische Ionen
$K_2Cr_2O_7$	$2K^+ + Cr_2O_7^{2-}$	$2\mathbf{Cr}^{6+} + 7O^{2-}$	$Cr_2(SO_4)_3$	$2\mathbf{Cr}^{3+} + 3SO_4^{2-}$	$S^{6+} + 4O^{2-}$
$CH_3—CH_2—OH$		$C^{3-} + 6H^+ + O^{2-} + \mathbf{C}^-$	$CH_3—CHO$		$C^{3-} + 4H^+ + O^{2-} + \mathbf{C}^+$
H_2SO_4		$2H^+ + S^{6+} + 4O^{2-}$	H_2O		$2H^+ + O^{2-}$

– Elektronenübergang

$$\begin{array}{llll} Cr^{6+} + 3e^- & \rightarrow Cr^{3+} & & / \cdot 2 \\ C^- & \rightarrow C^+ & +2e^- & / \cdot 3 \\ \hline 2Cr^{6+} + 3C^- & \rightarrow 2Cr^{3+} + 3C^+ & & \end{array}$$

– Ergänzung der hypothetischen zu echten Ionen bzw. Molekülen mit H^+- und O^{2-}-Ionen

$$Cr_2O_7^{2-} + 3CH_3—CH_2—OH \rightarrow 2Cr^{3+} + 3CH_3—CHO + 6H^+ + 7O^{2-}$$

– Reaktion der O^{2-}-Ionen mit H^+-Ionen aus Ethanol und Säure

$$Cr_2O_7^{2-} + 3CH_3—CH_2—OH + 8H^+ \rightarrow 2Cr^{3+} + 3CH_3—CHO + 7H_2O$$

– Gesamtgleichung

(9-16)
$$\mathbf{K_2Cr_2O_7 + 3CH_3—CH_2—OH + 4H_2SO_4}$$
$$\mathbf{\rightarrow Cr_2(SO_4)_3 + K_2SO_4 + 3CH_3—CHO + 7H_2O}$$

Wie Ethanol lassen sich alle primären Alkohole durch geeignete Oxidationsmittel zu Aldehyden oxidieren.

$$\textbf{Primärer Alkohol} \xrightarrow{\text{Oxidation}} \textbf{Aldehyd}$$

$$R{-}\overset{-I}{C}H_2OH \qquad\qquad R{-}\overset{+I}{C}\!\!\begin{smallmatrix}\diagup\!\!\!\!\diagup \overline{O}| \\ \diagdown H\end{smallmatrix}$$

Die Oxidation von sekundären Alkoholen zu Ketonen

Versuch 9-8: Eine Kupferdrahtnetzrolle wird in der Flamme des Bunsenbrenners ausgeglüht; sie überzieht sich dabei oberflächlich mit schwarzem Kupfer(II)-oxid. Noch heiß führt man diese Rolle in ein Reagenzglas ein, das etwa 1–2 cm hoch mit 2-Propanol gefüllt ist.

Beobachtung: Es entsteht augenblicklich wieder blankes Kupfer.

Das Cu^{2+}-Ion wird durch das Reduktionsmittel 2-Propanol zu elementarem Kupfer reduziert, der Alkohol zu Propanon (Aceton) oxidiert. Der Geruch des nur in geringen Mengen entstehenden Propanons wird durch das recht intensiv riechende 2-Propanol überdeckt.

Der Gesamtvorgang kann wie folgt dargestellt werden:

$$\textbf{(9-17)}\quad CH_3{-}\underset{\displaystyle OH}{\underset{|}{\overset{0}{C}}}H{-}CH_3 + \overset{+II}{Cu}O \rightarrow CH_3{-}\underset{\displaystyle O}{\underset{\|}{\overset{+II}{C}}}{-}CH_3 + \overset{0}{Cu} + H_2O$$

Wie 2-Propanol, so lassen sich auch andere sekundäre Alkohole durch geeignete Oxidationsmittel nur zu Ketonen oxidieren.

$$\textbf{Sekundärer Alkohol} \xrightarrow{\text{Oxidation}} \textbf{Keton}$$

$$\begin{matrix}R\diagdown \\ \overset{0}{C}HOH \\ R\diagup\end{matrix} \qquad\qquad \begin{matrix}R\diagdown \\ \overset{+II}{C}{=}O \\ R\diagup\end{matrix}$$

Bei der Oxidation tertiärer Alkohole wird das Kohlenstoffgerüst zerstört.

Die Oxidation von Aldehyden zu Carbonsäuren

Versuch 9-9: In einem großen Reagenzglas werden 5 ml Ethanal mit einer Spatelspitze Kaliumpermanganat sowie mit 1–2 ml verdünnter Schwefelsäure versetzt. Über die Öffnung legt man ein angefeuchtetes, blaues Lackmuspapier. Gegebenenfalls wird etwas erwärmt.

Beobachtung: Die Farbe von Kaliumpermanganat hellt sich zu einem zarten Rosa auf; gleichzeitig schlägt nach ca. 1–2 Minuten die blaue Farbe des Lackmuspapiers nach Rot um.

Die violettfarbenen MnO_4^--Ionen werden durch Ethanal zu nahezu farblosen Mn^{2+}-Ionen reduziert, der Aldehyd dabei gleichzeitig zur flüchtigen Ethansäure oxidiert.

Formulierung der Reaktionsgleichung:

– Bestimmung der Oxidationszahlen

Ausgangsstoffe			*Endstoffe*		
Formel	echte Ionen	hypothetische Ionen	Formel	echte Ionen	hypothetische Ionen
$KMnO_4$ $CH_3{-}CHO$ H_2SO_4	$K^+ + MnO_4^-$ $2H^+ + SO_4^{2-}$	$\mathbf{Mn^{7+}} + 4O^{2-}$ $C^{3-} + 4H^+$ $+ O^{2-} + \mathbf{C^+}$ $S^{6+} + 4O^{2-}$	$MnSO_4$ $CH_3{-}COOH$	$\mathbf{Mn^{2+}} + SO_4^{2-}$	$S^{6+} + 4O^{2-}$ $C^{3-} + 4H^+$ $+ 2O^{2-} + \mathbf{C^{3+}}$

– Elektronenübergang

$$\begin{array}{llll} Mn^{7+} + 5e^- & \rightarrow Mn^{2+} & & / \cdot 2 \\ C^+ & \rightarrow C^{3+} & + 2e^- & / \cdot 5 \\ \hline 2Mn^{7+} + 5C^+ & \rightarrow 2Mn^{2+} + 5C^{3+} & & \end{array}$$

– Ergänzen der hypothetischen zu echten Ionen bzw. Molekülen

$$2MnO_4^- + 5CH_3CHO \rightarrow 2Mn^{2+} + 5CH_3COOH + 3O^{2-}$$

Entfernen der O^{2-}-Ionen durch H^+-Ionen der Säure

$$2MnO_4^- + 5CH_3CHO + 6H^+ \rightarrow 2Mn^{2+} + 5CH_3COOH + 3H_2O$$

– Gesamtgleichung

(9-18)

$$\mathbf{2KMnO_4 + 5CH_3CHO + 3H_2SO_4 \rightarrow 2MnSO_4 + K_2SO_4 + 5CH_3COOH + 3H_2O}$$

Es gilt allgemein:

$$\textbf{Aldehyd} \xrightarrow{\text{Oxidation}} \textbf{Carbonsäure}$$

$$R{-}\overset{+I}{C}HO \qquad\qquad R{-}\overset{+III}{C}OOH$$

Unsere Versuche haben gezeigt, daß sich von den Alkanen – je nachdem, ob als Zwischenglied ein primärer oder sekundärer Alkohol auftritt – zwei unterschiedliche **Oxidationsreihen** ableiten lassen:

Alkan → primäres Alkanol → Alkanal → Alkansäure

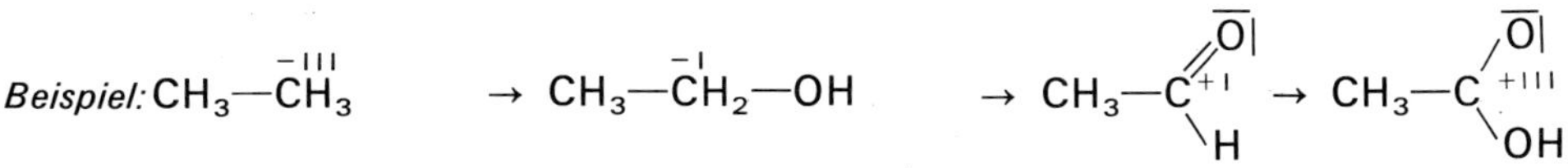

und

Alkan → sekundäres Alkanol → Alkanon

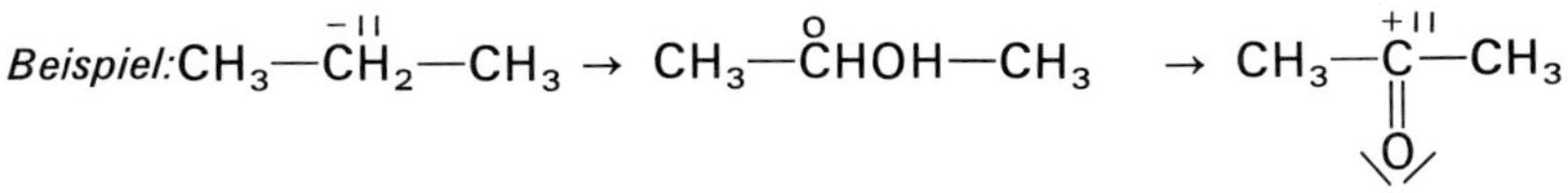

Bei der Oxidation von Ketonen wird das Kohlenstoffgerüst zerstört.

Aufgaben:

1. 2-Propanol wird mit einer Kaliumpermanganat-Lösung oxidiert, die mit Phosphorsäure angesäuert ist. Unter den Endprodukten befinden sich u.a. Mn^{2+}-Ionen.
2. Propanal wird mit Kaliumdichromat in saurer Lösung (Salpetersäure) oxidiert. Es entstehen u.a. Cr^{3+}-Ionen.

9.4.4 Oxidationsreihe einer cyclischen Verbindung

Die wohl wichtigste cyclische (ringförmige) organische Grundverbindung ist das Benzol C_6H_6. Um auch hier der 4-Bindigkeit des Kohlenstoffs gerecht zu werden, schreibt man mitunter zwischen die an den Ecken eines gleichseitigen 6-Ecks stehenden C-Atome abwechselnd Einfach- und Doppelbindungen:

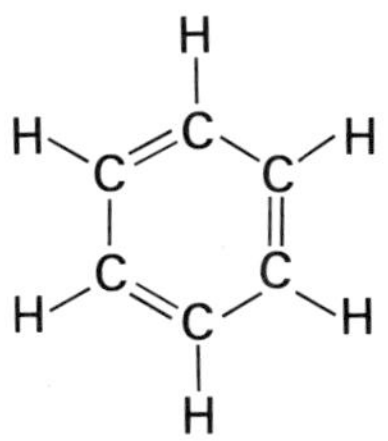

Aus dem Befund, daß im Benzol jedoch alle C—C-Bindungen gleich lang sind[1], muß der Schluß gezogen werden, daß die C-Atome durch gleichartige Bindungen miteinander verknüpft sind. Der Charakter dieser Bindungen liegt zwischen dem einer Ein-

[1] Bindungslängen
C—C in der Einfachbindung: 154 pm
C—C in der Doppelbindung: 135 pm
C—C im Benzol: 139 pm

fach- und dem einer Doppelbindung. Sechs Elektronen in diesem Bindungssystem bilden ringförmige Elektronenwolken oberhalb und unterhalb des Kohlenstoffringes; sie verstärken alle C—C-Einfachbindungen gleichmäßig um einen bestimmten Betrag. In vereinfachter Schreibweise wird daher die Formel des Benzols folgendermaßen wiedergegeben:

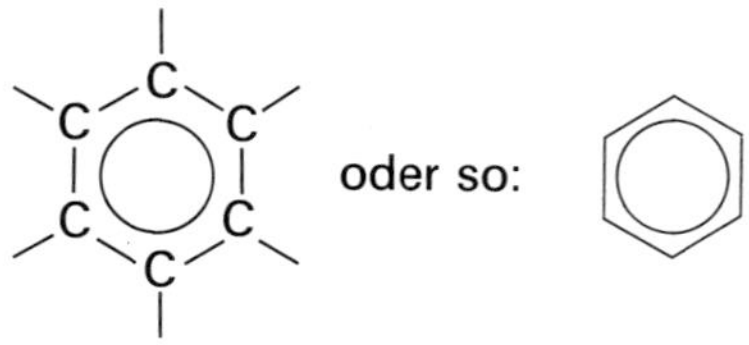

Denken wir uns nun am Benzolmolekül ein H-Atom durch eine Methylgruppe ersetzt, so erhalten wir das Methylbenzol (Toluol):

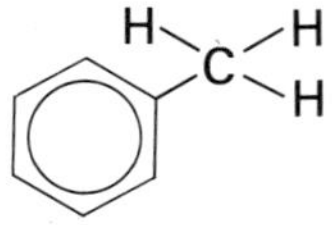

Von diesem Stoff lassen sich – analog den Alkanen – durch stufenweise Oxidation des primären C-Atoms der CH_3-Gruppe weitere wichtige Substanzen ableiten:

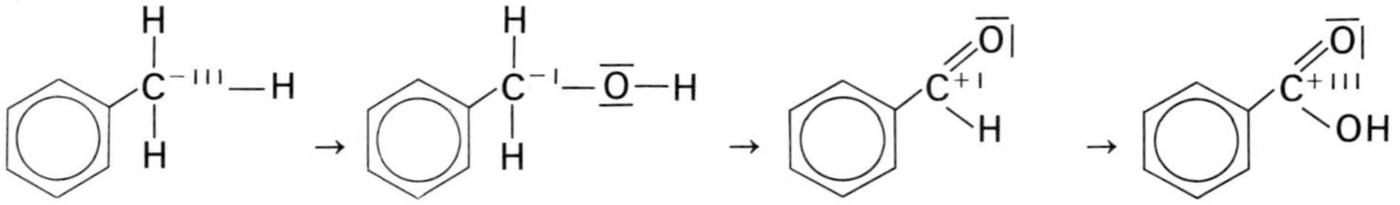

Methylbenzol → Benzylalkohol → Benzaldehyd (echtes Bittermandelöl) → Benzoesäure (Konservierungsmittel)

10 Redoxpotentiale

10.1 Die Redoxreihe der Metalle

Versuch 10-1: Von vier kleinen Bechergläsern werden in Glas 1 und 4 Kupfer(II)-sulfatlösung, in Glas 2 Eisen(II)-sulfatlösung und in Glas 3 Silbernitratlösung gegeben. In das 1. Gefäß wird ein Eisennagel, in das 2. und 3. ein Kupferblech und in das 4. ein Silberblechstreifen getaucht.

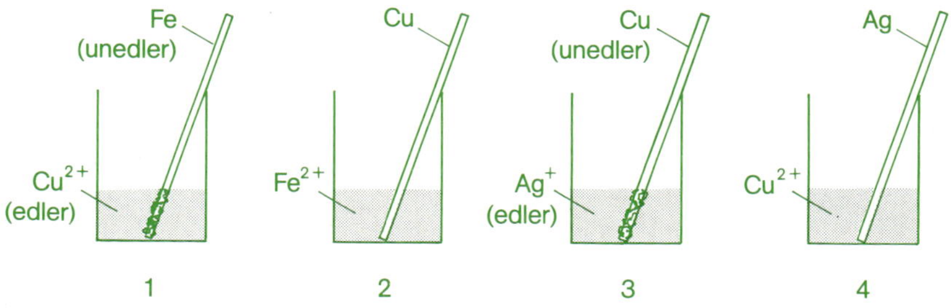

In Glas 1 überzieht sich das Eisen bis zur Eintauchtiefe mit einer locker haftenden Kupferschicht. In Glas 3 erhält das Kupfer einen Silberüberzug; gleichzeitig zeigt die anfangs farblose $AgNO_3$-Lösung schon nach wenigen Minuten einen bläulichen Schimmer. In den Gläsern 2 und 4 lassen sich hingegen keine Veränderungen erkennen.

Offensichtlich können nur unedlere Metalle (z.B. Fe in 1 bzw. Cu in 3) die Ionen edlerer Metalle (z.B. Cu^{2+} in 1 bzw. Ag^{+} in 3) in den elementaren Zustand überführen, d.h. reduzieren. Sie selbst werden von den Ionen der edleren Metalle oxidiert, wie z.B. die leichte Blaufärbung der Lösung 3 anzeigt (Bildung von Cu^{2+}-Ionen). Die Reaktionsgleichungen für diese freiwillig ablaufenden Redoxvorgänge lauten vereinfacht:

(10-1) $$\mathbf{Fe + Cu^{2+} \rightleftharpoons Fe^{2+} + Cu}$$

(10-2) $$\mathbf{Cu + 2\,Ag^{+} \rightleftharpoons Cu^{2+} + 2\,Ag}$$

Die Rückreaktionen laufen praktisch nicht ab, wie die Versuchsergebnisse in den Gläsern 2 und 4 zeigen.

Daraus folgt: Eisen gibt leichter als Kupfer und Kupfer wieder leichter als Silber Elektronen ab. Von den drei Metallen stellt Eisen das stärkste, Kupfer ein schwächeres und Silber das schwächste Reduktionsmittel dar. Umgekehrt verhält es sich mit der Fähigkeit der Ionen dieser Metalle, Elektronen aufnehmen zu können. Das Fe^{2+}-Ion ist das schwächste, das Cu^{2+}-Ion ein stärkeres und das Ag^{+}-Ion das stärkste Oxidationsmit-

tel. Systematische Versuche mit anderen Metallen in Salzlösungen führen zu folgendem Ergebnis:
Metalle lassen sich nach ihrer unterschiedlichen Reduktionskraft, Metallionen nach ihrer unterschiedlichen Oxidationskraft anordnen. Koppelt man dabei die Metalle jeweils mit ihren korrespondierenden Metallionen, so entsteht eine geordnete Reihe von Redoxpaaren, die **Redoxreihe der Metalle**.

Tabelle 10-1: Redoxreihe der Metalle

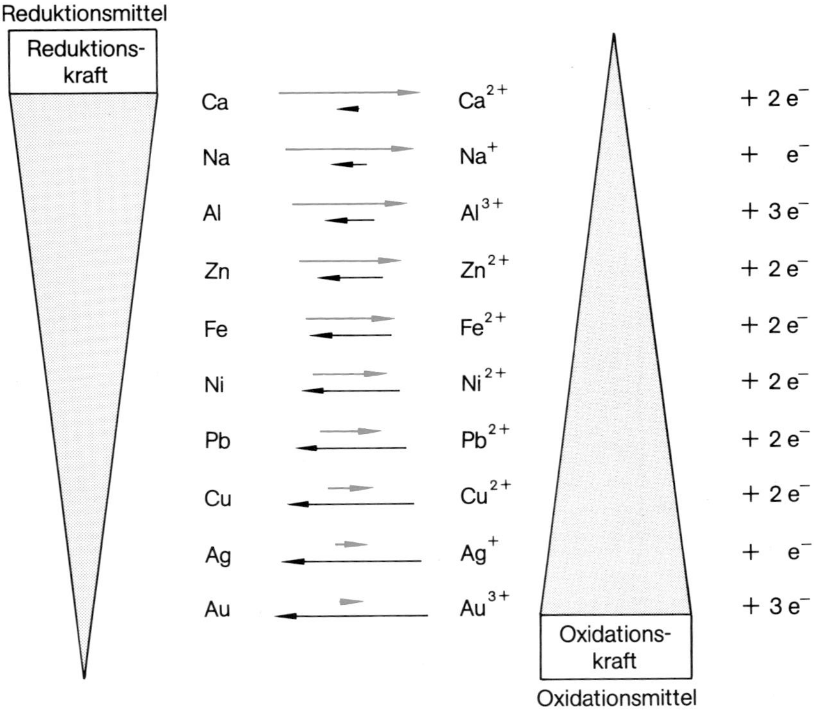

In der Redoxreihe weisen die Stärken der Reduktions- und Oxidationsmittel eine gegenläufige Tendenz auf. Jedes weiter oben stehende Metall besitzt die Fähigkeit, Ionen eines weiter unten stehenden Metalls zu reduzieren. (Vergleichen Sie hiermit die analoge Aussagekraft der Säure-Base-Tabelle über den möglichen Ablauf von Protolysevorgängen.)
Die Redoxreihe der Metalle gestattet bereits eine qualitative Aussage über die Oxidierbarkeit von Metallen bzw. über die Reduzierbarkeit ihrer Ionen. Um jedoch die Stärken von Reduktions- und Oxidationsmitteln auch quantitativ erfassen zu können, sind weitere Überlegungen anzustellen.

Aufgabe:

Mit welchem der folgenden Metalle lassen sich Zn^{2+}-Ionen reduzieren: Silber, Blei, Eisen, Aluminium?
Stellen Sie die Reaktionsgleichung auf.

10.2 Entstehung der Redoxpotentiale

Im festen Metall bauen positive Metallionen ein Gitter auf. Die von diesen Atomrümpfen losgelösten Valenzelektronen befinden sich überall in den Zwischenräumen des Metallionengitters, besitzen dort eine weitgehend freie Beweglichkeit und bewirken den Zusammenhalt des Metalls über Coulombsche Kräfte.

Taucht man ein Metallstück in die Lösung eines seiner Salze, so wird diese Kombination als Halbzelle, das Metall selbst als Elektrode bezeichnet. Aus der Metalloberfläche können Ionen durch die Phasengrenze fest/flüssig hindurch in die Elektrolytlösung übertreten. Umgekehrt sind Metallionen aus der Lösung imstande, sich an der Elektrodenoberfläche anzulagern.

Abbildung 10–1: *Aufbau einer Halbzelle*

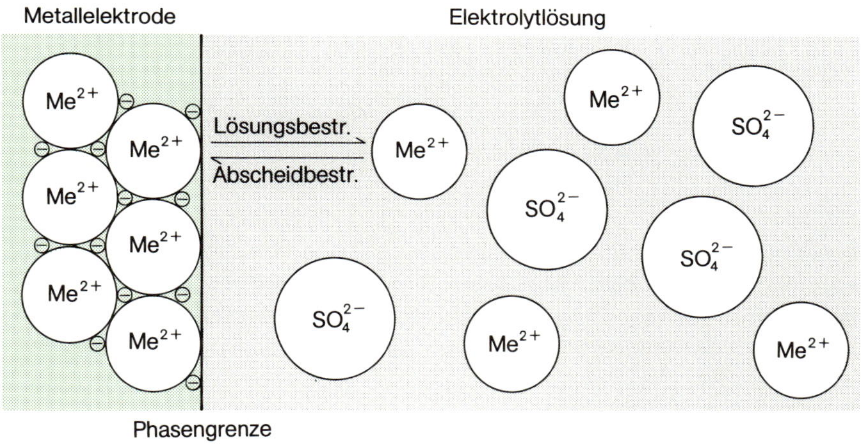

Zur Beschreibung dieser Vorgänge hat man die Begriffe *Lösungsbestreben* und *Abscheidungsbestreben* eingeführt.

Die Tendenz eines Metalls, Ionen in eine Lösung abzugeben (Oxidation), bezeichnen wir als **Lösungsbestreben**. Die Tendenz gelöster Metallionen, sich in das Metallionengitter einzugliedern (Reduktion), bezeichnen wir als **Abscheidungsbestreben**.

Prinzipiell laufen in allen Halbzellen beide Vorgänge gleichzeitig ab, wobei sich in der Regel eine dieser Tendenzen stärker durchsetzt.

Überwiegt das Lösungsbestreben des Metalls, so lädt sich die Elektrolytlösung positiv auf, weil in ihr jetzt die positiven Ionen in der Überzahl sind; gleichzeitig erfährt die Elektrode eine negative Aufladung, weil nach der Abtrennung der Metallionen nicht kompensierte Valenzelektronen im Metall verbleiben.

Abbildung 10–2: *Halbzelle – Lösungsbestreben > Abscheidungsbestreben*

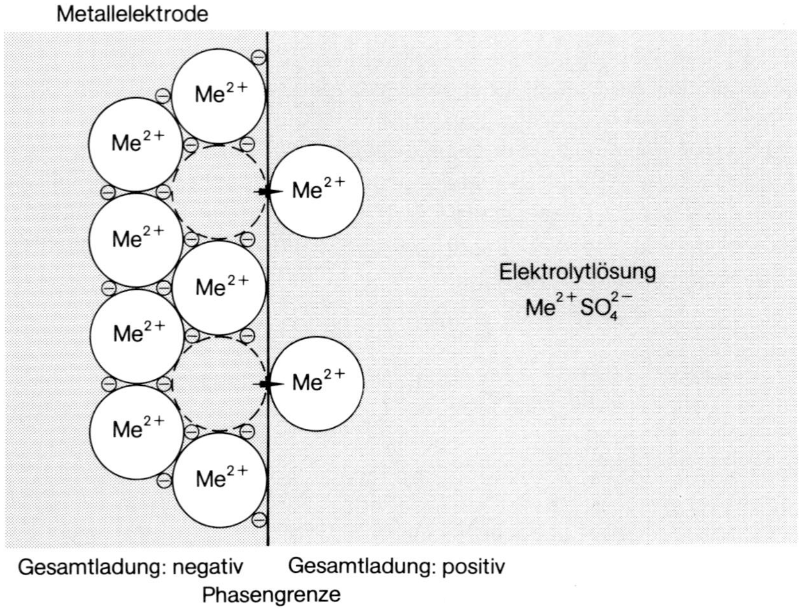

Steht jedoch das Abscheidungsvermögen der gelösten Metallionen einer Halbzelle im Vordergrund, so überwiegen jetzt in der Elektrolytlösung die negativen Ionen des Salzes. Dies führt zu einer negativen Aufladung der Elektrolytlösung, während die Elektrode durch die Anlagerung positiver Ionen eine positive Ladung erhält.

Abbildung 10–3: *Halbzelle – Lösungsbestreben < Abscheidungsbestreben*

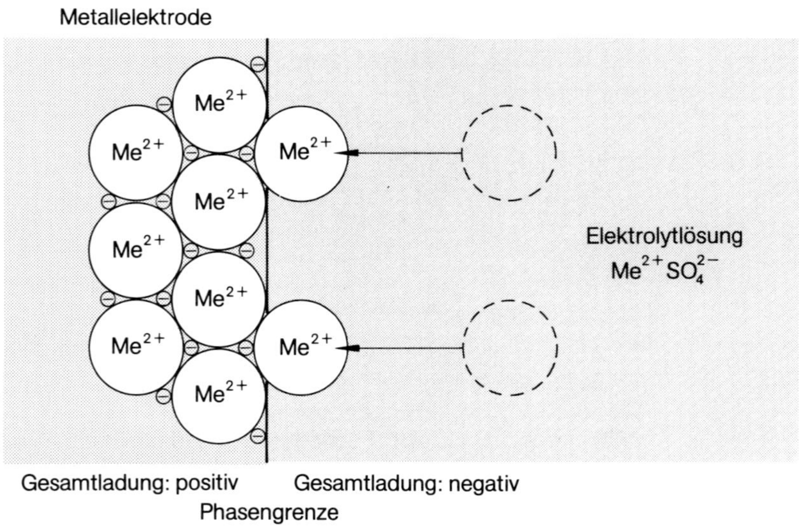

An der Phasengrenze bildet sich jeweils eine elektrische Doppelschicht aus positiven und negativen Ladungsträgern.

Abbildung 10–4: *Elektrische Doppelschicht an der Phasengrenze*

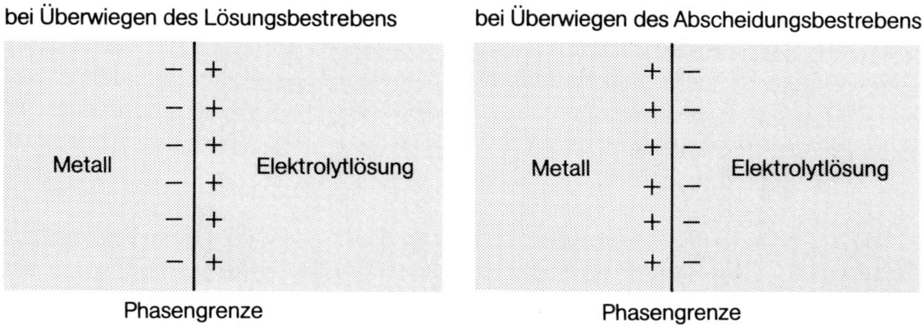

Aufgrund elektrostatischer Wechselwirkungen verhindert diese Doppelschicht einen weiteren einseitigen Ionendurchtritt. Es stellt sich ein elektrochemisches Gleichgewicht ein, nach dem pro Zeiteinheit gleich viele Metallionen die Phasengrenze in beiden Richtungen durchdringen.

Eine positive Probeladung von 1 Cb hat auf der Elektrode gegenüber einem ladungsfreien Bezugspunkt eine bestimmte Energie *W*. Diese *Energie pro Ladung* wird als **Potential** φ (phi) der Elektrode bezeichnet:

$$\varphi = \frac{W}{Q}; \quad [\varphi] = 1\,\frac{\text{V As}}{\text{As}} = 1\,\text{V}$$

Je größer die positive Ladung *Q* einer Elektrode ist, desto positiver ist ihr Potential; je mehr negative Ladung auf einer Elektrode sitzt, um so negativer ist ihr Potential.

Entsprechende Untersuchungen ergeben, daß jede Elektrode einer Halbzelle ein Potential besitzt, das bei gleichbleibenden äußeren Bedingungen (gleiche Temperatur, gleicher Druck, gleiche Ausgangskonzentration) einen nur von der Art des verwendeten Redoxpaares Me/Me^{z+} abhängigen, charakteristischen Wert, das **Redoxpotential** φ, hat. Zwischen zwei Elektroden mit verschiedenen Potentialen φ_2 und φ_1 herrscht eine Potentialdifferenz oder Spannung $U = \varphi_2 - \varphi_1$.

Aufgabe:

Ein Kupfer- und ein Zinkblech werden in gleich konzentrierte Lösungen ihrer Ionen getaucht.

a) In welcher Halbzelle überwiegt das Lösungsbestreben, in welcher das Abscheidungsbestreben?

b) Welche elektrischen Doppelschichten bilden sich an den jeweiligen Phasengrenzen aus? (Hinweis: Tab. 10-1)

10.3 Standard-Wasserstoffelektrode

Um vergleichbare Potentialwerte für die verschiedenen Redoxpaare zu erhalten, sind die äußeren Bedingungen vereinbarungsgemäß so definiert, daß das betreffende Metall bei 25 °C in die Lösung eines seiner Salze, $c(Me^{z+}) = 1$ mol/l, (Standardbedingungen) eintaucht. Dabei erhält die Elektrode ein bestimmtes Redoxpotential, das *Standard(elektroden)potential* $\varphi°$.

Da aber prinzipiell keine Einzelpotentiale, sondern immer nur Potentialdifferenzen (Spannungen) gemessen werden können, benötigt man zur Bestimmung eines Potentials eine Bezugselektrode, deren Potential willkürlich mit Null festgelegt ist, die *Standard-Wasserstoffelektrode*.

Die **Standard-Wasserstoffelektrode** ist eine mit feinverteiltem Platin überzogene Platinelektrode, die bei 25 °C in die wäßrige Lösung einer Säure mit der H_3O^+-Konzentration 1 mol/l eintaucht und dabei von Wasserstoff unter einem Druck von 1013 hPa umspült wird.

Abbildung 10–5: *Standard-Wasserstoffelektrode*

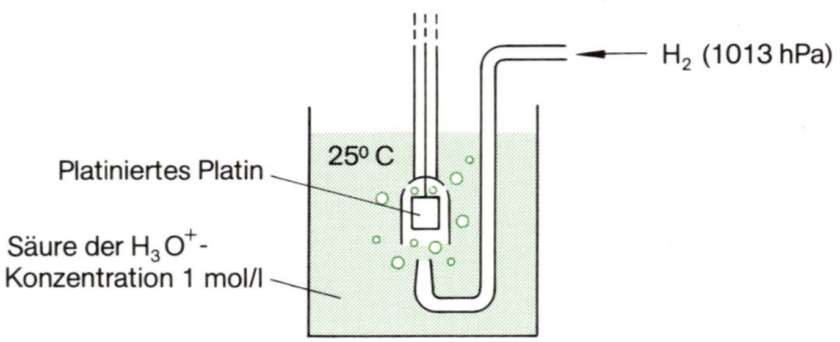

Die in der Lösung enthaltenen H_3O^+-Ionen stehen in Kontakt mit dem Wasserstoff, der im porösen Platinüberzug gelöst ist. Das Platinmetall selbst ist aber chemisch so gut wie unangreifbar und wirkt lediglich als Träger für die folgende Reaktion, die das eigentliche Redoxpaar darstellt.

(10-3) $$\mathbf{H_2 + 2H_2O \rightleftharpoons 2H_3O^+ + 2e^-}$$

oder vereinfacht

(10-4) $$\mathbf{H_2 \rightleftharpoons 2H^+ + 2e^-}$$

Das Symbol für die Wasserstoffelektrode ist:

$(Pt)H_2/H_3O^+$ oder $(Pt)H_2/H^+$

Wie bei jeder anderen Halbzelle, so stellt sich auch an der Phasengrenze dieser Elektrode ein elektrochemisches Gleichgewicht ein, so daß sie ebenfalls ein ganz bestimmtes Standardpotential erhält. Dieses Potential ist willkürlich mit 0 V festgesetzt: $\varphi°((Pt)H_2/H^+) = 0$ V.

10.4 Bestimmung der Standardpotentiale von Metallen

Versuch 10-2: Die Standard-Wasserstoffelektrode wird mit einer Zn/Zn^{2+}-Halbzelle, $c(Zn^{2+}) = 1$ mol/l, durch einen Stromschlüssel verbunden. Man mißt die Spannung mit einem Voltmeter. Der Versuch wird analog mit einer Cu/Cu^{2+}-Halbzelle wiederholt. Auch hier steht die Standard-Wasserstoffelektrode links von der Cu/Cu^{2+}-Halbzelle.

Abbildung 10–6: *Bestimmung des Standardpotentials der Zn/Zn^{2+}-Halbzelle*

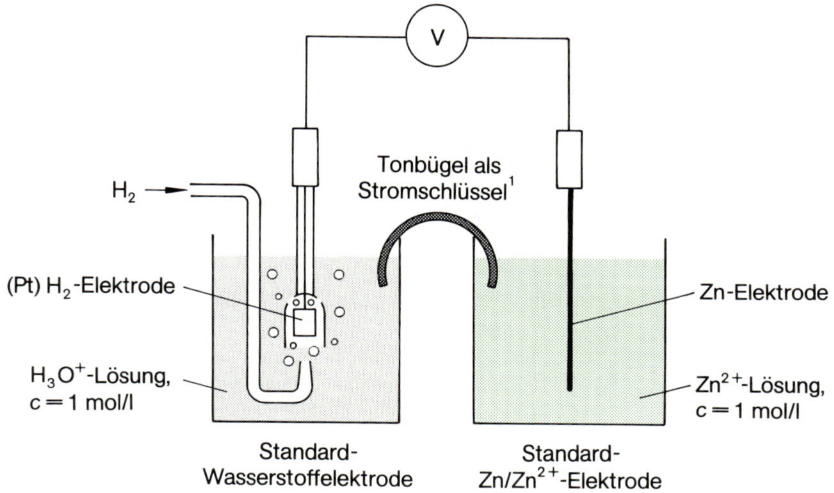

Beobachtung: Man erhält für die beiden Halbzellen-Kombinationen etwa folgende Werte:

$(Pt)H_2/H^+//Zn^{2+}/Zn$ $\quad U \approx \mathbf{0{,}7\,V}$ $\qquad (Pt)H_2/H^+//Cu^{2+}/Cu$ $\quad U \approx \mathbf{0{,}3\,V}$

Bei exakter Einhaltung der Standardbedingungen ergeben sich 0,76 V bzw. 0,34 V. Gleichzeitig fällt auf, daß bei der Halbzellen-Kombination $(Pt)H_2/H^+//Zn^{2+}/Zn$ der Zeiger des Meßinstruments nach links, bei der Halbzellen-Kombination $(Pt)H_2/H^+//Cu^{2+}/Cu$ hingegen nach rechts ausschlägt.

Die im stromlosen Zustand gemessene Spannung entspricht der Potentialdifferenz der beiden Halbzellen. Da aber das Potential der Standard-Wasserstoffelektrode mit 0 V festgelegt ist, ist die zwischen dieser Elektrode und einer beliebigen anderen Standardelektrode bestehende Spannung betragsmäßig mit dem Standardpotential der jeweils untersuchten Halbzelle identisch:

$$U^0 = \varphi^0(Zn/Zn^{2+}) - \varphi^0(H_2/H^+) = \varphi^0(Zn/Zn^{2+})$$

Das **Standard-Elektrodenpotential** φ^0 einer Halbzelle Me/Me^{z+} stellt die Differenz zwischen dem Potential dieser Elektrode und der Wasserstoffelektrode bei Standardbedingungen dar.

Wie läßt sich erklären, daß der Zeiger des Meßinstruments bei der Messung der Potentialdifferenzen in Versuch 10-2 in zwei verschiedene Richtungen ausschlägt? Zink ist unedler als Wasserstoff und hat somit ein größeres Lösungsbestreben als dieser. Da-

[1] Der Stromschlüssel ermöglicht den Stromtransport durch Wanderung von Ionen zwischen den Halbzellen.

her lädt sich die Zinkelektrode gegenüber der Wasserstoffelektrode negativ auf; das Potential der Zinkelektrode erhält einen negativen Wert. Kupfer hingegen ist edler als Wasserstoff, hat also ein größeres Abscheidungsbestreben als dieser. Die Kupferelektrode lädt sich daher gegenüber der Wasserstoffelektrode positiv auf; aus diesem Grund erhält das Potential der Kupferelektrode einen positiven Wert.

Versuch 10-3: *In der Anordnung von Versuch 10-2 wird ein Amperemeter in den Stromkreis geschaltet.*

Wir beobachten, daß ein Strom fließt und der Zeiger des Meßinstruments auch in diesem Fall in entgegengesetzte Richtungen ausschlägt, je nachdem, ob man eine Zn/Zn^{2+}-Halbzelle (Zeigerausschlag nach links) oder eine Cu/Cu^{2+}-Halbzelle (Zeigerausschlag nach rechts) mit der Standard-Wasserstoffhalbzelle koppelt.

Werden zwei Elektroden mit unterschiedlichen Potentialen leitend miteinander verbunden, so fließen die Elektronen von der Elektrode mit negativerem Potential (höherer Elektronendruck bzw. höheres Lösungsbestreben) zur Elektrode mit dem positiveren Potential (niedrigerer Elektronendruck bzw. höheres Abscheidungsbestreben). Die Elektronen fließen also in der Kombination $(Pt)\,H_2/H^+//Zn^{2+}/Zn$ von der Zinkelektrode zur Wasserstoffelektrode (Zeigerausschlag nach links) und in der Kombination $(Pt)\,H_2/H^+//Cu^{2+}/Cu$ von der Wasserstoffelektrode zur Kupferelektrode (Zeigerausschlag nach rechts).

Abbildung 10–7: *Fließrichtung der Elektronen bei Koppelung verschiedener Me/Me^{z+}-Standardhalbzellen mit der Standard-Wasserstoffelektrode*

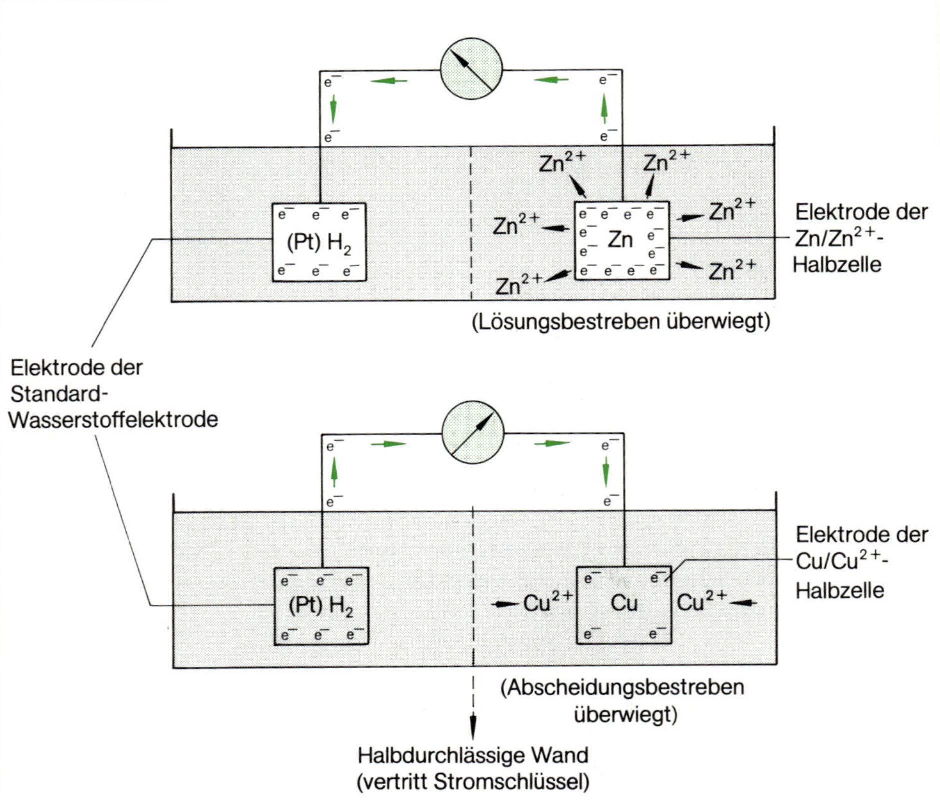

Vereinbarungsgemäß erhalten alle Standardpotentiale von Halbzellen, die an die Standard-Wasserstoffelektrode Elektronen abgeben, negative Vorzeichen (z. B. $\varphi^0(Zn/Zn^{2+}) = -0{,}76$ V) und alle Standardpotentiale von Halbzellen, die von der Standard-Wasserstoffelektrode Elektronen empfangen, positive Vorzeichen (z. B. $\varphi^0(Cu/Cu^{2+}) = +0{,}34$ V). Dabei werden die Metalle mit negativen Potentialen als unedel, die Metalle mit positiven Potentialen hingegen als edel bezeichnet. Mit $\varphi^0 = -3{,}05$ V ist Lithium das unedelste, mit $\varphi^0 = +1{,}42$ V Gold das edelste aller Metalle.

Aufgabe:

Wie läßt sich das Standardpotential φ^0 des Redoxpaares Al/Al^{3+} ermitteln? (Aluminium ist unedler als Wasserstoff)
In welcher Richtung fließen die Elektronen, wenn ein Amperemeter in den Stromkreis geschaltet ist?

10.5 Bestimmung der Standardpotentiale von Nichtmetallen

Versuch 10-4: In eine wäßrige Kaliumbromid-Lösung wird Chlorgas eingeleitet bzw. Chlorwasser gegeben.
Die farblose Kaliumbromid-Lösung färbt sich braun.

Die Braunfärbung der anfangs farblosen Kaliumbromid-Lösung deutet darauf hin, daß Br^--Ionen zu Br_2-Molekülen oxidiert worden sind:

(10-5) $$2\,Br^- \rightleftharpoons Br_2 + 2\,e^-$$

Gleichzeitig werden Cl_2-Moleküle zu Cl^--Ionen reduziert:

(10-6) $$Cl_2 + 2\,e^- \rightleftharpoons 2\,Cl^-$$

Weitere derartige Redoxreaktionen bestätigen, daß auch Nichtmetalle und ihre Ionen in wäßriger Lösung ein unterschiedliches Oxidations- bzw. Reduktionsvermögen besitzen. Viele Nichtmetalle sind bei Raumtemperatur gasförmig, so daß aus ihnen keine festen Elektroden hergestellt werden können. Will man in solchen Fällen jeweils die Standard-Elektrodenpotentiale bestimmen, so bedient man sich – wie bei der Standard-Wasserstoffelektrode – der Platinelektrode als Vermittler für die Elektronen. Diese wird unter Standardbedingungen von dem entsprechenden Gas in Lösung seiner Ionen umspült und mit der Standard-Wasserstoffelektrode gekoppelt. Auf diese Weise erhält man z. B. für das Redoxpaar bzw. für die Halbzelle Cl^-/Cl_2 das Potential $\varphi^0(Cl^-/Cl_2) = +1{,}36$ V. Ebenso lassen sich die Standard-Elektrodenpotentiale für beliebige andere, aus Nichtmetallionen und Nichtmetallen gebildete Redoxpaare ermitteln.

10.6 Die Spannungsreihe

Ordnet man die verschiedenen Redoxpaare Me/Me^{z+} der Metalle nach ansteigenden Standard-Elektrodenpotentialen, so ergibt sich eine mit der Redoxreihe der Metalle in Einklang stehende Reihenfolge; man spricht von der Spannungsreihe der Metalle. Die übrigen Redoxpaare (Nichtmetallionen und ihre Elemente bzw. Verbindungen) werden entsprechend ihrem Standardpotential in diese Reihe eingeordnet. Man erhält so die gesamte Spannungsreihe. Die nachfolgende Tabelle enthält eine Auswahl von Standardpotentialen wichtiger Redoxpaare.

Tabelle 10-2: Die Spannungsreihe

Reduktionsmittel		Oxidationsmittel		φ^0 in V
Li	$\rightleftharpoons$	Li^+	$+ e^-$	$-3{,}05$ V
Ca	$\rightleftharpoons$	Ca^{2+}	$+ 2e^-$	$-2{,}76$ V
Na	$\rightleftharpoons$	Na^+	$+ e^-$	$-2{,}71$ V
Mg	$\rightleftharpoons$	Mg^{2+}	$+ 2e^-$	$-2{,}40$ V
Al	$\rightleftharpoons$	Al^{3+}	$+ 3e^-$	$-1{,}66$ V
$H_2 + 2OH^-$	$\rightleftharpoons$	$2H_2O$	$+ 2e^-$ (pH 14)	$-0{,}84$ V
Zn	$\rightleftharpoons$	Zn^{2+}	$+ 2e^-$	$-0{,}76$ V
S^{2-}	$\rightleftharpoons$	S	$+ 2e^-$	$-0{,}48$ V
Fe	$\rightleftharpoons$	Fe^{2+}	$+ 2e^-$	$-0{,}44$ V
H_2	$\rightleftharpoons$	$2H^+$	$+ 2e^-$ (pH 7)	$-0{,}41$ V
Cd	$\rightleftharpoons$	Cd^{2+}	$+ 2e^-$	$-0{,}40$ V
$Pb + SO_4^{2-}$	$\rightleftharpoons$	$PbSO_4$	$+ 2e^-$	$-0{,}36$ V
Ni	$\rightleftharpoons$	Ni^{2+}	$+ 2e^-$	$-0{,}23$ V
Pb	$\rightleftharpoons$	Pb^{2+}	$+ 2e^-$	$-0{,}13$ V
H_2	$\rightleftharpoons$	$2H^+$	$+ 2e^-$ (pH 0)	$\pm 0{,}00$ V
Cu	$\rightleftharpoons$	Cu^{2+}	$+ 2e^-$	$+0{,}34$ V
$4OH^-$	$\rightleftharpoons$	$O_2 + 2H_2O$	$+ 4e^-$ (pH 14)	$+0{,}40$ V
$2I^-$	$\rightleftharpoons$	I_2	$+ 2e^-$	$+0{,}58$ V
Fe^{2+}	$\rightleftharpoons$	Fe^{3+}	$+ e^-$	$+0{,}75$ V
Ag	$\rightleftharpoons$	Ag^+	$+ e^-$	$+0{,}80$ V
$2H_2O$	$\rightleftharpoons$	$O_2 + 4H^+$	$+ 4e^-$ (pH 7)	$+0{,}82$ V
Hg	$\rightleftharpoons$	Hg^{2+}	$+ 2e^-$	$+0{,}86$ V
$NO + 2H_2O$	$\rightleftharpoons$	$NO_3^- + 4H^+$	$+ 3e^-$	$+0{,}95$ V
$2Br^-$	$\rightleftharpoons$	Br_2	$+ 2e^-$	$+1{,}07$ V
Pt	$\rightleftharpoons$	Pt^{2+}	$+ 2e^-$	$+1{,}20$ V
$2Cl^-$	$\rightleftharpoons$	Cl_2	$+ 2e^-$	$+1{,}36$ V
Au	$\rightleftharpoons$	Au^{3+}	$+ 3e^-$	$+1{,}42$ V
$Mn^{2+} + 4H_2O$	$\rightleftharpoons$	$MnO_4^- + 8H^+$	$+ 5e^-$	$+1{,}49$ V
$PbSO_4 + 2H_2O$	$\rightleftharpoons$	$PbO_2 + 4H^+ + SO_4^{2-}$	$+ 2e^-$	$+1{,}68$ V
$2SO_4^{2-}$	$\rightleftharpoons$	$S_2O_8^{2-}$	$+ 2e^-$	$+2{,}01$ V
$2F^-$	$\rightleftharpoons$	F_2	$+ 2e^-$	$+2{,}85$ V

Reduktionskraft steigend (↑)

Oxidationskraft steigend (↓)

10.7 Vorhersage von freiwillig ablaufenden Redoxreaktionen

Da sich die Reduktions- bzw. Oxidationskraft der verschiedenen Redoxpaare in ihren Standardpotentialen widerspiegelt, läßt sich mit Hilfe der Spannungsreihe vorhersagen, welche Redoxreaktionen in wäßrigen Lösungen unter Standardbedingungen ablaufen können und welche nicht.

Versuch 10-5: Je ein Stück Magnesium, Zink und Kupfer etwa gleich großer Oberfläche werden nacheinander in Reagenzgläser gegeben, die Salzsäure, $c(HCl) = 1$ mol/l, enthalten. Magnesium und Zink werden von der Säure angegriffen, Kupfer jedoch nicht.

Metalle, die im Vergleich zur Standard-Wasserstoffelektrode ein negativeres Potential besitzen, werden in wäßrigen Säurelösungen, $c(H_3O^+) = 1$ mol/l, unter Wasserstoffentwicklung aufgelöst.

Beispiel:

(10-7)	Mg	$\rightleftharpoons$	$Mg^{2+} + 2e^-$	$\varphi^0 = -2{,}4$ V
(10-8)	$2H^+ + 2e^-$	$\rightleftharpoons$	H_2	$\varphi^0 = \pm 0{,}0$ V
(10-9)	$Mg + 2H^+$	$\rightleftharpoons$	$Mg^{2+} + H_2$ bzw.	
(10-10)	$\mathbf{Mg + 2HCl}$	$\rightleftharpoons$	$\mathbf{MgCl_2 + H_2}$	

Das Potential von Kupfer liegt höher ($\varphi^0 = +0{,}34$ V) als das der Standard-Wasserstoffelektrode; daher erfolgt keine deutlich sichtbare Reaktion.

Allgemein gilt:

> In wäßrigen Lösungen durchgeführte Redoxreaktionen können nur dann in nennenswertem Umfang in Richtung der Endstoffe ablaufen, wenn die Elektronen nach der Spannungsreihe vom stärkeren Reduktionsmittel (negativeres Potential) auf das stärkere Oxidationsmittel (positiveres Potential) übertragen werden können.
> (Vergleichen Sie hiermit die Vorhersagemöglichkeiten von Protolysevorgängen anhand der Säure-Base-Reihe.)

Versuch 10-6: Unter dem Abzug wird Kupfer mit halbkonzentrierter Salpetersäure übergossen. Das Kupfer löst sich unter Entwicklung eines braunen Gases zu hydratisierten Cu^{2+}-Ionen (Blaufärbung).

Kupfer kann nicht mit den H^+-Ionen der Standard-Wasserstoffelektrode reagieren. Wie jedoch der Spannungsreihe zu entnehmen ist, ist Salpetersäure in der Lage, Kupfer zu oxidieren. Hier ist aber nicht das H^+-Ion, sondern das NO_3^--Ion das Oxidationsmittel.

(10-11)	Cu	$\rightleftharpoons$	$Cu^{2+} + 2e^- / \cdot 3$	$\varphi^0(Cu/Cu^{2+}) = +0{,}34$ V
(10-12)	$NO_3^- + 4H^+ + 3e^-$	$\rightleftharpoons$	$NO + 2H_2O / \cdot 2$	$\varphi^0(NO/NO_3^-) = +0{,}95$ V
(10-13)	$3Cu + 2NO_3^- + 8H^+$	$\rightleftharpoons$	$3Cu^{2+} + 4H_2O + 2NO$ bzw.	
(10-14)	$\mathbf{3Cu + 8HNO_3}$	$\rightleftharpoons$	$\mathbf{3Cu(NO_3)_2 + 4H_2O + 2NO}$	

Ein Vergleich der Redoxpotentiale der beteiligten Redoxpaare zeigt, daß die Reaktion ablaufen kann, weil Elektronen vom stärkeren Reduktionsmittel Cu auf das stärkere Oxidationsmittel NO_3^- übertragen werden können.
Das farblose NO-Gas wird durch den Luftsauerstoff zu braunem NO_2 weiteroxidiert:

(10-15) $$2NO + O_2 \rightarrow 2NO_2\uparrow$$

Versuch 10-7: Etwa gleich große Stücke Blei, Zink, Magnesium und Calcium werden in destilliertes Wasser gegeben, das mit Universalindikator versetzt ist.
Mit Ausnahme von Blei bewirken Zink, Magnesium und Calcium in Wasser jeweils unterschiedliche farbliche Veränderungen am Universalindikator, was offensichtlich darauf hinweist, daß diese Metalle mit Wasser reagieren.

Es wurde bereits darauf hingewiesen, daß die Konzentrationen der Elektrolytlösungen von Halbzellen deren Potentiale beeinflussen (vorgeschriebene Konzentration bei der Bestimmung von φ^0 ist 1 mol/l). Wenn die Konzentration der H^+-Ionen im Redoxpaar (Pt)H_2/H^+ kleiner als 1 mol/l ist, so sinkt das Potential unter das Standardpotential, weil H^+-Ionen leichter in die Lösung übergehen können und die zurückbleibenden Elektronen das Platinblech negativ aufladen. So ergibt sich für reines Wasser mit seiner H_3O^+-Konzentration von 10^{-7} mol/l ein Potential φ^0 (H_2/H^+) = − 0,41 V.

Vergleichen wir mit diesem Wert die Potentiale der im Versuch 10–7 verwendeten Metalle, so zeigt sich, daß von diesen nur Zink, Magnesium und Calcium Wasser reduzieren können, weil sie negativere Potentiale aufweisen. Somit läßt sich z. B. die Reaktion zwischen Calcium und Wasser wie folgt formulieren:

(10-16) $Ca \rightleftharpoons Ca^{2+} + 2e^-$ $\quad \varphi^0(Ca/Ca^{2+}) = -2{,}76\ V$

(10-8) $2H^+ + 2e^- \rightleftharpoons H_2$ $\quad \varphi^0(H_2/H^+) = -0{,}41\ V$ (pH 7)

Da die für die Wasserstoffentwicklung benötigten H^+-Ionen dem Wasser entstammen, liegen schließlich OH^--Ionen im Überschuß vor (farbliche Veränderungen des Universalindikators). Demnach lautet die Gesamtgleichung:

(10-17) $$\mathbf{Ca + 2H_2O \rightleftharpoons Ca^{2+} + 2OH^- + H_2}$$

Selbstverständlich können auch Redoxreaktionen, die sich zwischen Nichtmetallen und Nichtmetallionen abspielen, nach diesen Gesetzmäßigkeiten vorhergesagt werden.

Versuch 10-8:

a) Stark verdünntes Bromwasser (hellbraun) wird mit konzentrierter Kaliumiodidlösung versetzt.
b) Wäßrige Iodlösung (schwach gelb) wird mit Kaliumbromidlösung zusammengebracht.

Nur bei a) zeigt sich durch Nachdunkeln des Lösungsgemisches eine Reaktion.

Das deutliche Dunklerwerden des verdünnten, hellbraunen Bromwassers durch Zugabe fast farbloser Kaliumiodidlösung zeigt an, daß I^--Ionen zu elementarem Iod (schwarzbraun) oxidiert worden sind; gleichzeitig muß Brom zu Br^--Ionen reduziert worden sein:

(10-18) $2I^- \rightleftharpoons I_2 + 2e^-$ $\quad \varphi^0(I^-/I_2) = +0{,}58\ V$

(10-19) $Br_2 + 2e^- \rightleftharpoons 2Br^-$ $\quad \varphi^0(Br^-/Br_2) = +1{,}07\ V$

(10-20) $2I^- + Br_2 \rightleftharpoons 2Br^- + I_2$ bzw. vervollständigt

(10-21) $\mathbf{2K^+ + 2I^- + Br_2 \rightleftharpoons 2K^+ + 2Br^- + I_2}$

Wie aus einem Vergleich der jeweiligen Standardpotentiale zu ersehen ist, „fließen" auch hier die Elektronen grundsätzlich nur vom Reduktionsmittel des Redoxpaares mit niedrigerem (negativerem) zum Oxidationsmittel des Redoxpaares mit höherem (positiverem) Potential. Aus diesem Grund können Br^--Ionen keine Iodmoleküle reduzieren.

Aufgaben:

1. Welches der folgenden Metalle löst sich in Salzsäure, $c(HCl) = 1$ mol/l?
   Eisen, Kupfer, Silber, Quecksilber (Begründung)
   Stellen Sie die Reaktionsgleichung auf.

2. Welches der folgenden Metalle löst sich in destilliertem Wasser?
   Zink, Blei, Kupfer, Silber (Begründung)
   Formulieren Sie den Vorgang.

3. Welches der folgenden Metalle löst sich in halbkonzentrierter Salpetersäure?
   Silber, Platin, Gold (Begründung)
   Stellen Sie die Reaktionsgleichung auf.

4. Wie könnte man
   a) gelöste Fe^{2+}-Ionen in Fe^{3+}-Ionen,
   b) gelöste Fe^{3+}-Ionen in Fe^{2+}-Ionen überführen?
   Formulieren Sie je ein selbstgewähltes Beispiel.

5. In stark verdünntes Bromwasser wird jeweils Kaliumiodid, Kaliumchlorid bzw. Kaliumfluorid gegeben.
   In welchem Fall spielt sich eine deutlich sichtbare Reaktion ab (Begründung)? Stellen Sie die Reaktionsgleichung auf.

10.8 Die galvanische Zelle

Ein interessanter Anwendungsbereich für Redoxreaktionen liegt in der elektrochemischen Energiegewinnung durch galvanische Zellen.

Versuch 10-9: In einem Becherglas, das mit einer Zink(II)-sulfatlösung, $c(ZnSO_4) = 1$ mol/l, gefüllt ist, steht ein Tonzylinder, der eine Lösung von Kupfer(II)-sulfat gleicher Konzentration enthält. In die Zinkionenlösung taucht eine Zink-, in die Kupferionenlösung eine Kupferelektrode. Die beiden Elektroden werden miteinander verbunden:
a) über ein Spannungsmeßgerät,
b) über einen kleinen Elektromotor mit Rotationsscheibe.

Abbildung 10-8: Galvanische Zelle (Daniell-Element)
a) Messung der Spannung unter Standardbedingungen

b) Nachweis eines Stromflusses durch Strommeßgerät und laufenden Elektromotor

Es kann eine Spannung von 1,1 V nachgewiesen werden; der laufende Elektromotor beweist den Stromfluß (Zink geht in Lösung, Kupfer scheidet sich ab).

Werden zwei Halbzellen mit unterschiedlichen Potentialen über einen Stromschlüssel miteinander gekoppelt[1], so bezeichnet man die entstehende Spannungsquelle als galvanische Zelle bzw. als galvanisches Element.

> Unter einem galvanischen Element versteht man die Kombination zweier Halbzellen zum Zwecke der Stromgewinnung.

Arbeitet man dabei unter Standardbedingungen, so kann die abgreifbare Spannung jeweils im voraus auf einfache Weise aus den beteiligten Halbzellen-Potentialen berechnet werden:

(10-22)	Zn	$\rightleftharpoons$	$Zn^{2+} + 2e^-$	$\varphi^0(Zn/Zn^{2+}) = -0{,}76$ V
(10-23)	$Cu^{2+} + 2e^-$	$\rightleftharpoons$	Cu	$\varphi^0(Cu/Cu^{2+}) = +0{,}34$ V
(10-24)	$\mathbf{Zn + Cu^{2+}}$	$\rightleftharpoons$	$\mathbf{Zn^{2+} + Cu}$	

[1] Anstelle eines Stromschlüssels kann auch eine halbdurchlässige Wand verwendet werden.

Abbildung 10–9: *Zellenspannung des Daniell-Elements*

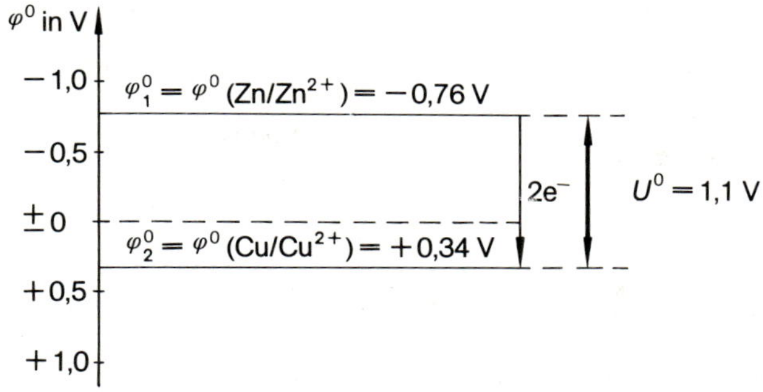

Um für die Spannung einen positiven Wert zu erhalten, subtrahieren wir das negativere vom positiveren Potential:

$$U^0 = \varphi_2^0 - \varphi_1^0 = +0{,}34\ V - (-0{,}76\ V) = 1{,}1\ V$$

Die Elektrode mit dem negativeren Potential (höherer Elektronendruck) stellt den **Minuspol**, die Elektrode mit dem positiveren Potential den **Pluspol** einer galvanischen Zelle dar.

Da galvanische Zellen chemische Energie direkt in elektrische Energie umwandeln, werden von ihnen technische Wirkungsgrade von über 90% erreicht.

Versuch 10-10: In zwei verschieden konzentrierte Kupfer(II)-sulfatlösungen ($c = 0{,}1$ mol/l und $c = 1$ mol/l) werden Kupferelektroden eingetaucht und die Spannung im μV-Bereich gemessen.
Es läßt sich eine Spannung nachweisen.

Abbildung 10–10: *Konzentrationszelle*

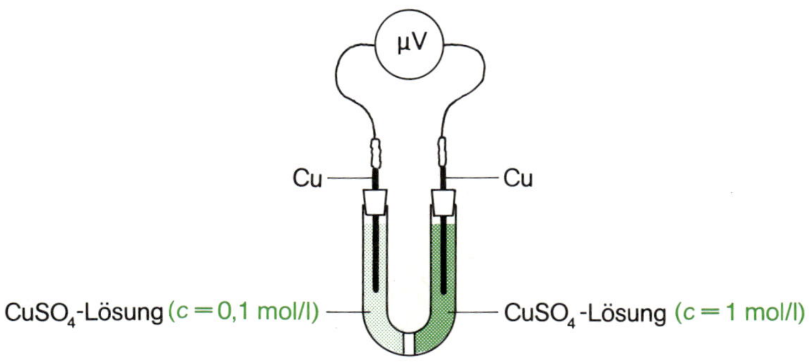

Auch die Kombination zweier gleicher Elektroden in gleichen, aber unterschiedlich konzentrierten Ionenlösungen ergibt ein galvanisches Element. Die Elektrode mit der geringer konzentrierten Lösung besitzt das niedrigere Potential und stellt somit den Minuspol dar.

Speziell entwickelte galvanische Zellen sind für viele Lebensbereiche von großer Bedeutung, weil sie als ortsunabhängige Energiequellen durch die direkte Umwandlung von chemischer in elektrische Energie einen hohen Wirkungsgrad erreichen und während des Betriebs umweltfreundlich sind.

Aufgabe:

Eine galvanische Zelle sei durch folgende Halbzellenkombination wiedergegeben:
$Al/Al^{3+}//Zn^{2+}/Zn$.

a) Welche Elektrode stellt den Pluspol, welche den Minuspol dar?
b) In welcher Richtung fließen die Elektronen, wenn zwischen die beiden Metallelektroden ein Amperemeter geschaltet wird?
c) Welche Spannung läßt sich unter Standardbedingungen abgreifen?

10.9 Technisch wichtige galvanische Elemente

10.9.1 Das Leclanché-Element

Bei dieser häufig auch als Taschenlampenbatterie bezeichneten galvanischen Zelle fungiert ein zylindrischer Zinkbecher gleichzeitig als Batteriebehälter und Elektrode. Die zweite Elektrode stellt ein Kohlestab dar, der von einem Gemisch aus Graphit und Mangan(IV)-oxid umgeben ist. Als gemeinsamer Elektrolyt dient eine hochkonzentrierte wäßrige Zinkchloridlösung. Die Zinkelektrode ist der Minuspol, die Kohleelektrode der Pluspol.

Abbildung 10–11: *Leclanché-Element*

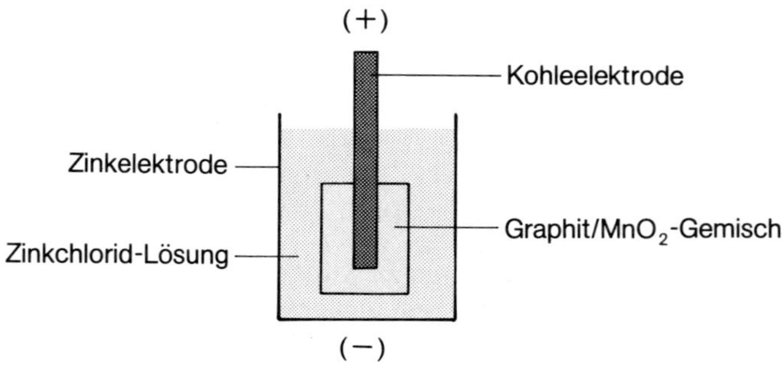

Während Zink in Lösung geht (Oxidation), bilden sich am Pluspol aus MnO_2 und dem Lösungswasser des Elektrolyten MnOOH und Hydroxidionen (Reduktion). Eine durch diese „Primärreaktionen" hervorgerufene Erhöhung der Zinkionen- bzw. Hydroxidionenkonzentration hätte folgende negative Auswirkungen:

Das Zinkpotential würde ansteigen, während die Kohleelektrode (eigentlich MnO_2-Elektrode) durch die Zunahme des pH-Wertes in ihrer unmittelbaren Umgebung ($\varphi = -0{,}059\ V \cdot pH$) einen Potentialabfall zu verzeichnen hätte. Ein rasches Absinken der Spannung wäre die unausbleibliche Folge.

Um dies zu verhindern, müssen die einzelnen Stoffkomponenten der Batterie so gewählt sein, daß sowohl die Zn^{2+}- als auch die OH^--Ionen durch „Sekundärprozesse" gebunden werden. Dies wird durch die verwendete Zinkchloridlösung erreicht, die konzentrationsmäßig mit den übrigen Stoffpartnern so abgestimmt ist, daß sich letztlich Reaktionsprodukte bilden, die darüber hinaus auch noch das gesamte Zellenwasser in Form von Kristallwasser binden. Die hohe Auslaufsicherheit dieser „Super-dry-Batterie", die sich früher (Elektrolyt war eine wäßrige Ammoniumchlorid-Lösung) nur durch größere Wandstärke des Zinkbechers erreichen ließ, beruht auf einem chemisch sehr eleganten Prinzip: Noch bevor der Zinkbecher durch Oxidation ein Leck aufweisen könnte, besteht sein Inhalt nur noch aus Feststoffen.

Die einzelnen Reaktionsschritte lassen sich durch folgende Gleichungen beschreiben:

(10-22) *Minuspol:* $Zn \rightarrow Zn^{2+} + 2e^-$ (Primärreaktionen)

(10-25) *Pluspol:* $2MnO_2 + 2H_2O + 2e^- \rightarrow 2MnOOH + 2OH^-$ (Primärreaktionen)

(10-26) $Zn^{2+} + 2OH^- \rightarrow Zn(OH)_2$ (Sekundärreaktionen)

(10-27) $Zn(OH)_2 \rightarrow ZnO + H_2O$ (Sekundärreaktionen)

(10-28) $4ZnO + ZnCl_2 + 5H_2O \rightarrow 4ZnO \cdot ZnCl_2 \cdot 5H_2O$ (Sekundärreaktionen)

Gesamtreaktion:

(10-29) $$8MnO_2 + 4Zn + \underbrace{ZnCl_2 + 9H_2O}_{\text{Elektrolytlösung}} \rightarrow \underbrace{8MnOOH + 4ZnO \cdot ZnCl_2 \cdot 5H_2O}_{\text{feste Stoffe}}$$

Unter den gegebenen Bedingungen liefert diese Batterie in unbelastetem Zustand eine „Ruhespannung" von 1,49 V. Diese kann allerdings je nach Größe der verwendeten MnO_2-Kristalle um bis zu 0,2 V erhöht oder erniedrigt sein. Je nach Belastung nimmt aber die Ruhespannung mehr oder weniger deutlich ab, da die pro Zeiteinheit entstehenden Zn^{2+}- und OH^--Ionen nicht schnell genug durch die Sekundärreaktionen beseitigt werden können. Dieser Ionenstau führt zu den bereits erwähnten Potentialänderungen. Man spricht jetzt von der „Arbeitsspannung" der Batterie. Wird kein Strom mehr entnommen, so fallen die genannten Ionenkonzentrationen wieder, weil die überschüssigen Ionen in die Elektrolytlösung diffundieren und durch die Sekundärreaktionen verbraucht werden. Wegen einer relativ langen Erholungsphase ist das Leclanché-Element daher für starke und lang andauernde Belastungen weniger geeignet. Ist der Batterie genügend lange Strom entnommen worden, so geht mit dem Spannungsabfall ein kontinuierlicher Abbau des Elektrodenmaterials einher. Die sich bildenden Sekundärprodukte überziehen schließlich die Zinkelektrode mit mehr oder weniger stark isolierend wirkenden Schichten. Die abgelaufenen Vorgänge lassen sich nicht wieder rückgängig machen (irreversible Reaktionen); die Batterie kann also nicht wieder aufgeladen werden und ist damit wertlos geworden.

10.9.2 Der Bleiakkumulator

Im Gegensatz zu den „Primärelementen", z. B. Leclanché-Element, bezeichnen wir galvanische Elemente, die nach einer Entladung wieder aufgeladen werden können, als „Sekundärelemente" oder Akkumulatoren. Von der Häufigkeit seines Einsatzes in der Technik her gesehen nimmt der auch als Autobatterie bekannte Bleiakkumulator eine Spitzenstellung ein. Als Elektroden tauchen bei ihm Gitterplatten aus einer Bleilegierung, die mit einer Paste aus Bleipulver (Minuspol) bzw. aus Blei(IV)-oxid (Pluspol) beschichtet sind, jeweils paarweise in einen Kunststoffbehälter ein, der 20%ige Schwefelsäure enthält.

Abbildung 10–12: *Bleiakkumulator*

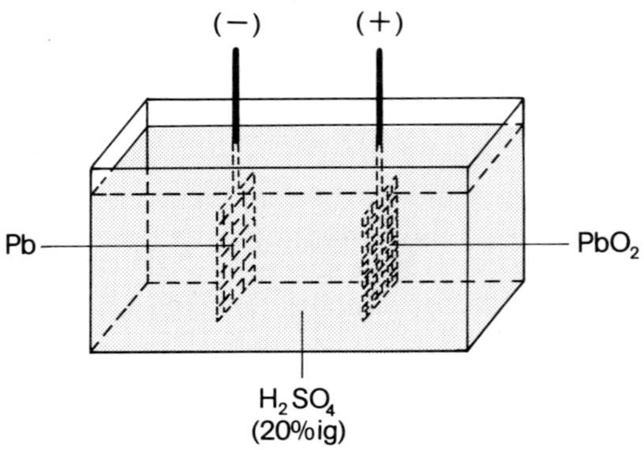

Dabei spielen sich an den Elektroden folgende Reaktionen ab:

Minuspol:

(10-30) $$Pb \rightarrow Pb^{2+} + 2e^-$$

Pluspol:

(10-31) $$PbO_2 + 4H^+ + SO_4^{2-} + 2e^- \rightarrow PbSO_4 + 2H_2O$$

Das aus den Pb^{2+}- und den SO_4^{2-}-Ionen der Schwefelsäure gebildete, schwerlösliche Blei(II)-sulfat überzieht während der Stromabgabe (Entladung) die Elektroden allmählich mit einer festhaftenden Schicht:

(10-32) $$Pb^{2+} + SO_4^{2-} \rightarrow PbSO_4$$

Aus der Addition dieser Gleichungen ergibt sich die *Gesamtreaktion:*

(10-33) $$\mathbf{Pb + PbO_2 + \underbrace{4H^+ + 2SO_4^{2-}}_{\text{Schwefelsäure}} \rightarrow 2PbSO_4 + 2H_2O}$$

Die Betriebsspannung dieses Akkumulators liegt unter den gegebenen Voraussetzungen bei etwa 2 V.

Aus der Gleichung wird ersichtlich, daß beim Entladen u. a. Schwefelsäure verbraucht wird, was eine Veränderung der Dichte des Elektrolyten zur Folge hat. Daher läßt sich auch durch die Bestimmung der Dichte mit Hilfe eines Aräometers der jeweilige Ladungsgrad des Bleiakkumulators feststellen.

Dichte der Schwefelsäure (geladener Zustand): **1,28 g/cm³**
Dichte der Schwefelsäure (entladener Zustand): **1,12 g/cm³**

Das Wiederaufladen der entladenen Zelle stellt eine erzwungene Umkehr des freiwillig abgelaufenen Vorgangs dar und erfolgt durch Anlegen einer äußeren Gleichspannung. Dabei werden die Pb^{2+}-Ionen an der Katode wieder zu Pb reduziert und an der Anode zu PbO_2 oxidiert. Während des Aufladevorganges bleibt die Pb^{2+}-Konzentration zunächst gleich, sinkt aber gegen Ende abrupt ab. Daher werden ab jetzt an der Katode H^+-Ionen zu H_2 reduziert und an der Anode gleichzeitig Wasser zu O_2 und H^+ oxidiert.

$$\begin{array}{lll} \text{Katode:} & 2H^+ + 2e^- \rightarrow H_2 & /\cdot 2 \\ \text{Anode:} & 2H_2O \rightarrow O_2 + 4H^+ + 4e^- & \\ \hline \text{Gesamtreaktion:} & 2H_2O \rightarrow 2H_2 + O_2 & \end{array}$$

Spätestens mit Beginn dieses „Gasens" des Bleiakkumulators muß das Aufladen abgebrochen werden, weil sich sonst ein gefährliches Knallgasgemisch entwickelt und gleichzeitig durch diese Zersetzung von Wasser die Konzentration des Elektrolyten in unzulässiger Weise erhöht wird.

Trotz seiner Wiederaufladbarkeit hat der Bleiakkumulator nicht etwa eine unbegrenzte Lebensdauer, da sich neben den umkehrbaren Reaktionen auch eine Reihe von irreversiblen Vorgängen abspielen. So wachsen z. B. die sich auf den Elektroden bildenden $PbSO_4$-Kristalle nach häufigen Entladungsvorgängen schließlich zu einer Größe heran, die die Reduktion und Oxidation während der nachfolgenden Aufladephasen immer mehr erschwert. Der daraus resultierende Leistungsabfall läßt sich aber weitgehend dadurch verhindern, daß man den Akkumulator von Zeit zu Zeit langsam ganz entlädt und dann wieder voll auflädt. Hingegen stellt die beträchtliche Selbstentladung den ärgsten Feind des Akkumulators dar. Sie liegt für den beschriebenen Typ unter günstigsten Voraussetzungen (z. B. Verwendung reinster Materialien, Aufrechterhaltung der idealen Konzentration des Elektrolyten) immerhin bei etwa 10% Kapazitätsverlust pro Monat. Die Gründe hierfür sind vielfältig. So können die Bleiplatten durch eine Reaktion mit Sauerstoff, der im Elektrolyten gelöst ist, einen störenden Blei(II)-oxidüberzug erhalten. Einen weiteren, besonders schlimmen Vorgang an der positiven PbO_2-Elektrode stellt die allmähliche Zerstörung des Trägergitters und der damit einhergehende Zerfall dieser Platte dar; er hat seine Ursache in einer Reaktion des Gitterbleis mit dem galvanisch aktiven PbO_2.

Der Bleiakkumulator eignet sich wegen seiner hohen Entladungsströme besonders als „Starter-Batterie" für Kraftfahrzeuge, da hier kurzfristig Stromstärken bis zu 300 A benötigt werden. Darüber hinaus sind diese Akkumulatoren bereits häufig für den Betrieb von Kleinfahrzeugen (z. B. Stapler, Elektrokarren) eingesetzt. In vielen Details verbesserte Bleiakkumulatoren, die über 1000mal wieder aufgeladen werden können und dabei selbst Tiefentladungen ohne nennenswerte Leistungseinbußen überstehen, betreiben heute schon versuchsweise mit Elektromotoren ausgestattete Kraftfahrzeuge. Eine Verdrängung der Benzinmotoren durch Elektromotoren, die von Bleiakkumulatoren betrieben werden, ist allerdings auch in der Zukunft sehr unwahrscheinlich, weil die Weltvorräte an Blei hierfür bei weitem nicht ausreichen würden.

Aufgabe:

Eine besondere Art von galvanischen Zellen sind die sog. Brennstoffzellen. Die bekannteste Brennstoffzelle stellt die Kombination einer Wasserstoffhalbzelle mit einer Sauerstoffhalbzelle dar, deren gemeinsamer Elektrolyt eine konzentrierte Kalilauge (pH = 14) ist.

a) Geben Sie die Pole an.
b) Entwickeln Sie die Gesamtreaktion aus der Addition der beiden Teilschritte Oxidation und Reduktion. Welche zusätzlichen Vorteile verspricht diese Art der elektrochemischen Stromgewinnung?
c) Welche Ruhespannung besitzt die Monozelle unter Standardbedingungen?

11 Die Elektrolyse

11.1 Die Elektrolyse – eine erzwungene Redoxreaktion

Versuch 11-1: *Elektrolyse einer Salzschmelze*
In einem schwer schmelzbaren, stumpfwinkeligen Reaktionsrohr wird Blei(II)-chlorid[1] geschmolzen. In die Schmelze tauchen in geringem Abstand zwei Kohleelektroden, welche mit einer regelbaren Gleichspannungsquelle (0–20 V) und einem Stromstärkemeßgerät verbunden sind.

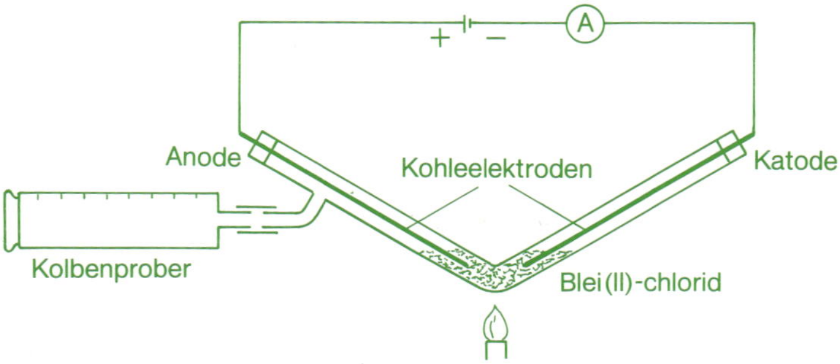

Beobachtung: Ab einer bestimmten Gleichspannung fließt Strom. Dabei scheidet sich an der Katode Blei ab, und an der Anode entwickelt sich Chlorgas (Geruch bzw. Blaufärbung von feuchtem Kaliumiodid-Stärke-Papier).

Das geschmolzene Salz leitet den elektrischen Strom. Dabei erfolgt der Ladungstransport durch die frei beweglichen Ionen der Schmelze. Aufgrund der Coulombschen Anziehungskräfte bewegen sich die positiv geladenen Bleiionen zur negativ geladenen Katode (deshalb „Kationen"), die negativ geladenen Chloridionen zur positiv geladenen Anode („Anionen") und werden dort unter Elektronenaufnahme bzw. -abgabe entladen:

(11-1) Katode: $Pb^{2+} + 2e^- \rightarrow Pb$ (Reduktion)

(11-2) Anode: $2Cl^- \rightarrow Cl_2 + 2e^-$ (Oxidation)

(11-3) $\mathbf{Pb^{2+} + 2Cl^- \rightarrow Pb + Cl_2}$ (Gesamtprozeß)

Die Verbindung Blei(II)-chlorid ist durch den elektrischen Strom in Blei und Chlor zerlegt worden.
Im Gegensatz zu metallischen Leitern (Elektronenleiter bzw. Leiter 1. Klasse), die sich beim Stromdurchgang chemisch nicht verändern, ist der Stromfluß durch eine Schmelze oder durch eine Lösung eines Elektrolyten (Ionenleiter bzw. Leiter 2. Klasse) immer mit stofflichen Umsetzungen verbunden.

[1] Es kann auch Cobalt(II)-chlorid-hexahydrat (Fp 86 °C) verwendet werden.

Elektrolyse ist eine unter Ionenentladung ablaufende **Zerlegung einer chemischen Verbindung** durch den elektrischen Strom[1].

Da an der **Katode** von positiv geladenen Ionen Elektronen aufgenommen werden, erfolgt dort eine **Reduktion**, während die **Anode** von negativ geladenen Ionen Elektronen absaugt und dadurch eine **Oxidation** bewirkt:

Die **Elektrolyse** ist ein von der Spannungsquelle erzwungener **Redoxvorgang**.

Die Vorgänge in Elektrolysezellen sind den Reaktionen in galvanischen Zellen entgegengesetzt.
Wie eine zum Versuch 11-1 analoge galvanische Zelle aussehen müßte, zeigt die folgende Abbildung:

Abbildung 11–1: *Gegenüberstellung von Elektrolysezelle und galvanischer Zelle*

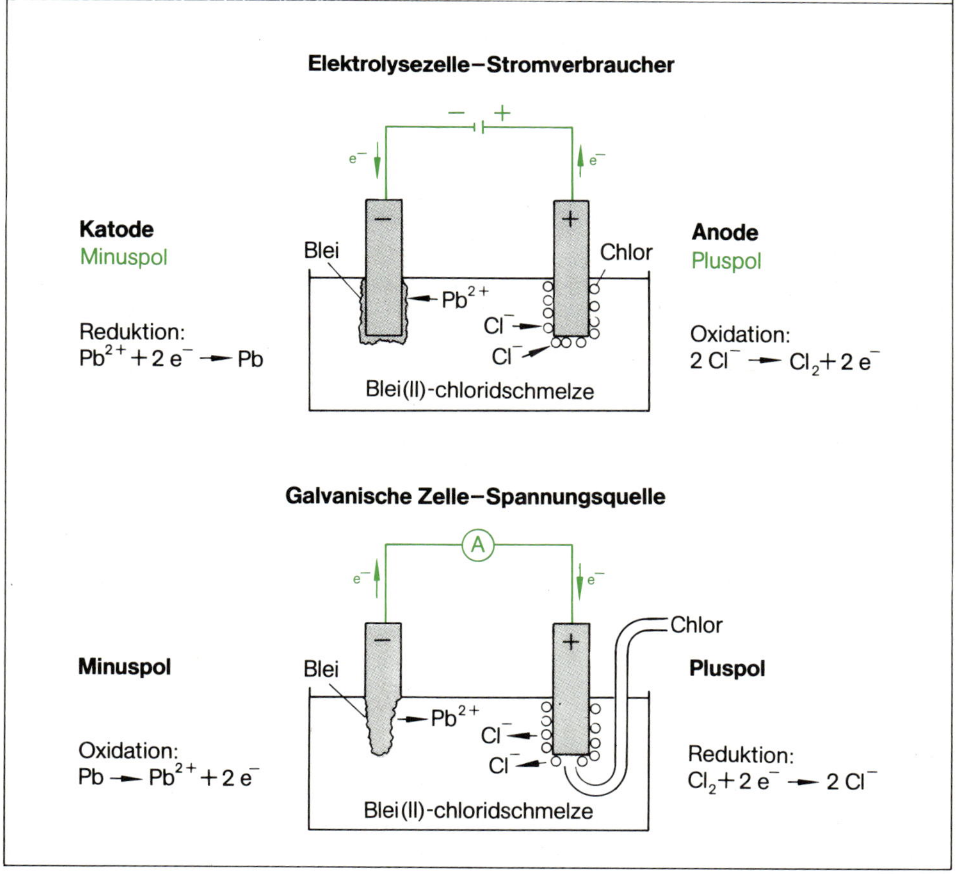

[1] Elektrolysen werden bei Gleichstrom durchgeführt. Bei Wechselstrom ist zwar ebenfalls Leitfähigkeit gegeben; chemische Zerlegungsvorgänge laufen jedoch nur bei geringer Frequenz ab.

Bei der **Elektrolysezelle** wird einer Elektrode die negative oder positive Polung durch die äußere Spannungsquelle aufgeprägt. Die Bezeichnungen Katode und Anode beziehen sich auf die Elektrodenvorgänge. An der Katode erfolgt Reduktion, an der Anode Oxidation.
Bei der **galvanischen Zelle** bildet diejenige Elektrode den Minuspol, an der der elektronenliefernde Oxidationsprozeß, und diejenige Elektrode den Pluspol, an der der elektronenverbrauchende Reduktionsprozeß abläuft.

Zusammenfassung:

Elektrolysezelle	*Galvanische Zelle*
– Stromverbraucher – „verbraucht" elektrische Energie – Umwandlung von elektrischer Energie in chemische Energie – erzwungene Redoxreaktion	– Spannungsquelle – verrichtet elektrische Arbeit – Umwandlung von chemischer Energie in elektrische Energie – freiwillig ablaufende Redoxreaktion

11.2 Die Reihenfolge der Ionenentladung

Elektrolysen wäßriger Salzlösungen:

In **wäßrigen Salzlösungen** sind außer den Ionen des gelösten Elektrolyten auch *Wasserstoffionen* und *Hydroxidionen* aus der Autoprotolyse des Wassers vorhanden. Beim Elektrolysevorgang stehen deshalb verschiedene Ionensorten zur Entladung an den Elektroden zur Verfügung.

Versuch 11-2: Eine Projektionsküvette wird mit verdünnter Zink(II)-iodidlösung, die mit etwas Ethanol versetzt wurde, gefüllt. Dann werden im Abstand von 2–3 cm zwei Kupferdrähte in die Lösung gebracht, eine Gleichspannung von ca. 10 V angelegt und der Elektrolysevorgang projiziert.

Beobachtung: An Katode graue Kristalle, an Anode Braunfärbung.

Versuch 11-3: Mit dem gleichen Geräteaufbau wird verdünnte Kaliumiodidlösung, der man wenige Tropfen Phenolphthaleinlösung zugegeben hat, elektrolysiert (Gleichspannung 2–3 V).

Beobachtung: An Katode Violettfärbung mit Gasentwicklung, an Anode Braunfärbung.

Versuch 11-4: Eine Spatelspitze Natriumsulfat wird in Leitungswasser (!) gelöst und so viel Universalindikator zugesetzt (pH 4 bis 10), bis die Lösung kräftig grün erscheint. Die Elektrolyse wird diesmal mit Platinelektroden (unter Glasglocken) bei einer Gleichspannung von ca. 5–8 V durchgeführt.

Beobachtung: An Katode Blaufärbung und Gasentwicklung, an Anode Gelb- bis Rotfärbung und Gasentwicklung

Bei Versuch **11-2** werden offensichtlich die Ionen des Salzes entladen:

(11-4) Katode: $Zn^{2+} + 2e^- \rightarrow Zn$

(11-5) Anode: $2I^- \rightarrow I_2 + 2e^-$

Bei Versuch **11-3** weist die Violettfärbung auf einen Überschuß an OH^--Ionen hin, was mit der Entladung von H^+-Ionen (H_2-Entwicklung) aus dem Gleichgewicht des Wassers erklärt werden kann:

(11-6) Katode: $2H^+ 2e^- \rightarrow H_2\uparrow$

(11-7) Anode: $2I^- \rightarrow I_2 + 2e^-$

Bei Versuch **11-4** weisen die pH-Änderungen an den Elektroden darauf hin, daß ausschließlich die Ionen des Wassers entladen werden:

(11-8) Katode: $4H^+ + 2e^- \rightarrow 2H_2\uparrow$ (damit OH^--Überschuß)

(11-9) Anode: $4OH^- \rightarrow O_2\uparrow + 2H_2O + 4e^-$ (damit H^+-Überschuß)

Dieser Sachverhalt läßt sich weitgehend mit der **Spannungsreihe** deuten.
Die Ionen unterscheiden sich in ihrem Vermögen, Elektronen aufzunehmen bzw. abzugeben. Liegen in einer Lösung verschiedene positiv bzw. negativ geladene Ionen vor, dann werden diejenigen zuerst entladen, die sich am leichtesten reduzieren bzw. oxidieren lassen. Wir wissen, daß Kationen edler Metalle leicht Elektronen aufnehmen, Kationen unedler Metalle aber schwer. Bevor also Natrium- oder Kaliumionen entladen werden, kommt es zur Entladung der „edleren" Wasserstoffionen des Wassers, also zur Bildung von Wasserstoff. Eine ähnliche Entscheidung kann auch für die Anionen getroffen werden.
Anhand weiterer Versuche lassen sich für die wichtigsten Kationen als auch für die wichtigsten Anionen folgende Reihenfolgen der Entladbarkeit aufstellen.

Tabelle 11-1: Entladbarkeitsreihe der Kationen

Ionen	K^+ Na^+ Mg^{2+} Al^{3+}	H^+ Zn^{2+} Cr^{3+} Fe^{2+} Pb^{2+}	Cu^{2+} Ag^+ Pt^{2+} Au^{3+}
Ionencharakter	*sehr unedel*	*mäßig unedel*	*edel*
Entladbarkeit		**steigt** →	
aus wäßrigen Lösungen werden entladen:	Wasserstoffionen	Metall- und Wasserstoffionen	Metallionen

Tabelle 11-2: Entladbarkeitsreihe der Anionen

Ionen	SO_4^{2-} NO_3^-	OH^- Cl^- Br^- I^- O^{2-} S^{2-}
Entladbarkeit		**steigt** →
aus wäßrigen Lösungen werden entladen:	Hydroxidionen	Hydroxid- und Nichtmetallionen

Wenn nur eine erste Orientierung erforderlich ist, läßt sich nach diesen Reihen – sie zeigen gewisse Abweichungen von der Spannungsreihe[1] – vorhersagen, welche Ionen aus einer Elektrolytlösung entladen werden. So werden die Ionen sehr unedler Metalle sowie komplexe Anionen in der Regel aus wäßrigen Lösungen nicht entladen.

[1] Die Reihenfolge der Entladbarkeit stimmt dann mit der Spannungsreihe überein, wenn als Elektrodenmaterial platiniertes Platin verwendet wird und wenn die Konzentrationen aller beteiligten Ionen den Wert 1 mol/l haben.

Beispiele:

Elektrolyt-Lösung	*Es werden entladen:*	
Natriumchloridlösung	H^+	Cl^-
Kaliumsulfatlösung	H^+	OH^-
Blei(II)-chloridlösung	Pb^{2+}	Cl^-
Kupfer(II)-chloridlösung	Cu^{2+}	Cl^-
Silber(I)-nitratlösung	Ag^+	OH^-
Salzsäure	H^+	Cl^-
Schwefelsäure	H^+	OH^-
Natronlauge	H^+	OH^-

Die Beispiele zeigen, daß der **Ionenart** eine maßgebliche Rolle bei den Elektrolysevorgängen zukommt.
Zu klären ist noch, weshalb auch Bleiionen oder Zinkionen – entgegen ihrer Stellung in der Spannungsreihe – aus wäßrigen Lösungen meist vor den Wasserstoffionen entladen werden.
Dies hängt zunächst mit den verschiedenen **Konzentrationen** der Ionensorten zusammen. In einer mäßig konzentrierten Zinkiodidlösung ist die Konzentration der Zinkionen um einige Zehnerpotenzen größer als die der Wasserstoffionen. In dieser Situation haben die Wasserstoffionen deshalb eine geringere Chance, entladen zu werden.
Entscheidender noch als der Konzentrationseinfluß sind sog. **Polarisations-** und **Überspannungserscheinungen** an den Elektroden, welche die Entladbarkeit der Wasserstoffionen weiter erschweren.

11.3 Die Polarisation

Versuch 11-5: In eine Projektionsküvette mit Natriumchloridlösung, $c(\text{NaCl}) = 1$ mol/l, tauchen zwei Platinelektroden, die über ein Stromstärkemeßgerät (Meßbereich 3 mA) an eine regelbare Gleichspannungsquelle angeschlossen sind. Ein Spannungsmesser wird parallel geschaltet. Die Spannung wird langsam gesteigert, bis an beiden Elektroden eine kontinuierliche Gasentwicklung einsetzt. Dann wird die Spannungsquelle abgeschaltet.

Beobachtung: Auch nach dem Abschalten der äußeren Spannungsquelle zeigt das Spannungsmeßgerät eine Spannung an, die nur ganz langsam auf den Nullwert zurückgeht. Der Zeiger des Strommessers schlägt in die Gegenrichtung aus.

Bei der Elektrolyse einer Natriumchloridlösung scheidet sich an der Katode Wasserstoff ab, da die Wasserstoffionen der Lösung vor den unedlen Natriumionen Elektronen aufnehmen:

(11-10) Katode: $\mathbf{2H^+} + 2e^- \rightarrow \mathbf{H_2}$[1]

An der Anode werden – wie der Geruch nach Chlor zeigt – die Chloridionen vor den Hydroxidionen entladen:

(11-11) Anode: $\mathbf{2Cl^-} \rightarrow \mathbf{Cl_2} + 2e^-$

[1] Im Prinzip kann die Wasserstoffbildung auch durch eine Direktreduktion des Wassers erklärt werden: $2H_2O + 2e^- \rightarrow H_2 + 2OH^-$.

An den Platinelektroden kommt es also zur Bildung von Wasserstoff- bzw. Chlorgas. Die auf der Elektrodenoberfläche haftenden Gasblasen bilden gewissermaßen einen Überzug aus Wasserstoff bzw. Chlor. Man sagt auch, die Elektroden wurden „polarisiert".

Abbildung 11–2: *Veränderung der Elektrodenoberflächen durch Polarisation*

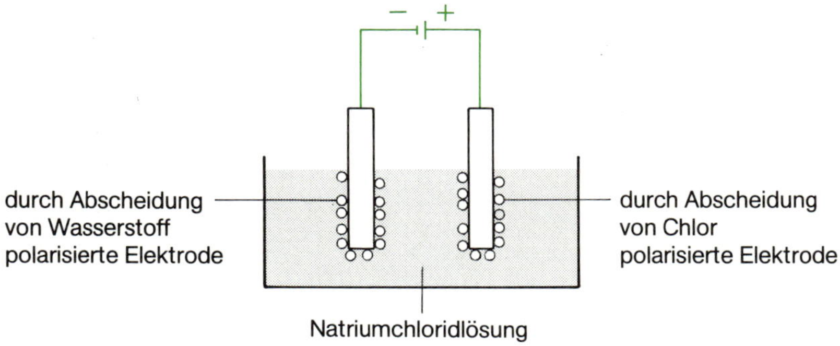

Die **Polarisation** ist eine Veränderung der Potentialdifferenz zwischen zwei Elektroden aufgrund elektrolytischer Abscheidungsvorgänge.

Abbildung 11-3: *„Polarisierte" Elektroden in der Projektion*

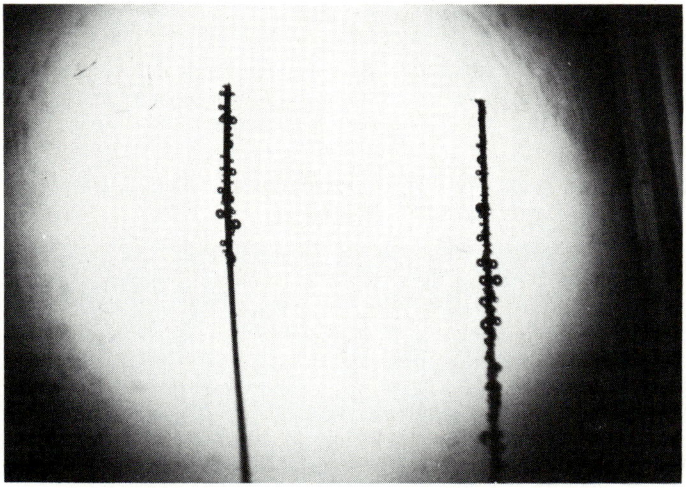

Dadurch, daß jetzt zwei verschiedene Elektroden in den gleichen Elektrolyten tauchen, ist ein **galvanisches Element** entstanden. Deshalb fließt auch nach dem Abschalten der äußeren Spannungsquelle noch Strom, allerdings in der Gegenrichtung. Elektronen fließen nun von der unedleren Wasserstoffelektrode zur edleren Chlorelektrode. Dieser Stromfluß heißt **Polarisationsstrom**, da er eine Folge der Polarisation der Elektroden ist.

Abbildung 11–4: *Richtung von Elektrolysestrom und Polarisationsstrom*

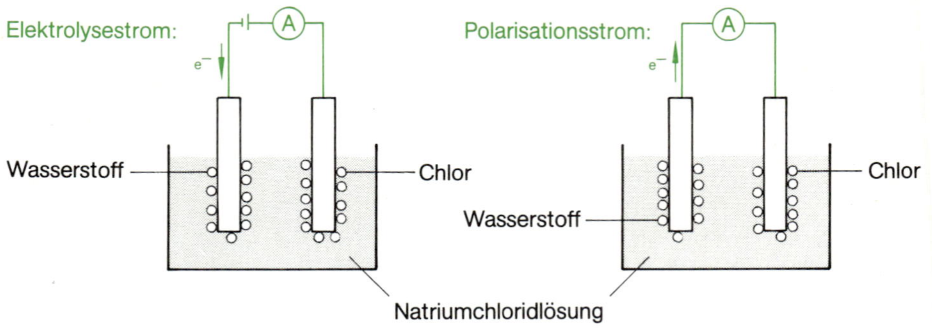

Der Polarisationsstrom fließt nur so lange, wie Wasserstoff als Elektronenlieferant zur Verfügung steht:

(11-12) $$H_2 \rightarrow 2H^+ + 2e^-$$

bzw. so lange, wie Chlor als Elektronenakzeptor vorhanden ist:

(11-13) $$Cl_2 + 2e^- \rightarrow 2Cl^-$$

11.4 Die Zersetzungsspannung

Versuch 11-6: Salzsäure, $c(HCl) = 1$ mol/l, wird mit **Platinelektroden** elektrolysiert. Die Spannung wird langsam gesteigert, bis deutliche Gasentwicklung einsetzt. Gleichzeitig wird die Stromstärke in Abhängigkeit von der Spannung gemessen.

Beobachtung: Die Stromstärke steigt anfangs nur ganz langsam, nimmt aber nach Erreichen einer Spannung von etwa 1,4 V stark zu. Von hier ab ist an den Elektroden auch die Bildung und Ablösung von Gasblasen zu erkennen und Chlorgeruch wahrnehmen.

Abbildung 11-5: *Bestimmung der Zersetzungsspannung mittels Spannungsmesser, Stromstärkemesser und Projektionsapparat*

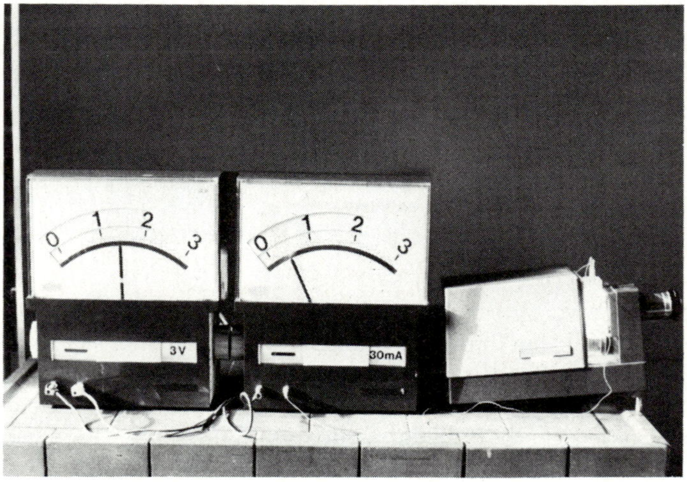

Diagramm 11-1: *Abhängigkeit der Stromstärke von der Spannung bei der Elektrolyse einer Salzsäure, c (HCl) = 1 mol/l, mit Platinelektroden*

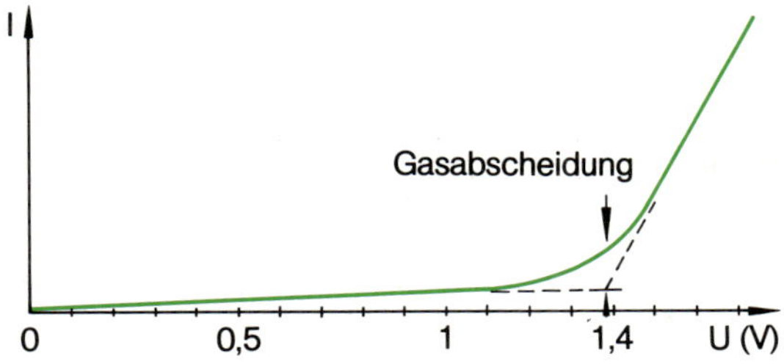

Die gemessenen Werte und die beobachteten Vorgänge an den Elektroden zeigen deutlich, daß eine Spannung von etwa 1,4 V erforderlich ist, damit der Elektrolysestrom merklich zu fließen beginnt und sich die Salzsäure elektrolytisch zu Wasserstoff (11-10) und Chlor (11-11) zersetzt.

Die Mindestspannung, bei der die Zersetzung eines Elektrolyten merklich beginnt, bezeichnet man als **Zersetzungsspannung**.

Aus dem Kurvenverlauf erhält man die experimentell bestimmte Zersetzungsspannung, wenn man die beiden Äste der Kurve verlängert und ihren Schnittpunkt senkrecht auf die Abszisse projiziert.
Die geringe Stromstärke zu Beginn des Versuchs bei Spannungswerten von weniger als 1,4 V ist nur so zu erklären, daß bereits vor der eigentlichen Zersetzung Wasserstoff und Chlor in geringen Mengen abgeschieden werden. Dadurch kommt es zu einer Polarisation der Elektroden, und es baut sich eine Gegenspannung auf. Diese entgegengerichtete Polarisationsspannung muß erst durch die Zersetzungsspannung überwunden werden, damit die Elektrolyse ablaufen kann. Die Zersetzungsspannung muß also größer sein als die Polarisationsspannung der galvanischen Zelle, deren Wert sich aus den Standardpotentialen zu 1,36 V ergibt.

11.5 Die Überspannung

Versuch 11-7: Die Elektrolyse der Salzsäure, *c* (HCl) = 1 mol/l, wird diesmal mit **Graphitelektroden** durchgeführt und die Spannung bestimmt, bei der die Gasentwicklung einsetzt.

Beobachtung: Eine sichtbare Gasentwicklung beginnt erst bei etwa 2 V.

Die höhere Zersetzungsspannung bei der Verwendung von Graphitelektroden zeigt, daß für den Ablauf der Elektrolyse hier eine weit über die Polarisationsspannung der Zelle hinausgehende Spannung erforderlich ist. Der Mehrbetrag, die sog. **Überspannung**, hat seine Ursache in Hemmnissen bei den Elektrodenvorgängen, welche die Abscheidung eines Stoffes erschweren.

Überspannung ist die durch Hemmnisse verursachte, für die Abscheidung zusätzlich benötigte Spannung.

Zwischen Zersetzungsspannung, Überspannung und Polarisationsspannung besteht die folgende einfache Beziehung:

Zersetzungsspannung = Polarisationsspannung + Überspannung

Überspannungen treten vor allem bei Gasentwicklungen auf, da der Elektronenaustausch durch mit Gas belegte Elektroden erschwert ist.

Die Höhe der Überspannung ist von mehreren Faktoren abhängig, wie die folgende Tabelle zeigt:

Tabelle 11-3: Abhängigkeit der Überspannung von verschiedenen Faktoren

Überspannung ist abhängig von:	*Niedrige Überspannungswerte treten auf bei:*
– Art des Elektrodenmaterials	– Verwendung von Elektroden mit Katalysatoreigenschaften
– Oberflächenbeschaffenheit der Elektroden	– großer Elektrodenoberfläche
– Art und Konzentration der abzuscheidenden Ionen	– Metallionen bei hohen Konzentrationen
– Stromdichte (Quotient aus Stromstärke und Elektrodenoberfläche)	– niedrigen Stromdichten
– Temperatur der Elektrolytlösung	– hohen Temperaturen

Aufgaben:

1. Verdünnte Kaliumnitratlösung wird elektrolysiert. Beschreiben Sie die Katoden- und Anodenreaktion mit chemischen Gleichungen.

2. Welche Vorgänge laufen an der Katode und an der Anode ab bei der Elektrolyse von
a) Kupfer(II)-chloridlösung,
b) Silber(I)-nitratlösung?

3. Schwefelsäure, $c(H_2SO_4) = 1$ mol/l, wird unter Verwendung von Platinelektroden elektrolysiert.
($\varphi^0(SO_4^{2-}/S_2O_8^{2-}) = +2{,}01$ V)
a) Geben Sie die wahrscheinlichen Elektrodenreaktionen an.
b) Vergleichen und erklären Sie die Richtung des Elektronenflusses bei der Elektrolyse und innerhalb der entstehenden galvanischen Zelle.

4. Wie könnten Zink und Kupfer aus einer Mischung ihrer Salzlösungen getrennt werden? Begründen Sie Ihren Vorschlag.

5. Bei der großtechnischen Aluminiumgewinnung wird eine Schmelze aus Aluminiumoxid und Natriumhexafluoroaluminat Na_3AlF_6 (erniedrigt den Schmelzpunkt und erhöht die Leitfähigkeit) mit Hilfe von Kohleelektroden elektrolysiert.
a) Erklären Sie, weshalb weder Natrium noch Fluor entstehen.
b) Weshalb muß die Anodenkohle immer wieder erneuert werden?

6. Bei der Gewinnung von reinem Kupfer aus Rohkupfer wird der Rohkupferblock als Anode geschaltet. Dabei gehen Kupfer, aber auch Zink, Eisen und Nickel in Lösung.
a) Erklären Sie, weshalb sich an der Katode nur Kupfer (Reinstkupfer) abscheidet.
b) Weshalb kann diese sog. elektrolytische Reinigung mit einer sehr niedrigen Spannung (etwa 0,3 V) ausgeführt werden?

12 Korrosion

Allein in der Bundesrepublik Deutschland verursacht die Korrosion jährlich einen Schaden von vielen Milliarden Mark. Man schätzt, daß täglich 1000 Tonnen Eisen wieder vernichtet werden. Deshalb muß sich besonders der Ingenieur mit den Korrosionsursachen und dem Korrosionsschutz befassen.

> Bei der **Korrosion** reagiert Metall mit seiner Umgebung, wobei eine Veränderung des Metalls erfolgt. (Definition nach DIN)

Der häufigste Korrosionstyp ist die elektrochemische Korrosion.

> Bei der **elektrochemischen Korrosion** finden elektrochemische Vorgänge in Gegenwart eines Elektrolyten statt. (Definition nach DIN)

Diese Vorgänge und ihre Voraussetzungen haben wir bereits beim galvanischen Element kennengelernt:

Es müssen:
1. eine Potentialdifferenz,
2. ein gemeinsamer Elektrolyt und
3. eine leitende Verbindung

vorhanden sein.

Im „Korrosionselement" fließt wie im galvanischen Element ein Strom, der Korrosionsstrom. Dabei gibt es katodisch wirkende (hier findet eine Reduktion statt) und anodisch wirkende Stellen (hier findet eine Oxidation statt).

> In einem Korrosionselement wird immer die **Anode** zerstört.

12.1 Korrosionsarten

12.1.1 Rostbildung

Versuch 12-1: 0,5 g NaCl, 30 mg $K_3[Fe(CN)_6]$, 1,5 g Agar-Agar und 0,5 ml 1 % Phenolphthaleinlösung werden in 100 ml siedendem Wasser aufgelöst.
Mit ca. 4 Tropfen NaOH ($c = 1$ mol/l) wird der pH-Wert der Lösung knapp unterhalb des Umschlagpunktes des Indikators gebracht. Die Lösung wird in zwei Petrischalen gegossen, in denen folgende entfettete Eisenteile liegen:
Eisenblech, ein gerader, ein verbogener Nagel, ein Nagel, der teilweise mit Kupferdraht, ein Nagel, der teilweise mit Zinkdraht umwickelt ist.

Beobachtung: Nach einigen Stunden können in dem erstarrten Gel blaue und rote Bereiche beobachtet werden. Die blauen Stellen zeigen das Vorhandensein von Fe^{2+}-Ionen und damit anodische Bereiche an. Durch gleichzeitig gebildete Hydroxidionen (OH^-) wird die Phenolphthaleinlösung rot gefärbt.

Bei der Rostbildung findet eine elektrochemische Korrosion statt, die nach einem ziemlich verwickelten Mechanismus abläuft.

Das Standardpotential von Fe/Fe^{2+} beträgt $\varphi^0 = -0{,}44$ V. Es hängt von der Konzentration der Fe^{2+}-Ionen ab.

Tabelle 12-1: Abhängigkeit des Potentials von der Fe^{2+}-Ionen-Konzentration

$c(Fe^{2+})$ in mol/l	φ in Volt
10^{-6}	$-0{,}62$
10^{-4}	$-0{,}56$
10^{-2}	$-0{,}50$
1	$-0{,}44$

Mit zunehmender Konzentration wird das Potential positiver (Vergleiche Seite 199 unten).

Ein Stoff kann Eisen korrodieren, wenn er ein Potential besitzt, das größer als das des Eisens ist. Beim vorliegenden Versuch ist dies der Sauerstoff aus der Atmosphäre, der sich zu einem gewissen Maß in Wasser löst. Im neutralen Zustand kann Sauerstoff mit Wasser und den Elektronen des Eisens reagieren:

(12-1) $$\mathbf{O_2 + 2H_2O + 4e^- \rightarrow 4OH^-}$$

Das Potential φ (OH^-/O_2) beträgt bei pH 7 $+0{,}82$ V. Es ist stark pH-abhängig und variiert von $+0{,}40$ V bei pH 14 bis $+1{,}23$ V bei pH 0. Die wirklichen Potentiale sind noch etwas geringer, da der Sauerstoffdruck nur 200 hPa ist (Luft enthält ca. 20% Sauerstoff). In jedem Fall aber reichen die Potentiale aus, um Eisen zu Fe^{2+}-Ionen zu oxidieren.

Abbildung 12–1: *Rostbildung auf Stahl unter einem Wassertropfen*

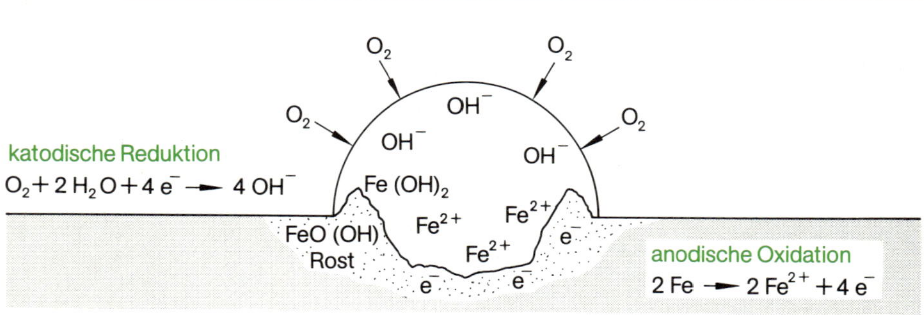

Die **Reaktionsschritte**, die an der Korrosion unter Sauerstoffverbrauch in einer basischen oder neutralen Lösung beteiligt sind, lauten:

1. Anodische Oxidation und katodische Reduktion

Anodische Oxidation:

(12-2) $2Fe \rightarrow 2Fe^{2+} + 4e^-$ $\varphi = -0{,}4$ bis $-0{,}6$ V

Katodische Reduktion:

(12-1) $O_2 + 2H_2O + 4e^- \rightarrow 4OH^-$ $\varphi = +0{,}4$ bis $+0{,}8$ V

(12-3) Gesamtprozeß: $\mathbf{2Fe + O_2 + 2H_2O \rightarrow 2Fe^{2+} + 4OH^-}$

Diese Reaktion kann freiwillig ablaufen, da Elektronen vom Eisen mit dem negativeren Potential zum Sauerstoff mit dem positiveren Potential fließen. Die Hydroxidionen bilden sich in der sauerstoffreicheren Randzone, die Eisenionen in der Tropfenmitte.

2. Die Eisen- und Hydroxidionen diffundieren in den Tropfen hinein, treffen sich von der Korrosionsstelle entfernt und bilden dort einen Niederschlag von schwerlöslichem Eisen(II)-hydroxid.

(12-4) $$Fe^{2+} + 2OH^- \rightarrow Fe(OH)_2$$

3. Das Eisen(II)-hydroxid wird durch den Luftsauerstoff weiteroxidiert:

(12-5) $$4Fe^{+II}(OH)_2 + O_2 + 2H_2O \rightarrow 4Fe^{+III}(OH)_3$$

$Fe(OH)_3$ spaltet Wasser ab, so daß wasserärmere Produkte wie $FeO(OH)$ bzw. $Fe_2O_3 \cdot H_2O$ entstehen.

> Die bei der Korrosion von Eisen und Stahl entstandenen vorwiegend oxidischen und hydroxidischen Produkte nennt man **Rost**.

Wie Abbildung 12-1 zeigt, bildet sich der Rost nicht an der Stelle, an der die Eisenionen in Lösung gehen. Die Rostschicht selbst ist so porös, daß sie einen weiteren Zutritt von Wasser und Sauerstoff nicht verhindern kann.

Abbildung 12–2: *Aufbau einer Korrosionsschicht*

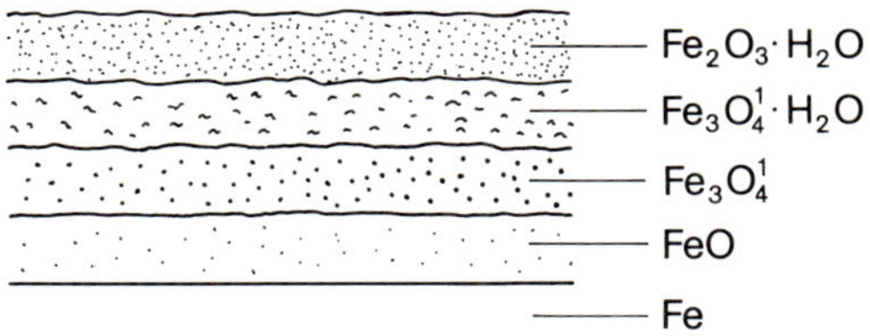

Da der Sauerstoff durch Wasser und durch Oxidschichten diffundieren muß, wird der Anteil des Sauerstoffs in der Nähe der Eisenoberfläche immer geringer.

Zwei Aspekte sollen noch berücksichtigt werden:

1. Anwesenheit von Salzen

Sind im angreifenden Mittel Ionen enthalten, wird die Korrosion stark beschleunigt; Ionen erhöhen nämlich die Leitfähigkeit des Wassers, der Ladungstransport über größere Entfernungen wird möglich. Dazu kommt, daß z. B. Chloridionen das Potential von Eisen bis um 300 mV zum Negativen hin verschieben können. Erfolgt der Angriff punktförmig, kann die Korrosionsgeschwindigkeit bis zu 3,7 mm Tiefe im Jahr erreichen (Lochfraß).

[1] $Fe_3O_4 = FeO \cdot Fe_2O_3$.

2. *Abwesenheit von Sauerstoff*
In sauerstofffreiem Wasser wird Eisen nicht korrodiert. Als Oxidationsmittel kämen nur die H^+-Ionen des Wassers in Frage:

(12-6) $$Fe + 2H^+ \rightleftharpoons Fe^{2+} + H_2$$

Das Potential $\varphi^0(H_2/H^+)$ beträgt bei pH 7 – 0,41 V. Wasser kann daher jedes Metall korrodieren, dessen Potential kleiner als – 0,41 V ist. Hierzu würde an sich Eisen gehören, weil das Potential im Bereich von – 0,44 V bis – 0,62 V liegt. Wasserstoff besitzt aber an Eisen eine Überspannung von 0,1 V bis 0,8 V. Fehlt also der Sauerstoff wie z. B. in der Zentralheizung, wird Eisen wegen der Überspannung nicht merklich in Lösung gehen.

Bei den folgenden Korrosionsarten werden anodische und katodische Bereiche durch die verschiedenartigen Werkstoffe gebildet.

12.1.2 Kontaktkorrosion

1933 wurde der Rumpf der Segeljacht „Sea-call" aus einer Legierung von 67% Nikkel, 30% Kupfer und 3% anderer Metalle gebaut. Einige Teile wurden mit Stahlnieten verbunden. Bereits während der Jungfernfahrt wurde die Jacht leck, weil die Nieten korrodiert waren. Trotz mehrerer Reparaturversuche mußte die Jacht verschrottet werden. Ähnliche Verhältnisse liegen auch bei Versuch 12-1 bei dem mit Kupferdraht umwickelten Nagel vor.

Abbildung 12–3: *Kontaktkorrosion*

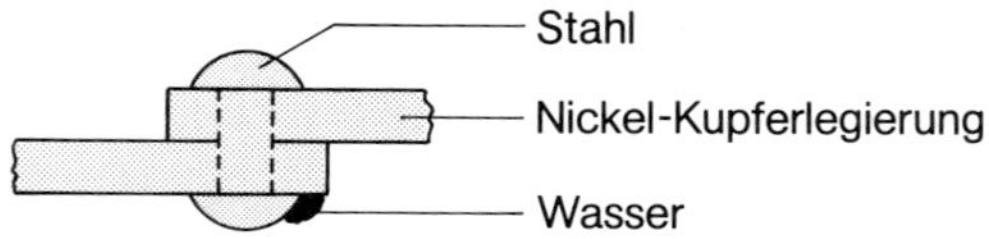

Berühren sich zwei verschiedene Metalle in einer gemeinsamen Elektrolytlösung, so geht jeweils das unedlere Metall in Lösung.[1] Diese Auflösung erfolgt um so rascher,

1. je größer die entstehende Spannung,
2. je höher die Anodenstromdichte (Stromstärke je Flächeneinheit),
3. je konzentrierter der Elektrolyt ist.

So setzt bei der Verwendung von Nieten aus Stahl (Anode) zur Verbindung größerer Kupferplatten eine schnelle Korrosion ein (hohe Anodenstromdichte, da kleine Fläche der Nieten), während bei Kupfernieten zur Verbindung größerer Stahlplatten die Korrosion sehr gering wäre.

[1] Siehe Tabelle 10-2 (Spannungsreihe)

12.1.3 Lokalelement

Nach DIN ist ein Lokalelement ein Korrosionselement mit sehr kleinen Anoden- und Katodenflächen. Die meisten als Werkstoffe verwendeten Metalle sind chemisch nicht rein. Einschlüsse von Fremdmetallen können sich als Anode oder Katode betätigen, je nachdem, ob ihr Potential kleiner oder größer als das des Werkstoffs ist. Es handelt sich also um eine ins Mikroskopische verkleinerte Kontaktkorrosion.

12.1.4 Selektive Korrosion

Bei der selektiven Korrosion werden nur einzelne Gefügebestandteile zerstört. Unterschiedliche Potentiale im µV-Bereich können auch durch Gitterstörungen, die durch das Fertigungsverfahren verursacht sind, entstehen. Nägel, die durch Stauchen aus Drahtstücken gefertigt werden, korrodieren an bestimmten Stellen (siehe Versuch 12-1).

Abbildung 12–4: *Korrosionszonen bei Nägeln*

Ähnliche Folgen können auch andere mechanische oder thermische Bearbeitungsverfahren wie Biegen, Bohren, Fräsen, Anlassen, Schweißen und Löten haben.

12.1.5 Wirkung der Korrosionsprodukte

Die Korrosionsprodukte haben einen großen Einfluß auf den Korrosionsverlauf. Das zeigt ein Vergleich von Eisen und Aluminium.

Tabelle 12-2: Korrosionsprodukte von Al und Fe und ihre Wirkung

	Fe	**Al**
Normalpotential	−0,44 V	−1,67 V
Reaktion bei Korrosion	$4\,Fe + 3\,O_2 + 2\,H_2O \rightarrow 4\,FeO(OH)$	$4\,Al + 3\,O_2 \rightarrow 2\,Al_2O_3$
Volumenquotient = $\frac{V_{Korrosionsprodukt}}{V_{Metall}}$	2,14	1,28
Eigenschaft des Korrosionsprodukts	poröse Oxidschicht	dichte Oxidschicht
Wirkung auf Feuchtigkeit	hält Wasser zurück, da die Oberfläche vergrößert ist	wasserabstoßend
Korrosionsgeschwindigkeit	wird beschleunigt	wird gehemmt

Entsteht das voluminöse Korrosionsprodukt in einem Spalt, bildet sich eine Druckspannung aus. Sie kann beim Stahl so groß werden, daß Bruch eintritt. So können Nieten an Brücken reißen oder Beton durch Korrosion der Armierung aufbrechen.

12.2 Korrosionsschutz

In der Bundesrepublik Deutschland werden jährlich ca. 5 Milliarden Mark für Korrosionsschutz und die Beseitigung von Korrosionsschäden ausgegeben. Es gibt prinzipiell zwei Möglichkeiten, die Korrosion zu verhindern:

1. Der Zutritt des Elektrolyten wird unmöglich gemacht (Oberflächenbehandlungen wie Anstrich, Verzinken usw.).
2. Man greift direkt in den Oxidationsvorgang ein (Wahl der Metalle, Opferanoden, Gleichstrom usw.).

Tabelle 12-3: Überblick über Korrosionsschutzverfahren

Korrosionsschutz		Beispiele
Legierungen		*Nickel, Chrom, Vanadin für Eisen*
Nichtmetallische Überzüge	*organisch* *anorganisch*	*Kunststoff, Fett, Öl* *Anodisieren, Phosphatieren, Chromatieren, Emaillieren*
Metallische Überzüge		*Galvanisieren, Schmelztauchen, Metallspritzen, Plattieren*
Inhibitoren		*Schutzgase, verschiedene Salze, organische Stoffe*
Katodischer Korrosionsschutz		*Opferanode, Gleichspannung*
Konstruktive Maßnahmen		*Wahl der Werkstoffe, Vermeidung von Schwitzwasserbildung*

Jeder dauerhafte Korrosionsschutz setzt Werkstücke mit einer gewissen Oberflächengüte voraus. Sie wird durch mechanische und chemische Vorbehandlung erreicht. Diese **Passivierung** erschwert bereits mögliche Korrosionsvorgänge.

Versuch 12-2: *„Errötende Jungfrau"*
Ein blankes Eisenblech wird an einem Draht aufgehängt, zuerst in konzentrierte Salpetersäure und dann in Kupfer(II)-sulfatlösung getaucht. Nachdem man das Eisenstück herausgenommen hat, zeigt sich kein Kupferniederschlag (Passivierung). Durch einen Schlag mit einem Glasstab zeigt sich am Eisen plötzlich ein rötlicher Kupferüberzug: Durch die mechanische Beanspruchung wird die Passivierung aufgehoben.

Passivierung kann auch durch Chromate, Nitrate oder Phosphorsäure erreicht werden.

Diese Verfahren erfordern einen erheblichen Aufwand für den Umweltschutz. Besonders Chromate führen zu Langzeitschäden in den Gewässern, weil sie gegenüber Mikroorganismen eine hohe Toxizität aufweisen.

12.2.1 Organische Schichten

Eine Methode, Werkstücke vor Korrosion zu schützen, ist das Aufbringen von organischen Schichten.

Während bis 1930 fast ausschließlich Naturprodukte verwendet wurden, haben sich heute die synthetischen Harze durchgesetzt. Neben der klassischen Lackiertechnik mit lösungsmittelhaltigen Anstrichstoffen sind in den letzten Jahren lösungsmittelarme bzw. -freie Kunststoffpulver wichtig geworden[1]. Welche Wandlung sich hier vollzogen hat, zeigt ein Vergleich der Zusammensetzung eines konventionellen Lacks mit einem modernen Pulverlack.

Abbildung 12–5: *Zusammensetzung von verschiedenen Lacken*

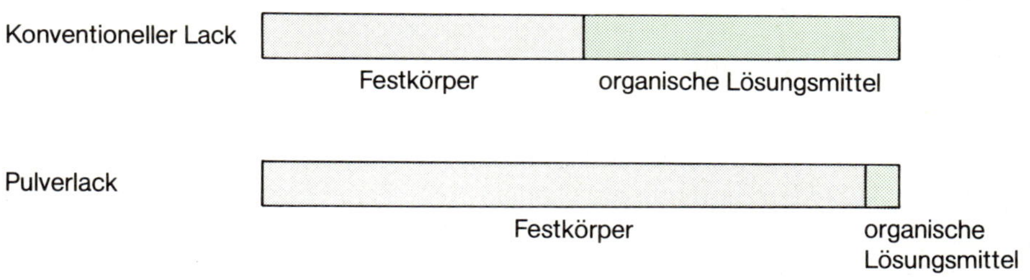

12.2.2 Anorganische Überzüge

Wenn Oxidüberzüge günstige Eigenschaften besitzen (siehe Tabelle 12-2), können sie ausgezeichneten **Korrosionsschutz** bieten.

Versuch 12-3: Eine Aluminiumplatte wird mit Natronlauge und dann mit destilliertem Wasser gereinigt und als Anode in verdünnte Schwefelsäure gehängt. Als Katode verwendet man ein Bleiblech. Die Stromstärke wird auf 1 Ampere eingestellt. Nach 25 Minuten spült man die Platte mit Wasser ab und trocknet sie. Man prüft nun die Leitfähigkeit der Oberfläche.

Beobachtung: Die Oberfläche leitet den elektrischen Strom nicht, da sich eine Aluminiumoxidschicht gebildet hat.

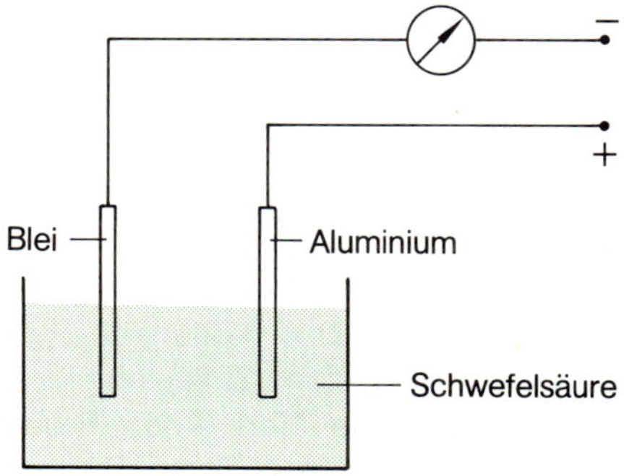

[1] 1974 schränkte das Immissionsschutzgesetz die Emission von organischen Lösungsmitteln radikal ein.

Es laufen folgende Reaktionen ab:

(12-7) Katode: $6\,H^+ + 6\,e^- \rightarrow 3\,H_2$

Anode: Der genaue Ablauf der Al_2O_3-Bildung ist noch nicht geklärt. Möglich ist:

(12-8) $2\,Al \rightarrow 2\,Al^{3+} + 6\,e^-$

(12-9) $2\,Al^{3+} + 3\,H_2O \rightarrow Al_2O_3 + 6\,H^+$

Poren, die hier noch vorhanden sind, müssen durch Kochen in Wasser oder Salzlösungen verdichtet werden. Es können auch Farben in diese Poren eingelagert werden. Die Schichtdicke nach dem Eloxieren beträgt 8 bis 30 µm. Die natürlich gebildete Oxidschicht hat nach einem Jahr eine Dicke von 0,03 bis 0,1 µm. Elektrische Oxidation kann nur bei Aluminium und Aluminiumlegierungen angewandt werden **(Eloxalverfahren)**.

12.2.3 Metallüberzüge

Metallüberzüge werden verwendet, um ein korrosionsanfälligeres Metall zu schützen. Die Hauptsache ist, daß sie dicht und porenfrei sind und das Grundmetall vollständig abschließen. Außerdem sind größere Flächen von edleren Metallen zu vermeiden, da bei einer Verletzung die Anodenstromdichte sehr groß wird (Lochfraß).
Metallüberzüge geben dem Grundmetall mechanischen Schutz, sie können aber auch elektrochemisch wirken. Dies gilt für Überzüge, die nicht einwandfrei sind, die z. B. Kratzer oder Poren haben. Hier bildet sich ein Korrosionselement, und das unedlere Metall wird zur Anode. Beim **Zinküberzug** auf Eisen ist das Grundmetall geschützt (Versuch 12-1), während es bei einem **Zinnüberzug** in Lösung geht.

Abbildung 12–6: *Vergleich eines Zink- und Zinnüberzugs auf Eisen*

	Zn/Fe	**Sn/Fe**
Potential	−0,76/−0,44 V	−0,14/−0,44 V
Vorgang bei Verletzung des Überzugs	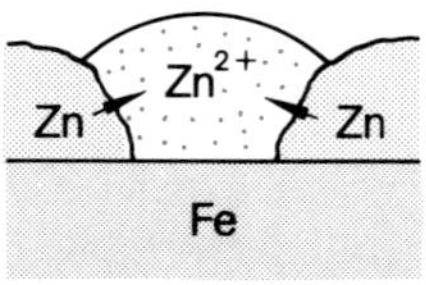	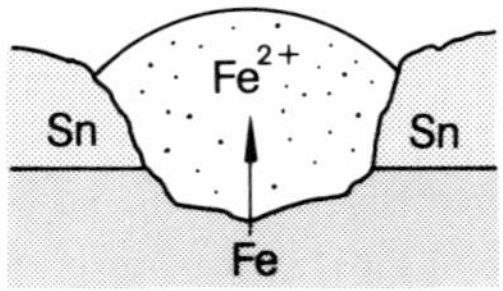
	Zink geht in Lösung	Eisen geht in Lösung

Das wichtigste Überzugsmetall ist Zink mit einem Weltverbrauch von ca. 1 Mio. Tonnen pro Jahr für die Feuerverzinkung. Das vorbehandelte Werkstück wird in eine Zinksalzlösung gebracht, getrocknet und ins Zinkschmelzbad getaucht.
Schutzschichten aus Kupfer, Gold, Nickel, Cadmium, Chrom usw. können elektrolytisch auf Grundmetalle aufgebracht werden **(Galvanisieren)**. Hier werden in großen Mengen Cyanide (Salze der Blausäure) verwendet.
Die Beseitigung der äußerst giftigen Abfälle erfordert große Sorgfalt und ist ein besondere Aufgabe des Umweltschutzes (Sondermüll).

12.2.4 Inhibitoren

Manche Werkstücke müssen metallisch blank bleiben, z. B. Kolben, Zylinder. Sie können nicht durch einen Überzug geschützt werden. Hier haben sich Korrosionsinhibitoren bewährt. Sie werden dem korrodierenden Mittel (Luft, Elektrolyt) zugesetzt und passivieren die aktiven Oberflächenstellen. Dampfphaseninhibitoren werden dem Verpackungsmaterial zugesetzt; sie bilden eine Schutzgasatmosphäre. Andere Inhibitoren werden dem flüssigen Medium beigemengt. Ein guter Inhibitor drängt die Korrosion bei Zusatzmengen von 0,005 bis 0,1 Gewichtsprozent der Elektrolytmenge um 95% bis 99% zurück. Die Metalloberfläche wird dabei durch Reaktion mit Inhibitoren so verändert, daß sie der Korrosion widersteht.

Es wird immer wieder diskutiert, dem Streusalz Korrosionsinhibitoren beizumengen, um Schäden an den Fahrzeugen zu verringern. Aus Kostengründen scheitert dies jedoch.

Für Stahl in Schwefelsäure gibt es über 100 Inhibitoren.

Einige Inhibitoren für Eisen in Schwefelsäure	*Konzentration in Gramm je Liter*
KBr	1,0
KI	0,1
Hexamethylentetramin	2,0
Aminobenzol	1,0

Versuch 12-4: Zwei gleich große Stücke Stahlblech werden entfettet. Dann werden sie in zwei Bechergläser mit je 100 ml 15%iger Schwefelsäure gebracht, nachdem einem Glas ein Inhibitor zugesetzt und gut verrührt wurde. Man vergleicht nun die Wasserstoffentwicklung in beiden Gläsern

Beobachtung: Das Metall löst sich in der Säure mit Inhibitor wesentlich langsamer auf.

12.2.5 Katodischer Korrosionsschutz

Versuch 12-5: Man stellt aus Kupfer und Eisen ein **galvanisches Element** her und mißt die Spannung. Der Elektrolyt ist eine verdünnte Kochsalzlösung.

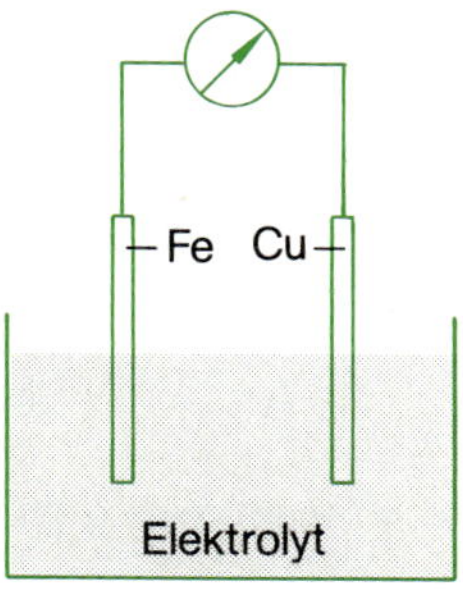

Jetzt wird eine **Magnesiumelektrode** zugeschaltet:

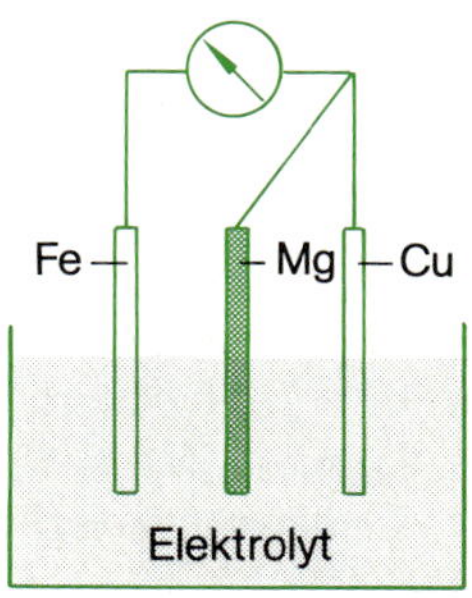

Beobachtung: Der Zeiger des Meßinstruments geht in die Nullstellung zurück und zeigt dann einen entgegengesetzten Ausschlag.

Erklärung:
Magnesium wird zur Anode. Magnesiumionen gehen in Lösung, die freigewordenen Elektronen wandern zur Kupfer- und Eisenplatte. Diese werden nun beide zur Katode. Eisen ist somit vor Korrosion geschützt.
Die Magnesiumelektrode wird als „Opferanode" bezeichnet. Dieses Verfahren benützt man in großem Umfang bei Kabeln, erdverlegten Rohren, Heizöltanks sowie bei Schiffen und Hafenanlagen.
Das zu schützende Metall wird als Katode negativ aufgeladen. Dies kann auch mit Hilfe von Fremdstrom geschehen; das zu schützende Werkstück wird an eine äußere Gleichspannungsquelle angeschlossen.

Abbildung 12–7: *Schema einer katodischen Fremdstromanlage*

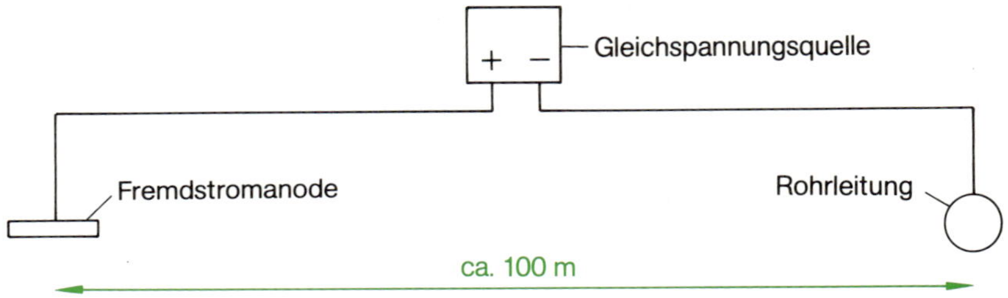

12.2.6 Legieren von Basismetallen

Eisen wird leicht korrodiert. Ein Zusatz von Chrom und Nickel und anderen Metallen erhöht den Korrosionswiderstand erheblich. Es bildet sich bei solchen Legierungen eine festhaftende Oxidschicht, die aus einem Eisen-Chrom-Nickeloxid mit gebundenem Wasser besteht. Diese Stähle haben sich in der Korrosionsbeständigkeit besonders bewährt. Ein Beispiel dafür sind die Edelstahlauspuffanlagen für Kraftfahrzeuge. Sie haben eine mehrfache Lebensdauer gegenüber den serienmäßig eingebauten Anlagen.

Aufgaben:

1. Bei einem vernickelten Eisenblech wird der Überzug verletzt. Welche Vorgänge laufen bei Anwesenheit eines Elektrolyten ab?
2. Kann man mit Kupferrohren aus großen Stahltanks Heizöl entnehmen, ohne große Korrosionsschäden zu verursachen?
3. Mancher Hausherr, der Kupferrohre als Wasserleitung installierte, ist überrascht, daß diese durch Lochfraß sehr rasch zerstört wurden. Als Ursache stellt sich Rost heraus, der aus dem öffentlichen Wassernetz kam. Erklären Sie die Vorgänge.

4. Eine Automarke machte Reklame, daß ein Auto längere Zeit im Meerwasser stand, ohne Korrosionsschäden zu erleiden. Warum ist Meerwasser besonders aggressiv?

5. In Indien steht die Kutubsäule (310 n. Chr.) aus ganz normalem Schmiedeeisen. Sie ist nicht korrodiert. Geben Sie eine Erklärung.

6. Warum rosten Autokarosserien besonders an schwer zugänglichen Stellen wie hinter Zierleisten und Rippen?

7. Warum muß man die geschlossenen Warmwasserheizsysteme gelegentlich entlüften?

8. Warum sind Korrosionsschutz und Umweltschutz nicht immer auf einen Nenner zu bringen?

9. Welche Maßnahmen sind besonders geeignet, das Auto ohne Korrosionsschäden über den Winter zu bringen? (Begründung)

10. Welches Potential sollte ein Metall besitzen, um einem Bleirohr katodischen Schutz zu bieten? Nennen Sie Metalle, die dafür in Frage kommen.

11. Warum geht die Korrosion bei Aluminiumdosen langsamer vor sich als bei Eisenblechdosen?

13 Kunststoffe

13.1 Bildung von makromolekularen Stoffen

13.1.1 Makromolekül und Polymerisationsgrad

Makromoleküle (griech.: makros = groß) sind sehr große Moleküle, Riesenmoleküle, die aus vielen Atomen bestehen. Die Atome eines Makromoleküls sind über Atombindungen miteinander verknüpft.
Der Übergang von den niedermolekularen Stoffen zu den makromolekularen Stoffen erfolgt fließend. Eine scharfe Trennlinie kann nicht gezogen werden.

> Als **Makromoleküle** werden Moleküle im allgemeinen bezeichnet, wenn ihre relative Teilchenmasse den Wert von etwa 10000 übersteigt.

Am Aufbau eines Makromoleküls sind mindestens 1000 bis 2000 Atome beteiligt.

> **Kunststoffe** bestehen aus Makromolekülen.

Einige Kunststoffe werden durch Abwandlung natürlicher makromolekularer Stoffe, z. B. durch Abwandlung von Cellulose, hergestellt.
Überwiegend werden heute Kunststoffe durch Verknüpfung niedermolekularer Grundmoleküle, der **Monomeren** (griech.: monos = einzeln; meros = Teil), synthetisch hergestellt. Die Bezeichnung **Polymere** (griech.: polys = viel) für makromolekulare Stoffe leitet sich ab von dieser Art der Bildung[1]. Dabei entsteht immer mindestens eine Kette von Atomen, die das ganze Makromolekül durchzieht und gewissermaßen sein Rückgrat bildet.

In der Kette wiederholen sich bestimmte Strukturelemente immer wieder. Im einfachsten Fall besteht das Rückgrat einer solchen Kette nur aus einer sehr großen Zahl von miteinander verknüpften Kohlenstoffatomen, deren restliche Valenzen durch Wasserstoffatome abgesättigt sind.

Abbildung 13–1: *Ausschnitt aus einem Makromolekül*

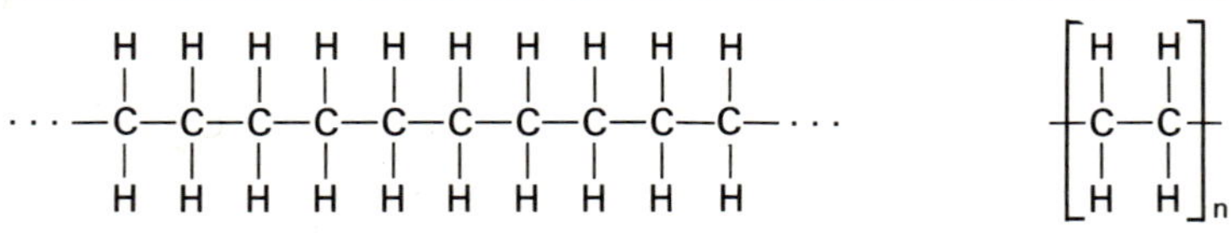

$n > 1000$

[1] Nach neueren Auffassungen wird ein „Polymer als eine Substanz definiert, die aus Molekülen aufgebaut ist, die sich durch vielfache Wiederholung kleinster, regelmäßig wiederkehrender Einheiten auszeichnen und die so groß sind, daß sich ihre Eigenschaften bei Hinzufügen oder Entfernen einer oder weniger dieser Einheiten nicht wesentlich ändern."

> Die Zahl n der miteinander in einem Makromolekül verbundenen Monomermoleküle wird als **Polymerisationsgrad** *P* bezeichnet.[1]

Der Polymerisationsgrad *P* kann nicht direkt gemessen werden. Für die Bestimmung der molaren Massen von Makromolekülen dagegen gibt es mehrere experimentelle Methoden. Aus der molaren Masse kann dann der Polymerisationsgrad mit Hilfe der molaren Masse der Monomeren berechnet werden.

$$P = \frac{M_n}{M_1}$$

M_n = molare Masse des Makromoleküls
M_1 = molare Masse des Monomermoleküls

Nur bei bestimmten biologischen makromolekularen Stoffen ergibt sich für alle individuellen Makromoleküle einer Probe dieselbe relative Teilchenmasse und daraus ein einheitlicher Polymerisationsgrad.

Bei den synthetisch hergestellten Makromolekülen findet man eine mehr oder weniger breite Streuung der relativen Teilchenmassen der Makromoleküle um einen Mittelwert. Das bedeutet, daß in einer Probe eines Kunststoffs Makromoleküle unterschiedlicher Größe enthalten sind. Dies führt zu einer Verteilung der relativen Teilchenmassen um einen Mittelwert und schließlich ebenso zu einer Verteilung des Polymerisationsgrades um einen mittleren Polymerisationsgrad. Wenn wir vereinfachend von relativer Teilchenmasse M_r, von molarer Masse M und von Polymerisationsgrad P sprechen, so sind immer deren Mittelwerte $\bar{M}_r$, $\bar{M}$ und $\bar{P}$ gemeint.

Abbildung 13–2: *Schema der Verteilung des Polymerisationsgrades in einem Polymeren*

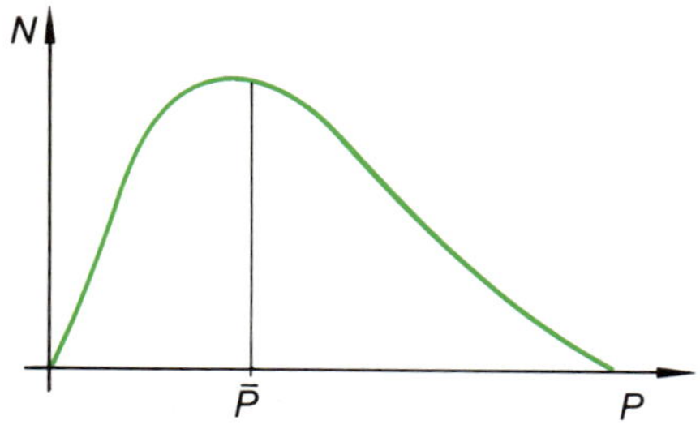

N = Zahl der Makromoleküle mit einem bestimmten Polymerisationsgrad P
P = Polymerisationsgrad
$\bar{P}$ = mittlerer Polymerisationsgrad; liegt wegen der meist unsymmetrischen Verteilung nicht beim Maximum der Kurve

Die Ursache dafür, daß in einer Probe eines Kunststoffes die Makromoleküle im Gegensatz zu den Molekülen in einer Probe eines niedermolekularen Stoffes keine einheitliche Masse haben, liegt in ihrer Entstehungsgeschichte:

Die Makromoleküle werden durch Aufbaureaktionen aus niedermolekularen Bausteinen, den **Monomeren**, dargestellt.

---

[1] Überwiegend wird die Zahl der Monomermoleküle in einem Makromolekül in der Literatur noch mit n bezeichnet, obwohl, den Normen entsprechend, für Zahlen das Zeichen N vorgesehen ist.

Das Wachstum eines Makromoleküls kann in ganz unterschiedlichen Stadien abgebrochen werden; in welchem Stadium der Abbruch erfolgt, wird von zufälligen Ereignissen bestimmt.
Die technischen Eigenschaften eines bestimmten Kunststoffs hängen nun nicht nur vom Mittelwert des Polymerisationsgrades, sondern zusätzlich auch noch von der Verteilung des Polymerisationsgrades um den Mittelwert ab. Beide können in weiten Grenzen durch die Reaktionsführung gesteuert werden. Kenntnisse vom molekularen Geschehen bei Aufbaureaktionen von Polymeren, Kenntnisse vom Mechanismus der Aufbaureaktionen sind daher von großer Bedeutung, um die Eigenschaften von Kunststoffen beeinflussen zu können.

Die **Aufbaureaktionen für Polymere** werden im allgemeinen einem von drei grundlegenden Reaktionstypen zugeordnet[1]:

1. **Polymerisation**
2. **Polykondensation** oder Kondensations-Polymerisation
3. **Polyaddition** oder Additions-Polymerisation

Aufgaben:

1. Wodurch sind makromolekulare Stoffe gekennzeichnet?
2. Wie ist im einfachsten Fall ein Makromolekül aufgebaut?
3. Was versteht man unter dem Polymerisationsgrad?
4. Welche Aussage kann über den Polymerisationsgrad der einzelnen Makromoleküle in einer Probe eines Kunststoffs gemacht werden? (Begründung)

13.1.2 Polymerisation nach einem Radikalkettenmechanismus

Die Stabilität von Molekülen hängt in erster Linie ab von der Stabilität der Bindungen. So ist Stickstoff wegen der besonders stabilen, energiearmen Dreifachbindung im Stickstoffmolekül recht reaktionsträge. Wasserstoffperoxid, H_2O_2, dagegen, das eine schwache, labile Einfachbindung zwischen den beiden Sauerstoffatomen aufweist, zerfällt schon beim Erhitzen in Wasser und Sauerstoff. Der Zerfall wird eingeleitet durch eine thermische Spaltung dieser Bindung, wie es die folgende Reaktionskette zeigt:

(13-1) $$\mathrm{H{-}\overline{\underline{O}}{-}\overline{\underline{O}}{-}H} \xrightarrow{\text{Wärme}} 2\,\mathrm{H{-}\overline{\underline{O}}\cdot} \xrightarrow{\text{Folgereaktionen}} \mathrm{H_2O} + \tfrac{1}{2}\mathrm{O_2}$$

Vom Wasserstoffperoxid leiten sich die Hydroperoxide, ROOH, und die organischen Peroxide, ROOR, ab, die anstelle eines oder zweier Wasserstoffatome organische Reste R enthalten. Diese Verbindungen sind ähnlich empfindlich wie Wasserstoff-

[1] Neben dem hier verwendeten sind auch noch andere Einteilungsschemata gebräuchlich: Zum Beispiel werden Polymerisation und Polyaddition gelegentlich wegen vieler Gemeinsamkeiten nicht unterschieden.

peroxid; organische Peroxide zerfallen schon bei geringfügiger thermischer Beanspruchung durch leichtes Erhitzen, häufig explosionsartig, in Radikale und sind daher mit großer Vorsicht zu handhaben.

(13-2) $$R-\overline{\underline{O}}-\overline{\underline{O}}-R \xrightarrow{\text{Wärme}} 2\,R-\overline{\underline{O}}\cdot$$ [1]

Bei der Spaltung der Sauerstoff-Sauerstoff-Bindung nimmt jedes Bruchstück ein Elektron des Bindungselektronenpaares mit. Die Bruchstücke besitzen somit je ein ungepaartes Elektron; als Radikale sind sie sehr reaktionsfähig.

Radikale können auch unter relativ milden Reaktionsbedingungen aus manchen Stoffen gebildet werden, wenn dabei ein besonders stabiles Reaktionsprodukt wie z. B. Stickstoff entstehen kann.

(13-3) $$R-\overline{N}=\overline{N}-R \xrightarrow{\text{Erhitzen}} 2\,R\cdot + |N\equiv N|$$

Als extrem reaktionsfähige Teilchen sind Radikale im allgemeinen nicht lange lebensfähig. Im einfachsten Fall können sich Radikale in einer Reaktion, die man **Rekombination** nennt, zu einem stabileren Molekül vereinigen.

(13-4) $$R\cdot + R\cdot \xrightarrow{\text{Rekombination}} R-R$$

Sind geeignete Reaktionspartner zugegen, so können Radikale vielfältige chemische Reaktionen einleiten. Zu den wichtigsten auf diese Weise initiierten Reaktionen zählt die **Radikalkettenpolymerisation**.

Moleküle, die über einen Radikalkettenmechanismus polymerisiert werden können, haben mindestens eine Kohlenstoff-Kohlenstoff-Doppelbindung. Einige der wichtigsten Stoffe, die für eine Radikalkettenpolymerisation in Frage kommen, sind in der folgenden Tabelle aufgeführt.

Tabelle 13-1: Radikalisch polymerisierbare Verbindungen

Name	*Formel*	*Strukturformel*
Ethen	C_2H_4	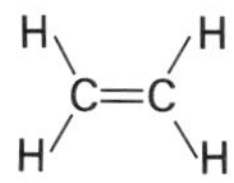
Styrol	$CH_2CH(C_6H_5)$	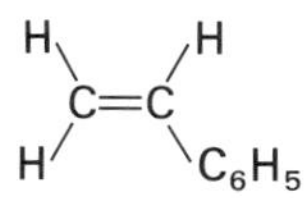
Vinylchlorid	CH_2CHCl	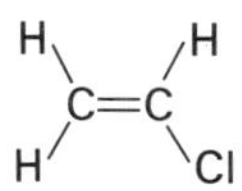

[1] R kann unterschiedlichsten Aufbau haben. Die zunächst entstandenen Radikale $R-\overline{\underline{O}}\cdot$ zerfallen in manchen Fällen unter Ausstoß stabiler Moleküle in andere Radikale.

Eine Doppelbindung darf man sich nicht einfach als die Summe zweier Einfachbindungen vorstellen:
Die Bindungsenergie einer C=C-Doppelbindung ist nicht etwa doppelt so hoch wie die einer Einfachbindung, sondern bleibt deutlich darunter. Die Bindungsenergie einer C—C-Einfachbindung beträgt 348 kJ/mol, die einer C=C-Doppelbindung aber nur 614 kJ/mol, wo eigentlich ein Wert von 696 kJ/mol zu erwarten wäre. Eine Doppelbindung ist also nicht doppelt so stabil wie eine Einfachbindung.
Man stellt sich vor, daß eine Doppelbindung aus zwei voneinander deutlich verschiedenen Bindungsanteilen, einer σ-Bindung und einer π-Bindung besteht. Die Elektronen der σ-Bindung halten sich strenger zwischen den Kernen der beiden Kohlenstoffatome auf, im Grunde genau so wie bei einer Einfachbindung, und sind daher auch fester gebunden als die Elektronen der π-Bindung, deren Aufenthaltsräume weiter in den Raum hinausragen. Der π-Bindungsanteil der Doppelbindung kann aus diesem Grund von elektronensuchenden Teilchen und auch von Radikalen leicht angegriffen werden. Eine Doppelbindung ist daher viel reaktionsfähiger als eine Einfachbindung zwischen zwei Kohlenstoffatomen. Ausdrücklich betont werden muß, daß, wenn eine Doppelbindung aufgelöst wird, der Zusammenhalt zwischen den beiden Kohlenstoffatomen bestehen bleibt; die σ-Bindung bleibt ja noch immer erhalten.

Versuch 13-1: *Polymerisation von Vinylbenzol (Styrol)*

5 ml Styrol und ca. 100 mg Azo-bis-isobutyronitril, AIBN, in einem mittelgroßen Reagenzglas werden in ein Bad mit siedendem Wasser gestellt (Abzug). Nach ca. 10 Min. gibt man nochmals ca. 100 mg AIBN zu. Während des Versuchs wird in Abständen von ungefähr 5 Min. die Viskosität der Probe begutachtet (Kippen des Reagenzglases).
Nach ca. 30 Min. wird der Versuch abgebrochen, die Probe abgekühlt und das Reaktionsprodukt durch Zerschlagen des Reagenzglases (zum Schutz vor Splittern mit mehreren Lagen Zeitungspapier umhüllt) gewonnen.

Beobachtungen: AIBN löst sich in Styrol auf. Bei ca. 100 °C entwickelt sich zunächst stürmisch ein Gas; die Gasentwicklung läßt langsam nach. Erneute Zugabe von AIBN steigert die Gasentwicklung wieder für einige Zeit. Anfangs hat die Probe eine niedrige Viskosität; die Gasblasen können rasch aufsteigen. Mit zunehmender Viskosität werden die Gasblasen am Aufsteigen immer mehr gehindert, bis sie schließlich in der Probe gefangen bleiben. Nach Beendigung des Versuchs erhält man ein glasklares, sehr sprödes Produkt, in das Gasblasen eingeschlossen sind.

Deutung:
AIBN zerfällt bei erhöhter Temperatur nach Gleichung 13-3 unter Abspaltung von Stickstoff, wobei Radikale gebildet werden.
Da AIBN im Vergleich zum Styrol nur in geringen Mengen eingesetzt wurde (einige Prozent) und weitere Ausgangsstoffe nicht zugegeben wurden, muß angenommen werden, daß es sich bei dem Feststoff um ein Polymeres des Styrols handelt. Der Anstieg der Viskosität wird durch die Bildung von immer mehr Makromolekülen verursacht.

Wir wollen nun den Ablauf von radikalischen Polymerisationen genauer untersuchen, das Charakteristische dieses Reaktionstyps herausarbeiten.
Bei der **radikalischen Polymerisation** handelt es sich um eine typische **Kettenreaktion**; sie wird daher auch Radikalkettenpolymerisation genannt.

Kennzeichen aller Kettenreaktionen ist, daß sie aus einer Folge von Reaktionsschritten bestehen, die sich fortlaufend wiederholen, bis sie durch eine Abbruchreaktion beendet werden.

Eine zentrale Rolle bei Kettenreaktionen spielt der **Kettenträger**, der die Reaktion aufrechterhält und bei jedem Reaktionszyklus wieder neu gebildet werden muß. Kettenträger im Fall der Radikalkettenreaktionen sind Radikale.

Bei einer Radikalkettenpolymerisation laufen die im nachstehenden Schema aufgeführten einzelnen Reaktionsschritte ab.

Reaktionsschritte bei der Radikalkettenpolymerisation

Vorgelagerter Schritt:	Bildung von Radikalen durch Zerfall von Initiatoren
1. Schritt:	**Startreaktion**
2. Schritt:	**Kettenfortpflanzung in Wachstumsreaktionen**
3. Schritt:	**Abbruchreaktion**

Der Kettenreaktion ist der Zerfall von Initiatoren vorgelagert, der zu Radikalen führt. Diese Reaktion wird, obwohl erst sie die Polymerisation auslöst, im allgemeinen nicht der Kettenreaktion zugerechnet. Wir haben die Bildung von Radikalen daher auch schon vorweg erörtert.

Betrachten wir den 1. Schritt der Kettenreaktion, die **Startreaktion**, näher. Ein Radikal reißt eines der vier Elektronen der Doppelbindung an sich und bricht sie auf. Es entsteht eine Bindung zwischen Radikal und Monomermolekül. Das zweite Elektron der aufgelösten Bindung aber bleibt ungepaart am benachbarten Kohlenstoffatom zurück.

Zur Vereinfachung schreiben wir bei der Polymerisation von Styrol anstelle der C_6H_5-Gruppe in den folgenden Gleichungen das Zeichen X.

(13-5)

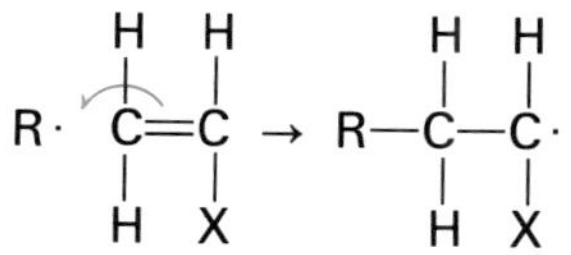

Startreaktion

Wesentlich ist, daß in der Startreaktion wiederum ein sehr reaktionsfreudiges, aktives Radikal entsteht.

Dieses Radikal reagiert nun seinerseits sofort in einer **Wachstumsreaktion** mit einem Monomermolekül. Auch bei der Wachstumsreaktion wird wieder ein Radikal gebildet, das mit Monomermolekülen weiterreagiert. Die Wachstumsreaktion wiederholt sich nun in äußerst schneller Folge; immer mehr Monomermoleküle werden angelagert, so daß das Molekül rasant wächst.

1. Wachstumsschritt

(13-6)

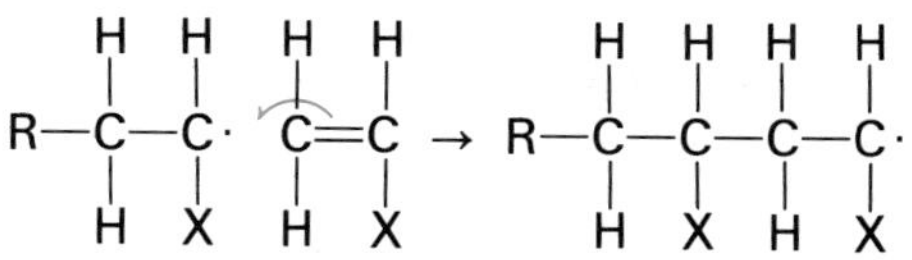

Wachstumsreaktion

2. Wachstumsschritt = Wiederholung der Wachstumsreaktion

(13-7) 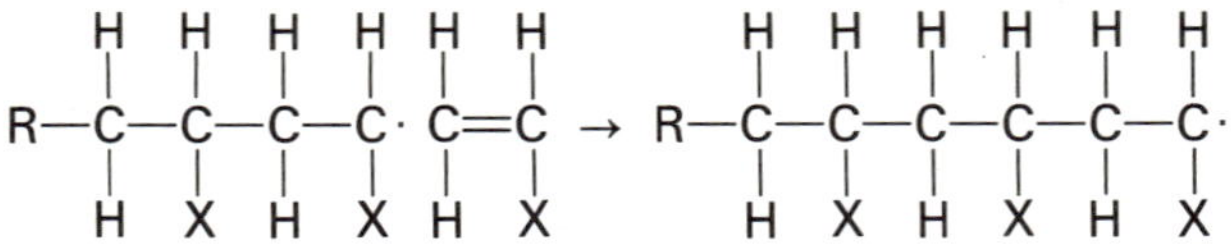

Die im 2. und in einem n-ten Wachstumsschritt entstandenen Radikale können auch folgendermaßen geschrieben werden:

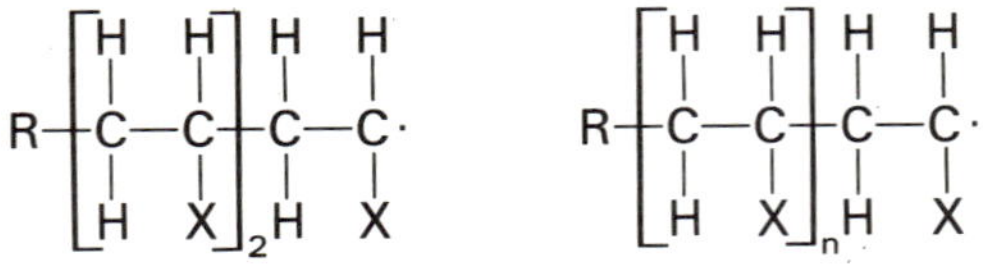

Angetrieben wird das Wachstum durch die Energie, die bei der Umwandlung einer Doppelbindung in zwei Einfachbindungen frei wird.
Im Prinzip könnte sich das Wachstum einer einzigen Molekülkette so lange fortsetzen, bis das ganze Monomere aufgebraucht ist, wenn ihm nicht schon vorher ein Ende durch sogenannte **Abbruchreaktionen** gesetzt wäre.
Zwei Polymerradikale können gelegentlich (im Vergleich zur Wachstumsreaktion allerdings sehr selten, sonst würde kein Polymermolekül entstehen) zusammentreffen und sich in einer **Rekombinationsreaktion** vereinigen. Damit ist das Kettenwachstum beendet; zwei Polymerradikale verschwinden aus dem Reaktionsgeschehen.

Wird ein Polymerradikal, das bereits n Monomermoleküle enthält, durch P_n beschrieben, ein anderes, das m Monomermoleküle enthält, durch P_m, so lautet die Gleichung für den Abbruch der Reaktionskette durch Rekombination dieser beiden Radikale:

(13-8) $$P_n\cdot + \cdot P_m \rightarrow P_n{-}P_m$$ *Abbruch durch Rekombination*

Neben dem Abbruch der Reaktionskette durch Rekombination zweier Polymerradikale gibt es noch weitere Arten von Abbruchreaktionen. Wichtig ist z. B. noch die **Disproportionierung**:

Ein Polymerradikal kann seine freie Valenz absättigen, indem es einem zweiten Polymerradikal ein H-Atom entreißt, und zwar gerade von dem der Radikalstelle benachbarten Kohlenstoffatom. Das zweite Teilchen müßte nun gleich zwei ungepaarte Elektronen tragen; diese schließen sich zu einer Bindung zusammen, so daß eine Doppelbindung entsteht. Durch Disproportionierung sättigt sich also ein wachsendes Polymerradikal ab, wodurch gleichzeitig ein ungesättigtes Polymermolekül entsteht.

(13-9) 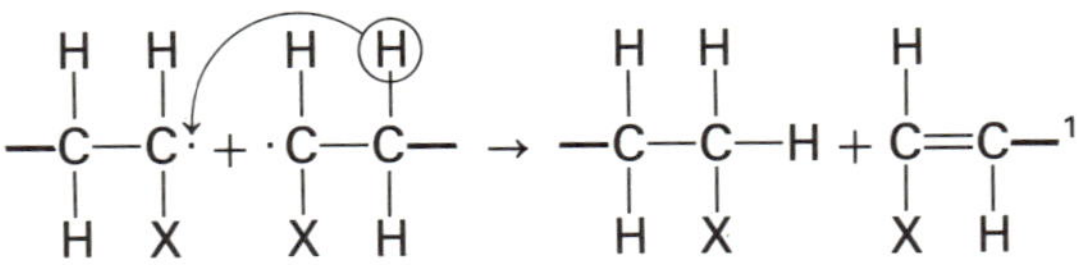 *Abbruch durch Disproportionierung*

> Eine Kettenreaktion, bei der ungesättigte Monomere zu Makromolekülen verknüpft werden, heißt **Polymerisation**.

[1] — = Fortsetzung der Kette.

Zu einer Polymerisation nach einem Kettenmechanismus kommt es nur, wenn die Wachstumsreaktion gegenüber allen Abbruchreaktionen weitaus bevorzugt abläuft. Nur wenn sich die Wachstumsreaktion vielfach wiederholt hat, bevor der Kettenträger – in unserem Fall das Polymerradikal – vernichtet wird, können Makromoleküle entstehen. Bei Radikalkettenreaktionen verläuft das Kettenwachstum meist so schnell, daß in Sekunden einige Tausend Monomermoleküle angelagert werden können.
Ein Kennzeichen der Kettenpolymerisation ist, daß die einzelnen Makromoleküle durch den Anbau *einzelner* Monomermoleküle kontinuierlich, aber sehr rasch heranwachsen. Weil immer nur verhältnismäßig wenige Makromoleküle gleichzeitig, aber sehr schnell wachsen, werden bereits bei sehr kleinen Reaktionsumsätzen fertige Makromoleküle gebildet. Das Wachstum eines einzelnen Makromoleküls beansprucht im Vergleich zur gesamten Reaktionsdauer nur eine verschwindend kleine Zeit.

> Bei Radikalkettenpolymerisationen entstehen schon in frühen Reaktionsstadien fertige **Makromoleküle**.

Damit muß der durchschnittliche Polymerisationsgrad bei Radikalkettenpolymerisationen von Beginn an steil ansteigen, wie es die folgende Abbildung zeigt.

Abbildung 13–3: *Schematischer Verlauf des mittleren Polymerisationsgrades in Abhängigkeit von der Reaktionszeit bei Radikalkettenpolymerisationen*

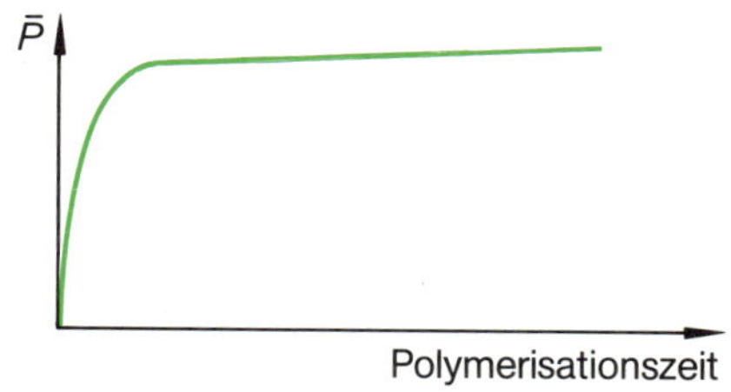

Die folgende Abbildung soll die Zusammenhänge nochmals veranschaulichen.

Abbildung 13–4: *Schematische Darstellung einer nach einem Radikalkettenmechanismus polymerisierenden Reaktionsmischung zu verschiedenen Zeiten*

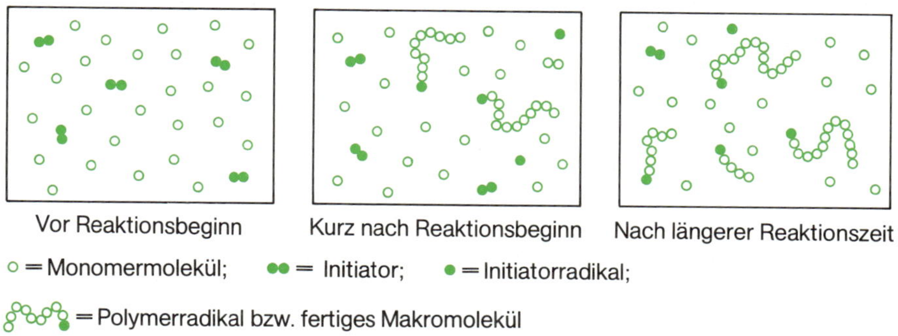

Weil es völlig dem Zufall überlassen bleibt, wann das Wachstum einer Kette abgebrochen wird, ergibt sich ein Spektrum von Molekülen unterschiedlichster Länge. Man gibt daher den Durchschnittswert des Polymerisationsgrades sowie die Breite der Verteilung für eine bestimmte Kunststoffprobe an.
Bei einem Polymerisationsgrad von mehr als ca. 1000 spielt das in die Makromoleküle eingebaute Initiatorradikal für die Zusammensetzung des Polymeren praktisch keine Rolle mehr.

Die Elementarzusammensetzung von durch Kettenpolymerisation entstandenen Polymeren ist gleich der der Monomeren.

Wir wollen diesen Abschnitt mit einer Zusammenfassung der besprochenen Reaktionsschritte einer Radikalkettenpolymerisation zu einem gesamten Reaktionsschema beschließen.

Radikalkettenpolymerisation – Übersicht
(M = Abkürzung für Monomeres)

Vorgelagerter Initiatorzerfall

(13-10) $R{-}R \rightarrow 2R\cdot$

1. Startreaktion

(13-11) $R\cdot + M \rightarrow R{-}M\cdot$

2. Wachstumsreaktion

(13-12) $R{-}M\cdot + M \rightarrow R{-}M{-}M\cdot$ bzw. $R{-}M_2\cdot$

(13-13) $R{-}M_2\cdot + M \rightarrow R{-}M_3\cdot$

(13-14) $R{-}M_3\cdot + M \rightarrow R{-}M_4\cdot$ usw.

(13-15) $R{-}M_n\cdot + M \rightarrow R{-}M_{n+1}\cdot$

3. Kettenabbruch

Kettenabbruch durch Rekombination

(13-16) $R{-}M_n\cdot + \cdot R \rightarrow R{-}M_n{-}R$

(13-17) $R{-}M_n\cdot + R{-}M_m\cdot \rightarrow R{-}M_{n+m}{-}R$

Kettenabbruch durch Disproportionierung

(13-18) $R{-}M_n\cdot + R{-}M_m\cdot \rightarrow$ gesättigtes + ungesättigtes Makromolekül

Wenn – ohne Berücksichtigung der einzelnen Reaktionsschritte – lediglich eine Gesamtgleichung für die Polymerisation aufzustellen ist, so lautet diese zum Beispiel:

(13-19) $$n\,CH_2{=}CHCl \rightarrow {-}\!\![CH_2{-}CHCl]\!\!{-}_n$$

Die Endgruppierungen kann man weglassen; bei großem Polymerisationsgrad haben die Endgruppen praktisch keinen Einfluß auf die Eigenschaften eines Makromoleküls.

Aufgaben:

1. Was versteht man unter einem Radikal? Wie entstehen Radikale (Gleichungen)? Welche Eigenschaften haben Radikale?

2. Was versteht man unter einer Kettenreaktion?

3. Was versteht man unter einer Polymerisation? Wann spricht man von einer Radikalkettenpolymerisation?

4. Nennen Sie drei radikalisch polymerisierbare Verbindungen. Geben Sie die Formeln der Verbindungen an.
Welches gemeinsame Strukturelement haben die von Ihnen genannten Verbindungen?

5. Warum kann man bei Radikalkettenpolymerisationen schon nach kurzen Reaktionszeiten fertige Makromoleküle feststellen?

6. Welchen Verlauf hat der mittlere Polymerisationsgrad in Abhängigkeit von der Zeit bei Radikalkettenpolymerisationen?

7. Welche Aussage kann über die Elementarzusammensetzung von durch Kettenpolymerisation entstandenen Kunststoffen im Vergleich zu der der Monomeren gemacht werden? (Begründung)

8. Gegeben sind die Initiatorsubstanz I—I und ein Monomeres M. Stellen Sie ein Reaktionsschema für die Radikalkettenpolymerisation von M auf. (Ausführliche Gleichungen angeben)
Welches Strukturmerkmal muß M haben?

9. Stellen Sie ein Reaktionsschema für die Polymerisation von Vinylchlorid auf. Geben Sie alle wichtigen Schritte der Radikalkettenpolymerisation in Gleichungen an. Initiator soll ein Stoff der Formel $R-\bar{N}=\bar{N}-R$ sein.

13.1.3 Kondensations-Polymerisation – Polykondensation

Die Polykondensation, die man auch Kondensations-Polymerisation nennt, sowie die im nächsten Abschnitt besprochene Polyaddition bzw. Additions-Polymerisation unterscheiden sich von der Kettenpolymerisation in einigen Punkten ganz wesentlich.

Gewisse funktionelle Gruppen in organischen Verbindungen sind dazu geeignet, Moleküle miteinander zu verbinden.

Zwei Moleküle mit je einer passenden funktionellen Gruppe (schematische Schreibweise M—) können miteinander verknüpft werden.

$$M- + -M \rightarrow M-M = M_2$$

Monomermoleküle, die zwei geeignete funktionelle Gruppen tragen (schematische Schreibweise —M—) können Kettenmoleküle bilden, z. B.

$$-M-M-M-M-M-M-M-M-M-M-M-M- = M_{12}$$

Im Gemisch mit Monomermolekülen, die drei geeignete funktionelle Gruppen tragen (schematische Schreibweise —M—), können sich räumliche Netzwerke aufbauen.

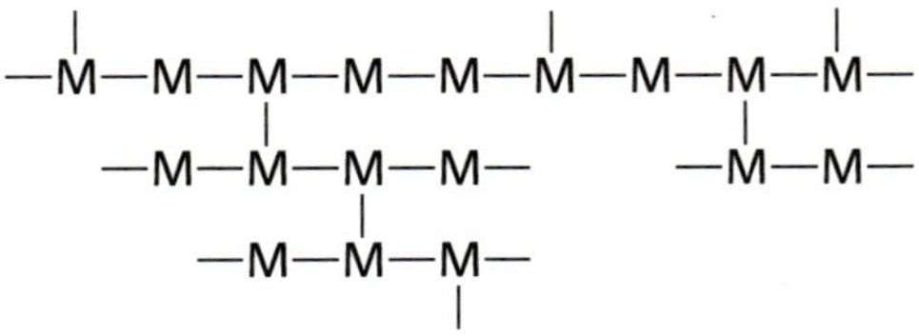

> **Bei der Polykondensation und bei der Polyaddition handelt es sich nicht um Kettenreaktionen, sondern um Stufenreaktionen.**

Vereinfacht können wir annehmen, daß die Monomermoleküle —M— zunächst alle miteinander zu Dimeren —M—M— = M_2 reagieren, diese sich dann zu Tetrameren —M—M—M—M— = M_4 vereinigen, die zu Molekülen M_8 weiterreagieren, usw.

In der Realität werden daneben auch Moleküle M_3 und M_5 usw. entstehen, weil ja bereits gebildetes M_2 mit noch nicht vollständig verbrauchtem Monomere und bereits gebildetes M_4 ebenfalls mit Resten des Monomeren reagieren kann.

> Im Gegensatz zu Kettenreaktionen wachsen bei Stufenreaktionen praktisch alle Moleküle gleichzeitig, sozusagen „auf breiter Front".

Nach einiger Zeit, wenn das Monomere praktisch verbraucht ist, werden an eine wachsende Kette nur mehr größere Aggregate angelagert.
Im Endstadium der Reaktion kann der Polymerisationsgrad sprunghaft ansteigen, z. B. wenn M_{200} mit M_{210} zu M_{410} reagiert.

> Bei Stufenreaktionen nimmt der Polymerisationsgrad eines individuellen Makromoleküls sprungweise, in Stufen, zu.

Stark vereinfacht lassen sich Stufenpolymerisationen in das folgende Schema zwängen.

Reaktionsschema: Stufenpolymerisation[1]

$$M + M \rightarrow M_2$$
$$M_2 + M_2 \rightarrow M_4$$
$$M_4 + M_4 \rightarrow M_8$$
$$M_8 + M_8 \rightarrow M_{16} \quad \text{usw.}$$

---

[1] Meist läßt man zwei chemisch verschiedene Monomere miteinander reagieren; diese werden im Schema nicht unterschieden.

Abbildung 13–5: *Schema einer nach einem Stufenmechanismus polymerisierenden Reaktionsmischung zu verschiedenen Reaktionszeiten*

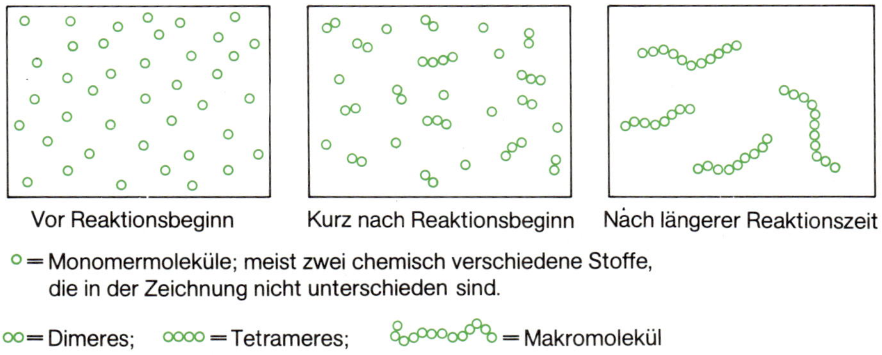

Der mittlere Polymerisationsgrad zeigt bei den nach Stufenmechanismen ablaufenden Polykondensationen und Polyadditionen einen ganz anderen Verlauf gegenüber der Zeit als bei Kettenpolymerisationen.

Abbildung 13–6: *Schematischer Verlauf des mittleren Polymerisationsgrades in Abhängigkeit von der Reaktionszeit bei Stufenpolymerisationen*

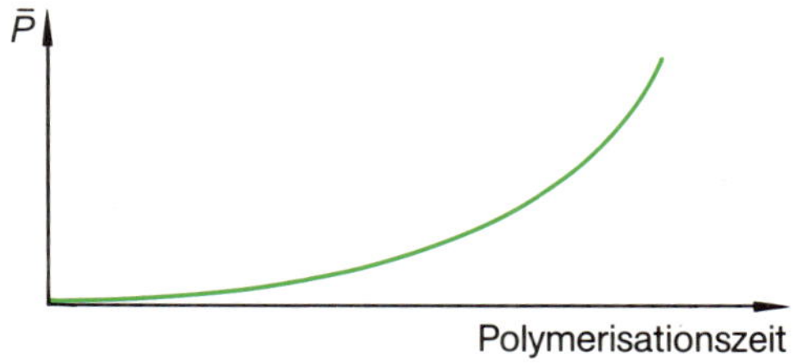

Versuch 13-2: *Herstellung eines Polyamids durch Polykondensation*

In ein mittelgroßes Reagenzglas wird ca. 2 bis 3 cm hoch AH-Salz eingefüllt. Das Reagenzglas wird mit einem durchbohrten Stopfen, durch den ein gewinkeltes Gasableitungsrohr führt, verschlossen und an einem Stativ befestigt. Als Vorlage dient ein Reagenzglas, das in einem Wasserbad gekühlt wird. Man erhitzt langsam mit fächelnder Flamme ca. 5 Minuten lang, bis die entstehenden Gasblasen in der zäher werdenden Masse nur mehr langsam aufsteigen. Um die entstehende Flüssigkeit in die Vorlage zu treiben, wird das Reagenzglas auch im oberen Bereich erhitzt (Vorsicht vor Überhitzung!). Anschließend gibt man zu der in der Vorlage kondensierten Flüssigkeit wasserfreies Kupfersulfat.

Das abgekühlte Reaktionsprodukt wird durch Zerschlagen des Reagenzglases gewonnen.

- Man vergleicht die Löslichkeit des AH-Salzes in heißem Wasser mit der des Reaktionsproduktes.
- Man prüft, ob das Reaktionsprodukt schmelzbar ist, und ob sich Fäden ziehen lassen.

Beobachtungen: AH-Salz schmilzt beim Erhitzen. Es entsteht eine leicht bewegliche Schmelze, die unter Aufsteigen von Gasblasen zunehmend viskoser wird. Beim Erstarren wird die leicht gelb gefärbte, klare Schmelze undurchsichtig weiß. Im Gegensatz zum Ausgangsstoff AH-Salz ist das Reaktionsprodukt nicht in Wasser löslich.
Das Reaktionsprodukt ist schmelzbar. Bei zu starkem Erhitzen kommt es zu Zersetzungserscheinungen; die Schwaden riechen nach verbranntem Horn. In der in der Vorlage gesammelten Flüssigkeit löst sich wasserfreies, weißes Kupfersulfat unter Blaufärbung.

Deutung:

AH-Salz entsteht aus Hexamethylendiamin, $H_2N{-}(CH_2)_6{-}NH_2$, und Adipinsäure (Hexandisäure), $HOOC{-}(CH_2)_4{-}COOH$, in einer Säure-Base-Reaktion unter Übertragung von Protonen von der Säure auf die Base.

(13-20)
$$H_2N{-}(CH_2)_6{-}NH_2 + HOOC{-}(CH_2)_4{-}COOH$$
$$\rightleftarrows [H_3N{-}(CH_2)_6{-}NH_3]^{2+}\,[OOC{-}(CH_2)_4{-}COO]^{2-}$$

Diese Reaktion gleicht der Bildung eines Ammonium-Salzes aus Ammoniak und einer organischen Säure.
In Wasser ist AH-Salz gut löslich. AH-Salz kann leicht gereinigt werden und als ein idealer Ausgangsstoff für eine Polykondensation dienen.

Wie alle Säure-Base-Reaktionen führt auch die Reaktion (13-20) zu einem Gleichgewichtszustand. Auch wenn die Reaktion weitgehend abläuft, ist im Gleichgewichtszustand immer noch etwas Hexamethylendiamin und etwas Adipinsäure vorhanden. Geht man nun von AH-Salz als Ausgangsstoff aus, so können die im Gleichgewicht mit ihm stehenden Amino-Gruppen, $-NH_2$, und Carboxyl-Gruppen, $-COOH$, miteinander auch auf andere Weise reagieren: Sie können unter Wasserabspaltung Amide mit der $-CONH$-Gruppierung bilden.

(13-21)

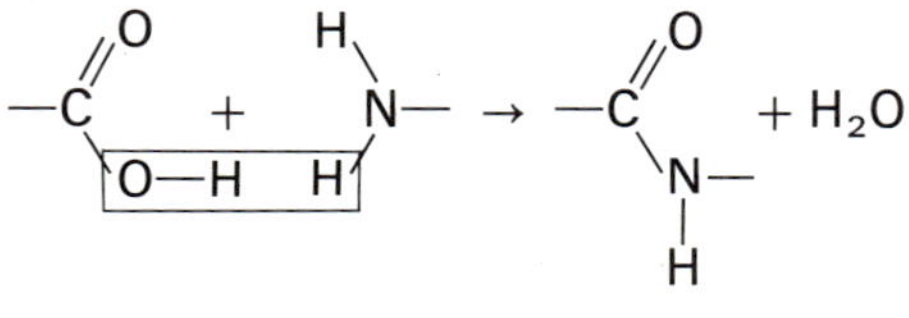

In anderer Schreibweise:

(13-22)
$$\mathbf{-CO\,\boxed{OH + H}\,NH- \rightarrow -CONH- + H_2O}$$

Reaktionen, bei denen sich zwei organische Stoffe unter Austritt eines dritten Stoffs miteinander verbinden, werden Kondensationen genannt. In unserem Fall hat jedes der Monomermoleküle zwei funktionelle Gruppen, die zur Amidbildung befähigt sind; daher können sich kettenförmige Makromoleküle bilden.

Unter einer **Polykondensation** versteht man eine Reaktion, bei der Makromoleküle durch Verknüpfung von Monomermolekülen mit mindestens zwei geeigneten funktionellen Gruppen unter Austritt niedermolekularer Verbindungen (meist Wasser) aufgebaut werden.

Werden die zwischen den funktionellen Gruppen liegenden CH_2-Gruppen durch Zick-Zack-Ketten symbolisch dargestellt, so erhalten wir für die Polykondensation von Hexamethylendiamin mit Adipinsäure folgende Gleichung.

(13-23) $$\ldots + HOOC\sim\sim COOH + H_2N\sim\sim\sim NH_2 + HOOC\sim\sim COOH + H_2N\sim\sim\sim NH_2 + \ldots$$

$$\Longrightarrow \ldots OC\sim\sim CONH\sim\sim\sim NHOC\sim\sim CONH\sim\sim\sim NH \ldots \quad + n\,H_2O$$

Der für dieses Polyamid typische Strukturausschnitt besitzt die Formel:

$$\mathbf{-\!\![OC(CH_2)_4CO-NH(CH_2)_6NH]\!\!-_n}$$

Säure-Anteil Amin-Anteil

Im Makromolekül wiederholt sich der Strukturausschnitt sehr oft.

Übrigens ist das von uns hergestellte Polyamid bekannt unter dem Namen „Nylon". Damit lineare, fadenförmige Moleküle von Polykondensaten gute Gebrauchseigenschaften aufweisen, darf der Polymerisationsgrad nicht zu klein sein. Wie die Abbildung 13-6 zeigt, muß dazu die Polykondensation bis zu möglichst vollständigem Umsatz durchgeführt werden.

Ein Weg, die dabei auftretenden Schwierigkeiten zu umgehen, wird bei den ungesättigten Polyestern (Kurzzeichen UP) beschritten.

Carbonsäuren können mit Alkoholen in einer Kondensationsreaktion in Ester umgewandelt werden.

(13-24) $$\mathbf{R-CO\boxed{OH + H}O-R' \rightarrow R-COO-R' + H_2O}$$

Carbonsäure Alkohol Ester

Aus bifunktionellen Carbonsäuren mit zwei COOH-Gruppen und bifunktionellen Alkoholen mit zwei OH-Gruppen erhält man lineare Polyester.

Setzt man ungesättigte Carbonsäuren mit einer Doppelbindung ein, so erhält man ungesättigte Polyester mit z. B. folgendem Strukturausschnitt.

$$-\!\![O-CH_2-CH_2-O-OC-CH=CH-CO]\!\!-_n$$

Alkohol- Säure- Anteil

Lineare ungesättigte Polyester mit relativ niedrigem Polymerisationsgrad sind noch flüssig und auch gut in Styrol löslich. Zur Aushärtung werden Radikalbildner und Beschleunigersubstanzen zugegeben; die noch flüssige Mischung kann bequem in Formen gegossen werden, bzw. es können Glasfasermatten mit ihr getränkt werden. Die entstehenden Radikale starten eine radikalische Kettenreaktion. In dieser bildet das Styrol Brücken zwischen den ungesättigten Polyester-Molekülen. Schließlich entsteht ein räumliches Netzwerk.

Abbildung 13–7: *Schematische Darstellung der Aushärtung eines ungesättigten Polyesters durch radikalische Vernetzung der Ketten*

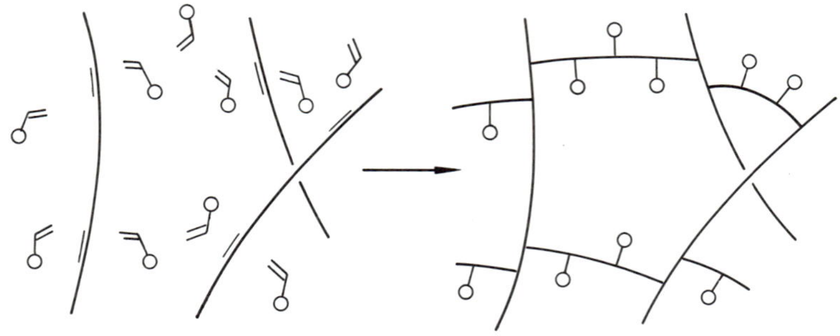

Anfangszustand:
Ungesättigte Polyestermoleküle, gelöst in Styrol, $C_6H_5CH{=}CH_2$;
Styrol durch zeichnerisch dargestellt

Endzustand:
Ausgehärtet durch Bildung von Brücken zwischen den Ketten

Aufgaben:

1. Wie unterscheiden sich Kettenreaktion und Stufenreaktion?
2. Was versteht man unter einer Polykondensation?
3. Warum müssen Polykondensationen bifunktioneller Monomeren bis zu einem möglichst hohen Reaktionsumsatz geführt werden?
4. Welche Art von Makromolekülen entsteht, wenn eine Mischung von bifunktionellen und von trifunktionellen Monomeren eine Polykondensationsreaktion eingehen?
5. Geben Sie eine Gleichung an, in der aus Hexamethylendiamin und Adipinsäure Nylon entsteht.
6. Was versteht man unter der Härtung eines ungesättigten Polyesters?
7. Haben Polykondensate die gleiche elementare Zusammensetzung wie die Monomeren, aus denen sie entstanden sind? (Begründung)

13.1.4 Additions-Polymerisation – Polyaddition

Neben der Polykondensation ist die Additions-Polymerisation bzw. Polyaddition eine weitere wichtige Stufenreaktion zur Synthese von Makromolekülen. Im Unterschied zur Polykondensation werden bei der Polyaddition keine niedermolekularen Stoffe abgespalten.
Bindungsmöglichkeiten zwischen den Monomeren ergeben sich bei der Polyaddition durch die Wanderung eines H^+-Ions von einem Monomermolekül zum anderen.

Unter **Polyaddition** versteht man eine Stufenreaktion, bei der sich Moleküle mit mindestens zwei funktionellen Gruppen unter Wanderung eines H^+-Ions in Makromoleküle umwandeln.

Die technisch wichtigsten Beispiele sind die Polyurethane und die Epoxidharze. **Urethane** entstehen aus *Isocyanaten* und *Alkoholen*.

(13-25)

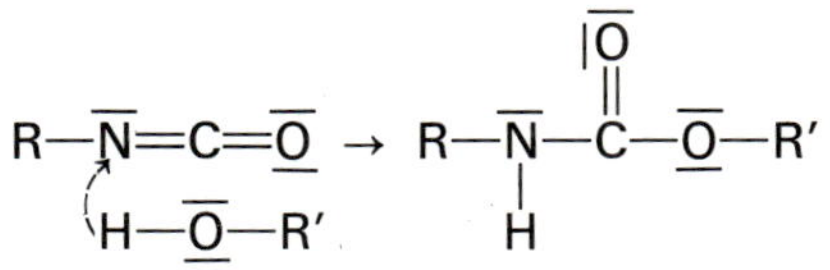

Werden difunktionelle Isocyanate der allgemeinen Formel OCN—R—NCO mit difunktionellen Alkoholen der allgemeinen Formel HO—R—OH umgesetzt, so entstehen **lineare Polyurethane**[1].

(13-26)

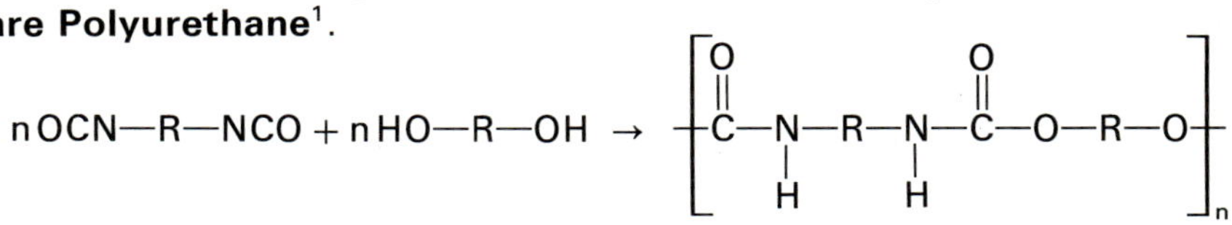

Zusatz von trifunktionellen Isocyanaten bzw. trifunktionellen Alkoholen der Formeln

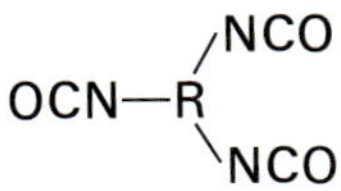 bzw. 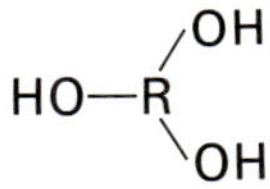

führt zu **vernetzten Polyurethanen.**[2]

Isocyanate sind recht empfindlich gegen Feuchtigkeit. Sie reagieren mit Wasser unter Abspaltung von Kohlenstoffdioxid.

(13-27) $$R{-}N{=}C{=}O + H_2O \rightarrow R{-}NH_2 + CO_2$$

Zur Herstellung von Polyurethanen mischt man die zwei Komponenten, die Isocyanat-Komponente und die Alkohol-Komponente, die dann nach Gleichung 13-26 miteinander reagieren. Setzt man der Alkohol-Komponente von vornherein eine geringe Menge Wasser zu und verwendet zum Ausgleich dafür einen entsprechenden Überschuß an Isocyanat, so kann man die Treibwirkung des sich entwickelnden Kohlenstoffdioxids ausnützen, um Polyurethan-Schäume zu erhalten. Häufig sind aber auch andere Treibmittel (leichtflüchtige organische Stoffe, z. B. Frigene) in Verwendung, die bei der exothermen Reaktion verdampfen.

Versuch 13-3: *Herstellung eines Polyurethan-Schaums*

Je 30 ml der beiden Komponenten zur Herstellung handelsüblicher Polyurethan-Schäume werden in Bechergläsern bereitgestellt. Hautkontakt beim Einschütten durch Tragen von Gummihandschuhen vermeiden! Die beiden Komponenten werden gleichzeitig in einen Pappbecher gegossen und sofort mit einem Holzspatel vermischt, bis eine einheitliche Färbung erreicht ist. Das Eingießen und das Vermischen soll höchstens ca. 20 Sek. beanspruchen. Zur Kontrolle der Reaktionstemperatur wird ein im unteren Bereich sorgfältig mit Aluminiumfolie umwickeltes Stabthermometer oder Thermoelement eingetaucht.
Es empfiehlt sich, die gesamte Versuchsanordnung auf eine ausreichend große Unterlage aus Papier oder Aluminiumfolie zu stellen.

---

1 R steht für zweiwertige organische Reste, z. B. für $-(CH_2)_6-$. Zur Vereinfachung werden hier verschiedenartige Reste formelmäßig nicht unterschieden.

2 R steht für dreiwertige organische Reste.

Beobachtungen: Nach kurzer Zeit beginnt der Schäum-Vorgang, der Schaum quillt pilzartig über den Rand des Bechers. Die zunächst noch weiche und klebrige Masse härtet im Verlauf weniger Minuten aus. Die Temperatur kann bis auf ca. 80 °C ansteigen.

Zur Beurteilung des fertigen Polyurethan-Schaums kann mit einem Messer oder einer Säge eine würfelförmige Probe entnommen werden; aus der Masse der Probe und ihren Abmessungen läßt sich die Rohdichte ermitteln.

Von großer Bedeutung sind auch die **Epoxidharze**. Epoxide enthalten als Strukturelement einen Dreiring der Formel:

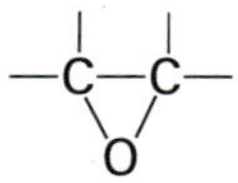

Epoxide sind sehr reaktionsfähig. Sie können mit verschiedenen, Wasserstoffatome enthaltenden Stoffen unter Öffnung des Ringes reagieren, z. B. mit Aminen nach folgender Gleichung:

(13-28)

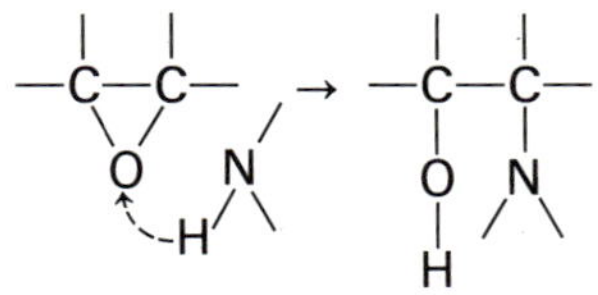

Bei den noch flüssigen, nicht ausgehärteten Epoxidharzen handelt es sich um Vorprodukte, die aber bereits aus größeren Molekülen bestehen. An beiden Enden tragen diese Moleküle je eine Epoxidgruppe. Zur Kupplung werden Diamine bzw. Triamine (Vernetzung mit Triaminen) verwendet.

(13-29)

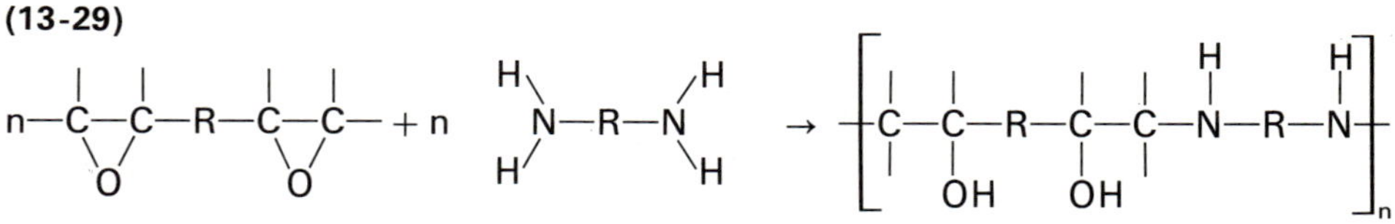

Versuch 13-4: *Aushärtung eines Epoxidharzes*
Ein handelsüblicher, lösemittelfreier Zwei-Komponenten-Sofortkleber auf Epoxidharzbasis wird nach Vorschrift gemischt. Zur Demonstration der Klebequalität werden zwei entfettete Objektträger verklebt.

Aufgaben:

1. Was versteht man unter einer Polyaddition?
2. Erläutern Sie am Beispiel der Bildung eines Polyurethans, warum es sich dabei um eine Polyaddition handelt.
3. Welche Rolle spielt das Wasser bei der Bildung von Polyurethan-Schäumen? (Gleichungen)
4. Wie reagiert ein Epoxidring mit einem Amin? (Gleichung)
5. Warum verwendet man bei der Aushärtung von Epoxiden nicht nur Diamine?

13.2 Zusammenhänge zwischen Struktur und Eigenschaften der Kunststoffe

13.2.1 Abhängigkeit der Eigenschaften vom Polymerisationsgrad

Polyisobuten, PIB, erhält man durch Polymerisation von Isobuten, $CH_2{=}C(CH_3)_2$.

(13-30)
$$n\,CH_2{=}C(CH_3)_2 \rightarrow \left[-CH_2-\underset{CH_3}{\overset{CH_3}{\underset{|}{\overset{|}{C}}}}- \right]_n$$

Die Eigenschaften von Polyisobuten hängen in auffallender Weise vom mittleren Polymerisationsgrad $\bar{P}$ bzw. vom Mittelwert der molaren Masse $\bar{M}$ ab, wie die folgende Tabelle zeigt.

Tabelle 13-2: Eigenschaften von Polyisobuten in Abhängigkeit von der mittleren molaren Masse $\bar{M}$ bzw. vom mittleren Polymerisationsgrad $\bar{P}$

Handelssorte[1]	$\bar{M}$	$\bar{P}$	*Konsistenz bzw. Beschaffenheit*	*Einfriertemperatur in °C*	*Zugfestigkeit in N/mm²*
Oppanol B 3	3000	55	viskoses Öl	−85	–
Oppanol B 5	5000	90	hochviskoses Öl	−73	–
Oppanol B 15	15000	270	zähflüssig, hochviskos	−66	–
Oppanol B 50	50000	900	plastische Masse	−64	–
Oppanol B 100	100000	1800	dehnbare, elastische Masse	−63	1–2
Oppanol B 200	200000	3600	zäh, elastisch wie Gummi	−63	6

Mit zunehmender Größe der Moleküle nimmt ihre gegenseitige Beweglichkeit immer mehr ab, während gleichzeitig die Festigkeit des Zusammenhalts ansteigt. Polyisobuten ist aus Kettenmolekülen aufgebaut; innerhalb der Ketten wirken Atombindungen (Primärbindungen) großer Stabilität. Zwischen den Ketten wirken lediglich die schwachen van der Waalsschen Wechselwirkungen (Sekundärbindungen). Einzelne Wechselwirkungen zwischen kleinen Molekülen, wie z.B. zwischen zwei CH_4-Molekülen, erreichen ca. 1/100 der Bindungsenergie einer Atombindung. Solche Wechselwirkungen können sich aber addieren. Je länger die Kettenmoleküle des Polyisobutens sind, um so mehr Wechselwirkungen treten zwischen ihnen ein; damit verstärkt sich der Zusammenhalt mit zunehmender Molekülgröße.

[1] Kunststoffe sind unter ihren Handelsnamen oft bekannter als unter ihren systematischen Namen.

Der **Zusammenhalt von Makromolekülen** steigt mit zunehmender Molekülgröße.

Veranschaulichung der Flexibilität von Kettenmolekülen

Ein Kalottenmodell eines möglichst langkettigen Alkans wird an den beiden Enden gefaßt; durch Rotationen um die Kohlenstoff-Kohlenstoff-Bindungen können verschiedenste Molekülgestalten von gestreckt bis geknäuelt erreicht werden.

Abbildung 13–8: *Kalottenmodell eines Makromoleküls*

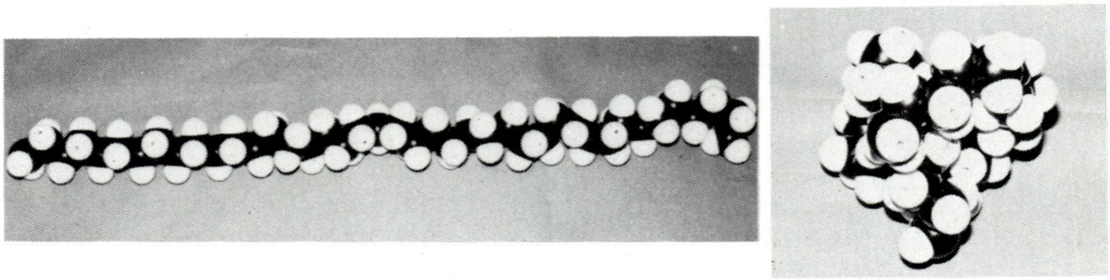

gestreckt | geknäuelt

Polyisobuten ist ein amorpher Kunststoff. Die fadenförmigen, durch Rotationen um die C—C-Bindungen in sich sehr beweglichen Polyisobuten-Moleküle bilden keine geordneten kristallinen Bereiche aus. Im amorphen Zustand hat jedes der Makromoleküle die Form eines lockeren Knäuels von zufälliger Form (statistisches Knäuel).

Abbildung 13–9:

Gestreckte Form eines Makromoleküls Winkel zwischen C-C-Bindungen 109,5°	*Knäuelform eines Makromoleküls* Wegen der Projektion des räumlichen Knäuels erscheinen auch andere Winkel

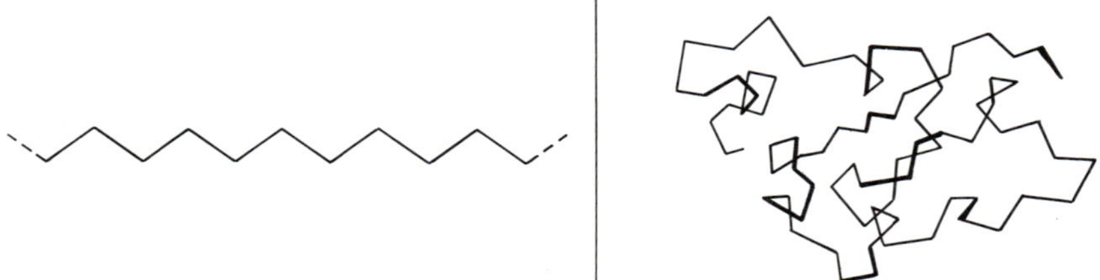

Die Knäuel aneinander angrenzender Makromoleküle berühren sich nicht nur; in den Randzonen durchdringen sie sich gegenseitig. Dabei kommt es zu Verschlaufungen und Verhakungen der Ketten. Mit der Größe der Moleküle steigt die Zahl solcher Verschlaufungen. Der Zusammenhalt der Kettenmoleküle wird dadurch verbessert.

Abbildung 13–10: *Schlaufenbildung*

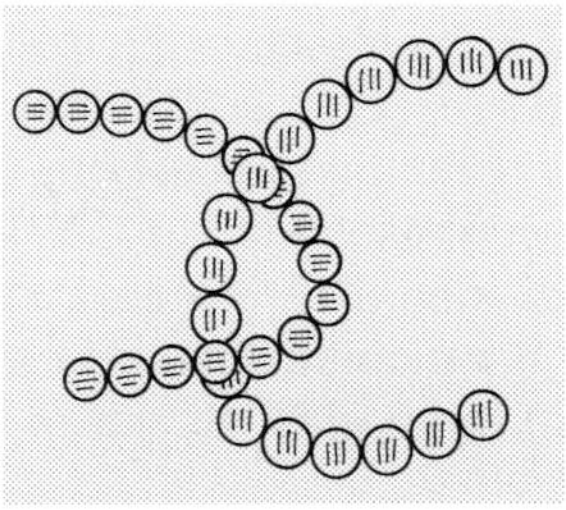

Der Ordnungszustand in amorphen Kunststoffen wird häufig mit dem der Fäden in einem Filzstück oder mit dem von Spaghettis verglichen.

Abbildung 13–11: *Ordnungszustand von Makromolekülen im amorphen Zustand*

Filzstruktur

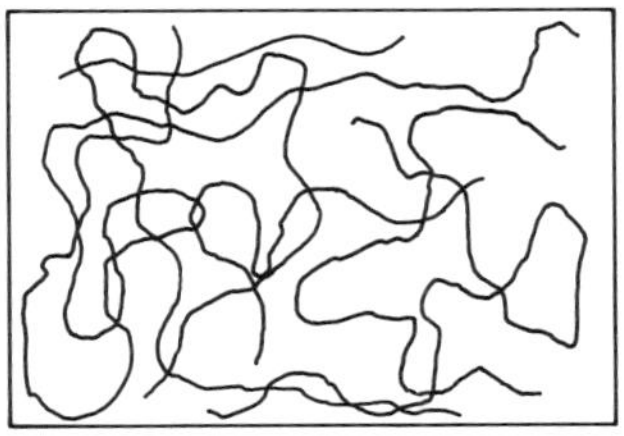

Wenden wir uns nun nochmals der Tabelle 13-2 zu. In ihr ist die Einfriertemperatur für die verschiedenen Sorten von Polyisobuten aufgeführt. Bei Raumtemperatur hat Polyisobuten je nach Polymerisationsgrad eine Konsistenz zwischen der eines viskosen Öls und der einer sehr zähen elastischen Masse. Bei Unterschreiten der ziemlich tief liegenden Einfriertemperatur erstarrt es zu einer harten, spröden und festen amorphen Substanz (ähnlich einem Gummischlauch, der bekanntlich beim Eintauchen in flüssige Luft erstarrt und so hart und spröde wird, daß er mit einem Hammer zerschlagen werden kann). Dieser Vorgang wird Einfrieren genannt.

Die Ketten in einer Polyisobuten-Probe haben recht unterschiedliche Längen; im amorphen Zustand nehmen die Ketten Zustände verschiedenster Ordnung ein. Das Einfrieren erfolgt daher nicht in einem sehr eng begrenzten Temperaturintervall (wie etwa das Auskristallisieren niedermolekularer Reinstoffe), sondern in einem Temperaturbereich, der sich über etliche Grad ausdehnt. Man spricht häufig (besser) von einem Einfrierbereich statt von einer Einfriertemperatur. Erwärmt man eine eingefrorene Probe von Polyisobuten, so erweicht sie in einem Temperaturbereich, den man Erweichungsbereich nennt. In seiner Lage entspricht der Erweichungsbereich dem Einfrierbereich. Bei Temperaturen unterhalb des Erweichungsbereiches können sich die Ketten nur wenig bewegen, sie sind sozusagen eingefroren; auch Bewegungen einzelner Kettenabschnitte sind kaum möglich. Das amorphe Material erscheint glashart und spröde; schon bei geringen Verformungen bricht es, weil die Kettenmoleküle keine Ausweichbewegungen durchführen können.

Mit steigender Temperatur nimmt die Kettenbeweglichkeit zu. Im Erweichungsbereich werden einzelne Kettenabschnitte (ca. 30 bis 50 Kettenglieder, nicht die Ketten als Ganzes) innerhalb eines schmalen Temperaturbereichs so beweglich, daß die Polymerknäuel als Antwort auf eine Zugbeanspruchung elastisch verformt werden können; sie werden in die Länge gezogen. Das Material erscheint elastisch-weich.

In der unmittelbaren Nähe des Erweichungsbereichs können aber die Ketten (bei größeren Polymerisationsgraden) ihren Platz als ganze Einheiten noch nicht verändern.

Bei weiter steigender Temperatur, die zu stärkerer thermischer Bewegung der Kettenmoleküle führt, geht das elastische Verhalten zunehmend in plastisches Verhalten über: Die zwischenmolekularen Kräfte und Schlaufen können unter dem Einfluß äußerer Kräfte die Verschiebung ganzer Ketten nicht mehr verhindern.

> Kunststoffe, die bei höherer Temperatur plastisch verformbar sind, werden **Thermoplaste** genannt.

Ist der Polymerisationsgrad nicht zu hoch, so wird schließlich bei weiterer Temperatursteigerung ein Bereich des mehr oder weniger viskosen, zähen, freien Fließens erreicht. Der Übergang in diesen Zustand erfolgt meist schleichend, in einem größeren Temperaturintervall.

Versuch 13-5: *Thermisches Verhalten von Polyisobuten*
Eine Probe Polyisobuten (Oppanol 200) wird in einem kleinen Reagenzglas erhitzt.

Beobachtung: Polyisobuten wird beim Erhitzen viskos-flüssig; bei höherer Temperatur treten Dämpfe auf, die an der Mündung des Reagenzglases entzündet werden können.

Deutung:
Es wäre falsch, die im Versuch bei höherer Temperatur auftretenden gasförmigen Stoffe für Polyisobuten im gasförmigen Zustand zu halten. Versucht man nämlich, diese gasförmigen Stoffe zu kondensieren, so erhält man keinesfalls das Ausgangsmaterial zurück (wie dies beim Destillieren niedermolekularer Stoffe der Fall ist), sondern niedermolekulare Spaltprodukte.

Polymere können grundsätzlich nicht in den gasförmigen Zustand überführt werden. Hier zeigt sich der große Einfluß der zwischenmolekularen Wechselwirkungen. Diese addieren sich bei Makromolekülen zu solcher Größe auf, daß der Zusammenhalt der Makromoleküle sogar die Stabilität der Atombindungen innerhalb der Ketten überschreitet. Bevor sich die Ketten ganz voneinander lösen können, werden sie bereits in kleinere Bruchstücke zerlegt. Es tritt thermische Zersetzung ein.

Die verschiedenen Zustände, die ein amorpher Thermoplast in Abhängigkeit von der Temperatur durchlaufen kann, zeigt die Abbildung 13-12.

Abbildung 13–12: *Zustandsbereiche amorpher Thermoplaste*

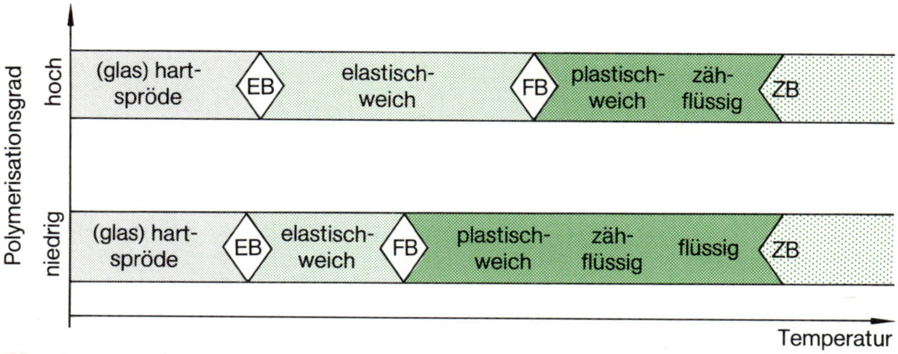

EB = Erweichungsbereich; FB = Fließbereich; ZB = Zersetzungsbereich

Der Übergang amorpher Bereiche in Kunststoffen aus dem hart-spröden Zustand in den elastisch-weichen Zustand wird als Erweichen bezeichnet[1].

Daß die Eigenschaften der Kunststoffe von der mittleren Molekülmasse bzw. vom mittleren Polymerisationsgrad abhängen, wird auch am Beispiel des Polystyrols deutlich.

Tabelle 13-3: Eigenschaften von Polystyrol in Abhängigkeit von der mittleren Molekülmasse

Mittlere Molekülmasse	*Eigenschaften des Polystyrols*
$\bar{M} < 10000$ u	spröde bei mäßiger Festigkeit
$\bar{M} = 250000$ u	hart, fest, glasartig
$\bar{M} > 10^6$ u	faserig

Ganz allgemein findet man für einige Eigenschaften den folgenden Zusammenhang mit der durchschnittlichen Molekülmasse:

Abbildung 13–13: *Abhängigkeit der Eigenschaften von der mittleren Molekülmasse*

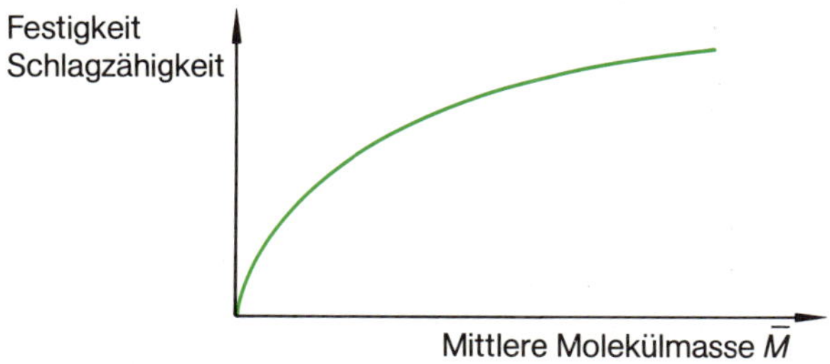

[1] Um Verwechslungen zu vermeiden, sollte der Begriff „Schmelzen" nur für das Zusammenbrechen hochgeordneter, kristalliner Bereiche verwendet werden.

Der Kurvenverlauf zeigt, daß sich die Eigenschaften bei niedrigen Molekülmassen stark, bei hohen kaum mehr verändern. Ein Grenzwert der Festigkeit wird z. B. dann erreicht, wenn die Summe der mit dem Polymerisationsgrad ansteigenden zwischenmolekularen Wechselwirkungskräfte die Bindungsstabilität einzelner Atombindungen überschreitet.

Versuch 13-6: *Thermisches Verhalten von Duromeren*
Probestückchen eines ungesättigten Polyesters (Kurzzeichen UP) bzw. eines ausgehärteten Phenolharzes (PF) werden, von einer Tiegelzange gehalten, langsam erhitzt. Es wird versucht, durch Quetschen bzw. Biegen festzustellen, ob Erweichen eintritt.

Beobachtung: Ungesättigte Polyester bzw. Phenolharze behalten ihre mechanischen Eigenschaften, ihre Härte und Steifigkeit bis in die Nähe der Zersetzungstemperatur.

Kunststoffe, die bis zum Zersetzungsbereich hart bleiben, nennt man **Duromere** oder **Duroplaste**.

Zwischen den Ketten muß bei den Duromeren ein besonders fester Zusammenhalt bestehen. Für diesen Zusammenhalt sind Brücken verantwortlich, die ebenfalls aus Ketten bestehen, in denen die Kohlenstoffatome über Atombindungen verknüpft sind. Man spricht auch von einer Vernetzung, weil ein räumliches Netzwerk von Molekülketten vorliegt.
Im Grunde besteht das gesamte Kunststoffteil bei Duromeren aus einem einzigen, engmaschig vernetzten Makromolekül. Man könnte hier von einem „unendlich" hohen Polymerisationsgrad sprechen.
Durch engmaschige Vernetzung können einzelne Molekülteile ihre gegenseitige Lage nur in engen Grenzen verändern; Duromere mit hoher Vernetzungsdichte sind daher im allgemeinen hart-spröde und können nicht in den plastisch-weichen oder gar in den viskos-flüssigen Zustand überführt werden. Ist die Vernetzungsdichte nicht zu hoch, kann kurz vor der Zersetzung ein allerdings nur sehr schmaler Bereich elastisch-weicheren Verhaltens auftreten.

Abbildung 13–14: *Zustandsbereich von Duromeren*

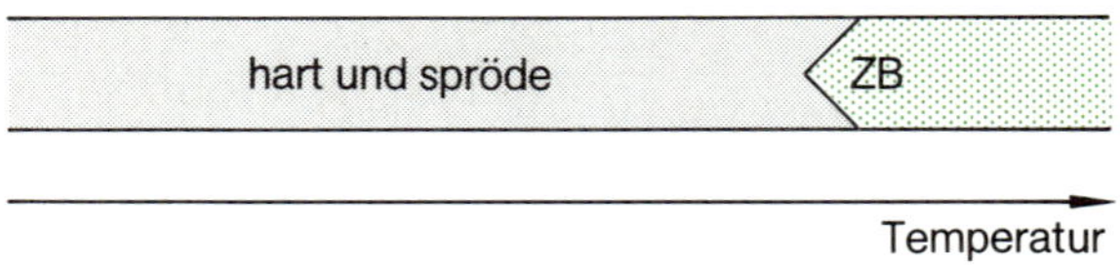

Abbildung 13–15: *Schema des Aufbaus der Duroplaste*

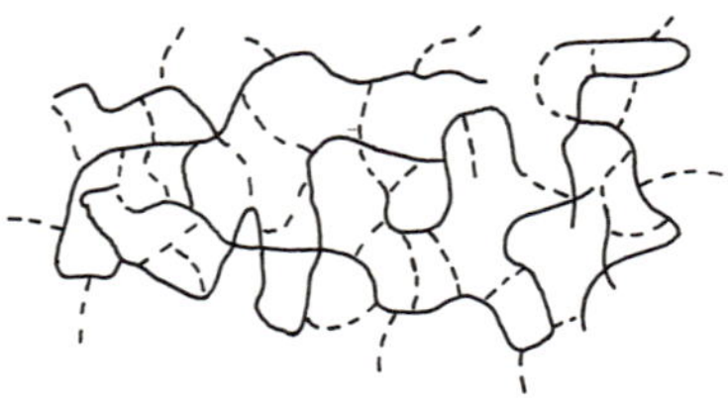

--- vernetzende Ketten = Brücken nur zur Unterscheidung gestrichelt; sie können aber zu den Hauptketten identischen Aufbau besitzen

Ist die Vernetzungsdichte niedrig (und sind die Kettenabschnitte zwischen den Vernetzungsstellen leicht beweglich), so gewinnt der Bereich elastisch-weichen Verhaltens stark an Bedeutung.

Stoffe, bei denen gummielastisches Verhalten bei Raumtemperatur zu beobachten ist, werden **Elastomere** genannt.

Auch bei den Elastomeren ist ein Übergang in den plastisch-weichen bzw. viskosflüssigen Zustand nicht möglich, da die Ketten wegen ihrer gegenseitigen Vernetzung nicht voneinander als Ganzes abgleiten können.

Versuch 13-7: *Lösungsverhalten von Polyisobuten in Abhängigkeit vom Polymerisationsgrad*
Eine Probe Polyisobuten mit niedrigem Polymerisationsgrad (Oppanol B 3) und eine Probe Polyisobuten mit hohem Polymerisationsgrad (Oppanol B 200) werden in Reagenzgläsern mit der 2- bis 3fachen Menge an Benzin (Siedebereich 100–140 °C) übergossen. Man schüttelt nach Verschließen mit Korkstopfen mehrfach und läßt längere Zeit stehen, bevor weiteres Benzin zugefügt wird.

Beobachtung: Polyisobuten mit niedrigem Polymerisationsgrad löst sich vollständig zu einer viskosen Lösung. Polyisobuten mit hohem Polymerisationsgrad quillt sehr langsam zu einer gelartigen Masse, die noch elastisches Rückstellvermögen aufweist; schließlich wird es aber ebenfalls gelöst.

Die **Löslichkeit** von thermoplastischen Kunststoffen sinkt mit zunehmendem Polymerisationsgrad.

Man nützt diesen Effekt aus, um das bei der Polymerisation entstehende, sehr uneinheitliche Gemisch von Makromolekülen verschiedenster Polymerisationsgrade in einzelne Fraktionen aufzuteilen (z. B. um die Verteilung des Polymerisationsgrades zu ermitteln).

Duromere sind nicht löslich, sie können höchstens etwas quellen.

Die Löslichkeit der Kunststoffe ist als ein Spezialfall der Chemikalienbeständigkeit anzusehen. Beim Auflösen bleiben die Makromoleküle als Individuen erhalten. Manche Chemikalien können die Makromoleküle durchaus zerstören durch Prozesse wie Oxidationen, Abspaltungsreaktionen usw. Einfache Zusammenhänge zwischen dem Polymerisationsgrad und der Chemikalienbeständigkeit sind nicht bekannt.

Aufgaben:

1. Welche Bindungskräfte wirken innerhalb eines Makromoleküls? Welche Kräfte wirken zwischen den Makromolekülen?
2. Hängt die Kraft zwischen zwei Makromolekülen von deren Größe ab? (Begründung)
3. Welche Zusammenhänge zwischen den Eigenschaften und molekularen Größen können am Beispiel des Polyisobutens diskutiert werden?
4. Welche Form nimmt ein freies Makromolekül an?

5. Was versteht man unter dem Erweichen eines Kunststoffs? Welche molekularen Vorgänge laufen im Erweichungsbereich ab?

6. Definieren Sie die Begriffe Thermoplast, Elastomer, Duromer.

7. Warum kann ein Kunststoff nicht im gasförmigen Zustand vorkommen?

8. Erläutern Sie anhand einer graphischen Darstellung die Zustände, die ein amorpher Thermoplast bei steigender Temperatur durchläuft.
Vergleichen Sie mit einem Duromeren.

9. Welcher Zusammenhang besteht zwischen einigen Eigenschaften und der mittleren Molekülmasse der Makromoleküle bei Kunststoffen?

10. Warum kann die Zugfestigkeit eines amorphen Thermoplasten durch Erhöhung des Polymerisationsgrades nicht beliebig erhöht werden?

11. Welche Unterschiede zeigen sich beim Auflösen niedermolekularer Stoffe und hochmolekularer Stoffe?

12. Wie kann erklärt werden, daß Duromere bis nahe an den Zersetzungsbereich hart bleiben?

13.2.2 Abhängigkeit der Eigenschaften von den Substituenten

Die Eigenschaften von thermoplastischen Kunststoffen hängen ab von der Art und der Zahl der Substituenten an der Kette, die das Rückgrat der Makromoleküle bildet.
Da die Substituenten aber auch die Neigung zur Ausbildung hochgeordneter kristalliner Bereiche entscheidend mitbestimmen, sollen zunächst als Beispiele nur solche Kunststoffe ausgewählt werden, die kaum kristallisieren (höchstens in wenigen ganz speziellen Fällen).
Für die Untersuchung des Einflusses der Substituenten auf die thermischen und auf die mechanischen Eigenschaften wählen wir die folgenden amorphen Kunststoffe aus.

Tabelle 13-4: Einige amorphe Thermoplaste

	Kunststoff	*Kurzzeichen*	*Formelausschnitt*
1	Polyisobuten	**PIB**	$\left[-CH_2-C(CH_3)_2- \right]_n$
2	Polystyrol	**PS**	$\left[-CH_2-CH(C_6H_5)- \right]_n$
3	Polyvinylchlorid	**PVC**	$\left[-CH_2-CH(Cl)- \right]_n$
4	Polyvinylalkohol	**PVAL**	$\left[-CH_2-CH(OH)- \right]_n$

Versuch 13-8: *Verhalten von Polyisobuten, Polystyrol, Polyvinylchlorid und Polyvinylalkohol* – vergleichende Betrachtungen

Kleine Probestücke oder Folienabschnitte[1] der genannten Kunststoffe werden zunächst durch Biegen, Ritzversuche, Dehnversuche auf ihre Festigkeit, Härte und Dehnbarkeit bei Raumtemperatur untersucht.
Anschließend erhitzt man kleine Proben in einem Reagenzglas bzw. direkt in der Flamme. Damit das Erweichungsverhalten beobachtet werden kann, darf die Temperatur nur langsam gesteigert werden. Schließlich wird durch etwas stärkeres Erhitzen die Pyrolyse (thermische Zersetzung) im Reagenzglas bzw. die Verbrennung eingeleitet.

Der Geruch der Dämpfe wird ermittelt (Vorsicht!).

An die Mündung des Reagenzglases wird ein schwach angefeuchtetes Indikatorpapier gehalten, um den pH-Wert der Pyrolysedämpfe festzustellen. Ein Kupferblech oder ein Kupferdraht wird in der Flamme ausgeglüht und noch heiß kurz auf den Kunststoff gedrückt, wobei etwas Kunststoff am Kupfer haften bleibt. Anschließend wird wieder in der Flamme erhitzt (Beilstein-Probe zum Nachweis von Chlor: grüne Flamme).

Die Beobachtungen sind in Tabelle 13-5 aufgelistet.

Tabelle 13-5: Eigenschaften und Verhalten einiger Kunststoffe beim Erhitzen

	Polyisobuten	Polystyrol	Polyvinylchlorid	Polyvinylalkohol
Eigenschaften bei Raumtemperatur	elastisch-weich dehnbar	hart-spröd bricht bei leichtem Verbiegen	hart-zäh muß mehrfach bis zum Bruch gebogen werden	hart-zäh bis spröd je nach Wassergehalt[2]
Veränderungen bei schwächerem Erhitzen	wird flüssig	wird weich	wird lappig-weich	wird weich
Veränderungen bei stärkerem Erhitzen im Reagenzglas	Pyrolyse Zersetzung	wird flüssig, dann Zersetzung	wird gelb, dann braun und schwarz, bläht sich dabei auf	ähnlich PVC
Geruch der Dämpfe	schwach gummiartig	nach Leuchtgas süßlich Styrolgeruch	stechend-sauer	unangenehm-kratzend
pH-Wert	neutral	neutral	<1	neutral bis schwach sauer
Beilstein-Test	negativ	negativ	positiv intensiv grüne Flamme	negativ
Brandverhalten	brennt außerhalb der Flamme etwas rußend	gelbe, stark rußende Flamme, Rußflocken	brennt nicht außerhalb der Flamme, selbstverlöschend	brennt mit knisternder Flamme

[1] Zur Herstellung einer Polyvinylalkohol-Folie siehe Versuch 13-12.
[2] Wassergehalt vom Herstellungsverfahren der Folie. Wasser wirkt hier als Weichmacher.

Deutung der Beobachtungen:

Der Einfluß verschiedenartiger Substituenten bzw. Seitenketten auf die mechanischen Eigenschaften der Kunststoffe ist auffallend. Während Polyisobuten bei Raumtemperatur elastisch-weich ist, sind die übrigen untersuchten Kunststoffe hart, steif und formstabil, gleichzeitig spröde oder etwas zäh. Den elastisch-weichen Zustand erreichen sie erst bei höheren Temperaturen.

Tabelle 13-6: Erweichungsbereiche einiger amorpher Thermoplaste

Kunststoff	Polyisobuten	Polyvinylchlorid	Polystyrol
Erweichungsbereich °C	ca. **−60**	ca. **70**	ca. **100**

Für den beträchtlichen Anstieg des Erweichungsbereiches ist die Veränderung der Seitenketten bzw. Substituenten an der Kette verantwortlich.
In der Reihe Polyisobuten, Polyvinylchlorid, Polystyrol nimmt die Beweglichkeit der Makromoleküle ab. Man kann sich vorstellen, daß die voluminöse, sperrige C_6H_5-Gruppe Rotationen um die Kohlenstoff-Kohlenstoff-Bindungen besonders erschwert. Die Rotationsbehinderung läßt sich mit Hilfe eines Kalottenmodells für ein isoliertes Polystyrol-Molekül demonstrieren. Im Verband mit weiteren Makromolekülen werden die C_6H_5-Gruppen die Rotationen noch mehr behindern, da sie von Nachbarketten eingeklemmt werden.
Neben der durch Rotationsbehinderung hervorgerufenen Kettenversteifung bewirkt auch die erhebliche Zunahme der Stärke der Sekundärbindungen zwischen den Ketten einen Anstieg des Erweichungsbereichs. Im PVC sind polare $\overset{\delta+}{C}—\overset{\delta-}{Cl}$-Bindungen enthalten. Zwischen den Ketten können sich zusätzlich zu den van-der-Waalsschen-Kräften noch Dipol-Dipol-Kräfte ausbilden[1].

Im folgenden wird die Abhängigkeit der Löslichkeit von den Substituenten an der Kette untersucht.

Für die meisten Kunststoffe gibt es Lösungsmittel, die in der Lage sind, die Ketten vollständig voneinander zu trennen. Wie schon festgestellt, quellen Kunststoffe beim Auflösungsprozeß zunächst. Um die Auflösung zu vervollständigen, ist meist eine längere Einwirkungsdauer (oft auch bei erhöhter Temperatur) des Lösungsmittels erforderlich. Löslichkeit kann dann angenommen werden, wenn in orientierenden Vorversuchen die Oberfläche durch das Lösungsmittel angegriffen wird. Klare, glatte Oberflächen werden dabei blind, matt und klebrig.

Versuch 13-9: *Löslichkeit von Polyisobuten*
Proben von PIB höheren Polymerisationsgrades (Oppanol B 200) werden auf Uhrgläsern mit Benzin, Aceton und Wasser behandelt. Man prüft, ob die Oberfläche klebrig wird.

---

[1] Außerdem sind sowohl im PVC wie auch im PS schon die van-der-Waalsschen-Kräfte allein wegen der besseren Polarisierbarkeit des Cl-Atoms bzw. der C_6H_5-Gruppe größer als im PIB.

Versuch 13-10: *Löslichkeit von Polystyrol*

Auf größere Stücke Polystyrol-Schaum (Styropor-Verpackungsmaterial bzw. Dämmplatten) wird Benzin, Methanol, Aceton, Lösungsmittel-Klebstoff (Uhu) und Wasser gegeben.

Versuch 13-11: *Löslichkeit von Polyvinylchlorid*

Auf Folienabschnitte glasklaren Hart-Polyvinylchlorids werden jeweils einige Tropfen Benzin, Tetrahydrofuran, Wasser gegeben. Man prüft auf optische Veränderungen der Oberfläche und prüft auf Klebrigkeit.

Ein Streifen PVC wird an einem Ende mit Tetrahydrofuran benetzt, das andere Ende darübergebogen und einige Zeit mit einer Klammer fixiert. Schließlich wird die Festigkeit der Verbindung geprüft.

Versuch 13-12: *Löslichkeit von Polyvinylalkohol*

Polyvinylalkohol-Pulver wird in Wasser eingerührt und die Suspension unter ständigem Rühren bis zum Sieden erhitzt. Die entstandene Lösung wird auf eine Polyethylen-Folie ausgegossen und an der Luft getrocknet. Die glasklare Polyvinylalkohol-Folie wird abgezogen. Man behandelt sie mit Benzin, Aceton, Wasser.

Versuch 13-13: *Fällung von Polystyrol*

In eine Lösung von Polystyrol in Aceton, Essigsäureethylester bzw. Toluol läßt man Methanol einfließen.

Die Ergebnisse der Versuche 13-9 bis 13-13 sind in der folgenden Tabelle zusammengefaßt.

Tabelle 13-7: Löslichkeit einiger amorpher Thermoplaste
(+ bedeutet löslich; – bedeutet nicht löslich)

Lösungsmittel	Kunststoff			
	PIB	PS	PVC	PVAL
Benzin	+	–	–	–
Aceton	–	+	–	–
Tetrahydrofuran			+	
Methanol	–	–	–	–
Wasser	–	–	–	+

Der Versuch 13-10 demonstriert auch, daß man Styropor nicht mit normalen Lösungsmittelklebern kleben kann, da das Lösungsmittel die Schaumstruktur zerstört. Der Versuch 13-11 dagegen zeigt, daß zum Kleben von Polyvinylchlorid ein Anlösen der Oberfläche mit Tetrahydrofuran genügt.

Deutung der Versuchsergebnisse:

Damit ein Stoff als Lösungsmittel für einen anderen fungieren kann, müssen seine Moleküle mit den Molekülen des zu lösenden Stoffes in eine ähnlich intensive Wechselwirkung treten können, wie sie zwischen den Lösungsmittelmolekülen untereinander bzw. zwischen den Molekülen des zu lösenden Stoffes untereinander bestehen. Dies ist nur dann der Fall, wenn ein ähnlicher molekularer Aufbau vorliegt, insbesondere, was die Polarität anbelangt. Unpolare Stoffe lösen sich am besten in unpolaren Lösungsmitteln, polare Stoffe am besten in polaren Lösungsmitteln. Vereinfacht wird dies durch die Regel ausgedrückt:

„Gleiches löst Gleiches".

Damit wird verständlich, warum sich das unpolare Polyisobuten nur im unpolaren Benzin löst, im Gegensatz dazu der Polyvinylalkohol nur im Wasser (Ausbildung von Wasserstoffbrücken möglich). Polystyrol löst sich leicht im unpolaren Toluol. Weil die C_6H_5-Gruppe gut polarisierbar ist, löst es sich aber auch in einem Lösungsmittel mittlerer Polarität wie Aceton. In Wasser und in Methanol ist Polystyrol unlöslich, da keine Wasserstoffbrücken ausgebildet werden können.

PVC, das die polaren C—Cl-Bindungen enthält, löst sich in Lösungsmitteln mittlerer Polarität wie Tetrahydrofuran.

Die Löslichkeit von Kunststoffen hängt stark ab von der Art und der Zahl der Substituenten an den Ketten der Makromoleküle.

Duromere sind wegen der Vernetzung der Ketten in allen Lösungsmitteln unlöslich; durch Aufnahme von Lösungsmittelmolekülen können sie höchstens in einem eng begrenzten Ausmaß quellen.

Die Beständigkeit von Kunststoffen gegenüber dem Angriff von Chemikalien wird von der Art der Substituenten stark beeinflußt.

Welchen Einfluß die Substituenten auf das thermische Verhalten der Kunststoffe ausüben, zeigt ein Vergleich von Polyvinylchlorid mit Polytetrafluorethylen.
PVC verfärbt sich beim Erhitzen im Reagenzglas erst gelb, dann braun und schließlich schwarz, wobei es gleichzeitig unter Abspaltung eines stark sauer reagierenden Gases aufgebläht wird. Der zurückbleibende schwarze, glasartig-spröde Schaum besteht hauptsächlich aus Kohlenstoff (Versuch 13-8). Das abgespaltene Gas kann leicht als Wasserstoffchlorid identifiziert werden, das durch Eliminierung (Abspaltung) von der Kette entsteht:

(13-31)

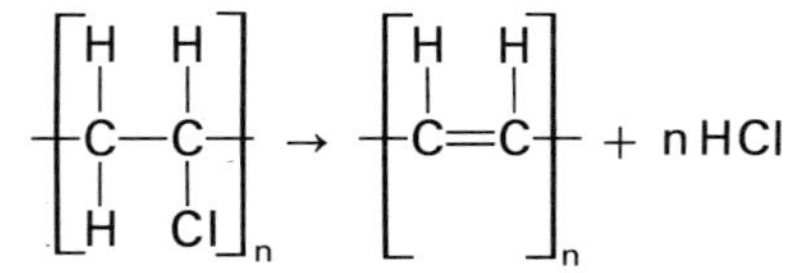

Wegen dieser thermischen Empfindlichkeit muß PVC (vor allem während der Verarbeitung) durch Stabilisatoren geschützt werden.
Ganz gegensätzlich verhält sich Teflon, PTFE, gegenüber thermischer Beanspruchung. Seine besondere Stabilität gegenüber höheren Temperaturen verdankt es vor allem der hohen Stabilität der Kohlenstoff-Fluor-Bindung.

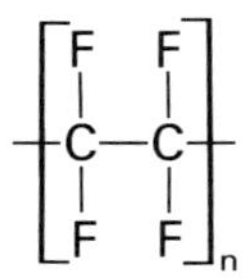

Prinzipiell sind funktionelle Gruppen an Makromolekülen zu denselben Reaktionen fähig wie in niedermolekularen Verbindungen; allerdings laufen die Reaktionen häufig mit stark reduzierter Geschwindigkeit ab.

Aufgaben:

1. Welche einfachen Versuche können zur Identifizierung von Kunststoffen verwendet werden? Erläutern Sie die Frage am Beispiel der beiden Kunststoffe PVC und PS.
2. Wovon hängt bei amorphen Thermoplasten die Lage des Erweichungsbereiches hauptsächlich ab? (Begründung)
3. Warum löst sich Polyvinylalkohol in Wasser, Polyvinylchlorid dagegen nicht?
4. Erläutern Sie die Regel „Gleiches löst Gleiches" an einem Beispiel aus dem Bereich der Kunststoffe.
5. Warum ist Polyvinylchlorid im Hausmüll problematisch für die Müllverbrennung?

13.2.3 Abhängigkeit der Eigenschaften von der Kristallinität

Proben von Polyethylen, Polypropylen, Polytetrafluorethylen und Polystyrol werden vergleichend auf ihr Aussehen untersucht.
Polystyrol ist glasklar durchsichtig, Polyethylen je nach Schichtdicke milchig getrübt bis undurchsichtig, ebenso Polypropylen; Polytetrafluorethylen ist schon in dünner Schicht undurchsichtig weiß.
Durch die Polystyrol-Probe gehen die von einer Lichtquelle ausgesandten Lichtstrahlen nahezu ungehindert hindurch.
Beim Durchgang durch eine nicht zu dicke PE-Schicht werden Lichtstrahlen in alle Richtungen gestreut, ähnlich wie das Licht, das von einem Autoscheinwerfer ausgehend eine dicke Nebelschicht durchdringen soll. Im Nebel wirken kleinste Wassertröpfchen als Streuzentren, an denen das Licht in alle Richtungen abgelenkt wird. Im Polyethylen wirken kleine Kristallite bzw. Aggregate von Kristalliten als Streuzentren.
Polyethylen gehört zu den teilkristallinen Thermoplasten.

> Teilkristalline Kunststoffe zeigen neben Bereichen hoher Ordnung der Makromoleküle (den kristallinen Bereichen) solche niedriger Ordnung (amorphe Bereiche).

Nach einer älteren, aber immer noch verbreiteten Modellvorstellung glaubte man, daß ein Kristallit durch eine große Anzahl von bündelartig in paralleler Anordnung zusammengelagerten Makromolekülen aufgebaut sei; die fransenartig über die Grenzen des Kristallits hinausragenden ungeordneten Teile der Makromoleküle sollten die amorphen Bereiche ergeben. Ein einzelnes Makromolekül konnte nach dieser Vorstellung etliche Kristallite nacheinander durchlaufen.

Abbildung 13–16: *Aufbau eines teilkristallinen Polymeren (ältere Modellvorstellung)*

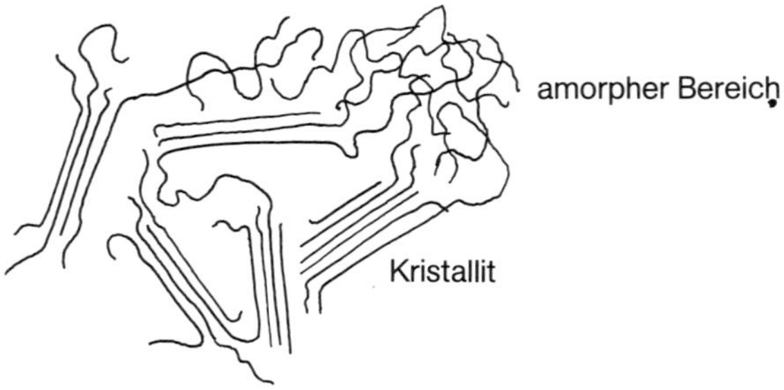

Winzige Einkristalle von PE, die man aus sehr verdünnter Lösung züchten konnte, haben die Form sehr dünner Blättchen. Überraschenderweise liegen die Molekülketten senkrecht zur Ebene der Blättchen, obwohl ihre Länge deren Dicke um ein Vielfaches überschreitet. Jedes Makromolekül muß daher an der Oberfläche des Einkristalls zurückgefaltet sein und den Kristall viele Male durchlaufen.

Abbildung 13–17: *Verlauf der Ketten in einem Polyethylen-Einkristall*
Querschnitt durch den blättchenförmigen Einkristall

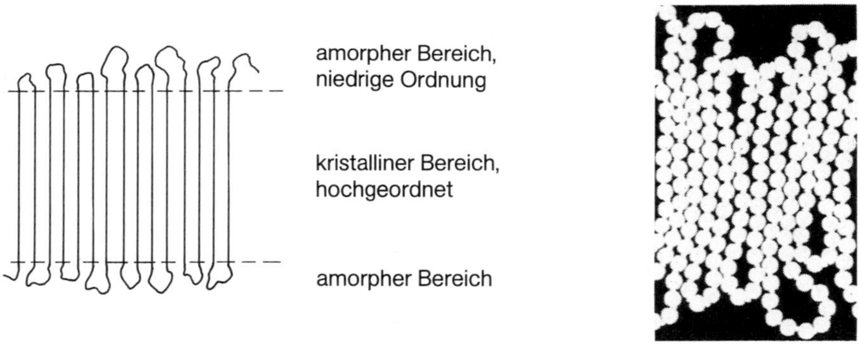

Während die Makromoleküle im Inneren der Einkristalle in gestreckter Anordnung dicht zusammengelagert hochgeordnete kristalline Bereiche aufbauen, findet sich in den Rückfaltungszonen kaum Ordnung; jeder Einkristall trägt amorphe Deckschichten.

Teilkristalline Kunststoffe werden daran erkannt, daß sie (in nicht zu dünner Schicht) milchig-trüb bis undurchsichtig erscheinen.

Reine amorphe Kunststoffe wie Polystyrol oder Plexiglas erscheinen dagegen glasklar durchsichtig.

Ihre Eigenschaften verdanken die teilkristallinen Thermoplaste dem idealen Verbund amorpher Bereiche mit kristallinen Bereichen mit ihren jeweils charakteristischen Merkmalen. Wegen der dichten Packung können sich in den kristallinen Bereichen die zwischenmolekularen Kräfte optimal entfalten. Kristallite sind daher hart und fest, dabei aber auch spröde. Die kristallinen Anteile schmelzen bei verhältnismäßig hohen Temperaturen in einem relativ engen Temperaturintervall[1].

[1] Der Zusammenbruch des Kristallgitters wird als Schmelzen bezeichnet im Gegensatz zum bereits erwähnten Erweichen der amorphen Bereiche.

Die amorphen Bereiche zwischen den kristallinen erstarren erst bei tiefer Temperatur (bei PE erst bei ca. −100 °C) und befinden sich daher bei Raumtemperatur im elastisch-weichen Zustand.

> Welche Eigenschaften ein teilkristalliner Kunststoff als Ganzes aufweist, hängt ab vom Ausmaß der Kristallisation, dem Kristallisationsgrad.

Liegen nur geringe kristalline Anteile vor, so kommen diese kaum zur Geltung; der Kunststoff ist mehr elastisch und weich und nicht allzu fest. Kunststoffe mit hohem kristallinen Anteil verdanken diesem ihre höhere Härte, Festigkeit und Steifheit. Ihre beachtliche Zähigkeit verdanken sie dem amorphen Anteil, durch den die harten, spröden Kristallite flexibel wie durch Scharniere miteinander verbunden werden. Ein vollständig kristallines Polyethylen wäre wegen seiner hohen Sprödigkeit für die Praxis unbrauchbar.

Teilkristalline Thermoplaste mit nicht zu niedrigem Kristallinitätsgrad durchlaufen beim Erhitzen Zustände, wie sie die folgende Abbildung zeigt.

Abbildung 13–18: *Zustandsbereiche teilkristalliner Thermoplaste*

EB = Erweichungsbereich des amorphen Anteils
KB = Schmelzbereich der Kristallite
FB = Fließbereich
ZB = Zersetzungsbereich
* = elastisch-weicher Bereich; kaum ausgeprägt, da oberhalb KB die Ketten bereits sehr beweglich sind; FB folgt praktisch direkt auf KB

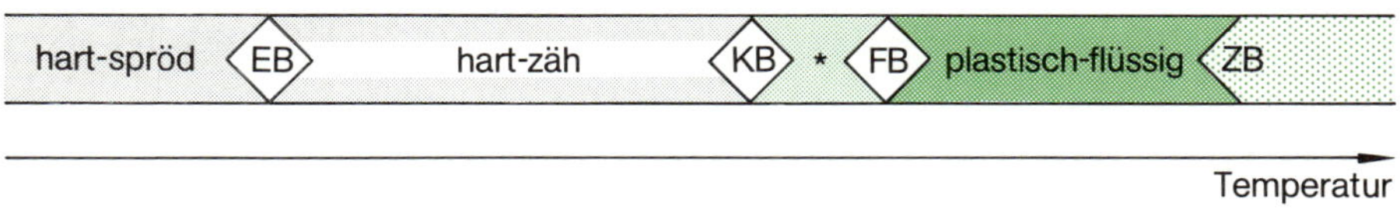

Versuch 13-14: *Zustandsbereiche des teilkristallinen Polyethylens*
Man versucht, eine Probe von Polyethylen durch Hin- und Herbiegen zu zerbrechen. Ein Stück PE wird in der Flamme langsam erhitzt; dabei achtet man auf Veränderungen des Aussehens und des mechanischen Verhaltens. Schließlich wird die Probe angezündet und das Brandverhalten geprüft. (Vorsicht vor brennenden Tropfen!)

Beobachtungen: Das Material ist sehr zäh; die Probe muß viele Male verbogen werden, bis sie bricht. (Gegensatz: Amorphes Polystyrol bricht bei einmaliger, vergleichsweise geringer Verformung.)
Beim langsamen Erhitzen wird die Polyethylen-Probe vom Rand her glasklar-durchsichtig, beim Erkalten wieder milchig-trüb. Im glasklar-durchsichtigen Zustand kann PE leicht verformt werden. Eventuell ist auch ein gewisses elastisches Rückstellvermögen beobachtbar. Weiteres Erhitzen führt zu einem dünnflüssigen Zustand, wobei die Probe meist zugleich entflammt. PE brennt mit leuchtender Flamme mit blauem Kern. Es bilden sich brennende Tropfen.

Deutung:
Sobald die Kristallite aufschmelzen, verliert PE sein milchig-trübes Aussehen; kühlt die Probe wieder ab, bilden sich die Kristallite sehr rasch wieder aus.

Neben den mechanischen und optischen Eigenschaften werden auch andere durch die Kristallinität beeinflußt: Wegen der dichteren Packung weisen die kristallinen Bereiche eine höhere Dichte auf als die amorphen.

Polyethylen kann nach mehreren Verfahren hergestellt werden, die sich im verwendeten Katalysatorsystem und im erforderlichen Druck unterscheiden. Das bei hohem Druck entstehende Hochdruck-PE weist erheblich mehr Verzweigungen (Seitenketten) auf als das bei niedrigem Druck erhaltene Niederdruck-PE. Der Kristallinitätsgrad und die damit verbundenen Eigenschaften hängen von der Zahl und der Art der Verzweigungen ab. Für eine Einordnung in ein Kristallgitter müssen die Makromoleküle möglichst linear und glatt sein. Verzweigungen wirken als Störstellen, die in ihrem Umkreis eine ideale Aneinanderlagerung der Ketten verhindern. Je mehr Verzweigungen PE aufweist, um so geringer ist seine Kristallisationstendenz; Niederdruck-PE mit weniger Verzweigungen und damit höherem Kristallisationsgrad hat eine höhere Dichte als Hochdruck-PE. Die beiden Arten werden nach ihren Dichten auch als HDPE (high density PE) und LDPE (low density PE) bezeichnet.
Auch in der Härte und noch in weiteren Eigenschaften unterscheiden sich HDPE und LDPE wegen des unterschiedlichen Kristallinitätsgrades. Dies äußert sich in den Bezeichnungen Weich-PE für das LDPE und Hart-PE für das HDPE.

Tabelle 13-8: Vergleich Hochdruck-Polyethylen mit Niederdruck-Polyethylen

Herstellungsverfahren	*Hochdruckverfahren*	*Niederdruckverfahren*
Bezeichnung	LDPE; Weich-PE	HDPE; Hart-PE
Mittlere molare Masse	20000–50000 g/mol	bis ca. 250000 g/mol
Zahl der Verzweigungen auf 1000 C-Atome der Kette	25–35	4–10
Kristallinitätsgrad	40–45%	65–80%
Dichte	0,915–0,92 g/cm³	0,96–0,97 g/cm³
Zugfestigkeit	ca. 10 N/mm²	ca. 30 N/mm²
Kristallitschmelzbereich	ca. 110°C	ca. 130°C
Dehnbarkeit	höher	niedriger
Schlagzähigkeit	höher	niedriger

Sowohl Weich-PE wie auch Hart-PE sind bei Raumtemperatur in allen Lösungsmitteln unlöslich, was auf den festen Zusammenhalt der kristallin-gepackten Anteile zurückzuführen ist. Bei erhöhter Temperatur kann PE in chlorierten Kohlenwasserstoffen wie Tetrachlorkohlenstoff, in Aromaten wie Benzol, in Kohlenwasserstoffen wie Tetralin, Dekalin oder hochsiedenden Benzinfraktionen sehr langsam aufgelöst werden.

> Die Löslichkeit nimmt mit steigender Kristallinität ab.

Polyethylen fällt durch eine beachtliche Stabilität gegenüber verschiedenartigsten Chemikalien auf, die auf seinem Paraffincharakter und auf seiner hohen Kristallinität begründet ist. In PE-Flaschen können daher viele Lösungsmittel, nicht oxidierende Säuren, Basen und Salze bei Raumtemperatur aufbewahrt werden.

Ein Nachteil der chemisch indifferenten Oberfläche ist es, daß ohne Vorbehandlung feste Verklebungen nicht möglich sind.

In der thermischen Stabilität übertrifft Polyethylen manchen anderen Kunststoff. Bei Ausschluß von Sauerstoff sind seine Makromoleküle bis über 300 °C beständig. Allerdings brennt nicht ausgerüstetes PE (Flammschutzmittel) ausgezeichnet. PE ist im Grunde als umweltneutral zu bezeichnen, da bei der Verbrennung nur Kohlenstoffdioxid und Wasser entstehen und bei Lagerung auf Mülldeponien eine Gefährdung des Grundwassers nicht zu befürchten ist.

Aufgaben:

1. Woran lassen sich teilkristalline Kunststoffe erkennen? Begründen Sie Ihre Aussage.
2. Was versteht man unter dem „Fransenmodell" teilkristalliner Kunststoffe?
3. Wie sind Polyethylen-Einkristalle aufgebaut? (Zeichnung mit Erläuterung)
4. Welche Eigenschaften haben teilkristalline Kunststoffe im allgemeinen? Welche Ursachen haben die von Ihnen genannten Eigenschaften?
5. Welche Zustandsbereiche durchlaufen teilkristalline Thermoplaste beim Erhitzen?
6. Welche Arten von PE kennen Sie? Vergleichen Sie einige Eigenschaften.
7. Warum nimmt die Löslichkeit teilkristalliner Thermoplaste mit steigendem Kristallinitätsgrad ab?
8. Warum sind teilkristalline Kunststoffe im allgemeinen schlechter löslich als amorphe?

Anhang

Chemische Bindung – Metallbindung

1 Bindungsverhältnisse

Ungefähr drei Viertel aller Elemente sind Metalle. Zusammen mit vielen Legierungen bilden sie eine eigene Stoffklasse mit ganz charakteristischen Eigenschaften, wie gute elektrische Leitfähigkeit und Wärmeleitung, Verformbarkeit sowie Metallglanz. Damit sind sie deutlich abgegrenzt von den bisher behandelten molekularen Stoffen mit kovalenter Bindung und den salzartigen Stoffen mit Ionenbindung.

Zur Erklärung der typischen Metalleigenschaften ist ein weiteres Bindungsmodell erforderlich:

Im PSE sind die Metalle links und unten anzutreffen. Die Metallatome besitzen vergleichsweise wenig Außenelektronen, die auf Grund der großen Atomradien leicht abzutrennen sind. Dies kann man auch an den kleinen Ionisierungsenergien ablesen. Mit ihren wenigen Valenzelektronen können die Metalle kein Elektronenoktett auf der äußersten Schale durch Atombindung ausbilden. Wird ein Metallkristall mit Röntgenlicht durchstrahlt, entsteht ein Interferenzmuster, das zeigt, daß die Bausteine in einem Gitterverband regelmäßig angeordnet sind. Auf Grund dieser Fakten wurde folgende Modellvorstellung entwickelt:

Um eine stabile Edelgaskonfiguration zu erreichen, gibt jedes Metallatom seine Außenelektronen ab. Dadurch entstehen positiv geladene Metallionen (Atomrümpfe) und freie Elektronen. Die Metallionen können einfach (Na, Ag), zweifach (Mg, Zn) oder dreifach positiv (Al) geladen sein. Zwischen den Atomrümpfen und den freien Elektronen herrschen starke coulombsche Anziehungskräfte; die gleichgeladenen Atomrümpfe stoßen sich untereinander ebenso ab wie die Elektronen. Da die Anziehungs- und Abstoßungskräfte nach allen Richtungen des Raumes wirken, ordnen sich die Atomrümpfe zu einem regelmäßigen Gitter an, dessen Zwischenräume von den freibeweglichen, delokalisierten Elektronen wie von einer Art „Elektronengas" ausgefüllt werden. Dieses hält die positiven Metallionen gleichsam wie ein Kitt zusammen.

Abbildung 1: *Metallgitter mit „Elektronengas"*

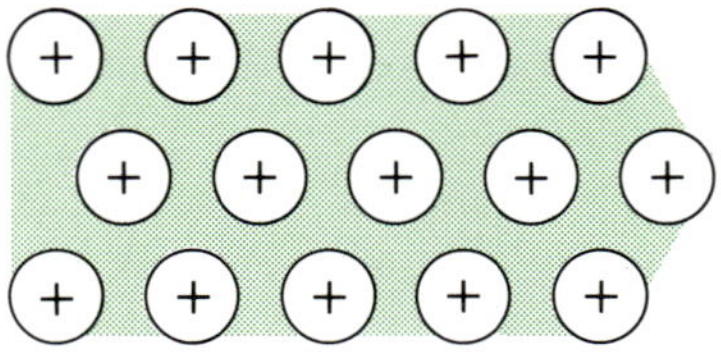

2 Gittertypen

Es gibt etwa 80 Metalle, von denen die meisten im festen Zustand in einem von drei Gitterformen vorliegen.

• Kubisch flächenzentriertes Gitter

Hier ist jeder Atomrumpf von 12 Nachbarn unmittelbar umgeben, die Koordinationszahl beträgt also 12. Der folgende Gitterausschnitt zeigt, daß Metallionen an den Ecken eines Würfels sowie in der Mitte der Würfelfläche sitzen. Dies führt zu einer dichtesten Kugelpackung, die nur dann erreicht wird, wenn alle Teilchen – wie hier – den gleichen Radius haben. Diese Kugelpackung weist nur 26% Hohlraum auf. Beispiele für diesen Gittertyp sind Kupfer, Silber, Aluminium und Gold.

Abbildung 2: *Kubisch flächenzentriertes Gitter*

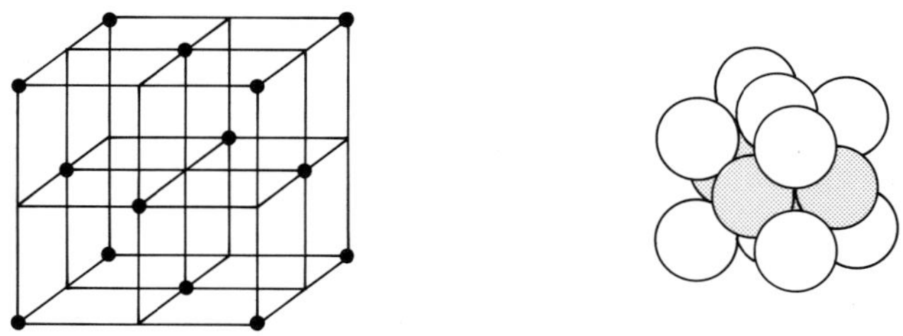

• Hexagonal dichteste Kugelpackung

Hier ist die Koordinationszahl ebenfalls 12. Da dieser Gittertyp auch dichteste Kugelpackung aufweist, ist der Hohlraumanteil wie oben 26%. Beispiele sind Magnesium, Zink, Cadmium und Titan.

Abbildung 3: *Hexagonal dichteste Kugelpackung*

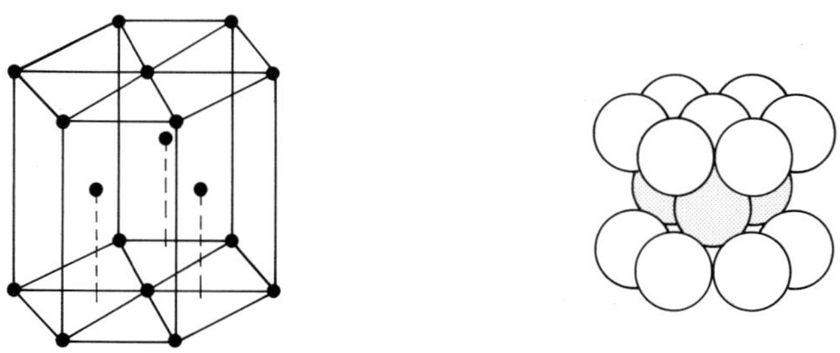

• Kubisch raumzentriertes Gitter

Jedes Metallion ist hier nur von 8 Nachbarn umgeben (Koordinationszahl 8). Außer an den Ecken eines Würfels sitzt nur noch im Zentrum ein Metallion. Der freibleibende Hohlraum beträgt etwa 32%. Beispiele sind alle Alkalimetalle, Wolfram, Niob und Vanadium.

Abbildung 4: *Kubisch raumzentriertes Gitter*

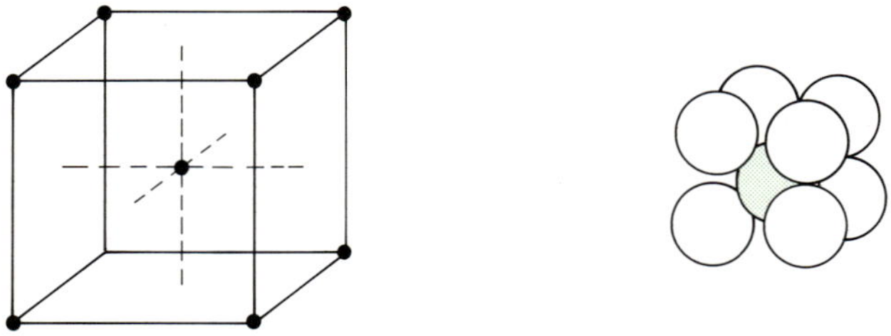

3 Eigenschaften von Metallen

Versuch 1: Ein Eisendraht, durch den Strom fließt, wird erhitzt.

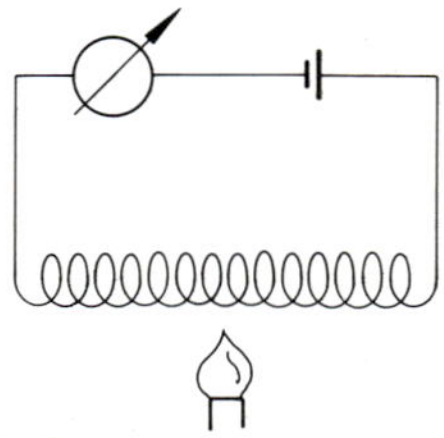

Beobachtung: Die Stromstärke sinkt ab.

Hervorstechendstes Merkmal der Metalle ist ihre gute **elektrische Leitfähigkeit**. Die delokalisierten Elektronen können durch eine angelegte Spannung leicht verschoben werden und übernehmen damit die Aufgabe des Ladungstransports. Die Abnahme der elektrischen Leitfähigkeit bei steigender Temperatur ist eine Folge der stärkeren Schwingungen der Atomrümpfe, die die Elektronenbewegung behindern.[1]

Abbildung 5: *Modell der elektrischen Leitfähigkeit, Elektronen werden laufend ersetzt*

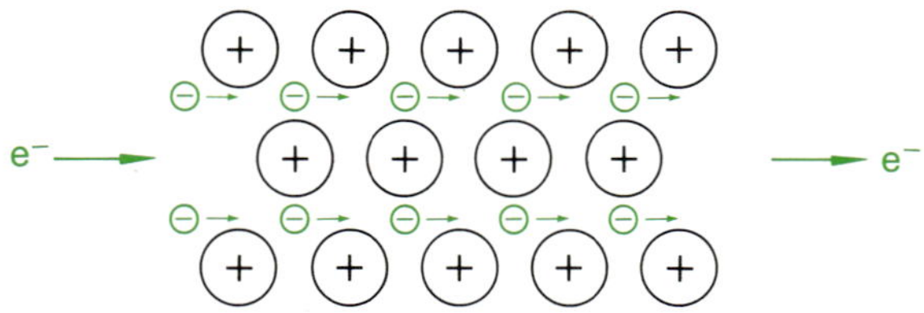

Die gute **Wärmeleitfähigkeit** der Metalle beruht ebenfalls auf den frei beweglichen Elektronen, die die schnelle Ausbreitung der Wärmeenergie besorgen. Die dichte Pakkung der Metallionen unterstützt diesen Vorgang, da die Schwingungen der Atomrümpfe rasch auf Nachbarteilchen übertragen werden.

[1] Eine weitergehende Erklärung der elektrischen Leitfähigkeit der Metalle und besonders der Halbleiter sowie der elektrischen Eigenschaften der Isolatoren ermöglicht das sog. Bändermodell.

Viele Metalle sind wichtige Werkstoffe. Das verdanken sie der **hohen Festigkeit** und den **hohen Schmelzpunkten**. Der starke Zusammenhalt kann mit den Anziehungskräften zwischen Metallionen und Elektronengas erklärt werden, die umso größer sind, je mehr Außenelektronen ein Atom abgegeben hat. So steigt die Festigkeit und Härte von Natrium (Na^+) über Magnesium (Mg^{2+}) zu Aluminium (Al^{3+}) stark an. Die Anziehungskräfte werden kleiner, je größer der Ionenradius wird. Die Metalle der ersten Gruppe werden vom Lithium bis zum Caesium deshalb immer weicher.

Eine weitere wichtige Werkstoffeigenschaft der Metalle ist ihre gute **Verformbarkeit (Duktilität)**. Wirkt eine Kraft auf ein Metall ein, so verschieben sich die Metallionen besonders leicht entlang den dichtest gepackten Ebenen. Durch die Verschiebung wird die Bindung nicht beeinträchtigt, da die Elektronen jede Bewegung mitmachen können und sich sofort an die neue Lage anpassen. (Vergleiche dagegen die Verformung eines Ionenkristalls S. 86.)

Abbildung 6: *Verformung eines Metalls*

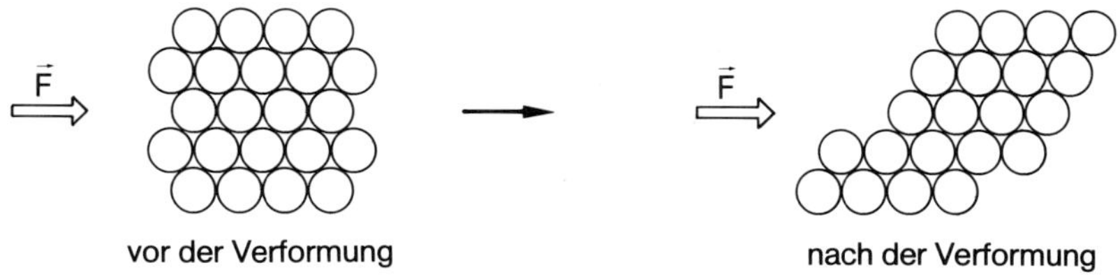

Am besten lassen sich die Metalle verformen, die ein kubisch flächenzentriertes Gitter aufweisen. Hier sind die dichtest gepackten Ebenen so verteilt, daß eine Bearbeitung von allen Seiten gleich gut erfolgen kann. (Aus Silber lassen sich z. B. sehr dünne Folien und Drähte herstellen.) Weniger gut verformbar ist die hexagonal dichteste Kugelpackung.

Der **Glanz** und das zum Teil **hohe Reflexionsvermögen** vieler Metalle sind die Folge einer Wechselwirkung zwischen Elektronengas und auftreffendem Licht (Goldschmuck, Chromzierleisten, Silberspiegel).

Die Fähigkeit von Metallen, **Legierungen** zu bilden, vergrößert die Einsatzmöglichkeiten in der Technik erheblich. Dabei werden im Gitter eines Basismetalls Atome durch andere Metallatome ersetzt oder kleinere Atome in die Hohlräume zwischen den Metallatomen eingelagert. So können bei unterschiedlicher Größe der Atome die Verschiebung der Gitterebenen und die Beweglichkeit der Elektronen erheblich erschwert sein. Die größere Festigkeit und die geringere elektrische Leitfähigkeit vieler Legierungen finden damit ihre Erklärung.

Aufgaben:

1. a) Weshalb sind Metalle gute elektrische Leiter?
   b) Wie ändert sich die elektrische Leitfähigkeit beim Erhitzen? Begründung!
2. Was versteht man unter einer Legierung?
3. Weshalb sind Metalle in der Regel gut verformbar?

Periodensystem der Elemente

	Hauptgruppen		Nebengruppen										Hauptgruppen					
	I	II	III	IV	V	VI	VII	VIII	VIII	VIII	I	II	III	IV	V	VI	VII	VIII
Periode 1	1,0 $_{1}$**H**																	4,0 $_{2}$**He**
Periode 2	6,9 $_{3}$**Li**	9,0 $_{4}$**Be**											10,8 $_{5}$**B**	12,0 $_{6}$**C**	14,0 $_{7}$**N**	16,0 $_{8}$**O**	19,0 $_{9}$**F**	20,2 $_{10}$**Ne**
Periode 3	23,0 $_{11}$**Na**	24,3 $_{12}$**Mg**											27,0 $_{13}$**Al**	28,1 $_{14}$**Si**	31,0 $_{15}$**P**	32,0 $_{16}$**S**	35,5 $_{17}$**Cl**	40,0 $_{18}$**Ar**
Periode 4	39,1 $_{19}$**K**	40,0 $_{20}$**Ca**	45,0 $_{21}$**Sc**	47,9 $_{22}$**Ti**	50,9 $_{23}$**V**	52,0 $_{24}$**Cr**	54,9 $_{25}$**Mn**	55,8 $_{26}$**Fe**	58,9 $_{27}$**Co**	58,7 $_{28}$**Ni**	63,5 $_{29}$**Cu**	65,3 $_{30}$**Zn**	69,7 $_{31}$**Ga**	72,6 $_{32}$**Ge**	74,9 $_{33}$**As**	79,0 $_{34}$**Se**	79,9 $_{35}$**Br**	83,8 $_{36}$**Kr**
Periode 5	85,5 $_{37}$**Rb**	87,6 $_{38}$**Sr**	88,9 $_{39}$**Y**	91,2 $_{40}$**Zr**	92,9 $_{41}$**Nb**	95,9 $_{42}$**Mo**	97 $_{43}$**Tc**	101,0 $_{44}$**Ru**	102,9 $_{45}$**Rh**	106,4 $_{46}$**Pd**	107,9 $_{47}$**Ag**	112,4 $_{48}$**Cd**	114,8 $_{49}$**In**	118,7 $_{50}$**Sn**	121,8 $_{51}$**Sb**	127,6 $_{52}$**Te**	126,9 $_{53}$**I**	131,3 $_{54}$**Xe**
Periode 6	132,9 $_{55}$**Cs**	137,3 $_{56}$**Ba**	138,9 $_{57}$**La**	178,5 $_{72}$**Hf**	181,0 $_{73}$**Ta**	183,9 $_{74}$**W**	186,2 $_{75}$**Re**	190,2 $_{76}$**Os**	192,2 $_{77}$**Ir**	195,0 $_{78}$**Pt**	197,0 $_{79}$**Au**	200,6 $_{80}$**Hg**	204,4 $_{81}$**Tl**	207,2 $_{82}$**Pb**	209,0 $_{83}$**Bi**	209 $_{84}$**Po**	210 $_{85}$**At**	222 $_{86}$**Rn**
Periode 7	223 $_{87}$**Fr**	226 $_{88}$**Ra**	227 $_{89}$**Ac**	260 $_{104}$**Ku**														

Lanthaniden	140,1 $_{58}$**Ce**	140,9 $_{59}$**Pr**	144,2 $_{60}$**Nd**	145 $_{61}$**Pm**	150,4 $_{62}$**Sm**	152,0 $_{63}$**Eu**	157,3 $_{64}$**Gd**	158,9 $_{65}$**Tb**	162,5 $_{66}$**Dy**	164,9 $_{67}$**Ho**	167,3 $_{68}$**Er**	168,9 $_{69}$**Tm**	173,0 $_{70}$**Yb**	175,0 $_{71}$**Lu**
Actiniden	232,0 $_{90}$**Th**	231 $_{91}$**Pa**	238,0 $_{92}$**U**	237 $_{93}$**Np**	244 $_{94}$**Pu**	243 $_{95}$**Am**	247 $_{96}$**Cm**	247 $_{97}$**Bk**	251 $_{98}$**Cf**	254 $_{99}$**Es**	253 $_{100}$**Fm**	256 $_{101}$**Md**	256 $_{102}$**No**	257 $_{103}$**Lw**

Stichwortverzeichnis

S

T

U

V

W

Z